# ADOBE® PHOTOSHOP® CS4
# CLASSROOM IN A BOOK®

A239    Adobe Photoshop CS4 : classroom in a book : guia oficial de
        treinamento / Adobe Creative Team ; tradução Edson
        Furmankiewicz. – Porto Alegre : Bookman, 2009.
        464 p. : il. color. ; 25 cm.

        ISBN 978-85-7780-546-4

        1. Software – Computação gráfica. 2. Photoshop. I. Adobe
        Creative Team.

                                        CDU 004.4Photoshop

Catalogação na publicação: Renata de Souza Borges CRB-10/1922

# ADOBE® PHOTOSHOP® CS4
# CLASSROOM IN A BOOK®

Guia oficial de treinamento

**Tradução:**
Edson Furmankiewicz

**Revisão técnica:**
Alexandre Keese
Especialista em tratamento e manipulação de imagens digitais
Consultor da Adobe Systems Brasil
Adobe Certified Expert em Photoshop

2009

Obra originalmente publicada sob o título
*Adobe Photoshop CS4 Classroom in a Book*

ISBN 978-0-321-57379-7

Authorized translation from the English language version edition, entitled ADOBE PHOTOSHOP CS4 CLASSROOM IN A BOOK, 1st Edition by ADOBE CREATIVE TEAM, published by Pearson Education, Inc, publishing as Adobe Press, Copyright © 2009 Adobe Systems Incorporated and its licensors. All rights reserved. No part of this book may be reproduced or transmitted in any form by any means, electronic or mechanical, including photocopying, recording or by any information storage retrieval system, without permission of Pearson, Inc.

Portuguese language edition published by Bookman Companhia Editora Ltda, a division of Artmed Editora SA, Copyright © 2009.

Tradução autorizada a partir do original em língua inglesa da obra intitulada ADOBE PHOTOSHOP CS4 CLASSROOM IN A BOOK, 1ª edição por ADOBE CREATIVE TEAM, publicado por Pearson Education, Inc., sob o selo da Adobe Press, Copyright © 2009 Adobe Systems Incorporated e todos os seus licenciados. Todos os direitos reservados. Este livro não pode ser reproduzido nem em parte nem na íntegra, nem ter partes ou sua íntegra armazenadas em qualquer meio, seja mecânico ou eletrônico, inclusive fotocópia, gravação ou qualquer sistema de armazenamento de informação, sem permissão da Pearson, Inc.

Edição em língua portuguesa publicada pela Bookman Companhia Editora Ltda., uma divisão da Artmed Editora SA, Copyright © 2009.

Capa: *Henrique Chaves Caravantes*, arte sobre capa original

Leitura final: *Mariana Belloli*

Supervisão editorial: *Elisa Viali*

Editoração eletrônica: *Techbooks*

Reservados todos os direitos de publicação, em língua portuguesa, à
ARTMED® EDITORA S.A.
(BOOKMAN® COMPANHIA EDITORA é uma divisão da ARTMED® EDITORA S. A.)
Av. Jerônimo de Ornelas, 670 – Santana
90040-340 – Porto Alegre – RS
Fone: (51) 3027-7000   Fax: (51) 3027-7070

É proibida a duplicação ou reprodução deste volume, no todo ou em parte, sob quaisquer formas ou por quaisquer meios (eletrônico, mecânico, gravação, fotocópia, distribuição na Web e outros), sem permissão expressa da Editora.

SÃO PAULO
Av. Angélica, 1.091 – Higienópolis
01227-100 – São Paulo – SP
Fone: (11) 3665-1100   Fax: (11) 3667-1333

SAC 0800 703-3444

IMPRESSO NO BRASIL
*PRINTED IN BRAZIL*

# SUMÁRIO

### INTRODUÇÃO

O Classroom in a Book .................................. 13
O que há de novo nesta edição.......................... 13
O que há no Photoshop Extended....................... 14
Pré-requisitos .......................................... 15
Instalando o Adobe Photoshop ......................... 15
Iniciando o Adobe Photoshop........................... 16
Copiando os arquivos do Classroom in a Book .......... 16
Restaurando as preferências padrão.................... 16
Recursos adicionais..................................... 18
Certificação Adobe ..................................... 19

### 1 CONHEÇA A ÁREA DE TRABALHO

Visão geral da lição .................................... 20
Comece a trabalhar no Adobe Photoshop .............. 22
Utilize as ferramentas .................................. 26
Utilize a barra de opções e outros painéis............... 35
Desfaça ações no Photoshop........................... 38
Personalize o espaço de trabalho....................... 46
Localize recursos usando o Photoshop ................. 51
Verifique se há atualizações ............................ 51
Perguntas de revisão................................... 57

### 2 CORREÇÕES BÁSICAS DE FOTOS

Visão geral da lição .................................... 58
Estratégia de retoque .................................. 60
Resolução e tamanho da imagem ...................... 61

Introdução .............................................. 62
Alinhe e corte uma imagem............................. 64
Faça ajustes automáticos ............................... 66
Remova uma invasão de cor ........................... 68
Ajuste manualmente o intervalo tonal.................. 69
Substitua cores em uma imagem....................... 71
Ajuste a luminosidade com a ferramenta Dodge........ 73
Ajuste a saturação com a ferramenta Sponge ........... 74
Comparando os resultados automáticos e manuais ..... 75
Corrija áreas com a ferramenta Clone Stamp............ 76
Utilize a ferramenta Spot Healing Brush ................ 78
Utilize as ferramentas Healing Brush e Patch ........... 80
Aplique o filtro Unsharp Mask.......................... 83
Salve a imagem para impressão em quatro cores ....... 85
Perguntas de revisão................................... 87

## 3   TRABALHANDO COM SELEÇÕES

Visão geral da lição..................................... 88
A seleção e as ferramentas de seleção .................. 90
Introdução .............................................. 91
Utilize a ferramenta Quick Selection .................... 92
Mova uma área selecionada............................ 92
Manipule seleções...................................... 93
Utilize a ferramenta Magic Wand ...................... 100
Selecione com as ferramentas Lasso.................... 102
Gire uma seleção ...................................... 103
Selecione com a ferramenta Magnetic Lasso........... 104
Corte uma imagem e apague dentro de uma seleção .. 107
Refine a borda de uma seleção ........................ 108
Perguntas de revisão................................... 115

## 4 PRINCÍPIOS BÁSICOS DE CAMADAS

Visão geral da lição . . . . . . . . . . . . . . . . . . . . . . . . . . . . . . . . . . . 116
As camadas . . . . . . . . . . . . . . . . . . . . . . . . . . . . . . . . . . . . . . . . . 118
Introdução . . . . . . . . . . . . . . . . . . . . . . . . . . . . . . . . . . . . . . . . . 118
Utilize o painel Layer. . . . . . . . . . . . . . . . . . . . . . . . . . . . . . . . . 119
Reorganize as camadas . . . . . . . . . . . . . . . . . . . . . . . . . . . . . . 125
Aplique um degradê a uma camada. . . . . . . . . . . . . . . . . . . . 132
Aplique um estilo de camada . . . . . . . . . . . . . . . . . . . . . . . . . 133
Achate e salve arquivos . . . . . . . . . . . . . . . . . . . . . . . . . . . . . . 140
Perguntas de revisão. . . . . . . . . . . . . . . . . . . . . . . . . . . . . . . . 145

## 5 MÁSCARAS E CANAIS

Visão geral da lição . . . . . . . . . . . . . . . . . . . . . . . . . . . . . . . . . . . 146
Trabalhe com máscaras e canais. . . . . . . . . . . . . . . . . . . . . . . 148
Introdução . . . . . . . . . . . . . . . . . . . . . . . . . . . . . . . . . . . . . . . . . 148
Crie uma máscara rápida. . . . . . . . . . . . . . . . . . . . . . . . . . . . . 149
Edite uma máscara . . . . . . . . . . . . . . . . . . . . . . . . . . . . . . . . . 151
Visualize os canais . . . . . . . . . . . . . . . . . . . . . . . . . . . . . . . . . . 160
Ajuste canais individuais. . . . . . . . . . . . . . . . . . . . . . . . . . . . . 161
Carregue uma máscara como uma seleção . . . . . . . . . . . . . 163
Aplique filtros a uma máscara . . . . . . . . . . . . . . . . . . . . . . . . 165
Aplique efeitos com uma máscara de degradê. . . . . . . . . . 166
Redimensione a tela de pintura . . . . . . . . . . . . . . . . . . . . . . . 169
Remova o fundo de uma imagem . . . . . . . . . . . . . . . . . . . . . 170
Mova camadas entre documentos. . . . . . . . . . . . . . . . . . . . . 171
Adicione cor com uma camada de ajuste . . . . . . . . . . . . . . 173
Agrupe e recorte camadas . . . . . . . . . . . . . . . . . . . . . . . . . . . 175
Inverta uma máscara . . . . . . . . . . . . . . . . . . . . . . . . . . . . . . . . 176
Utilize texto como máscara . . . . . . . . . . . . . . . . . . . . . . . . . . 178
Perguntas de revisão. . . . . . . . . . . . . . . . . . . . . . . . . . . . . . . . 183

## 6 CORRIGINDO E APRIMORANDO FOTOGRAFIAS DIGITAIS

Visão geral da lição .................................. 184
Introdução ........................................... 186
O Camera Raw ........................................ 189
Processe arquivos no Camera Raw .................... 189
Corrija fotografias digitais no Photoshop ............. 201
Edite imagens em perspectiva ....................... 208
Corrija distorções na imagem ....................... 211
Adicione profundidade de campo .................... 214
Crie uma galeria de imagens em PDF ................. 219
Perguntas de revisão ................................ 223

## 7 DESIGN TIPOGRÁFICO

Visão geral da lição .................................. 224
O texto .............................................. 226
Introdução ........................................... 226
Crie uma máscara de corte a partir de texto .......... 227
Crie um elemento de design a partir de texto ......... 232
Utilize os controles de formatação interativos ........ 235
Distorça o texto ..................................... 237
Crie um parágrafo de texto .......................... 238
Distorça uma camada ................................ 244
Perguntas de revisão ................................ 249

## 8 TÉCNICAS DE DESENHO VETORIAL

Visão geral da lição .................................. 250
Imagens bitmap e elementos gráficos vetoriais ........ 252
Os demarcadores e a ferramenta Pen ................. 253
Introdução ........................................... 253
Utilize os demarcadores com arte-final ............... 255
Crie objetos vetoriais para o fundo ................... 265
Trabalhe com formas personalizadas definidas ....... 271

Importe um Smart Object............................273

Perguntas de revisão................................279

## 9 DIVISÃO EM CAMADAS AVANÇADA

Visão geral da lição..................................280

Introdução..........................................282

Transforme uma camada em uma forma...............283

Configure uma grade de Vanishing Point..............285

Crie seus próprios atalhos de teclado..................288

Insira arte-final importada...........................289

Adicione perspectiva à arte..........................291

Adicione um estilo de camada........................292

Posicione a arte no painel lateral.....................293

Adicione mais perspectiva...........................294

Adicione uma camada de ajuste......................295

Trabalhe com composições de camadas...............297

Gerencie camadas...................................298

Achate uma imagem em camadas.....................300

Mescle camadas e grupos de camadas................301

Carimbe camadas...................................301

Perguntas de revisão................................303

## 10 COMPOSIÇÃO AVANÇADA

Visão geral da lição..................................304

Introdução..........................................306

Faça uma montagem de imagens.....................307

Aplique filtros.......................................315

Adicione cor manualmente às seleções em uma camada.....................................318

Aplique Smart Filters................................324

Adicione sombras projetadas e uma borda............327

Faça a correspondência de cores entre imagens.......330

Automatize uma tarefa com vários passos . . . . . . . . . . . . . 331

Costure uma panorâmica . . . . . . . . . . . . . . . . . . . . . . . . . . . 337

Perguntas de revisão. . . . . . . . . . . . . . . . . . . . . . . . . . . . . . . 341

## 11   PREPARANDO ARQUIVOS PARA A WEB

Visão geral da lição . . . . . . . . . . . . . . . . . . . . . . . . . . . . . . . . 342

Introdução . . . . . . . . . . . . . . . . . . . . . . . . . . . . . . . . . . . . . . . 344

Selecione o espaço de trabalho de design Web . . . . . . . . 346

Crie fatias . . . . . . . . . . . . . . . . . . . . . . . . . . . . . . . . . . . . . . . . 348

Adicione animação . . . . . . . . . . . . . . . . . . . . . . . . . . . . . . . . 354

Anime um estilo de camada. . . . . . . . . . . . . . . . . . . . . . . . . 359

Exporte HTML e imagens . . . . . . . . . . . . . . . . . . . . . . . . . . . 361

Utilize o recurso Zoomify . . . . . . . . . . . . . . . . . . . . . . . . . . . 365

Crie uma galeria Web . . . . . . . . . . . . . . . . . . . . . . . . . . . . . . 366

Perguntas de revisão. . . . . . . . . . . . . . . . . . . . . . . . . . . . . . . 373

## 12   TRABALHANDO COM IMAGENS EM 3D

Visão geral da lição . . . . . . . . . . . . . . . . . . . . . . . . . . . . . . . . 374

Introdução . . . . . . . . . . . . . . . . . . . . . . . . . . . . . . . . . . . . . . . 376

Crie uma forma 3D a partir de uma camada. . . . . . . . . . . . 376

Manipule objetos 3D . . . . . . . . . . . . . . . . . . . . . . . . . . . . . . . 378

Utilize o painel 3D para ajustar a iluminação e a
textura da superfície . . . . . . . . . . . . . . . . . . . . . . . . . . . . . . . 381

Mescle camadas bidimensionais em camadas 3D . . . . . . 385

Importe arquivos 3D. . . . . . . . . . . . . . . . . . . . . . . . . . . . . . . . 386

Mescle camadas 3D para compartilhar o mesmo
espaço 3D . . . . . . . . . . . . . . . . . . . . . . . . . . . . . . . . . . . . . . . . 388

Adicione uma luz spot . . . . . . . . . . . . . . . . . . . . . . . . . . . . . . 391

Pinte um objeto 3D . . . . . . . . . . . . . . . . . . . . . . . . . . . . . . . . 394

Adicione texto 3D . . . . . . . . . . . . . . . . . . . . . . . . . . . . . . . . . 394

Crie um cartão postal 3D. . . . . . . . . . . . . . . . . . . . . . . . . . . . 396

Perguntas de revisão. . . . . . . . . . . . . . . . . . . . . . . . . . . . . . . 403

## 13 TRABALHANDO COM IMAGENS CIENTÍFICAS

Visão geral da lição . . . . . . . . . . . . . . . . . . . . . . . . . . . . . . . . . . 404
Introdução . . . . . . . . . . . . . . . . . . . . . . . . . . . . . . . . . . . . . . . . . 406
Visualize e edite arquivos no Adobe Bridge . . . . . . . . . . . . 406
Aumente o brilho e a cor em uma imagem . . . . . . . . . . . . 418
Crie uma borda de mapa e uma área de trabalho . . . . . . 419
Crie uma borda personalizada. . . . . . . . . . . . . . . . . . . . . . . . 422
Meça objetos e dados. . . . . . . . . . . . . . . . . . . . . . . . . . . . . . . 424
Exporte medições . . . . . . . . . . . . . . . . . . . . . . . . . . . . . . . . . . 428
Meça uma seção transversal . . . . . . . . . . . . . . . . . . . . . . . . . 429
Meça em perspectiva com o filtro Vanishing Point . . . . . 431
Adicione uma legenda. . . . . . . . . . . . . . . . . . . . . . . . . . . . . . . 433
Crie uma apresentação de slides . . . . . . . . . . . . . . . . . . . . . 434
Perguntas de revisão. . . . . . . . . . . . . . . . . . . . . . . . . . . . . . . . 435

## 14 PRODUZINDO E IMPRIMINDO CORES CONSISTENTES

Visão geral da lição . . . . . . . . . . . . . . . . . . . . . . . . . . . . . . . . . 436
O gerenciamento de cores . . . . . . . . . . . . . . . . . . . . . . . . . . 438
Introdução . . . . . . . . . . . . . . . . . . . . . . . . . . . . . . . . . . . . . . . . . 440
Especifique configurações de
gerenciamento de cores . . . . . . . . . . . . . . . . . . . . . . . . . . . . . 440
Prova de imagem. . . . . . . . . . . . . . . . . . . . . . . . . . . . . . . . . . . 441
Identifique cores fora do gamut . . . . . . . . . . . . . . . . . . . . . . 443
Ajuste uma imagem e imprima uma prova. . . . . . . . . . . . . 444
Salve a imagem como um arquivo CMYK EPS . . . . . . . . . 446
Imprima. . . . . . . . . . . . . . . . . . . . . . . . . . . . . . . . . . . . . . . . . . . . 446
Perguntas de revisão. . . . . . . . . . . . . . . . . . . . . . . . . . . . . . . . 449

**ÍNDICE** . . . . . . . . . . . . . . . . . . . . . . . . . . . . . . . . . . . . . . . . . . . . . . . . . . . . . . . . 451

**COLABORADORES**. . . . . . . . . . . . . . . . . . . . . . . . . . . . . . . . . . . . . . . . . . . . . 464

# O QUE HÁ NO CD

Uma visão geral do conteúdo do CD do *Classroom in a Book*

## Arquivos da lição… e muito mais

O CD do *Adobe Photoshop CS4 Classroom in a Book* contém os arquivos de lição necessários para completar os exercícios deste livro, bem como outras informações que o ajudam a conhecer melhor o Adobe Photoshop CS4 e a utilizá-lo com maior eficiência e facilidade. O diagrama abaixo representa o conteúdo do CD e ajuda a encontrar os arquivos necessários.

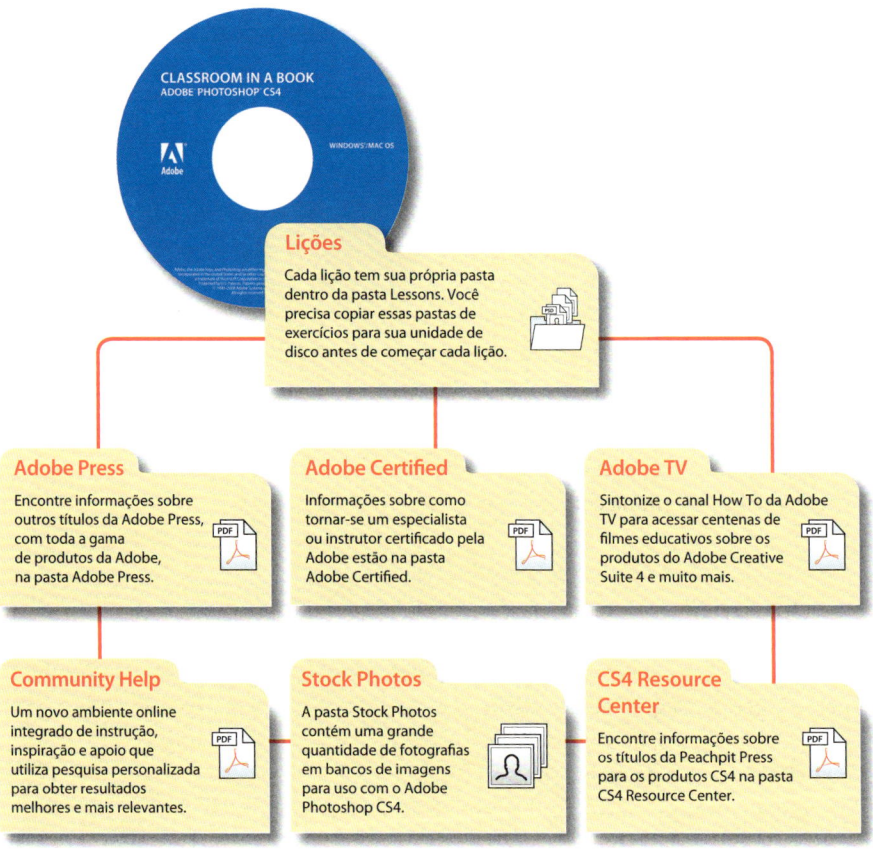

# INTRODUÇÃO

O Adobe® Photoshop® CS4, a melhor referência na geração de imagens digitais, fornece ótimo desempenho, poderosos recursos de edição de imagens e interface intuitiva. O Adobe Camara Raw 5, incluído no Photoshop CS4, oferece flexibilidade e controle para trabalhar com imagens brutas – e agora as mesmas ferramentas podem ser aplicadas a imagens TIFF e JPEG. O Photoshop CS4 amplia os limites da edição de imagens digitais e o ajuda a transformar, com maior facilidade, seus sonhos em design gráfico.

## O Classroom in a Book

O *Adobe Photoshop CS4 Classroom in a Book*® faz parte da série de treinamentos oficiais dos softwares gráficos e de editoração da Adobe desenvolvida por especialistas da Adobe Systems. As lições foram criadas para que você aprenda no seu próprio ritmo. Se for iniciante em Adobe Photoshop, você aprenderá os conceitos e recursos fundamentais necessários para dominar o programa. Se já tiver utilizado o Adobe Photoshop, descobrirá que o Classroom in a Book ensina muitos recursos avançados, incluindo dicas e técnicas sobre como utilizar a última versão do aplicativo e como preparar imagens para a Web.

Embora cada lição forneça instruções passo a passo para criar um projeto específico, há espaço para exploração e experimentação. Você pode seguir este livro do início ao fim ou apenas fazer as lições que satisfazem seus interesses e necessidades. Cada lição termina com uma seção de revisão que resume o que foi visto.

## O que há de novo nesta edição

Esta edição aborda vários novos recursos do Adobe Photoshop CS4, como o painel Adjustments, que facilita a adição de camadas de ajuste não destrutivas; a barra do aplicativo, que fornece acesso rápido a configurações importantes; e o painel Masks, que dá maior controle sobre máscaras e canais. Além disso, as lições introduzem as melhorias do Camara Raw, o painel Clone Source, o controle deslizante Vibrance e a capacidade de aumentar a profundidade de campo em uma imagem para que tanto o primeiro plano como o plano de fundo estejam em foco.

Os novos exercícios e lições incluem:

- O uso do painel Clone Source e a sobreposição de clonagem para copiar pixels com precisão.
- A edição de arquivos TIFF, JPEG ou de imagens brutas no Camera Raw.
- A seleção, a inversão e a manipulação de máscaras com o painel Masks.
- A transformação de imagens 2D em objetos 3D.
- A manipulação, o posicionamento e a adição de cor a objetos 3D.

Esta edição também está repleta de informações extras sobre os recursos do Photoshop e sobre como tirar o melhor proveito desse aplicativo robusto. Veremos o Adobe Photoshop Lightroom® – uma nova ferramenta para fotógrafos profissionais que ajuda a gerenciar, ajustar e apresentar grandes quantidades de fotografias digitais. Discutiremos as melhores práticas para organizar, gerenciar e exibir suas fotos e otimizar imagens para a Web. Também, por todo o livro estão espalhadas dicas e técnicas da especialista Julieanne Kost, grande divulgadora do Photoshop.

## O que há no Photoshop Extended

Esta edição do *Adobe Photoshop CS4 Classroom in a Book* discute alguns recursos do Adobe Photoshop CS4 Extended – uma versão com funções adicionais para usuários profissionais, científicos e técnicos destinada à criação de efeitos especiais em vídeo ou de imagens científicas, arquitetônicas e de engenharia.

Alguns dos recursos do Photoshop Extended incluem:

- Capacidade de importar imagens tridimensionais e vídeos, editar quadros individuais ou arquivos de sequência de imagens por meio de pintura, clonagem, retoque ou transformação.
- Suporte a arquivos tridimensionais (3D), incluindo os formatos de arquivo U3D, 3DS, OBJ, KMZ e Collada, criados por programas como o Adobe Acrobat 3D® Version 9, 3D Studio Max, Alias, Maya e Google Earth. Consulte a Lição 12, "Trabalhando com imagens 3D", para saber mais sobre esses recursos.
- Ferramentas de medida e contagem para medir qualquer área, incluindo uma área irregular, definida com a ferramenta Ruler ou com uma ferramenta de seleção. Você também pode calcular altura, largura, área e perímetro ou monitorar medidas de uma ou várias imagens. Consulte a Lição 13, "Trabalhando com imagens científicas", para mais detalhes de como utilizar esses recursos.

- Pilhas de imagens, armazenadas como Smart Objects, que permitem combinar um grupo de imagens com um quadro de referência semelhante e processar essas múltiplas imagens para, por exemplo, produzir uma visualização composta a fim de eliminar conteúdo ou ruído indesejável.

- Recursos de animação que mostram a duração do quadro e as propriedades da animação para camadas de documento no modo Timeline e que permitem navegar por quadros, editá-los e ajustar a duração do quadro para camadas.

- Suporte a formatos de arquivo específicos, como o DICOM – o padrão mais comum de imagens digitalizadas em medicina; MATLAB, uma linguagem computacional e um ambiente interativo de alto nível técnico para o desenvolvimento de algoritmos, a visualização e a análise de dados e o cálculo de números; e imagens de alta resolução de 32 bits, incluindo um Seletor HDR Color Picker especial e a capacidade de pintar e compor essas imagens HDR de 32 bits em camadas.

## Pré-requisitos

Para utilizar o *Adobe Photoshop CS4 Classroom in a Book*, você deve conhecer o funcionamento de seu computador e sistema operacional. Certifique-se de que sabe como utilizar o mouse e os comandos e menus padrão e também como abrir, salvar e fechar arquivos. Se precisar revisar essas técnicas, consulte a documentação do Microsoft® Windows® ou Apple® Mac® OS X.

## Instalando o Adobe Photoshop

Antes de começar a utilizar o *Adobe Photoshop CS4 Classroom in a Book*, certifique-se de que seu sistema esteja configurado corretamente e de que o software e hardware necessários estão instalados. Você deve comprar o software Adobe Photoshop CS4 separadamente. Para os requisitos de sistema e as instruções completas sobre a instalação do software, veja o Adobe Photoshop CS4 Read Me no DVD do aplicativo ou no endereço www.adobe.com/support.

O Photoshop e o Bridge utilizam o mesmo instalador. Você deve instalar esses aplicativos a partir do DVD do aplicativo Adobe Photoshop CS4 para o seu disco rígido; não é possível executar os programas a partir do DVD. Siga as instruções na tela.

Tenha à mão seu número serial antes de instalar o aplicativo.

## Iniciando o Adobe Photoshop

Você inicia o Photoshop tal como faz com a maioria dos aplicativos de software.

**Para iniciar o Adobe Photoshop no Windows:**

Escolha Iniciar > Programas > Adobe Photoshop CS4.

**Para iniciar o Adobe Photoshop no Mac OS:**

Abra a pasta Applications/Adobe Photoshop CS4 e dê um clique duplo no ícone do programa Adobe Photoshop.

## Copiando os arquivos do Classroom in a Book

O CD do *Adobe Photoshop CS4 Classroom in a Book* inclui as pastas com todos os arquivos eletrônicos para as lições deste livro. Cada lição tem sua própria pasta; você deve copiar as pastas para o disco rígido a fim de completar as lições. Para economizar espaço em disco, você pode instalar somente a pasta necessária para cada lição e removê-la ao terminar.

Para instalar os arquivos de lição:

● **Nota:** À medida que completar cada lição, você preservará os arquivos iniciais. Se sobrescrevê-los, você pode restaurar os arquivos originais recopiando a pasta Lesson correspondente a partir do CD do *Adobe Photoshop CS4 Classroom in a Book* para a pasta Lessons na sua unidade de disco.

1 Insira o CD do *Adobe Photoshop CS4 Classroom in a Book* na sua unidade de CD-ROM.

2 Navegue pelo conteúdo e localize a pasta Lessons.

3 Siga um destes procedimentos:

- Para copiar todos os arquivos das lições, arraste a pasta Lessons do CD para o disco rígido.

- Para copiar apenas arquivos de lições individuais, primeiro crie uma nova pasta no seu disco rígido com o nome **Lessons**. Em seguida, arraste a(s) pasta(s) com a(s) lição(ões) que você quer copiar do CD para a nova pasta.

## Restaurando as preferências padrão

Os arquivos de preferências armazenam informações sobre as configurações de painéis e comandos. Toda vez que você fecha o Adobe Photoshop, as posições dos painéis e certas configurações de comandos são registradas no respectivo arquivo de preferências. Qualquer seleção na caixa de diálogo Preferences também é salva no arquivo de preferências.

Para garantir que o que você vê na tela corresponde às imagens e instruções deste livro, restaure as preferências padrão ao começar cada lição. Se desejar manter suas preferências, esteja ciente de que as ferramentas, os painéis e outras configurações no Photoshop CS4 talvez não correspondam aos descritos neste livro.

Se você calibrou seu monitor de uma maneira específica, salve as configurações de calibragem antes de começar a trabalhar com este livro. Para salvar suas configurações de calibragem do monitor, siga o procedimento descrito abaixo.

## Para salvar suas configurações de cores atuais

1 Inicie o Adobe Photoshop.

2 Escolha Edit > Color Settings.

3 Observe o que está selecionado no menu Settings:

- Se não for Custom, anote o nome do arquivo de configuração e clique em OK para fechar a caixa de diálogo. Você não precisa seguir os passos 4–6 desse procedimento.
- Se Custom estiver selecionado no menu Settings, clique em Save (*não* em OK).

A caixa de diálogo Save abre. A localização padrão é a pasta Settings, que é o local recomendável para salvar o arquivo. A extensão do arquivo padrão é .csf (color settings file).

4 No campo File Name (Windows) ou no campo Save As (Mac OS), digite um nome descritivo para suas configurações de cores, preservando a extensão do arquivo .csf. Clique em Save.

5 Na caixa de diálogo Color Settings Comment, digite um texto descritivo que o ajude a posteriormente identificar as configurações de cores, como a data, as configurações específicas ou o seu grupo de trabalho.

6 Clique em OK para fechar a caixa de diálogo Color Settings Comment e mais uma vez para fechar a caixa de diálogo Color Settings.

## Para restaurar suas configurações de cores

1 Inicie o Adobe Photoshop.

2 Escolha Edit > Color Settings.

3 No menu Settings na caixa de diálogo Color Settings, selecione o arquivo de configurações que você anotou ou salvou no procedimento anterior e clique em OK.

## Recursos adicionais

O objetivo do *Adobe Photoshop CS4 Classroom in a Book* não é substituir a documentação que vem com o programa nem ser uma referência completa de cada recurso do Photoshop CS4. Somente os comandos e opções utilizadas nas lições são explicados neste livro. Para mais informações sobre o programa, consulte um destes recursos:

- Adobe Photoshop CS4 Community Help, que você pode visualizar escolhendo Help > Photoshop Help. O Community Help é um ambiente online integrado de instrução, inspiração e suporte. Ele inclui pesquisas personalizadas de conteúdo relevante, selecionado por especialistas, de dentro e de fora do Adobe.com. O Community Help combina conteúdo do Adobe Help, do Support, do Design Center, do Developer Connection e do Forums junto com excelente conteúdo da comunidade online para que os usuários possam localizar facilmente os melhores e mais atualizados recursos. Acesse os tutoriais, o suporte técnico, a ajuda online de produtos, os vídeos, os artigos, as dicas e técnicas, os blogs, os exemplos e muito mais.

- Adobe Photoshop CS4 Product Support Center é o local onde você pode encontrar e pesquisar conteúdo de suporte e de aprendizagem em Adobe.com. Visite www.adobe.com/support/photoshop/.

- A Adobe TV é onde você encontra a programação sobre produtos da Adobe, incluindo um canal para fotógrafos profissionais e um canal How To que contém centenas de filmes sobre o Photoshop CS4 e outros produtos do Adobe Creative Suite 4. Visite http://tv.adobe.com/.

Também confira estes links úteis:

- Home page dos produtos Photoshop CS4 em www.adobe.com/products/photoshop/.

- Fóruns de usuários do Photoshop em www.adobe.com/support/forums/ para discussões interativas sobre os produtos da Adobe.

- Photoshop Exchange em www.adobe.com/cfusion/exchange/ para extensões, funções, códigos e mais.

- Plug-ins do Photoshop em www.adobe.com/products/plugins/photoshop

# Certificação Adobe

O objetivo do programa Adobe Certified é ajudar os clientes e instrutores da Adobe a aprimorar e promover suas habilidades e proficiência no uso do produto. Há quatro níveis de certificação:

- Adobe Certified Associate (ACA)
- Adobe Certified Expert (ACE)
- Adobe Certified Instructor (ACI)
- Adobe Authorized Training Center (AATC)

O certificado Adobe Certified Associate (ACA) comprova que o usuário tem as habilidades básicas para planejar, criar, construir e manter comunicações eficazes utilizando diferentes formas de mídia digital.

O programa Adobe Certified Expert é uma maneira de os especialistas atualizarem suas credenciais. Você pode utilizar a certificação Adobe como um diferencial no seu currículo para conseguir um aumento de salário, encontrar um emprego ou promover sua experiência.

Se você é instrutor de nível ACE, o programa Adobe Certified Instructor eleva o nível de suas habilidades e fornece acesso a um amplo espectro de recursos da Adobe.

Os Adobe Authorized Training Centers oferecem cursos conduzidos por instrutores e treinamento em produtos Adobe, empregando apenas instrutores certificados pela Adobe. Um diretório de AATCs está disponível em http://partners.adobe.com.

Para informações sobre os programas de certificação da Adobe, visite www.adobe.com/support/certification/main.html.

# 1 CONHEÇA A ÁREA DE TRABALHO

## Visão geral da lição

Nesta lição, você vai aprender a:

- Abrir arquivos do Adobe Photoshop
- Selecionar e utilizar algumas ferramentas no painel Tools
- Configurar opções para uma ferramenta selecionada utilizando a barra de opções
- Utilizar vários métodos para ampliar e reduzir uma imagem
- Selecionar, reorganizar e utilizar painéis
- Escolher comandos no painel e nos menus contextuais
- Abrir e utilizar um painel encaixado no compartimento de painéis
- Desfazer ações para corrigir erros ou fazer escolhas diferentes
- Personalizar o espaço de trabalho
- Localizar tópicos no Photoshop Help

Esta lição levará aproximadamente 90 minutos para ser concluída. Copie a pasta Lesson01 para a pasta Lessons que você criou na unidade de disco rígido para os projetos (ou crie-a agora) caso não tenha feito isso. Ao trabalhar nesta lição, você preservará os arquivos iniciais. Se precisar restaurá-los, copie-os do CD do *Adobe Photoshop CS4 Classroom in a Book*.

Ao trabalhar com o Adobe Photoshop, você descobrirá que muitas vezes é possível realizar a mesma tarefa de diferentes maneiras. Para tirar o melhor proveito das capacidades de edição do Photoshop, primeiro você deve aprender a navegar pela área de trabalho.

# Comece a trabalhar no Adobe Photoshop

A área de trabalho do Adobe Photoshop inclui os menus, barras de ferramentas e painéis que dão acesso rápido a uma variedade de ferramentas e opções para editar e adicionar elementos a sua imagem. Você também pode adicionar comandos e filtros aos menus instalando um software conhecido como *módulos de plug-in*.

O Photoshop trabalha com imagens bitmap digitalizadas (isto é, imagens em tom contínuo convertidas em uma série de pequenos quadrados, ou elementos de imagem, chamados *pixels*). Você também pode trabalhar com elementos gráficos vetoriais, que são desenhos criados com linhas suaves que retêm sua nitidez quando redimensionadas. Você pode criar uma arte-final no Photoshop ou importar imagens para o programa a partir de diferentes fontes, como:

- Fotografias de uma câmera digital.
- CDs comerciais de imagens digitais.
- Digitalizações de fotografias, transparências, negativos, imagens gráficas ou outros documentos.
- Imagens capturadas em vídeo.
- Arte-final criada em programas de desenho.

● **Nota:** Em geral, você não precisa reconfigurar os padrões ao trabalhar nos seus próprios projetos, mas você deve redefinir as preferências antes de começar cada lição deste livro para ter certeza de que o que aparece na sua tela corresponde às descrições nas lições. Para mais informações, consulte "Restaurando as preferências padrão", na página 4.

## Inicie o Photoshop e abra um arquivo

Agora, inicie o Adobe Photoshop e redefina as preferências padrão.

**1** Na área de trabalho, dê um clique duplo no ícone Adobe Photoshop para iniciar o Adobe Photoshop e então pressione Ctrl+Alt+Shift (Windows) ou Command+Option+Shift (Mac OS) para redefinir as configurações padrão.

Se o ícone do Photoshop não aparecer na sua área de trabalho, escolha Iniciar > Programas > Adobe Photoshop CS4 (Windows) ou procure na pasta Applications ou no Dock (Mac OS).

**2** Quando solicitado, clique em Yes para confirmar que você quer excluir o arquivo Adobe Photoshop Settings.

A área de trabalho do Photoshop aparece como mostrado nesta figura.

**A.** Barra de menus
**B.** Barra do aplicativo
**C.** Barra de opções
**D.** Painel Tools
**E.** Botão Adobe Bridge
**F.** Menu Workspace
**G.** Painéis flutuantes

● **Nota:** Esta figura mostra a versão do Photoshop para o Mac OS. No Windows, a barra do aplicativo e a barra de menus estão na mesma linha. De resto, o arranjo é o mesmo, mas os estilos dos sistemas operacionais podem variar.

O espaço de trabalho padrão no Photoshop consiste na barra do aplicativo, barra de menus e barra de opções no topo da tela, no painel Tools à esquerda e em vários painéis abertos à direita. Se houver documentos abertos, uma ou várias janelas de imagem também aparecerão e você poderá exibi-las ao mesmo tempo utilizando a nova interface com guias. Essa interface do usuário Photoshop é a mesma que você verá no Adobe Illustrator®, no Adobe InDesign® e no Adobe Flash® – portanto, se você aprender a utilizar as ferramentas e painéis em um aplicativo, saberá como utilizá-las em outros.

Há algumas diferenças entre a área de trabalho do Photoshop no Windows e no Mac OS.

- No Windows, a barra de menus aparece junto com a barra do aplicativo se a resolução de tela permite ajustá-las na mesma linha.

- No Mac OS, você pode trabalhar com o aplicativo dentro de um quadro ou moldura, que contém as janelas e painéis do aplicativo do Photoshop dentro de um quadro separado dos outros aplicativos que podem estar abertos; apenas a barra de menus permanece fora do quadro do aplicativo. O quadro do aplicativo está desativado por padrão; para ativá-lo, escolha Window > Application Frame. Para utilizar a nova interface com guias, você deve ativar o quadro do aplicativo. Além disso, você pode ativar e desativar a barra do aplicativo – este livro considera que você está com ela ativada.

No Mac OS, o quadro do aplicativo agrupa imagens, painéis e barras do aplicativo.

**3** Escolha File > Open e vá para a pasta Lessons/Lesson01 que você copiou para sua unidade de disco a partir do CD do *Adobe Photoshop CS4 Classroom in a Book*.

**4** Selecione o arquivo 01A_End.psd e clique em Open. Clique em OK se a caixa de diálogo Embedded Profile Mismatch aparecer.

O arquivo 01A_End.psd abre em uma janela própria chamada *janela da imagem*. Os arquivos finais neste livro mostram o que você cria nos diferentes projetos. Neste arquivo, a imagem de um carro antigo foi aprimorada sem super expor o farol.

**5** Escolha File > Close ou clique no botão fechar na barra de título da janela da imagem. (Não feche o Photoshop).

## Abrindo um arquivo com o Adobe Bridge

Neste livro, você vai trabalhar com diferentes arquivos iniciais em cada lição.

É possível criar cópias desses arquivos e salvá-las com nomes ou em locais diferentes, ou trabalhar diretamente nos arquivos iniciais originais e, então, copiá-los do CD novamente se quiser um novo ponto de partida. Esta lição trabalha com três arquivos iniciais.

No exercício anterior, você utilizou o comando Open para abrir um arquivo. Agora, você vai abrir outro arquivo utilizando o Adobe Bridge, um Navigator visual de arquivos que ajuda a localizar o arquivo de imagem que você precisa.

1 Clique no botão Launch Bridge () na barra do aplicativo. Se for solicitado ativar a extensão do Photoshop no Bridge, clique em OK.

● **Nota:** Você também pode abrir o Adobe Bridge escolhendo File > Browse In Bridge.

O Adobe Bridge abre, exibindo uma série de painéis, menus e botões.

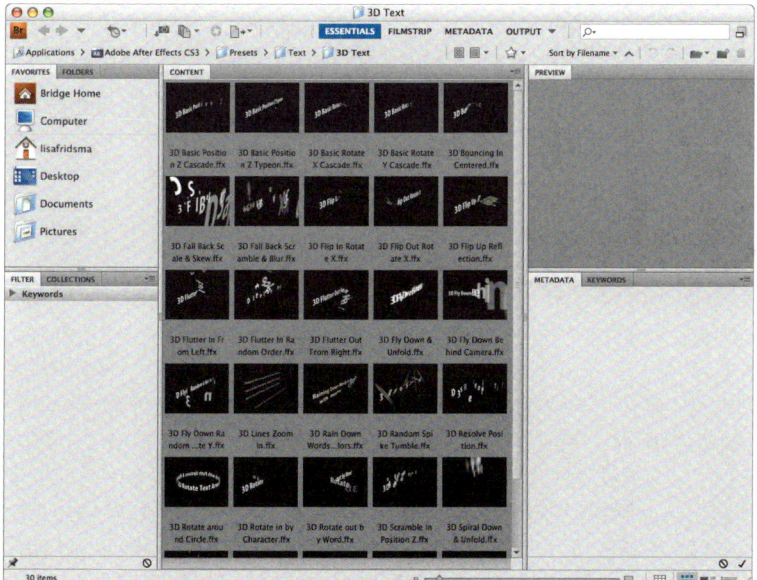

2 No painel Folders no canto esquerdo superior, vá para a pasta Lessons que você copiou do CD para o disco rígido. A pasta Lessons aparece no painel Content.

3 Selecione a pasta Lessons e escolha File > Add To Favorites. Adicionar arquivos, pastas, ícones de aplicativo e outros recursos mais usados ao painel Favorites permite o acesso rápido a esses itens.

4 Selecione a guia Favorites para abrir o painel e clique na pasta Lessons para abri-la. Então, no painel Content, dê um clique duplo na pasta Lesson01.

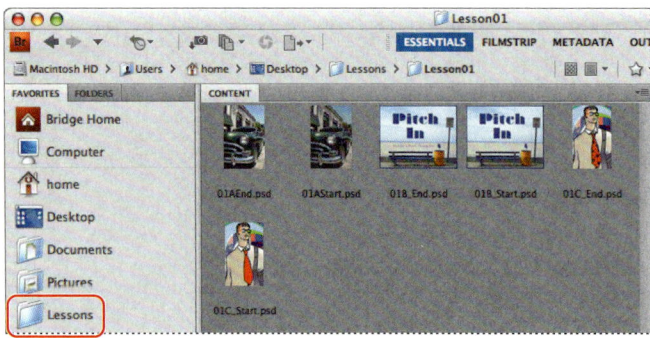

Visualizações em miniatura dos conteúdos da pasta aparecem no painel Content.

5 Dê um clique duplo na miniatura 01A_Start.psd no painel Content para abrir o arquivo ou selecione a miniatura e escolha File > Open.

A imagem 01A_Start.psd abre no Photoshop. Deixe o Bridge aberto; você o utilizará para localizar e abrir arquivos mais adiante nesta lição.

O Adobe Bridge é muito mais do que uma conveniente interface visual para abrir arquivos. Você terá a oportunidade de aprender mais sobre os muitos recursos e funções do Adobe Bridge na Lição 13.

## Utilize as ferramentas

O Photoshop fornece um conjunto integrado de ferramentas para produzir imagens sofisticadas para impressão, Web e visualização em dispositivos móveis. Poderíamos facilmente escrever o livro inteiro apenas com os detalhes da riqueza das ferramentas e das configurações de ferramentas do Photoshop, isso certamente seria uma referência útil, mas não é o objetivo deste livro. Você começará a ganhar experiência configurando e utilizando algumas ferramentas em um projeto de exemplo. Cada lição introduzirá outras ferramentas e maneiras de utilizá-las. Depois de terminar todas as lições deste livro, você terá uma base sólida para explorar ainda mais o conjunto de ferramentas do Photoshop.

### Selecione e utilize uma ferramenta do painel Tools

● **Nota:** Para uma lista completa das ferramentas do painel Tools, consulte o resumo do painel Tools no final desta lição.

O painel Tools – o longo e estreito painel no lado superior esquerdo da área de trabalho – contém ferramentas de seleção, e de pintura e edição, caixas de seleção de cores de primeiro plano e de fundo e ferramentas de visualização. No Photoshop Extended, ele também inclui ferramentas 3D.

Comecemos com a ferramenta Zoom, que aparece em muitos outros aplicativos da Adobe, inclusive no Illustrator, no InDesign e no Acrobat.

**1** Clique no botão de seta dupla acima do painel Tools para mudar para uma visualização em coluna dupla. Clique nas setas novamente para retornar ao painel Tools de coluna única e utilizar o espaço de tela de modo mais eficiente.

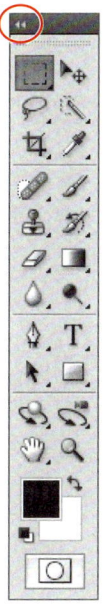

**2** Examine a barra de status na parte inferior da área de trabalho (Windows) ou da janela da imagem (Mac OS) e observe a porcentagem listada no canto inferior esquerdo. Ela representa a visualização de ampliação atual da imagem, ou nível de ampliação.

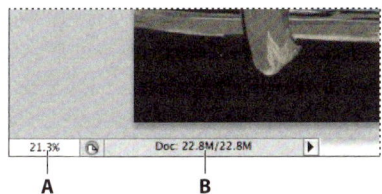

**A.** Nível de zoom **B.** Barra de status

**3** Mova o cursor no painel Tools e posicione-o sobre o ícone de lente de aumento até que uma dica de ferramenta apareça. A dica exibe o nome da ferramenta (ferramenta Zoom) e o atalho de teclado (Z).

**4** Clique na ferramenta Zoom ( ) no painel Tools ou pressione Z para selecioná-la.

5 Mova o cursor sobre a janela da imagem. O cursor agora se parece com uma pequena lupa com um sinal de adição (+) no centro do vidro.

6 Clique em qualquer ponto da janela da imagem.

A imagem é ampliada de acordo com um nível de porcentagem predefinido, que substitui o valor anterior na barra de status. A localização em que você clicou ao utilizar a ferramenta Zoom é centralizada na visão ampliada. Se clicar novamente, o zoom avança para o próximo nível predefinido, até um máximo de 3.200%.

7 Mantenha pressionada a tecla Alt (Windows) ou a tecla Option (Mac OS) de modo que o cursor de ferramenta Zoom apareça com um sinal de subtração (–) no centro da lupa e então clique em qualquer ponto da imagem. Em seguida, solte a tecla Alt ou Option.

● **Nota:** Você pode utilizar outros métodos para ampliar e reduzir o zoom. Por exemplo, quando a ferramenta Zoom é selecionada, selecione o modo Zoom In ou Zoom Out na barra de opções; ou escolha View > Zoom In ou View > Zoom Out; ou, digite uma porcentagem mais baixa na barra de status e pressione Enter (Windows) ou Return (Mac OS).

Agora o zoom da visualização é reduzido a uma ampliação pré-configurada para que você possa ver mais da imagem, mas em menos detalhes.

8 Com a ferramenta Zoom, arraste um retângulo em torno do farol para visualizar essa área da imagem.

A imagem é ampliada para que a área que você incorporou ao seu retângulo preencha toda a janela da imagem.

Você usou três métodos com a ferramenta Zoom para alterar a ampliação na janela da imagem: clicando, mantendo um modificador de teclado pressionado enquanto clica e arrastando para definir uma área de ampliação. Muitas das outras ferramentas no painel Tools podem ser utilizadas também com combinações de teclado. Você vai utilizar essas técnicas em várias lições deste livro.

## Selecione e utilize uma ferramenta oculta

O Photoshop tem muitas ferramentas que podem ser utilizadas para editar suas imagens, mas é provável que você só trabalhe com algumas delas por vez. O painel Tools organiza algumas ferramentas em grupos, mostrando apenas uma por grupo, enquanto as outras permanecem ocultas.

Um pequeno triângulo no canto inferior direito de um botão indica que outras ferramentas estão disponíveis, mas ocultas sob a ferramenta mostrada no botão.

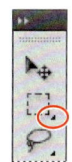

1 Posicione o cursor sobre a segunda ferramenta de cima para baixo no painel Tools até que a dica de ferramenta apareça. A dica identifica a ferramenta Rectangular Marquee (▭) com o atalho de teclado M. Selecione essa ferramenta.

2 Selecione a ferramenta Elliptical Marquee (○), que permanece oculta atrás da ferramenta Rectangular Marquee, utilizando um dos métodos a seguir:

- Pressione e mantenha pressionado o botão do mouse sobre a ferramenta Rectangular Marquee para abrir a lista pop-up das ferramentas ocultas e selecione a ferramenta Elliptical Marquee.

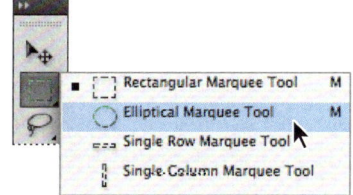

- Clique com a tecla Alt (Windows) ou a tecla Option (Mac OS) pressionadas no botão da ferramenta no painel Tools para examinar as ferramentas de contorno de seleção ocultas até que a ferramenta Elliptical Marquee seja selecionada.

- Pressione Shift+M, que alterna entre as ferramentas Rectangular e Elliptical Marquee.

3 Mova o cursor sobre a janela da imagem para o lado superior esquerdo do farol. Quando a ferramenta Elliptical Marquee é selecionada, o cursor transforma-se em uma cruz (+).

4 Arraste o cursor para baixo e para a direita a fim de desenhar uma elipse em torno do farol e solte o botão do mouse.

Uma linha tracejada animada indica que a área dentro dela está *selecionada*. Ao selecionar uma área, ela torna-se a única área editável da imagem. A área fora da seleção permanece protegida.

5 Mova o cursor para dentro da sua seleção elíptica para que o cursor apareça como uma seta com um pequeno retângulo ( ).

6 Arraste a seleção de modo que ela fique perfeitamente centralizada sobre o farol.

Ao arrastar a seleção, somente a borda da seleção é movida, não os pixels na imagem. Se quiser mover os pixels na imagem, será preciso uma técnica diferente. Você aprenderá mais sobre como criar diferentes tipos de seleções e mover o conteúdo da seleção na Lição 3.

## Utilize combinações de teclado com ações de ferramenta

Muitas ferramentas podem operar sob certas restrições. Normalmente, você ativa esses modos mantendo pressionadas teclas específicas à medida que move a ferramenta com o mouse. Algumas ferramentas têm modos que são escolhidos na barra de opções.

A próxima tarefa é criar um novo início no processo de seleção do farol. Dessa vez, você utilizará uma combinação de teclas que restringe a seleção elíptica a um círculo que você desenhará de dentro para fora em vez de fora para dentro.

1 Certifique-se de que a ferramenta Elliptical Marquee ( ) ainda está selecionada no painel Tools e remova a seleção atual seguindo um destes procedimentos:

- Na janela da imagem, clique em qualquer lugar fora da área selecionada.
- Escolha Select > Deselect.
- Utilize o atalho de teclado Ctrl+D (Windows) ou Command+D (Mac OS).

**2** Posicione o cursor no centro do farol.

**3** Pressione Alt+Shift (Windows) ou Option+Shift (Mac OS) e arraste o cursor em direção à extremidade do farol até que o círculo inclua todo o farol. A tecla Shift restringe a elipse a um círculo perfeito.

**4** Primeiro, solte cuidadosamente o botão do mouse e então as teclas do teclado.

● **Nota:** Se você soltar acidentalmente a tecla Alt ou Option, a ferramenta reverte para seu comportamento normal (desenhando a partir da borda). Mas se você ainda não soltou o botão do mouse, basta pressionar a tecla novamente e a seleção será revertida. Se soltou o botão do mouse, recomece a partir do Passo 1.

Se não estiver satisfeito com o círculo de seleção, você pode movê-lo: posicione o cursor dentro do círculo e arraste-o ou clique fora do círculo de seleção para remover a seleção e, então, tentar novamente.

**5** No painel Tools, dê um clique duplo na ferramenta Zoom (🔍) para alternar para 100% de visualização. Se a imagem inteira não couber na janela da imagem, clique no botão Fit Screen na barra de opções.

Observe que a seleção permanece ativa, mesmo depois de utilizar a ferramenta Zoom.

## Aplique uma alteração a uma área selecionada

Normalmente, é a área dentro da seleção que é alterada. Para destacar o farol, você deve escurecer o restante da imagem, não a área dentro da seleção atual. Para proteger essa área, inverta a seleção para que tudo, *exceto* o farol, seja selecionado na imagem.

**1** Escolha Select > Inverse.

Embora a borda de seleção animada em torno do farol pareça a mesma, observe que uma borda semelhante aparece ao redor da imagem. Agora, o restante da imagem permanece selecionado e pode ser editado e a área dentro do círculo não fica selecionada. A área não selecionada (o farol) não pode ser alterada enquanto a seleção estiver ativa.

▶ **Dica:** O atalho de teclado para esse comando, Ctrl+Shift+I (Windows) ou Command+Shift+I (Mac OS) aparece pelo nome de comando no menu Select. Posteriormente, você poderá pressionar apenas essa combinação de teclas para inverter uma seleção.

**A.** Área selecionada (editável)
**B.** Área não selecionada (protegida)

2 Clique no ícone Curves no painel Adjustments para adicionar uma camada de ajuste Curves. O painel Curves abre.

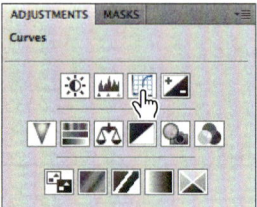

3 No painel Curves, arraste o ponto de controle no canto superior direito do gráfico para a esquerda até que o valor Input seja aproximadamente **204**. O valor Output deve permanecer 255.

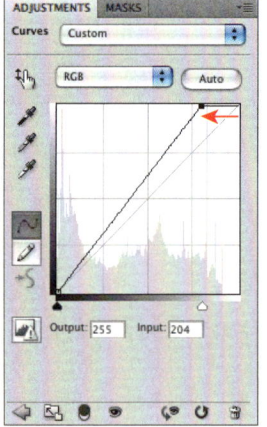

À medida que você arrasta, as áreas claras são realçadas na área selecionada da imagem.

4 Ajuste o valor Input para mais ou para menos até que esteja satisfeito com os resultados.

5 No painel Layers, examine a camada de ajuste Curves. (Se o painel Layers não estiver aberto, clique na sua guia ou escolha Window > Layers.)

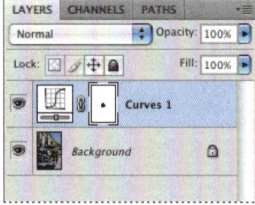

As camadas de ajuste permitem fazer modificações na imagem, como o ajuste do brilho das áreas claras do carro, sem afetar os pixels reais. Como você utilizou uma camada de ajuste, sempre poderá retornar à imagem original ocultando ou excluindo essa camada – e é possível editar a camada de ajuste em qualquer momento. Você aprenderá mais sobre camadas de ajustes nas Lições 5 e 9.

6 Siga um destes procedimentos:

- Se quiser salvar suas alterações, escolha File > Save e depois escolha File > Close.
- Se quiser reverter para a versão inalterada do arquivo, escolha File > Close e clique em No ou em Don't Save quando for perguntado se quer salvar suas alterações.
- Para salvar suas modificações sem afetar o arquivo original, escolha File > Save As e então renomeie o arquivo, ou salve-o em uma pasta diferente no computador, e clique em OK. Em seguida, escolha File > Close.

Você não precisa remover a seleção, visto que fechar o arquivo cancela a seleção.

Parabéns! Você acaba de terminar seu primeiro projeto no Photoshop. Embora uma camada de ajuste Curves seja um dos métodos mais sofisticados para alterar imagens, ela não é difícil de utilizar. Você verá outros detalhes sobre ajustes em imagens em várias outras lições deste livro. As Lições 2, 6 e 10, em particular, abordam as técnicas utilizadas nos trabalhos clássicos de câmara escura, por exemplo, ajustar a exposição, retocar e corrigir cores.

## Amplie e navegue com o painel Navigator

O painel Navigator é outra maneira rápida de fazer alterações no nível de zoom, especialmente quando a porcentagem de ampliação exata não é importante. Ela também é uma excelente maneira de navegar por uma imagem, pois a miniatura mostra exatamente a parte da imagem que aparece na janela da imagem. Para abrir o painel Navigator, escolha Window > Navigator.

O controle deslizante sob a miniatura da imagem no painel Navigator amplia a imagem quando você a arrasta para a direita (em direção ao ícone de montanha grande) e a reduz quando você a arrasta para a esquerda.

O contorno retangular vermelho representa a área da imagem que aparece na janela da imagem. Ao ampliar o suficiente para que a janela mostre apenas parte da imagem, você pode arrastar o contorno vermelho em torno da área de miniatura para ver outras áreas da imagem. Essa também é uma excelente maneira de verificar em que parte da imagem você está ao trabalhar com níveis de zoom muito altos.

 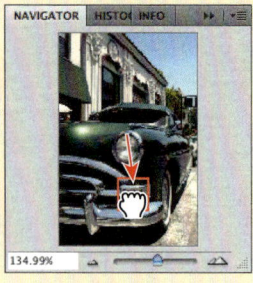 

# Utilize a barra de opções e outros painéis

Você já utilizou a barra de opções. Quando selecionou a ferramenta Zoom no projeto anterior, você viu que a barra de opções continha opções que alteram a visualização da janela de imagem atual. Agora, você aprenderá mais sobre como configurar as propriedades das ferramentas na barra de opções e utilizar painéis e menus de painéis.

## Visualize e abra outro arquivo

O próximo projeto envolve um cartão postal promocional para um projeto comunitário. Primeiro, visualize o arquivo final para ver o seu objetivo.

1 Clique no botão Launch Bridge (Br) na barra do aplicativo para retornar ao Bridge.

2 Se os conteúdos da pasta Lesson01 não forem exibidos no painel Content, navegue até a pasta Lesson01.

3 Selecione o arquivo 01B_End.psd no painel Content para que ele apareça no painel Preview.

4 Examine a imagem e observe que o texto está posicionado sobre a areia na parte inferior da imagem.

Foto da praia: Amana Stock Photography

▶ **Dica:** É possível posicionar o cursor sobre a maioria dos nomes das configurações numéricas na barra de opções, painéis e caixas de diálogo do Photoshop para exibir um "controle deslizante". Arrastar o controle deslizante na forma de um dedo indicador para a direita aumenta o valor; arrastá-lo para a esquerda, o diminui. Arrastar com a tecla Alt (Windows) ou com a tecla Option (Mac OS) pressionadas altera os valores em incrementos menores; arrastar com a tecla Shift pressionada os altera em incrementos maiores.

5 Dê um clique duplo na miniatura do arquivo 01B_Start.psd para abri-lo no Photoshop.

## Configure propriedades das ferramentas na barra de opções

Com o arquivo 01B_Start.psd aberto no Photoshop, você está pronto para selecionar as propriedades do texto e digitar sua mensagem.

1 No painel Tools, selecione a ferramenta Horizontal Type (T).

Os botões e os menus na barra de opções agora estão relacionados à ferramenta Type.

2 Na barra de opções, escolha a fonte no primeiro menu pop-up. (Utilizamos Garamond, mas, se você quiser, utilize outra fonte).

3 Especifique **38** pt para o tamanho da fonte.

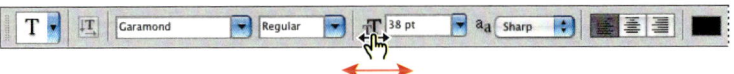

Você pode especificar 38 pontos digitando diretamente na caixa do tamanho de fonte e pressionando Enter ou Return ou deslizando pelo ícone de menu de tamanho de fonte. Também pode escolher um tamanho de fonte padrão no menu pop-up de tamanho de fonte.

4 Clique uma vez em qualquer lugar do lado esquerdo da imagem e digite **Monday is Beach Cleanup Day.**

O texto aparece com a fonte e o tamanho escolhidos.

5 No painel Tools, selecione a ferramenta Type (▶⊕); é a primeira ferramenta.

6 Posicione o cursor da ferramenta Move sobre o texto que você digitou e arraste o texto até a areia, centralizando-o em relação ao banco.

● **Nota:** Não selecione a ferramenta Move utilizando o atalho de teclado V, pois você está no modo de entrada de texto. Digitar V adicionará a letra ao seu texto na janela da imagem.

## Utilize painéis e menus de painel

As cores do texto na sua imagem são as mesmas da amostra Foreground Color no painel Tools que, por padrão, é preto. O texto no exemplo do arquivo final tem uma cor magenta que faz com que o texto se destaque. Você irá colorir o texto selecionando-o e escolhendo outra cor.

1 No painel Tools, selecione a ferramenta Horizontal Type (T).

**2** Arraste a ferramenta Horizontal Type sobre o texto para selecionar todas as palavras.

**3** No grupo de painéis Color, clique na guia Swatches para exibir esse painel.

**4** Selecione qualquer amostra. A cor selecionada aparece em três lugares: como a cor de primeiro plano no painel Tools, na amostra de cores de texto na barra de opções e no texto digitado na janela da imagem. (Selecione qualquer outra ferramenta no painel Tools para remover a seleção do texto e ver a cor aplicada).

● **Nota:** Ao mover o cursor sobre as amostras, ele muda temporariamente para um conta-gotas. Posicione a mira do conta-gotas na amostra escolhida e clique para selecioná-la.

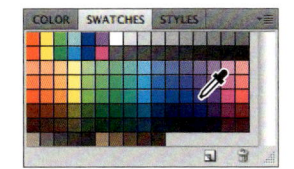

Selecionar uma cor é muito fácil, embora haja outros métodos no Photoshop. Para este projeto, porém, você utilizará uma cor específica, e é mais fácil localizá-la alterando a exibição do painel Swatches.

**5** Selecione outra ferramenta no painel Tools, como a ferramenta Move (▸⊕), para remover a seleção da ferramenta Horizontal Type. Em seguida, clique no botão de menu (▾≡) no painel Swatches para abrir o menu do painel e escolha o comando Small List.

**6** Selecione a ferramenta Type e novamente o texto, como fez nos Passos 1 e 2.

7 No painel Swatches, role para baixo mais ou menos até a metade da lista para localizar a amostra de cor Light Violet Magenta e então a selecione.

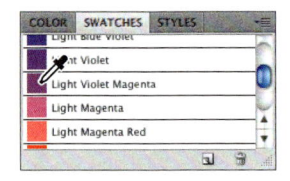

Agora o texto aparece na cor violeta mais clara.

8 Selecione a ferramenta Hand ( ) para remover a seleção do texto. Em seguida, clique no botão Default Foreground And Background Colors no painel Tools para deixar a cor do primeiro plano preta.

Redefinir as cores padrão não altera a cor do texto, pois ele não está mais selecionado.

9 Você terminou a tarefa, portanto, feche o arquivo. É possível salvá-la, fechá-la sem salvar ou salvá-la com um nome ou localização diferente.

É simples assim – você completou outro projeto. Bom trabalho!

## Desfaça ações no Photoshop

Em um mundo perfeito, você nunca cometeria erros, não clicaria no objeto errado e sempre saberia perfeitamente como ações específicas materializariam suas ideias exatamente como as imaginou. Em um mundo perfeito, você nunca teria de voltar atrás.

No mundo real, o Photoshop oferece o poder de voltar atrás e desfazer ações de modo que você possa tentar outras opções. O próximo projeto dá a oportunidade de experimentar livremente, sabendo que você pode reverter o processo.

Este projeto também introduz a divisão em camadas, um dos recursos básicos e mais poderosos do Photoshop. O Photoshop tem muitos tipos de camadas, algumas contendo imagens, texto ou cores sólidas e outras que simplesmente interagem com as camadas abaixo desses elementos. O arquivo para esse próximo projeto tem os dois tipos de camadas. Não é necessário entender camadas para completar este projeto com sucesso, então não se preocupe com isso agora. Veremos outros detalhes sobre as camadas nas Lições 4 e 9.

## Desfaça uma ação única

Mesmo os iniciantes logo passam a gostar do comando Undo. Como faz sempre que inicia um novo projeto, você começará olhando o resultado final.

1. Clique no botão Launch Bridge (![]) e vá para a pasta Lessons/Lesson01.

2. Selecione o arquivo 01C_End.psd, pressione Shift e selecione o arquivo 01C_Start.psd. Os dois arquivos aparecem no painel Preview. No arquivo inicial, a gravata é sólida; no arquivo final, ela apresenta um padrão.

3. Dê um clique duplo na miniatura do arquivo 01C_Start.psd para abri-lo no Photoshop.

4. No painel Layers, selecione a camada Tie Designs.

Observe as listagens no painel Layers. A camada Tie Designs é um máscara de corte (*clipping mask*). Uma máscara de corte funciona quase da mesma maneira que uma seleção, pois restringe a área da imagem que pode ser alterada. Com a máscara de corte posicionada, você pode pintar uma área na gravata sem se preocupar em "borrar" o restante da imagem. Você selecionou a camada Tie Designs porque é a camada que editará agora.

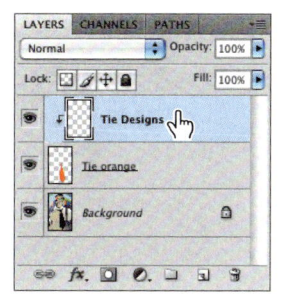

5. No painel Tools, selecione a ferramenta Brush (![]) ou pressione B para selecioná-la por seu atalho de teclado.

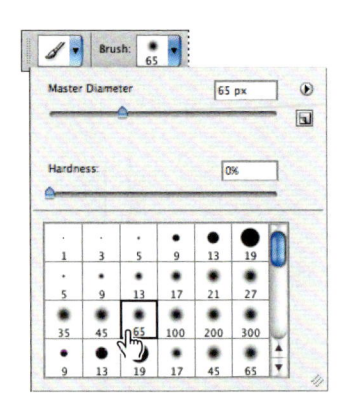

6 Na barra de opções, clique no tamanho de pincel para abrir o painel Brushes. Role para baixo para a lista de pincéis e selecione o pincel Soft Round de 65 pixels. (O nome aparecerá como uma dica de ferramenta se você posicionar o cursor sobre um pincel).

Se quiser, você pode experimentar um pincel diferente, mas selecione um com tamanho próximo a 65 pixcls – de preferência entre 45 e 75 pixels.

7 Mova o cursor sobre a imagem para que ela apareça como um círculo com o mesmo diâmetro que o do pincel. Desenhe então uma faixa em qualquer lugar na gravata laranja. Não se preocupe em permanecer dentro das linhas, pois o pincel não pintará nada fora da máscara de corte.

● **Nota:** Você vai experimentar mais com máscaras de corte nas Lições 5, 7 e 9.

Ops! Sua listra pode estar boa, mas o design pede pontos, portanto, você precisa remover a listra pintada.

8 Escolha Edit > Undo Brush Tool ou pressione Ctrl+Z (Windows) ou Command+Z (Mac OS) para desfazer a ação da ferramenta Brush.

A gravata tem novamente uma cor laranja sólida, sem listras.

## Desfaça ações múltiplas

O comando Undo só desfaz um passo. Isso é prático porque os arquivos do Photoshop podem ter um tamanho muito grande e manter vários passos de Undo pode exigir uma grande quantidade de memória, o que tende a reduzir o desempenho. Entretanto, é possível desfazer ações múltiplas com o painel History.

LIÇÃO 1 | **41**
**Conheça a Área de Trabalho**

1 Utilizando as mesmas configurações da ferramenta Brush, clique uma vez sobre a gravata laranja (sem listra) para criar um ponto suave.

2 Clique várias vezes em diferentes áreas da gravata para criar um padrão de pontos.

3 Escolha Window > History para abrir o painel History. Em seguida, arraste um canto do painel History para redimensioná-la e assim visualizar mais passos.

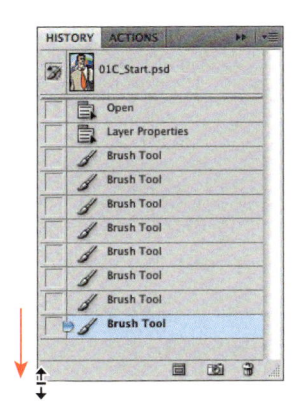

O painel History registra as ações recentes que você realizou na imagem. O estado atual é selecionado na parte inferior da lista.

4 Clique em uma das ações anteriores no painel History e veja as alterações na janela da imagem: várias ações anteriores foram desfeitas.

5 Na janela da imagem, crie um novo ponto na gravata com a ferramenta Brush.

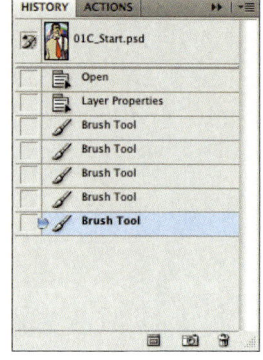

Observe que o painel History removeu as ações desativadas listadas depois do estado selecionado no Passo 4 e adicionou uma nova.

6 Escolha Edit > Undo Brush Tool ou pressione Ctrl+Z (Windows) ou Command+Z (Mac OS) para desfazer o ponto que você criou no Passo 5.

Agora o painel History restaura a lista anterior das ações desativadas.

7 Selecione o estado na parte inferior da lista do painel History.

A imagem é restaurada à condição em que estava quando você terminou o Passo 2 deste exercício.

Por padrão, o painel History do Photoshop retém somente as 20 últimas ações. Essa também é uma solução conciliatória, permitindo um equilíbrio entre flexibilidade e desempenho. Você pode alterar o número de níveis no painel History escolhendo Edit > Preferences > Performance (Windows) ou Photoshop > Preferences > Performance (Mac OS) e digitando um valor diferente na opção History States.

## Utilize um menu contextual

*Menus contextuais* são pequenos menus que contêm comandos e opções apropriados para elementos específicos na área de trabalho. Eles, às vezes, são chamados menus "do botão direito" (do mouse) ou menus "de atalho". Normalmente, os comandos em um menu contextual também estão disponíveis em outra área da interface do usuário, mas usar o menu contextual pode economizar tempo.

1. Se a ferramenta Brush ( ✎ ) ainda não estiver selecionada no painel Tools, selecione-a agora.

2. Na janela da imagem, clique com o botão direito do mouse (Windows) ou clique com a tecla Control pressionada (Mac OS) em qualquer lugar da imagem para abrir o menu contextual da ferramenta Brush.

Obviamente, os menus contextuais variam de acordo com o contexto, assim, pode aparecer um menu de comandos ou um conjunto de painéis de opções, que é o que acontece neste caso.

3. Selecione um pincel mais apropriado, como o pincel Hard Round de 9 pixels. Talvez você precise rolar para cima ou para baixo na lista do menu contextual para localizar o pincel certo.

4. Na janela da imagem, utilize o pincel selecionado para criar pontos menores na gravata.

5. Se quiser, utilize o comando Undo e o painel History para retroceder suas ações de pintura e corrigir erros ou fazer escolhas diferentes.

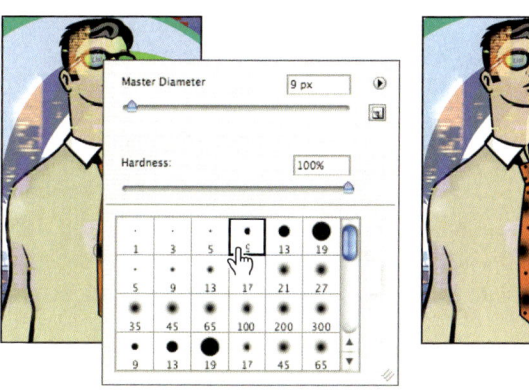

● **Nota:** Clicar em qualquer lugar na área de trabalho fecha o menu contextual. Se a área da gravata estiver oculta atrás do menu contextual da ferramenta Brush, clique em outra área ou dê um clique duplo na sua seleção no menu contextual para fechá-la.

Depois de terminar as alterações no design da gravata, você completou outro projeto. Escolha File > Save se quiser salvar seus resultados, escolha File > Save As se quiser salvá-los em outro local ou com um nome diferente ou feche o arquivo sem salvá-lo.

## Mais sobre painéis e localização de painéis

Os painéis do Photoshop são poderosos e variados. Raramente você precisará ver todos os painéis ao mesmo tempo e é por isso que eles estão em grupos de painéis e que as configurações padrão deixam alguns painéis fechados.

A lista completa dos painéis aparece no menu Window, com marcas de seleção organizadas pelos nomes dos painéis que estão abertos na frente de seus grupos. Você pode abrir ou fechar um painel selecionando o nome do painel no menu Window.

● **Nota:** Se os painéis estiverem ocultos, uma faixa estreita semitransparente permanece visível na borda do documento. Posicionar o cursor do mouse sobre essa faixa exibe seu conteúdo.

Também pode ocultar todos os painéis de uma só vez – incluindo a barra de opções e o painel Tools – pressionando a tecla Tab. Para reabri-las, pressione Tab novamente.

Você já utilizou o encaixe de painel ao abrir o painel Swatches. É possível arrastar painéis para ou a partir do encaixe de painel, o que é conveniente para painéis grandes ou que você só utiliza ocasionalmente, mas que quer manter disponíveis.

Outras ações que você pode utilizar para organizar painéis incluem:

- Para mover um grupo inteiro de painéis, arraste a barra de título para outro local na área de trabalho.
- Para mover um painel para outro grupo, arraste a guia do painel para aquele grupo de painéis até que uma área clara azul apareça dentro do grupo e, em seguida, solte o botão do mouse.

- Para encaixar um painel ou grupo de painéis, arraste a barra de título ou a guia de painel até a parte superior do encaixe.

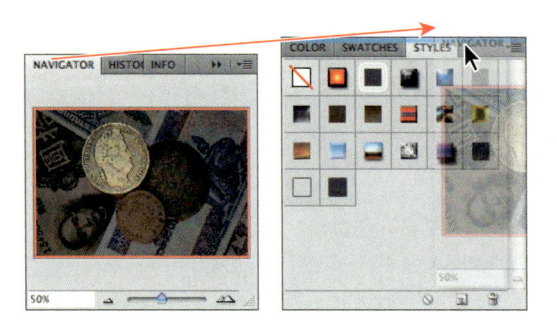

- Para desencaixar um painel ou grupo de painéis a fim de que ele se torne um painel ou grupo de painéis flutuante, arraste sua barra de título ou guia de painel para longe do encaixe.

## Expandindo e recolhendo painéis

Você também pode redimensionar painéis para utilizar o espaço de tela mais eficientemente e ver menos ou mais opções de painéis, arrastando ou clicando para alternar entre tamanhos predefinidos:

- Para recolher os painéis abertos e deixá-los em ícones, clique nas setas duplas na barra de título do encaixe ou grupo de painéis. Para expandir um painel, clique no seu ícone ou na seta dupla.

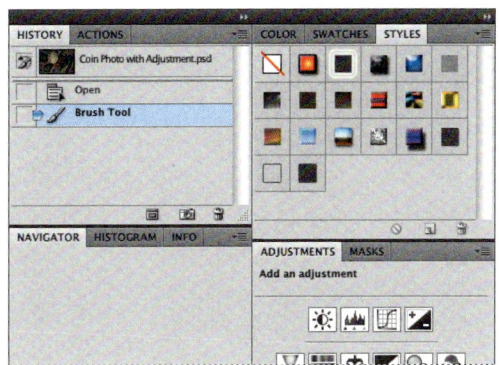

- Para alterar a altura de um painel, arraste seu canto inferior direito.

- Para alterar a largura do encaixe, posicione o cursor à esquerda do encaixe até que ele se torne uma seta de ponta dupla e então arraste para a esquerda para alargar o encaixe ou para a direita para estreitá-lo.

- Para redimensionar um painel flutuante, mova o cursor sobre a parte direita, esquerda ou inferior do painel até que ele se torne uma seta de ponta dupla e então arraste a borda para dentro ou para fora. Você também pode arrastar o canto inferior direito para dentro ou para fora.

- Para recolher um grupo de painéis de modo que apenas a barra de título do encaixe e as guias permaneçam visíveis, dê um clique duplo na guia de um painel ou na barra de título do painel. Dê um clique duplo novamente para restaurá-la para a visão expandida. É possível abrir um menu de painel mesmo quando o painel estiver recolhido.

● **Nota:** Você pode ocultar, mas não redimensionar, os painéis Color, Character e Paragraph.

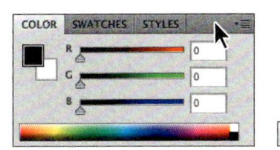

Observe que as guias dos painéis no grupo de painel e o botão do menu de painel permanecem visíveis depois que você oculta um painel.

## Notas especiais sobre o painel Tools e a barra de opções

O painel Tools e a barra de opções compartilham algumas características com outros painéis:

- Você pode arrastar o painel Tools por sua barra de título para um local diferente na área de trabalho. Pode mover a barra de opções para outro local arrastando a barra no canto esquerdo do painel.
- Você pode ocultar o painel Tools e a barra de opções.

Mas há outros recursos de painéis que não estão disponíveis ou que não se aplicam ao painel Tools ou à barra de opções:

- Não é possível agrupar o painel Tools ou a barra de opções com outros painéis.
- Não é possível redimensionar o painel Tools nem a barra de opções.
- Não é possível empilhar o painel Tools ou a barra de opções no encaixe de painel.
- O painel Tools e a barra de opções não têm menus de painel.

## Personalize o espaço de trabalho

● **Nota:** Se você fechou o 01C_Start.psd no final do exercício anterior, abra-o – ou abra qualquer outro arquivo de imagem – para completar o exercício a seguir.

É fantástico que o Photoshop ofereça várias formas de controlar a exibição e a localização da barra de opções e seus muitos painéis, mas você pode perder muito tempo arrastando painéis para lá e para cá para ver determinados painéis de certos projetos e outros painéis de outros projetos. É por isso que o Photoshop permite que você personalize o espaço de trabalho, controlando quais painéis, ferramentas e menus ficarão disponíveis em um dado momento. Na verdade, ele vem com alguns espaços de trabalho predefinidos que são adequados a diferentes fluxos de trabalho – corrigir tons e cores, pintar, retocar e assim por diante. Vamos testá-los.

1 Escolha Window > Workspace > Color And Tone. Se solicitado, clique em Yes para aplicar o espaço de trabalho.

Se estiver testando como abrir, fechar e mover painéis, você perceberá que o Photoshop fecha alguns painéis, abre outros e empilha-os perfeitamente no encaixe ao longo da borda direita do espaço de trabalho.

2 Escolha Window > Workspace > Typography. Se solicitado, clique em Yes para aplicar o espaço de trabalho. Diferentes painéis são abertos no encaixe.

**3** Clique no seletor de espaço de trabalho na barra do aplicativo e escolha Essentials. O Photoshop retorna ao espaço de trabalho padrão.

Você pode escolher espaços de trabalho no menu Window ou no menu pop-up na barra do aplicativo.

Se as predefinições não forem adequadas aos seus propósitos, você pode personalizar o espaço de trabalho de acordo com suas necessidades. Digamos que você tenha feito vários designs para Web, mas nenhum trabalho com vídeo digital. Você pode especificar quais itens de menu exibir no espaço de trabalho.

**4** Clique no menu View e arraste-o para baixo para ver o submenu Pixel Aspect Ratio.

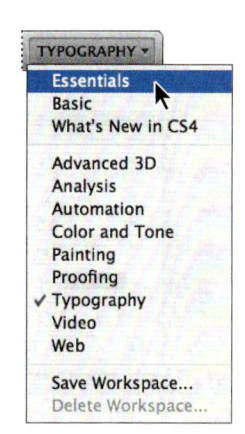

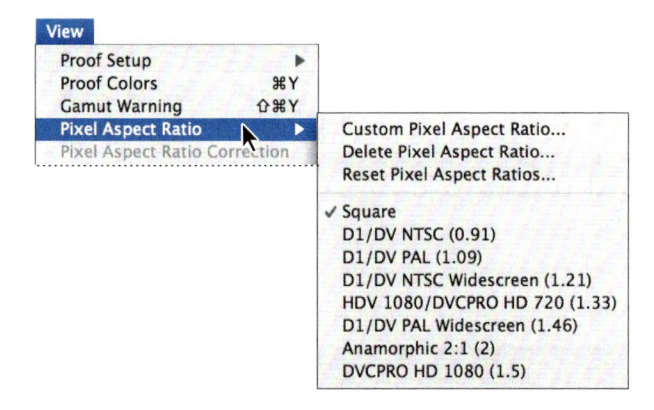

Esse submenu inclui vários formatos de DV que boa parte dos designers de mídia impressa e Web não precisam utilizar.

**5** Escolha Window > Workspace > Keyboard Shortcuts And Menus.

A caixa de diálogo Keyboard Shortcuts & Menus permite controlar quais comandos de aplicativo e de menu de painel estão disponíveis, bem como criar atalhos de teclado personalizados para menus, painéis e ferramentas. É possível ocultar comandos pouco usados ou destacar os comandos mais utilizados para facilitar sua visualização.

**6** Clique na guia Menus na caixa de diálogo Keyboard Shortcuts And Menus e então escolha Application Menus no menu pop-up Menu For.

**7** Expanda os comandos de menu View clicando no triângulo ao lado de View.

O Photoshop exibe os comandos e subcomandos do menu View.

**8** Role para baixo até Pixel Aspect Ratio e clique no ícone de olho para desativar a visibilidade de todos os formatos de DV e de vídeo – há sete formatos, começando com D1/DV NTSC (0,91) e terminando com DVDPro HD 1080 (1,5). O Photoshop os remove do menu para esse espaço de trabalho.

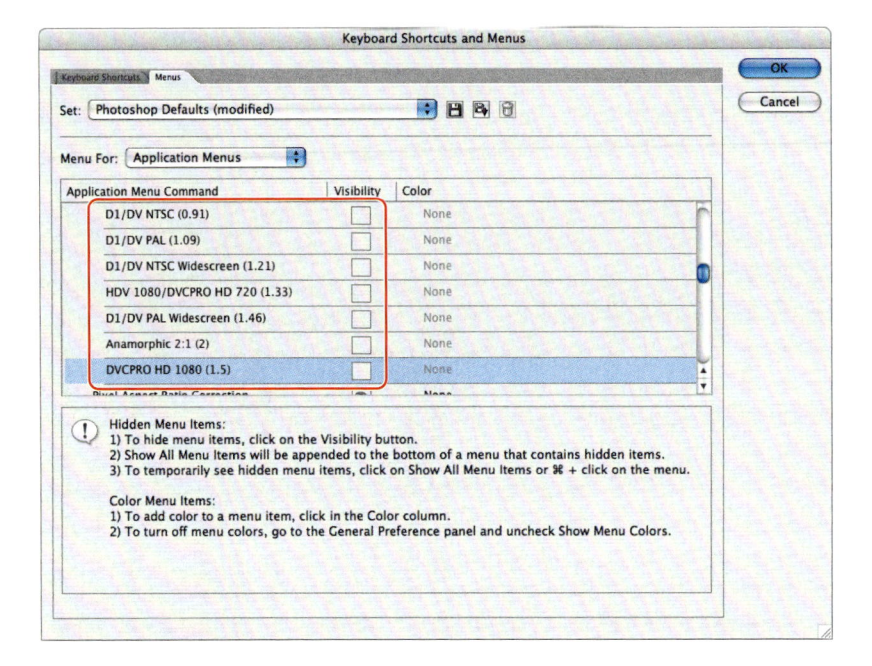

**9** Agora expanda os comandos do menu Image.

**10** Role até o comando Image > Mode > RGB Color e clique em None na coluna Color. Escolha Red no menu pop-up. O Photoshop destaca esse comando em vermelho.

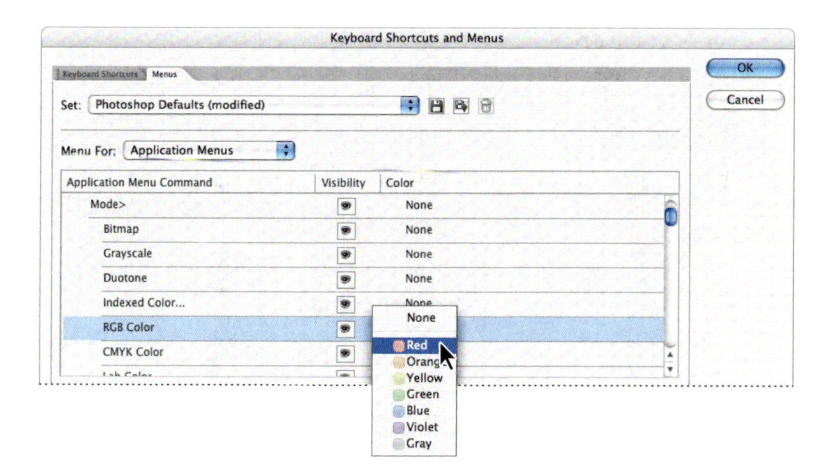

**11** Clique em OK para fechar a caixa de diálogo Keyboard Shortcuts and Menus.

**12** Escolha Image > Mode. Agora, RGB color está destacada em vermelho.

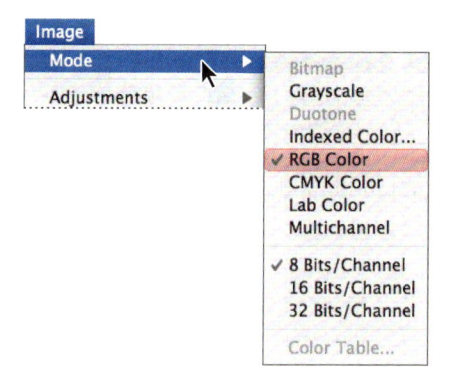

**13** Escolha View > Pixel Aspect Ratio. Os formatos de vídeo e DV não estão mais incluídos nesse submenu.

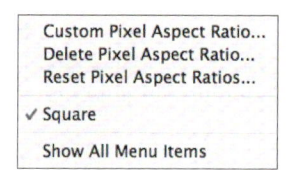

**14** Para salvar um espaço de trabalho, escolha Window > Workspace > Save Workspace. Na caixa de diálogo Save Workspace, atribua um nome ao seu espaço de trabalho; selecione as opções Menus, Panel Locations e Keyboard Shortcuts; e, então, clique em Save.

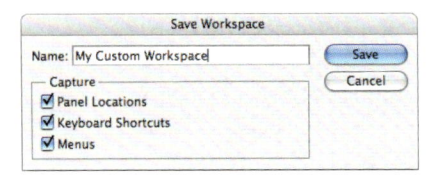

O espaço de trabalho personalizado que você salvar será listado no submenu Window > Workspace e no seletor de espaço de trabalho na barra do aplicativo.

Agora, retorne à configuração padrão do espaço de trabalho.

**15** Escolha Essentials no menu pop-up Workspace na barra do aplicativo. Não salve as modificações no espaço de trabalho atual.

**16** Retorne ao Photoshop e escolha Help > Updates. Na caixa de diálogo Adobe Updater, clique no botão Preferences.

**17** Na caixa de diálogo Adobe Updater Preferences, selecione Automatically Check For Updates. Em seguida, decida se quer que o download das atualizações seja feito automaticamente ou se prefere ser notificado antes de o download das atualizações ocorrer.

Se optar por não verificar automaticamente as atualizações, você pode visitar o site da Adobe (veja a página seguinte) para ver as atualizações do Photoshop.

**18** Clique em OK para salvar as alterações.

Parabéns mais uma vez, você concluiu a Lição 1.

Agora que está familiarizado com os princípios básicos da área de trabalho do Photoshop, você pode explorar outros detalhes sobre o navegador de arquivos visual Adobe Bridge ou prosseguir e começar a aprender a criar e editar imagens. Depois de entender os princípios básicos, você poderá completar as lições do *Adobe Photoshop CS4 Classroom in a Book* em ordem sequencial ou de acordo com o assunto que mais lhe interessa.

## Localize recursos usando o Photoshop

Para informações completas e atualizadas sobre como utilizar painéis, ferramentas e outros recursos de aplicativo do Photoshop, visite o site Web da Adobe. Escolha Help > Photoshop Help. Você será conectado ao site Adobe Community Help, onde pode pesquisar o Photoshop Help, documentos de suporte e outros sites relevantes aos usuários do Photoshop. Você pode reduzir o escopo dos resultados de sua pesquisa e visualizar apenas a Adobe Help e documentos de suporte.

Se planeja trabalhar no Photoshop quando não estiver conectado à Internet, faça o download da versão em PDF mais atual do Photoshop Help em www.adobe.com/go/documentation.

Para recursos adicionais, como dicas e técnicas, e informações mais recentes sobre produtos, acesse a página Community Help em adobe.com/help/main.

● **Nota:** Se o Photoshop detectar que você não está conectado à Internet ao iniciar o aplicativo, escolher Help > Photoshop Help abrirá as páginas HTML de ajuda instaladas com o Photoshop. Para mais informações atualizadas, examine os arquivos de ajuda online ou faça o download do PDF atualizado para referência.

## Verifique se há atualizações

A Adobe fornece atualizações do software periodicamente. Você pode facilmente obter essas atualizações por meio do Updater Adobe, desde que esteja conectado à Internet.

1 No Photoshop, escolha Help > Updates. O Updater Adobe verifica automaticamente as atualizações disponíveis para seu software Adobe.

2 Na caixa de diálogo Adobe Updater, selecione as atualizações que deseja instalar e então clique em Download And Install Updates para instalá-las.

● **Nota:** Para configurar suas preferências para futuras atualizações, clique em Preferences. Selecione a frequência que deseja que o Updater Adobe verifique as atualizações, para quais aplicativos e se é preciso fazer o download deles automaticamente. Clique em OK para aceitar as novas configurações.

# Visão geral do painel Tools

**Photoshop CS4
Painel Tools**

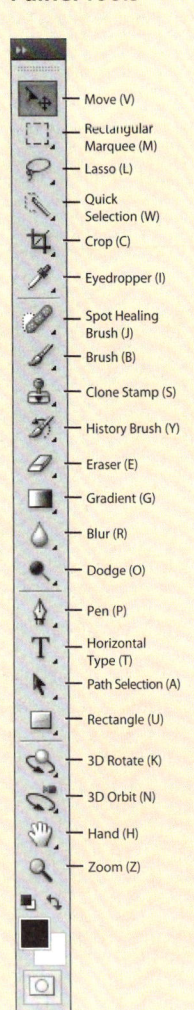

- Move (V)
- Rectangular Marquee (M)
- Lasso (L)
- Quick Selection (W)
- Crop (C)
- Eyedropper (I)
- Spot Healing Brush (J)
- Brush (B)
- Clone Stamp (S)
- History Brush (Y)
- Eraser (E)
- Gradient (G)
- Blur (R)
- Dodge (O)
- Pen (P)
- Horizontal Type (T)
- Path Selection (A)
- Rectangle (U)
- 3D Rotate (K)
- 3D Orbit (N)
- Hand (H)
- Zoom (Z)

A ferramenta **Move** move seleções, camadas e guias.

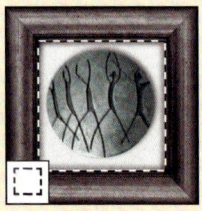

As ferramentas de **contorno de seleção (marquee)** criam seleções retangulares, de linha única, elípticas e de coluna única.

As ferramentas **Lasso** criam seleções de forma livre, poligonais (de bordas retas) e magnéticas (aderentes).

A ferramenta **Quick Selection** permite "pintar" rapidamente uma seleção utilizando pincel redondo ajustável.

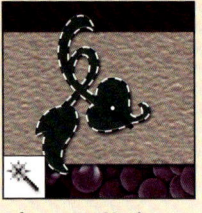

A ferramenta **Magic Wand** seleciona áreas coloridas semelhantes.

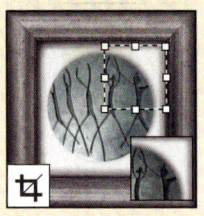

A ferramenta **Crop** apara imagens.

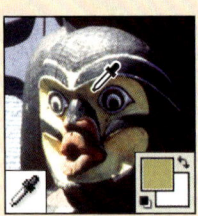

A ferramenta **Eyedropper** obtém amostras de cores em uma imagem.

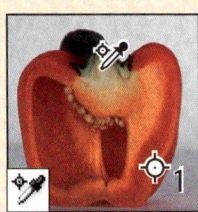

A ferramenta **Color Sampler** obtém amostras de até quatro áreas da imagem.

A ferramenta **Measure** mede distâncias, localizações e ângulos.

# LIÇÃO 1 | 53
## Conheça a Área de Trabalho

A ferramenta **Note** cria notas que podem ser anexadas a uma imagem.

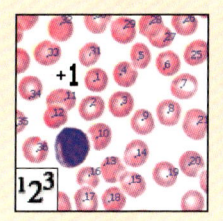

A ferramenta **Count** conta objetos em uma imagem.

A ferramenta **Slice** cria fatias.

A ferramenta **Slice Select** seleciona fatias.

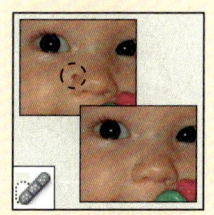

A ferramenta **Spot Healing Brush** remove rapidamente manchas e imperfeições das fotografias com um fundo uniforme.

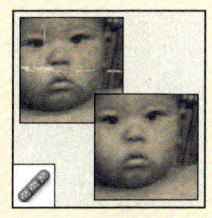

A ferramenta **Healing Brush** pinta com uma amostra ou padrão para corrigir imperfeições em uma imagem.

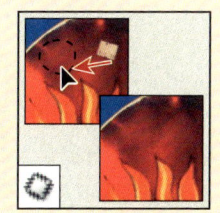

A ferramenta **Patch** corrige imperfeições em uma área selecionada utilizando uma amostra ou padrão.

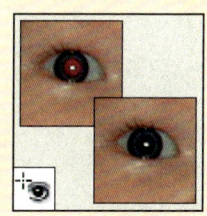

A ferramenta **Red Eye** remove "olhos vermelhos" causados por flash com um clique.

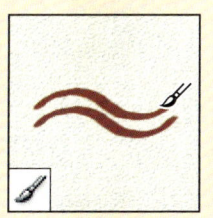

A ferramenta **Brush** pinta traços simulando um pincel.

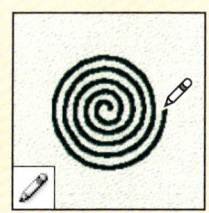

A ferramenta **Pencil** pinta traços de borda dura.

A ferramenta **Color Replacement** substitui uma cor por outra.

A ferramenta **Clone Stamp** pinta com um exemplo de uma imagem.

## Visão geral do painel Tools *(continuação)*

A ferramenta **Pattern Stamp** pinta com um padrão sobre a imagem.

A ferramenta **History Brush** pinta uma cópia do estado ou instantâneo selecionados na janela da imagem atual.

A ferramenta **Art History Brush** pinta traços estilizados que simulam a visão dos diferentes estilos de pintura utilizando um estado ou instantâneo selecionado.

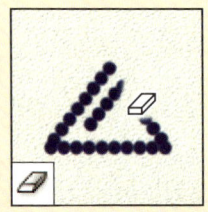

A ferramenta **Eraser** apaga pixels e restaura partes de uma imagem de acordo com um estado salvo anteriormente.

A ferramenta **Background Eraser** remove áreas deixando-as transparentes quando as arrastamos.

A ferramenta **Magic Eraser** remove áreas com cores sólidas com um único clique, deixando-as transparentes.

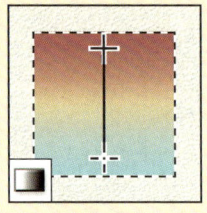

A ferramenta **Gradient** cria mesclagens de cores nos formatos radial, angular, refletido e losangular.

A ferramenta **Paint Bucket** preenche áreas coloridas semelhantes com a cor de primeiro plano.

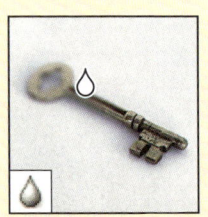

A ferramenta **Blur** suaviza bordas duras em uma imagem.

A ferramenta **Sharpen** aumenta a nitidez de bordas desfocadas de uma imagem.

A ferramenta **Smudge** esfumaça os dados em uma imagem.

A ferramenta **Dodge** clareia áreas em uma imagem.

LIÇÃO 1 | **55**
**Conheça a Área de Trabalho**

A ferramenta **Burn** escurece áreas em uma imagem.

A ferramenta **Sponge** muda a saturação de cor de uma área.

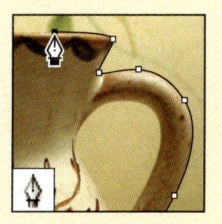

As ferramentas **Pen** desenham demarcadores com bordas suaves.

As ferramentas **Type** criam texto em uma imagem.

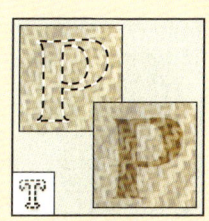

As ferramentas **Type Mask** criam uma seleção na forma do texto.

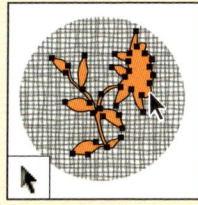

As ferramentas **Path Selection** seleciona formas ou segmentos mostrando pontos de ancoragem, linhas e pontos de direção.

As ferramentas **Shape** e a ferramenta **Line** desenham formas e linhas em uma camada normal ou em uma camada de forma.

A ferramenta **Custom Shape** cria formas personalizadas selecionadas a partir de uma lista de formas personalizadas.

A ferramenta **Hand** move uma imagem dentro da sua janela.

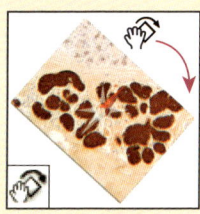

A ferramenta **Rotate View** gira a área de pintura de maneira não destrutiva.

A ferramenta **Zoom** amplia e reduz a visualização de uma imagem.

## Visão geral das ferramentas 3D (Photoshop Extended)

A ferramenta **3D Rotate** gira um modelo 3D em volta de seu eixo x ou eixo y.

A ferramenta **3D Roll** gira um modelo 3D em volta do seu eixo x.

A ferramenta **3D Pan** move o modelo na direção x ou y.

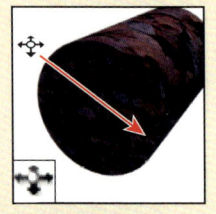

A ferramenta **3D Slide** move o modelo 3D ao longo do eixo x, para que pareça mais perto ou mais longe.

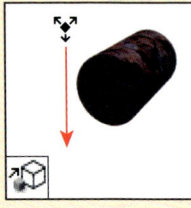

A ferramenta **3D Scale** redimensiona o modelo 3D.

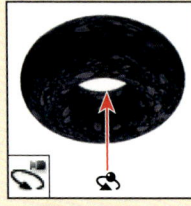

A ferramenta **3D Orbit** orbita a câmera na direção x ou y.

A ferramenta **3D Roll View** gira a câmera em torno do eixo x.

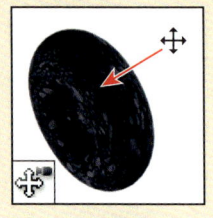

A ferramenta **3D Pan View** desloca a câmera no x ou direção y.

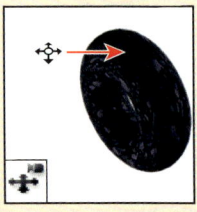

A ferramenta **3D Walk View** faz a câmera andar.

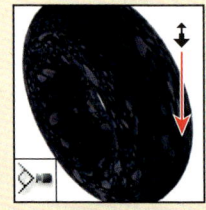

A ferramenta **3D Zoom** altera o campo de visão para mais perto ou mais longe.

# Perguntas de revisão

1 Descreva dois tipos de imagens que podem ser abertas no Photoshop.
2 Como abrir arquivos de imagem utilizando o Adobe Bridge?
3 Como selecionar ferramentas no Photoshop?
4 Descreva duas maneiras de alterar a visualização de uma imagem.
5 Quais são as duas maneiras de obter informações adicionais sobre o Photoshop?

# Respostas

1 Você pode digitalizar uma fotografia, transparência, negativo ou um elemento gráfico no programa; capturar uma imagem de vídeo digital; ou importar arte-final criada em um programa de desenho. Você também pode importar fotos digitais.

2 Clique no botão Launch Bridge na barra do aplicativo do Photoshop para pular para o Bridge. Em seguida, localize o arquivo de imagem que você quer abrir e dê um clique duplo na miniatura para abri-lo no Photoshop.

3 Clique em uma ferramenta no painel Tools ou pressione o atalho de teclado da ferramenta. Uma ferramenta selecionada permanece ativa até que você selecione outra ferramenta. Para selecionar uma ferramenta oculta, utilize um atalho de teclado para alternar entre ferramentas ou pressione o botão do mouse sobre a ferramenta no painel Tools para abrir um menu pop-up das ferramentas ocultas.

4 Escolha os comandos no menu View para ampliar, reduzir ou ajustar uma imagem na tela; ou utilize as ferramentas zoom e clique ou arraste na imagem para ampliar ou reduzir a visualização. Os atalhos de teclado ou o painel Navigator também podem ser usados para controlar a exibição de uma imagem.

5 O sistema Photoshop Help inclui informações completas sobre os recursos do Photoshop e também atalhos de teclado, tópicos baseados em tarefa e ilustrações. O Photoshop também inclui um link para a página do Photoshop na Adobe Systems com informações adicionais sobre serviços, produtos e dicas relacionadas ao Photoshop.

# 2 CORREÇÕES BÁSICAS DE FOTOS

## Visão geral da lição

Nesta lição, você vai aprender a:

- Entender a resolução e o tamanho de uma imagem
- Cortar e corrigir uma imagem
- Ajustar o intervalo tonal de uma imagem
- Remover a invasão de cor em uma imagem utilizando a correção Auto Color
- Ajustar a saturação e o brilho das áreas isoladas de uma imagem utilizando as ferramentas Sponge e Dodge
- Utilizar a ferramenta Clone Stamp para eliminar uma parte indesejada de uma imagem
- Utilizar a ferramenta Spot Healing Brush para reparar parte de uma imagem
- Utilizar as ferramentas Healing Brush e Patch para mesclar correções
- Aplicar o filtro Unsharp Mask para terminar o processo de retoque de uma foto
- Salvar um arquivo de imagem para uso em um programa de layout de página

Esta lição levará entre 45 minutos e uma hora para ser concluída. Copie a pasta Lesson02 para a unidade de disco rígido se você ainda não fez isso. Ao trabalhar, você preservará os arquivos iniciais. Se precisar restaurá-los, copie-os do CD do livro.

O Adobe Photoshop inclui uma variedade de ferramentas e comandos para melhorar a qualidade de uma imagem fotográfica. Esta lição analisa o processo de aquisição, redimensionamento e retoque de uma foto para impressão.
O mesmo fluxo de trabalho básico se aplica a imagens para a Web.

# Estratégia de retoque

O Adobe Photoshop tem um grande conjunto de ferramentas de correção de cores para ajustar a cor e o tom de imagens. Você pode, por exemplo, corrigir problemas na qualidade da cor e no intervalo tonal criados quando uma fotografia foi tirada ou uma imagem foi digitalizada ou que ocorreram durante a composição, bem como aprimorar o foco geral da imagem.

## Organize uma sequência eficiente de tarefas

A maior parte do processo de retoque segue estes oito passos gerais:

- Duplicar a imagem original ou a digitalização (sempre trabalhe em uma cópia do arquivo de imagem para poder recuperar o original mais tarde, se necessário).
- Verificar a qualidade da digitalização e certificar-se de que a resolução é apropriada para o uso que se fará da imagem.
- Cortar a imagem para o dimensionamento e a orientação finais.
- Corrigir os defeitos na digitalização de fotografias danificadas (como rasgos, pó ou manchas).
- Ajustar o contraste geral ou o intervalo tonal da imagem.
- Remover qualquer invasão de cor.
- Ajustar a cor e o tom em partes específicas da imagem a fim de excluir áreas claras, meios-tons, sombras e cores dessaturadas.
- Dar maior nitidez ao foco geral da imagem.

Normalmente, esses processos devem ser feitos na ordem listada, caso contrário, os resultados de um processo podem causar alterações indesejadas em outros aspectos da imagem, obrigando-o a refazer algumas partes do trabalho.

● **Nota:** Na Lição 1, você utilizou uma camada de ajuste que fornece excelente flexibilidade para testar diferentes configurações de correção sem correr o risco de danificar a imagem original.

## Ajuste seu processo para os usos pretendidos

As técnicas de retoque que você aplica a uma imagem dependem, em parte, de como você utilizará a imagem. Seja a imagem concebida para publicação em preto e branco em papel jornal, seja para distribuição colorida na Internet, o meio de veiculação afeta tudo, da resolução da digitalização inicial ao tipo de intervalo tonal e correção de cor que a imagem requer. O Photoshop suporta o modo de cor CMYK para preparar uma imagem a ser impressa usando cores de processo, bem como RGB e outros modos de cor para a criação de conteúdo Web e dispositivos móveis.

Para demonstrar uma das aplicações das técnicas de retoque, esta lição o orienta nos passos da correção de uma fotografia feita para publicação impressa em quatro cores.

Para informações adicionais sobre os modos de cor CMYK e RGB, consulte a Lição 14.

## Resolução e tamanho da imagem

O primeiro passo ao retocar uma fotografia no Photoshop é certificar-se de que a imagem tem a resolução correta. O termo *resolução* refere-se ao número de pequenos quadrados, conhecidos como *pixels*, que compõem uma imagem e estabelecem seus detalhes. A resolução é determinada pelas *dimensões em pixels*, ou o número de pixels ao longo da largura e da altura de uma imagem.

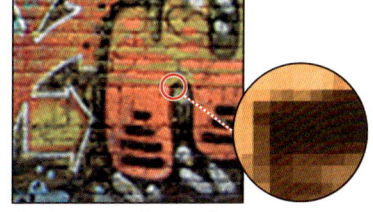

Pixels em uma fotografia

Em imagens gráficas computadorizadas, há diferentes tipos de resolução:

O número de pixels por unidade de comprimento em uma imagem é chamado *resolução da imagem*, normalmente medido em pixels por polegada (ppi). Uma imagem com alta resolução tem mais pixels (e, portanto, maior tamanho de arquivo) do que uma imagem com as mesmas dimensões com uma baixa resolução. Imagens no Photoshop podem variar de alta resolução (300 ppi ou mais) a baixa resolução (72 ou 96 ppi).

O número de pixels por unidade de comprimento em um monitor é a *resolução do monitor*, também normalmente medido em pixels por polegada (ppi). Os pixels de uma imagem são convertidos diretamente em pixels de monitor. No Photoshop, se a resolução da imagem for mais alta do que a resolução do monitor, a imagem aparece maior na tela do que suas dimensões de impressão especificadas. Por exemplo, ao exibir uma imagem de 1 x 1 polegada em 144 ppi em um monitor de 72 ppi, a imagem preenche uma área de 2 x 2 polegadas na tela.

● **Nota:** É importante entender o que "visualização 100%" significa quando você trabalha na tela. Em 100%, um pixel de imagem = um pixel de monitor. A menos que a resolução da sua imagem seja exatamente a mesma da resolução do monitor, o tamanho da imagem (em polegadas, por exemplo) na tela poderá ser maior ou menor que o tamanho da imagem quando ela for impressa.

4 x 6 polegadas a 72 ppi; tamanho do arquivo 364,5 KB

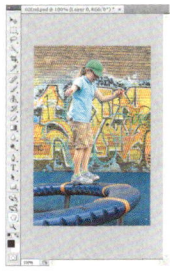

Visualização 100% na tela

4 x 6 polegadas a 200 ppi; tamanho do arquivo 2.75MB

Visualização 100% na tela

O número de pontos de tinta por polegada (dpi) produzido por uma platesetter ou impressora a laser é a *resolução*, ou *saída*, da *impressora*. Naturalmente, impressoras de alta resolução, combinadas com imagens de alta resolução, geralmente produzem uma qualidade melhor. A resolução apropriada para uma imagem impressa é determinada tanto pela resolução da impressora como pela *linhatura*, ou linhas por polegada (lpi), das telas de meio-tom utilizadas para reproduzir as imagens.

● **Nota:** Para determinar a resolução da imagem da fotografia nesta lição, seguimos a regra geral da indústria gráfica para imagens coloridas e em tons de cinza destinadas à impressão em gráficas comerciais: a digitalização deve estar a uma resolução entre 1,5 e 2 vezes a linhatura utilizada pela gráfica. Como a revista em que a imagem será impressa utiliza uma linhatura de 133 lpi, a imagem foi digitalizada em 200 ppi (133 x 1,5).

Tenha em mente que, quanto mais alta a resolução da imagem, maior o tamanho do arquivo e maior o tempo de download do arquivo na Web.

Para informações adicionais sobre resolução e tamanho de imagem, consulte o Photoshop Help.

## Introdução

A imagem em que você trabalhará nesta lição é uma fotografia digitalizada. Você vai preparar a imagem que será colocada em um layout do Adobe InDesign para uma revista fictícia. O tamanho final da imagem no layout para impressão terá 3,5 x 2,5 polegadas.

Comece comparando a digitalização original com a imagem final.

**1** Inicie o Photoshop e pressione Ctrl+Alt+Shift (Windows) ou Command+Option+Shift (Mac OS) para restaurar as preferências padrão. (Consulte "Restaurando as preferências padrão", na página 16).

**2** Quando solicitado, clique em Yes para confirmar que você quer redefinir as preferências.

**3** Clique no botão Launch Bridge (■) na barra do aplicativo para abrir o Adobe Bridge.

**4** No painel Favorites no canto superior esquerdo do Bridge, clique na pasta Lessons. Então, no painel Content, dê um clique duplo na pasta Lesson02 para ver seu conteúdo.

5  Compare os arquivos 02Start.psd e 02End.psd. Para aumentar as miniaturas no painel Content, arraste o controle deslizante Thumbnail na parte inferior da janela do Bridge para a direita.

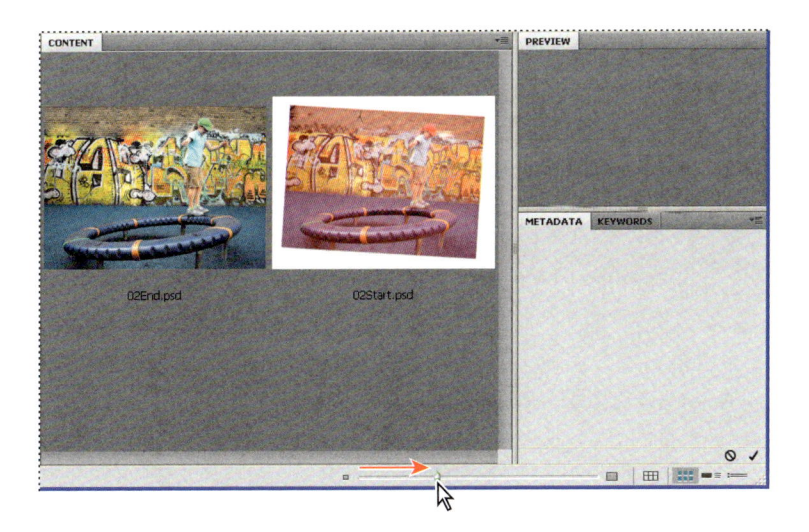

No arquivo 02Start.psd, observe que a imagem está rotacionada, as cores estão relativamente desbotadas e há uma invasão de cor vermelha. As dimensões também são maiores do que as necessárias para os requisitos da revista. Você corrigirá todos esses problemas, iniciando com alinhamento e corte da imagem.

6  Dê um clique duplo na miniatura 02Start.psd para abrir o arquivo no Photoshop. Se necessário, clique em OK para fechar o alerta de não correspondência de perfil incorporado.

7  No Photoshop, escolha File > Save As, atribua o nome **02Working.psd** ao arquivo e clique em Save para salvá-lo na pasta Lesson02.

8  Se a caixa de diálogo Photoshop Format Options se abrir, remova a seleção Maximize Compatibility e clique em OK.

Lembre-se de que, ao fazer correções permanentes em um arquivo de imagem, é sempre inteligente trabalhar em uma cópia em vez de no original. Assim, se algo sair terrivelmente errado, você, pelo menos, será capaz de reiniciar a partir de uma cópia atualizada da imagem original.

## Dicas de ferramenta de uma divulgadora do Photoshop
**A ferramenta Crop detona!**

Eis duas maneiras pouco conhecidas, porém excelentes, de utilizar a ferramenta Crop (C) de modo mais eficiente:

- Utilize a ferramenta Crop para adicionar tela de pintura (*canvas*) a qualquer imagem. Com a imagem aberta no Photoshop, arraste uma marca de seleção com a ferramenta Crop. Depois de soltar o botão do mouse, arraste a alça para fora da área da imagem. Ao aplicar o corte (pressionando Enter ou Return), a área transparente será adicionada à tela de pintura.

- Utilize as dimensões de uma das imagens para cortar outra. Abras as duas imagens no Photoshop e crie a imagem com as dimensões do corte desejado ativas. Selecione a ferramenta Crop e clique no botão Front Image na barra de opções da ferramenta. Isso insere a altura, a largura e a resolução da imagem nos respectivos campos na barra de opções. Mude para a imagem que você quer cortar e arraste-a com a ferramenta Crop. A ferramenta limita o movimento de arrastar à relação altura/largura configurada e, quando você soltar e aplicar o corte, a imagem será redimensionada de acordo com a altura, largura e resolução desejadas.

*Julieanne Kost é divulgadora oficial do Adobe Photoshop*

## Alinhe e corte uma imagem

Usaremos a ferramenta Crop para aparar e redimensionar a fotografia para que ela caiba no espaço designado. Você pode utilizar a ferramenta Crop ou o comando Crop para cortar a imagem. Os dois métodos excluem permanentemente todos os pixels fora da área de seleção de corte.

1 No painel Tools, selecione a ferramenta Crop ( ). Em seguida, na barra de opções (na parte superior da área de trabalho), insira as dimensões (em polegadas) da imagem final. Para Width, digite **3.5 in,** e para Height, digite **2.5 in**.

**2** Faça uma demarcação de corte em torno da imagem. Não se preocupe com qual parte da imagem é incluída, pois logo você ajustará o contorno da seleção.

Enquanto você arrasta, o contorno de seleção retém a mesma proporção das dimensões especificadas anteriormente para o tamanho alvo (3,5 x 2,5 polegadas).

Depois de soltar o botão do mouse, um *escudo de corte* ou *proteção de corte* cobre a área fora da seleção de corte e a barra de opções exibe as escolhas do escudo de corte.

**3** Na barra de opções, certifique-se de que a caixa de seleção Perspective não está selecionada.

**4** Na janela da imagem, mova o cursor para fora do contorno da seleção de corte para que ele pareça uma seta dupla curvada (↻). Arraste no sentido horário para girar o contorno da seleção até que ele corresponda ao ângulo da imagem.

**5** Posicione o cursor dentro do contorno de corte e arraste-o até que ele preencha a porção da imagem a ser exibida para produzir um resultado artisticamente agradável. Se precisar ajustar o tamanho do contorno da seleção, arraste uma das alças de canto. Também é possível pressionar as teclas de seta para ajustar o contorno de seleção em incrementos de 1 pixel.

> **Dica:** Você pode escolher Image > Trim para descartar a área marginal em torno da borda da imagem, com base na transparência ou na cor da borda.

6 Pressione Enter ou Return. Agora, a imagem está cortada, ocupando toda a área da janela da imagem, assim como alinhada, dimensionada e cortada de acordo com as suas especificações.

7 Escolha File > Save para salvar seu trabalho.

## Faça ajustes automáticos

O Photoshop contém vários recursos automáticos altamente eficientes para fácil correção de imagens. Esses recursos talvez sejam tudo o que você precisa para certos tipos de trabalho. Entretanto, quando precisar de maior controle, você pode se aprofundar em recursos e opções mais técnicos disponíveis no Photoshop.

Primeiro, você experimentará os ajustes automáticos para iluminar as cores mais brilhantes do arquivo de imagem da lição. Em seguida, fará ajustes utilizando os controles manuais em outra cópia da imagem.

1 Se você ainda não salvou seu trabalho depois de cortar a imagem no exercício anterior, escolha File > Save.

2 Para salvar uma cópia da imagem, escolha File > Save As, renomeie o arquivo cortado como **02Auto.psd** e clique em Save.

Se a caixa de diálogo Photoshop Format Options se abrir, remova a seleção Maximize Compatibility e clique em OK.

3 Escolha Image > Auto Color. A invasão de cor desaparece.

Original    Resultado

## Os comandos Auto Color e Auto Correction

O comando Auto Color ajusta o contraste e a cor de uma imagem pesquisando na imagem real, em vez de nos histogramas de áreas escuras, meios-tons e áreas claras. Ele neutraliza os meios-tons e ajusta os pixels brancos e pretos com base nos valores especificados na caixa de diálogo Auto Color Correction Options.

A caixa de diálogo Auto Color Correction Options permite ajustar automaticamente o intervalo tonal geral de uma imagem, especificar porcentagens de corte e atribuir valores de cores a áreas escuras, meios-tons e áreas claras. Você pode aplicar as configurações quando usa as caixas de diálogo Levels ou Curves ou pode salvar as configurações para uso futuro com os comandos Levels, Auto Levels, Auto Contrast, Auto Color e Curves.

Para abrir a caixa de diálogo Auto Color Correction Options, clique em Options na caixa de diálogo Levels ou na caixa de diálogo Curves, ou escolha Auto Options no menu do painel Curves ou Levels.

4 Escolha Image > Adjustments > Shadows/Highlights.

5 Na caixa de diálogo Shadows/Highlights, arraste os controles deslizantes Highlights e Shadows até achar que a imagem está boa. Certifique-se de que Preview esteja selecionada para poder ver as alterações aplicadas à janela da imagem enquanto trabalha.

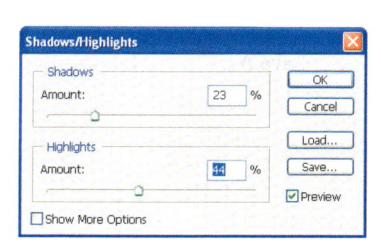

6 Clique em OK para fechar a caixa de diálogo e, então, escolha File > Save.

## O comando Auto Contrast

Você também pode ajustar automaticamente o contraste (áreas claras e escuras) e a combinação geral das cores em uma imagem escolhendo Image > Auto Contrast. Ajustar o contraste mapeia os pixels mais escuros e mais claros na imagem para preto e branco. Esse remapeamento faz com que as áreas claras pareçam mais claras e as áreas escuras, mais escuras, e pode melhorar a aparência de muitas fotografias ou imagens em tons contínuos. (O comando Auto Contrast não melhora imagens com apenas uma cor).

O comando Auto Contrast elimina pixels brancos e pretos em 0,5% – isto é, ele ignora o primeiro 0,5% dos dois extremos ao identificar os pixels mais claros e mais escuros na imagem. Essa eliminação dos valores das cores garante que os valores de branco e preto sejam áreas representativas do conteúdo da imagem, e não valores extremos dos pixels.

Para este projeto, você não utilizará o recurso Auto Contrast feature, mas é recomendável utilizá-lo nos seus próprios projetos.

**7** Feche o arquivo 02Auto.psd. Em seguida, escolha File > Open Recent > 02Work.psd para abrir esse arquivo de imagem. Clique em OK se vir a caixa de diálogo Embedded Profile Mismatch.

## Remova uma invasão de cor

● **Nota:** Para ver a invasão de cor de uma imagem no seu monitor, você precisa de um monitor de 24 bits (um monitor que exiba milhões de cores). Em monitores que exibem apenas 256 cores (8 bits), é difícil, se não impossível, detectar uma invasão de cor.

Algumas imagens contêm invasão de cor (*color casts*, ou cores inadequadas) que podem ser criadas quando a imagem é digitalizada ou mesmo quando a fotografia é feita. Esta fotografia do playground tem predominância da cor vermelha. Você utilizará uma camada de ajuste Color Balance para corrigir isso.

**1** Clique no botão Color Balance no painel Adjustments.

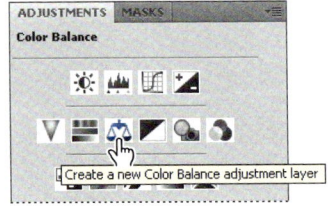

**2** No painel Color Balance, selecione Midtones para Tone e selecione Preserve Luminosity na parte inferior do painel.

3 Movimente os controles deslizantes para balancear as cores na imagem. Movemos o controle deslizante de cima para −90, o controle deslizante do meio para +18 e o controle deslizante de baixo para +6.

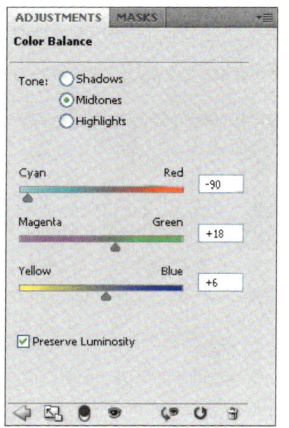

A predominância de vermelho desaparece.

4 Clique no botão Return To Adjustment List ( ) no painel Adjustments.

5 Escolha File > Save. Se a caixa de diálogo Photoshop Format Options se abrir, remova a seleção Maximize Compatibility e clique em OK.

## Ajuste manualmente o intervalo tonal

O intervalo tonal de uma imagem representa a quantidade de *contraste*, ou detalhes, na imagem e é determinado pela distribuição dos pixels da imagem, variando dos pixels mais escuros (preto) aos pixels mais claros (branco). Você corrigirá o contraste da fotografia utilizando uma camada de ajuste Levels.

Nesta tarefa, você utilizará um gráfico no painel Levels que representa o intervalo de valores (escuro e claro) na imagem. Esse gráfico tem controles que ajustam as áreas mais escuras, mais claras e meios-tons (ou gama) da imagem. O painel Histogram também exibe essas informações. A menos que tenha em mente um efeito especial, o histograma ideal se estende por todo o gráfico e a parte do meio tem picos e vales relativamente uniformes, representando os dados de pixels adequados nos meios-tons.

1 Escolha Window > Histogram para abrir o painel Histogram. Então escolha Expanded View no menu do painel Histogram.

2 No painel Histogram, escolha RGB do menu Channel.

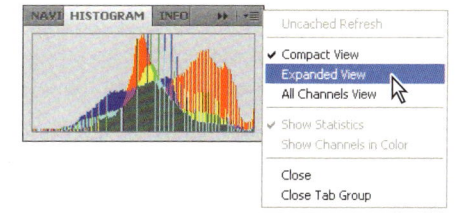

3 Posicione o painel Histogram para que possa vê-lo junto com o painel Adjustments e a janela da imagem.

4 Clique no botão Levels no painel Adjustments para abrir o painel Levels. O Photoshop adiciona uma camada de ajuste Levels ao painel Layers.

A. Áreas escuras.
B. Meios-tons, ou gama
C. Áreas claras

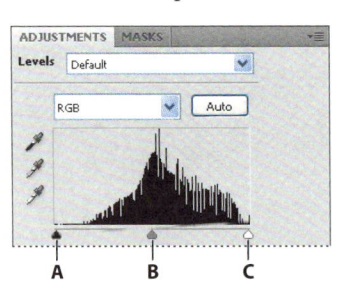

No painel Levels, o triângulo à esquerda (preto) abaixo do histograma representa as áreas escuras, o triângulo do meio (cinza) representa os meios-tons, ou *gama*, e o triângulo à direita (branco) representa as áreas mais claras. Se sua imagem tivesse cores em todo o intervalo de brilho, o gráfico se estenderia ao longo da largura do histograma. Observe que neste ponto, os gráficos no painel Levels e no painel Histogram são idênticos.

5 No painel Levels, arraste o triângulo esquerdo para a direita até o ponto em que o histograma indica que as cores mais escuras iniciam.

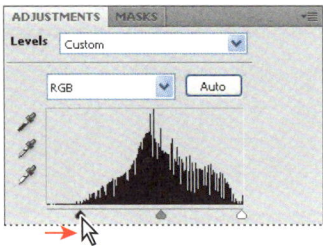

À medida que você arrasta, o primeiro valor de Input Levels (sob o gráfico do histograma no painel Levels) muda, assim como a própria imagem. No painel Histogram, a parte esquerda do gráfico agora se estende até a borda do quadro. Isso indica que os valores mais escuros das sombras foram mudados para um valor próximo a preto.

6 Arraste o triângulo branco para a esquerda até o ponto em que o histograma indica que as cores mais claras iniciam. Mais uma vez, observe as alterações no terceiro valor de Input Levels, na imagem e no gráfico do painel Histogram.

7 Arraste o triângulo do meio (cinza) para a direita a fim de escurecer os meios-tons.

Observe as alterações na janela da imagem e no gráfico do painel Histogram para determinar a distância que você arrastará o triângulo do meio.

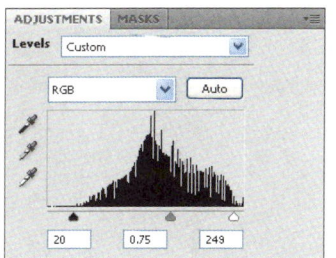

8 Quando a imagem parecer boa (utilizamos valores de Input Levels de 20, 0.75 e 249), clique no botão Return To Adjustment List na parte inferior do painel Levels.

9 Feche o painel Histogram.

10 Escolha File > Save.

## Substitua cores em uma imagem

Com o comando Replace Color, você pode criar *máscaras* temporárias com base em cores específicas e, então, substituir essas cores. (Uma máscara isola uma área da imagem para que as alterações afetem apenas a área selecionada). A caixa de diálogo Replace Color contém as opções para ajustar os componentes de tom, saturação e luminosidade da seleção: *tom* refere-se à cor, *saturação* à pureza da cor e *luminosidade* à porção de branco ou preto na imagem.

Você utilizará o comando Replace Color para alterar as cores do boné da menina na imagem do playground.

1 Amplie para ver o boné da criança claramente.

2 No painel Layers, selecione a camada Background. O boné está na camada Background.

3 Selecione a ferramenta Rectangular Marquee ( ) e desenhe uma borda em torno do boné. Não se preocupe em fazer uma seleção perfeita, apenas cuide para incluir todo o boné e tente não incluir a boca da menina.

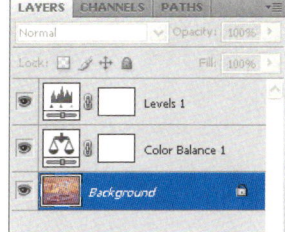

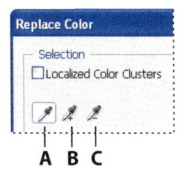

**A.** Eyedropper (conta-gotas)
**B.** Eyedropper Add To Sample (Conta-gotas adicionar à amostra)
**C.** Eyedropper Subtract From Sample (Conta-gotas retirar da amostra)

4  Escolha Image > Adjustments > Replace Color.

A caixa de diálogo Replace Color se abre e, por padrão, a área Selection exibe uma representação preta da seleção atual.

A caixa de diálogo Replace Color contém três conta-gotas. O primeiro, a ferramenta Eyedropper, seleciona uma cor; o segundo, Add To Sample, adiciona uma cor à amostra; o terceiro, Subtract From Sample, remove uma cor da amostra.

5  Selecione Localized Color Clusters. Então, utilizando a ferramenta Eyedropper ( ), clique em qualquer lugar do boné na janela da imagem para criar uma amostra dessa cor.

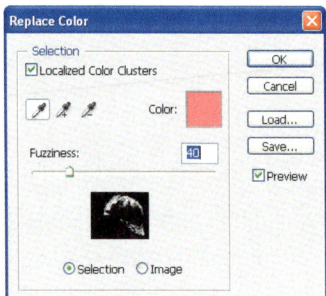

6  Utilize o conta-gotas Add To Sample ( ) para obter amostras de outras áreas do boné até que todo o boné esteja selecionado e realçado no display da máscara na caixa de diálogo Replace Color.

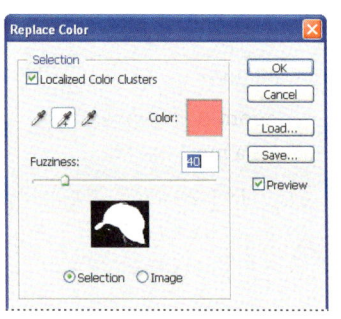

7  Arraste o controle deslizante Fuzziness até **35** para aumentar um pouco o nível de tolerância.

Fuzziness controla o grau com que cores relacionadas são incluídas na máscara.

8  Se a exibição da máscara incluir qualquer área em branco que *não* faz parte do boné, remova-a agora: selecione o conta-gotas Subtract From Sample ( ). Clique nessa área na janela da imagem ou no display da máscara Replace Color para remover esses pixels a mais. (não há problemas se alguns permanecerem na seleção).

LIÇÃO 2 | **73**
Correções Básicas de Fotos

**9** Na área Replacement da caixa de diálogo Replace Color, arraste o controle deslizante Hue (tom) até **+129**, o controle deslizante Saturation até **−76** e deixe o controle deslizante Lightness (luminosidade) em **+10**.

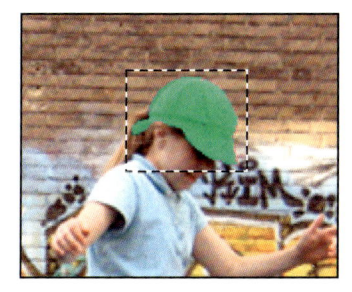

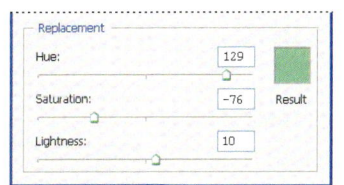

À medida que você altera os valores, o tom, a saturação e a luminosidade das cores do boné mudam. O boné torna-se verde.

**10** Clique em OK para aplicar as alterações.

**11** Escolha Select > Deselect e, então, escolha File > Save.

## Ajuste a luminosidade com a ferramenta Dodge

Agora, você utilizará a ferramenta Dodge para destacar as sombras e reduzir o brilho do brinquedo na imagem. A ferramenta Dodge baseia-se no método usado por fotógrafos tradicionais de posicionar uma luz atrás do tema durante uma exposição para iluminar uma área da imagem.

**1** Aplique menos zoom ou role pela janela da imagem para ver a estrutura do brinquedo em que a menina está.

**2** No painel Tools, selecione a ferramenta Dodge ( ) e clique no botão Default Foreground and Background Colors para que preto seja a cor de primeiro plano e branco a cor de fundo.

**3** Na barra de opções, faça o seguinte:

- No painel pop-up Brush, selecione um pincel macio, como Soft Round de 21 pixels e então arraste o controle deslizante Master Diameter até **30** px. Clique fora do painel para fechá-lo.

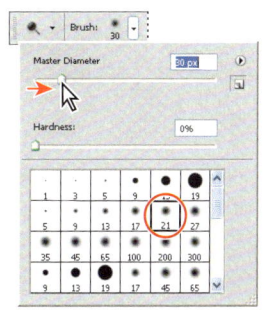

- Escolha Shadows no menu Range.
- Configure Exposure como **100%**.

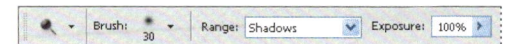

4 Utilizando traços horizontais, arraste a ferramenta Dodge sobre o brinquedo ao lado da menina para remover o brilho a fim de que ele corresponda melhor ao restante do objeto.

Original

Resultado

Nem sempre é preciso utilizar traços horizontais com a ferramenta Dodge, mas eles funcionam bem para esta imagem em particular. Se cometer um erro ou não gostar dos resultados, escolha Edit > Undo e tente novamente até ficar satisfeito.

5 Escolha File > Save.

## Ajuste a saturação com a ferramenta Sponge

Ao alterar a saturação de uma cor, você ajusta sua intensidade ou pureza. A ferramenta Sponge é útil para fazer alterações sutis na saturação de áreas específicas de uma imagem. Você utilizará a ferramenta Sponge para saturar a cor da grafitagem.

1 Reduza o zoom ou role para ver o grafite colorido se precisar.

2 Selecione a ferramenta Sponge (), oculta sob a ferramenta Dodge ().

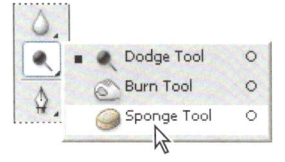

3 Na barra de opções, faça o seguinte:

- No painel pop-up Brush, selecione um pincel grande macio, como Soft Round de 100 pixels, e mova o controle deslizante Master Diameter para **150** px.
- Escolha Saturate no menu Mode.
- Para Flow, insira **40%**. O valor Flow determina a intensidade do efeito de saturação.

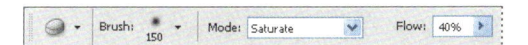

4 Arraste a ferramenta Sponge para frente e para trás sobre a grafitagem para aumentar sua saturação. Quanto mais você esfrega uma área, mais saturada a cor se torna. Tenha cuidado para não saturar demais o grafite.

5 Selecione a ferramenta Move para garantir que você não adicionará saturação em outro lugar acidentalmente.

6 Salve o trabalho.

# Comparando os resultados automáticos e manuais

Perto do início desta lição, você ajustou a imagem utilizando apenas controles de cor e valor automáticos. Na cópia de trabalho da imagem, você aplicou ajustes manuais para obter resultados específicos. Agora é hora de comparar os dois.

1 Escolha File > Open Recent > 02Auto.psd, se estiver disponível. Se necessário, clique em OK para fechar o alerta de não correspondência de perfil incorporado.

2 Clique no botão Arrange Documents (▦) na barra do aplicativo para ver as opções de exibição dos vários arquivos abertos.

3 Selecione a opção 2 Up para exibir as duas imagens, uma sobre a outra.

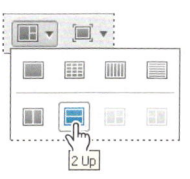

4 Se necessário, altere o zoom delas para 75 % ou menos para que possa ver a imagem completa.

5 Compare os dois resultados visualmente.

02Working.psd  02Auto.psd

6 Feche o arquivo 02Auto.psd.

Se estiver usando o Windows, ou se o application frame estiver ativado no Mac OS, a tela de pintura 02Working.psd se expande para preencher a janela do aplicativo. Se não estiver usando o application frame no Mac OS, clique no botão Arrange Documents na barra do aplicativo e escolha a opção Consolidate All para que possa ver sua imagem claramente.

Os comandos automáticos podem bastar para alguns designers. Para aqueles com maiores exigências visuais, os ajustes manuais são a melhor opção. Para cada projeto, você pode equilibrar a economia de tempo do uso de comandos automáticos com o controle preciso dos ajustes manuais.

## Corrija áreas com a ferramenta Clone Stamp

A ferramenta Clone Stamp utiliza os pixels em uma área da imagem para substituir os pixels em outra área. Ao usar esta ferramenta, você não só pode remover objetos indesejáveis das imagens como também preencher áreas ausentes nas fotografias que você digitaliza a partir de originais danificados.

Você começará substituindo uma área branca da parede, um ponto ativo, por tijolos clonados de outra área da imagem.

1 No painel Layers, certifique-se de que a camada Background está selecionada. Essa é a camada com a qual você quer trabalhar ao clonar os tijolos.

2 Selecione a ferramenta Clone Stamp ( ) no painel Tools.

3 Na barra de opções, abra o menu pop-up Brush Preset e selecione um pincel de tamanho médio com uma borda macia, como o Soft Round 21. Então, certifique-se de que a opção Aligned está selecionada.

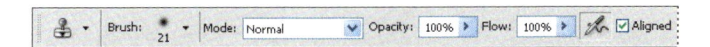

4 Escolha Window > Clone Source para abrir o painel Clone Source. Esse painel fornece melhor controle em relação à área a partir da qual você está clonando (neste caso, os tijolos).

5 Selecione Show Overlay e Clipped no painel Clone Source. Em seguida, certifique-se de que Opacity está configurada como **100** %. A sobreposição permite ver o que você está clonando antes de carimbá-lo.

6 Mova a ferramenta Clone Stamp sobre os tijolos mais escuros logo à direita do ponto ativo na parede. (Você pode ampliar a imagem para ver melhor a área.)

7 Com a tecla Alt (Windows) ou a tecla Option (Mac OS) pressionadas clique para definir uma amostra dessa parte da imagem. (Quando você pressiona a tecla Alt ou Option, o cursor aparece como um alvo.)

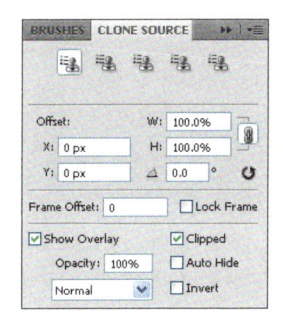

8 Iniciando na área um pouco à direita do boné da menina, arraste a ferramenta Clone Stamp para a direita, sobre o ponto ativo nos tijolos. A sobreposição do clone permite ver o que aparecerá ali, o que é especialmente útil para manter os tijolos em uma linha reta.

● **Nota:** Quando a opção Aligned não está selecionada, cada vez que cria um traço, você começa a tirar uma amostra do mesmo ponto de origem, independentemente de onde posiciona a ferramenta.

**9** Solte o botão do mouse e mova o cursor para outra área ativa e comece a arrastar novamente.

Toda vez que você clica na ferramenta Clone Stamp, ela recomeça com um novo ponto de origem, na mesma relação do primeiro traço que você criou com a ferramenta. Isto é, se você começar a pintar mais à direita, ela tira amostras dos tijolos que estão mais à direita em vez de continuar com a amostra do ponto de origem inicial. Isso ocorre porque Aligned está selecionado na barra de opções.

**10** Continue a clonar os tijolos até que toda a área branca esteja preenchida.

Para ajudar a fazer com que os tijolos pareçam mesclar-se naturalmente ao restante da imagem, se necessário, você pode ajustar sua clonagem redefinindo a área de exemplo (como você fez no Passo 7) e clonando-a novamente. Ou, você pode tentar remover a seleção da opção Aligned e clonar novamente.

**11** Quando estiver satisfeito com a aparência dos tijolos, feche o painel Clone Source e escolha File > Save.

## Utilize a ferramenta Spot Healing Brush

A próxima tarefa é limpar alguns pontos escuros na parede. Poderíamos fazer isso com a ferramenta Clone Stamp, mas usaremos outra técnica: aplicaremos a ferramenta Spot Healing Brush para limpar a parede.

### Pinte com a ferramenta Spot Healing Brush

A ferramenta Spot Healing Brush remove rapidamente manchas e outras imperfeições das fotos. Ela funciona da mesma maneira que a ferramenta Healing Brush (que você utilizará mais adiante nesta lição): ela pinta com pixels obtidos de uma amostra da imagem ou do padrão e compara a textura, a iluminação, a transparência e o sombreamento dos pixels obtidos da amostra com os pixels reparados. Mas, diferentemente da Healing Brush, a Spot Healing Brush não exige que você especifique uma área de amostra – ela cria automaticamente amostras em torno da área retocada.

A ferramenta Spot Healing Brush é excelente para retocar manchas em retratos, mas também funciona perfeitamente para a área escura da parede nesta imagem, pois a parede tem uma aparência uniforme e contínua à direita das áreas escuras.

**1** Amplie ou role para ver as áreas escuras no canto superior esquerdo da imagem.

**2** No painel Tools, selecione a ferramenta Spot Healing Brush ( ).

**3** Na barra de opções, abra o painel pop-up Brush e especifique um pincel duro a **100 %** que tenha aproximadamente um diâmetro de **40** pixels.

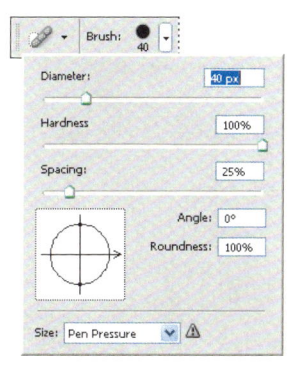

**4** Na janela da imagem, arraste Spot Healing Brush da direita para a esquerda sobre os pontos escuros no canto superior direito da imagem. Você pode fazer quantos traços quiser; pinte até que esteja satisfeito com os resultados. À medida que você arrasta, o traço a princípio aparece preto, mas quando você solta o botão mouse, a área pintada é "reparada".

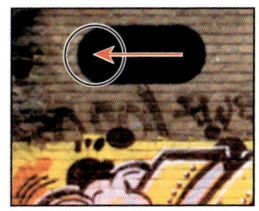

**5** Escolha File > Save.

# Utilize as ferramentas Healing Brush e Patch

As ferramentas Healing Brush e Patch vão um passo além das capacidades das ferramentas Clone Stamp e Spot Healing Brush. Com sua capacidade de aplicar e mesclar pixels de uma área para outra simultaneamente, elas permitem fazer retoques que conferem uma aparência natural às áreas que não possuem cor ou textura uniformes.

Neste projeto, você retocará a parede de tijolos, removendo a grande fenda e a pichação preta acima do grafite colorido. Como a parede tem variações em sua cor, textura e iluminação, seria difícil conseguir um bom efeito com a ferramenta Clone Stamp no retoque dessas áreas. Felizmente, as ferramentas Healing Brush e Patch facilitam esse processo.

## Utilize a ferramenta Healing Brush para remover defeitos

Seu primeiro objetivo para esta imagem é remover a fenda da parede.

1 Amplie a área que contém a fenda para que possa vê-la claramente em aproximadamente 200 %.

2 No painel Tools, selecione a ferramenta Healing Brush (⌀), oculta sob Spot Healing Brush (⌀).

3 Na barra de opções, abra o painel pop-up Brush e configure o diâmetro do pincel como **25** pixels. Clique fora do painel pop-up para fechá-lo. Então, certifique-se de que outras configurações na barra de opções estão configuradas como os valores padrão: Normal para Mode, Sampled para Source e Aligned desmarcado.

4 Mantenha pressionada a tecla Alt (Windows) ou Option (Mac OS) e clique na área à esquerda da fenda na parede. Em seguida, solte a tecla Alt ou Option.

5 Clique diretamente sobre a fenda e desenhe um traço curto.

Observe que, à medida que você pinta, a área que o pincel cobre parece não ter uma boa combinação de cores com a imagem subjacente, mas, ao soltar o botão do mouse, os traços mesclam-se perfeitamente bem com o restante da superfície do tijolo.

6 Continue utilizando traços curtos para pintar sobre a fenda, iniciando na parte superior e descendo até que a fenda desapareça.

7 Reduza a 150% e escolha File > Save.

## Utilize a ferramenta Patch

A ferramenta Patch combina o comportamento de seleção da ferramenta Lasso com as propriedades de mistura de cores da ferramenta Healing Brush. Com a ferramenta Patch, você pode selecionar uma área que quer utilizar como origem (área a ser corrigida) ou destino (área utilizada para fazer a correção). Então, arraste o contorno de seleção da ferramenta Patch para outra parte da imagem. Ao soltar o botão do mouse, a ferramenta Patch faz o trabalho. O contorno permanece ativo na área corrigida, pronto para ser arrastado novamente para outra área que precisa ser corrigida (se a opção Destination estiver selecionada) ou para outro local de amostragem (se a opção Source estiver selecionada).

Você utilizará a ferramenta Patch para remover pichação preta e branca acima da principal faixa colorida do grafite na parede.

1 No painel Tools, selecione a ferramenta Patch ( ), oculta sob Healing Brush ( ).

2 Na barra de opções, certifique-se de que Source está selecionada.

3 Arraste a ferramenta Patch em torno de uma seção do grafite preto e então solte o botão do mouse.

4 Escolha Select > Refine Edge. Na caixa de diálogo Refine Edge, insira os seguintes valores:
   - Radius: **1.0**
   - Contrast: **0**
   - Smooth: **70**
   - Feather: **1.5**
   - Contract/Expand: **6**

5 Clique em OK.

A caixa de diálogo Refine Edge permite modificar sua seleção com maior precisão. Neste caso, utilizá-la cria uma transição mais suave para os tijolos limpos.

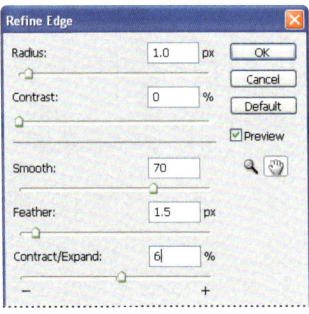

**6** Arraste a seleção até uma área limpa dos tijolos.

À medida que você arrasta, a área selecionada original mostra os mesmos pixels da seleção "laçada" que você está arrastando. Ao soltar o botão do mouse, a cor – mas não a textura – é reajustada de acordo com o esquema de cores original da seleção. Neste caso, a correção seleciona algumas cores a partir do grafite abaixo.

**7** Arraste uma nova seleção em torno de alguma outra área do grafite e então arraste-a até uma área limpa dos tijolos. As configurações Refine Edge permanecem as mesma para cada correção adicional. Continue a corrigir a imagem até que toda a pichação preta seja apagada. Você também pode corrigir os buracos no tijolo um pouco à esquerda da cabeça da menina.

**8** Escolha Select > Deselect.

**9** Escolha File > Save.

## Aplique o filtro Unsharp Mask

A última tarefa que você faz ao retocar uma foto é aplicar o filtro Unsharp Mask, que ajusta o contraste dos detalhes da borda e cria a ilusão de uma imagem mais nítida.

**1** Escolha Filter > Sharpen > Unsharp Mask.

**2** Na caixa de diálogo Unsharp Mask, certifique-se que Preview está selecionado para que você possa ver o efeito das configurações que ajustar na janela da imagem.

Você pode movimentar a imagem dentro da janela de preview na caixa de diálogo para ver diferentes partes dela ou utilizar os botões de sinal de adição (⊞) e subtração (⊟) abaixo da miniatura para ampliá-la e reduzí-la.

▶ **Dica:** À medida que experimenta diferentes configurações, marque e desmarque a opção Preview para ver como suas alterações afetam a imagem. Ou clique e mantenha o botão do mouse pressionado na janela de preview na caixa de diálogo para desativar o filtro temporariamente. Se tiver uma imagem grande, utilizar o preview em miniatura pode ser mais eficiente, pois apenas uma pequena área é redesenhada.

3 Arraste o controle deslizante Amount para aproximadamente **70%** a fim de dar maior nitidez à imagem.

4 Arraste o controle deslizante Radius para determinar o número de pixels em torno dos pixels de borda que afetarão a nitidez. Quanto mais alta a resolução, mais alta deverá ser a configuração de Radius. (Utilizamos o valor padrão, 1.0 pixel.)

5 (Opcional) Ajuste o controle deslizante Threshold. Isso determina a diferença que os pixels ajustados pela ferramenta Sharpen devem ter em relação à área ao seu redor antes de eles serem considerados pixels de borda e serem afetados pelo filtro Unsharp Mask. O valor padrão de Threshold 0 aumenta a nitidez de todos os pixels na imagem. Tente um valor diferente, como 2 ou 3.

6 Se estiver satisfeito com os resultados, clique em OK para aplicar o filtro Unsharp Mask.

7 Escolha File > Save.

### O filtro Unsharp Mask

O Unsharp Masking, ou USM, é uma técnica tradicional de composição de filme usada para dar maior nitidez às bordas em uma imagem. O filtro Unsharp Mask corrige o desfoque que surge durante os processos de fotografia, digitalização, criação de novas amostras ou impressão. Ele é útil para imagens destinadas tanto à impressão como à visualização online.

O Unsharp Mask localiza os pixels diferentes dos pixels adjacentes pelo limite configurado e aumenta o contraste dos pixels de acordo com o valor que você especifica. Além disso, você pode ajustar o raio da região com a qual cada pixel é comparado.

Os efeitos do filtro Unsharp Mask são muito mais evidentes na tela do que em uma saída de alta resolução. Se seu destino final for impressão, tente determinar quais configurações funcionam melhor para sua imagem.

# Salve a imagem para impressão em quatro cores

Antes de salvar um arquivo do Photoshop para uso em uma publicação de quatro cores, você deve alterar a imagem para o modo de cores CMYK com o comando Mode.

Para informações adicionais sobre como alternar entre modos de cores, consulte a ajuda do Photoshop.

1 Escolha File > Save As e salve o arquivo como 02_CMYK.psd. Uma boa ideia é salvar uma cópia do seu arquivo original antes de alterar o modo de cores, para que você possa fazer as modificações no original posteriormente, se necessário.

2 Escolha Layer > Merge Visible.

Mesclar camadas de ajuste com a camada Background faz com que todas as modificações que você fez sejam incluídas na imagem CMYK. Se você alterar o modo de cores sem mesclar camadas, perderá a camada de ajuste Levels.

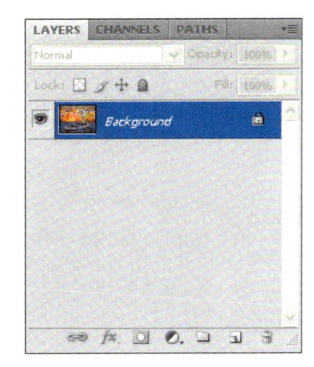

3 Escolha Image > Mode > CMYK Color. Clique em OK no alerta sobre o perfil de gerenciamento de cores.

Se estivesse preparando essa imagem para uma publicação real, seria recomendável confirmar que você usou o perfil CMYK apropriado. Consulte a Lição 14 para aprender sobre o gerenciamento de cores.

4 Se você usa o Adobe InDesign para criar suas publicações, simplesmente escolha File > Save. O InDesign pode importar arquivos nativos do Photoshop (PSD), assim não há necessidade de converter a imagem para o formato TIFF.

Se usar outro aplicativo de layout, escolha File > Save As e então passe para o passo 5 para salvar a imagem como um arquivo TIFF.

5 Na caixa de diálogo Save As, escolha TIFF no menu Format.

6 Clique em Save.

**7** Na caixa de diálogo TIFF Options, selecione seu sistema operacional para Byte Order e clique em OK.

A imagem agora está completamente retocada, salva e pronta para posicionamento em um aplicativo de layout de página.

❓ Para informações adicionais sobre formatos de arquivo, consulte o Photoshop Help.

Você pode combinar imagens do Photoshop com outros elementos em um aplicativo de layout, como o Adobe InDesign.

## Perguntas de revisão

1 O que significa *resolução*?
2 O que faz a ferramenta Crop?
3 Como você pode ajustar o intervalo tonal de uma imagem?
4 Que ferramentas você pode utilizar para remover manchas em uma imagem?
5 Que efeito o filtro Unsharp Mask tem sobre a imagem?

## Respostas

1 O termo *resolução* refere-se ao número de pixels que descreve uma imagem e estabelece seus detalhes. Os três diferentes tipos são *resolução de imagem*, *resolução de monitor* – as duas em pixels por polegada (ppi) – e *resolução de impressora*, ou *saída*, medida em pontos de tinta por polegada (dpi).
2 A ferramenta Crop pode ser usada para aparar, redimensionar e alinhar uma imagem.
3 Utilize uma camada de ajuste Levels. Os triângulos cinza, branco e preto abaixo do histograma Levels são utilizados para controlar o ponto intermediário e o início dos pontos mais escuros e mais claros na imagem, estendendo assim seu intervalo tonal.
4 As ferramentas Healing Brush, Spot Healing Brush, Patch e Clone Stamp permitem substituir partes indesejáveis de uma imagem por outras áreas da imagem. A ferramenta Clone Stamp copia a área de origem precisamente; as ferramentas Healing Brush e Patch mesclam a área com os pixels adjacentes. A ferramenta Spot Healing Brush não exige uma área de origem; ela "corrige" as áreas para se adequar aos pixels adjacentes.
5 O filtro Unsharp Mask ajusta o contraste de detalhes da borda e cria a ilusão de uma imagem mais nítida.

# 3 TRABALHANDO COM SELEÇÕES

## Visão geral da lição

Nesta lição, você vai aprender a:

- Criar áreas específicas de uma imagem ativa utilizando ferramentas de seleção
- Reposicionar um contorno de seleção
- Mover e duplicar o conteúdo de uma seleção
- Utilizar combinações de teclado e mouse que economizam tempo e movimentos manuais
- Desmarcar uma seleção
- Restringir o movimento de uma área selecionada
- Ajustar a posição de uma área selecionada utilizando as teclas de seta
- Adicionar a e subtrair de uma seleção
- Girar uma seleção
- Utilizar várias ferramentas de seleção para criar uma seleção complexa
- Remover pixels dentro de uma seleção

Esta lição levará mais ou menos uma hora para ser concluída. Copie a pasta Lesson03 para a unidade de disco rígido se já não tiver feito isso. Ao trabalhar nesta lição, você preservará os arquivos iniciais. Se precisar restaurá-los, copie-os do CD do livro.

Aprender a selecionar áreas de uma imagem é de suma importância – você primeiro precisa selecionar o que quer alterar. Depois de fazer uma seleção, somente a área dentro dela pode ser editada.

## A seleção e as ferramentas de seleção

● **Nota:** Você vai aprender a selecionar áreas vetoriais com as ferramentas de caneta na Lição 8.

No Photoshop, fazer alterações em uma área dentro de uma imagem é um processo de dois passos. Primeiro, você seleciona a parte da imagem que quer alterar com uma das ferramentas de seleção. Depois, você usa outra ferramenta, filtro ou recurso para fazer as modificações, como mover os pixels selecionados para outro ponto ou aplicar um filtro à área selecionada. As seleções podem ser feitas com base em tamanho, forma e cores. O processo de seleção limita as alterações à área selecionada, de modo que outras áreas não são afetadas.

A melhor ferramenta de seleção para uma área específica muitas vezes depende das características da área, como forma ou cor. São quatro os tipos de seleções:

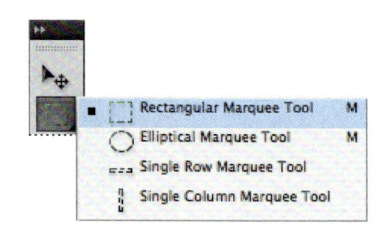

**Seleções geométricas** A ferramenta Rectangular Marquee ([ ]) seleciona uma área retangular em uma imagem. A ferramenta Elliptical Marquee (○), oculta atrás da Rectangular Marquee, seleciona áreas elípticas. As ferramentas Single Row Marquee (═══) e Single Column Marquee ( ┊ ) selecionam uma linha com 1 pixel de altura ou uma coluna com 1 pixel de largura, respectivamente.

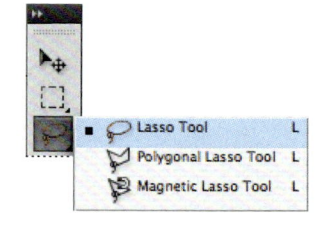

**Seleções à mão livre** Arraste a ferramenta Lasso (○) em torno de uma área para traçar uma seleção à mão livre. Com a ferramenta Polygonal Lasso (▷), clique para configurar pontos de ancoragem em segmentos em linha reta em torno de uma área. A ferramenta Magnetic Lasso (▷) é quase uma combinação das outras duas ferramentas Lasso e funciona melhor quando há um bom contraste entre a área que você quer selecionar e a área em torno dela.

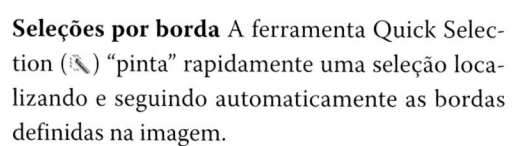

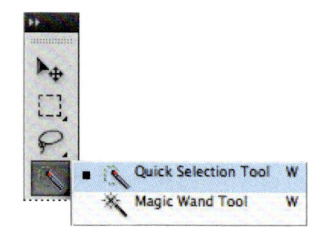

**Seleções por borda** A ferramenta Quick Selection (◣) "pinta" rapidamente uma seleção localizando e seguindo automaticamente as bordas definidas na imagem.

**Seleções por cor** A ferramenta Magic Wand (✻) seleciona partes de uma imagem com base na semelhança das cores dos pixels adjacentes. Ela é útil para selecionar áreas com diferentes formas que compartilham um intervalo específico de cores.

# Introdução

Começaremos a lição visualizando o arquivo da lição anterior e examinando a imagem que você criará à medida que explorar as ferramentas de seleção no Photoshop.

1 Inicie o Adobe Photoshop e então pressione Ctrl+Alt+Shift (Windows) ou Command+Option+Shift (Mac OS) para restaurar as preferências padrão. (Consulte "Restaurando as preferências padrão", na página 16).

2 Quando solicitado, clique em Yes para confirmar que você quer redefinir as preferências.

3 Clique no botão Launch Bridge (![Br]) na barra do aplicativo para abrir o Adobe Bridge.

4 No painel Favorites, clique na pasta Lessons. Em seguida, dê um clique duplo na pasta Lesson03 no painel Content para ver o conteúdo.

5 Estude o arquivo 03End.psd. Mova o controle deslizante da miniatura para a direita se quiser ver a imagem mais detalhadamente.

O projeto é uma colagem de objetos, incluindo um pé de alface, um tomate, uma cenoura, um pimentão, azeitonas, uma tábua de corte e o logotipo "Salads". O desafio nesta lição é organizar esses elementos, que foram digitalizados em conjunto na página que você vê no arquivo 03Start.psd. A composição ideal é uma questão pessoal, portanto, esta lição não descreverá posicionamentos precisos. Não há uma posição correta ou incorreta para os objetos.

6 Dê um clique duplo na miniatura 03Start.psd para abrir o arquivo de imagem no Photoshop.

7 Escolha File > Save As, atribua ao arquivo o nome **03Working.psd** e clique em Save. Salvando outra versão do arquivo inicial, você não precisa se preocupar em sobrescrever o original.

## Utilize a ferramenta Quick Selection

A ferramenta Quick Selection é uma das maneiras mais fáceis de fazer uma seleção. Você simplesmente pinta uma área da imagem e a ferramenta encontra automaticamente as bordas. Você pode adicionar ou retirar áreas da seleção até que tenha exatamente a área que quer.

A imagem do tomate no arquivo 03Working.psd tem bordas claramente definidas, o que faz dela uma candidata ideal para a ferramenta Quick Selection. Você selecionará apenas o tomate, não a sombra ou o fundo atrás dele.

1 Selecione a ferramenta Zoom no painel Tools e então amplie para que possa ver o tomate claramente.

2 Selecione a ferramenta Quick Selection ( ) no painel Tools.

3 Clique em uma área vermelha perto da borda externa do tomate. A ferramenta Quick Selection localiza toda a borda automaticamente, selecionando o tomate inteiro.

Deixe a seleção ativa para poder usá-la no próximo exercício.

## Mova uma área selecionada

Depois de fazer a seleção, qualquer modificação feita é aplicada exclusivamente aos pixels dentro da seleção. O restante da imagem não é afetado por essas alterações.

Para mover a área selecionada para outra parte da composição, utilize a ferramenta Move. Essa imagem tem apenas uma camada, portanto, os pixels que você move substituirão os pixels abaixo deles. Essa alteração só fica definitiva depois que você desmarca os pixels movidos, então você pode experimentar diferentes posições para a seleção antes de tomar uma decisão final.

1 Se o tomate ainda não estiver selecionado, repita o exercício anterior para selecioná-lo.

2 Aplique menos zoom para poder ver a tábua de corte e o tomate.

3 Selecione a ferramenta Move ( ). Observe que o tomate permanece selecionado.

4 Arraste a área selecionada (o tomate) até a área esquerda da colagem de modo que o tomate sobreponha a borda inferior esquerda da tábua de corte.

5 Escolha Select > Deselect e, então, escolha File > Save.

É difícil perder uma seleção no Photoshop. A menos que uma ferramenta de seleção esteja ativa, clicar em qualquer lugar da imagem não desmarcará a área ativa. Para desmarcar deliberadamente uma seleção, escolha Select > Deselect, pressione Ctrl+D (Windows) ou Command+D (Mac OS) ou clique fora da seleção com qualquer ferramenta de seleção para iniciar uma seleção diferente.

### Dicas de ferramenta de uma divulgadora do Photoshop

**Dicas sobre a ferramenta Move**

Se você estiver movendo objetos em um arquivo de várias camadas com a ferramenta Move e, de repente, precisar selecionar uma das camadas, experimente isto: com a ferramenta Move selecionada, mova o cursor sobre qualquer área de uma imagem e clique com o botão direito do mouse (Windows) ou com a tecla Control pressionada (Mac OS). As camadas sob o cursor aparecem no menu contextual. Escolha aquela que quiser ativar.

*Julieanne Kost é divulgadora oficial do Adobe Photoshop*

# Manipule seleções

Você pode reposicionar as seleções à medida que as cria, movimenta até duplica. Nesta seção, você aprenderá vários jeitos de manipular seleções. A maioria desses métodos funciona com qualquer seleção, mas você vai utilizá-los aqui com a ferramenta Elliptical Marquee, que permite selecionar formas ovais ou círculos perfeitos.

Uma das melhores coisas nesta seção é a apresentação dos atalhos de teclado que podem economizar tempo e movimentos dos braços.

## Reposicione um contorno de seleção ao criá-lo

Pode ser difícil selecionar formas ovais e círculos. Nem sempre é óbvio onde você deve começar a arrastar, portanto, às vezes a seleção fica descentralizada ou a relação entre os eixos (largura e altura) não corresponde àquilo que você precisa. Neste exercício, você aprenderá técnicas para gerenciar esses problemas, incluindo duas importantes combinações de teclado e mouse que podem facilitar muito seu trabalho no Photoshop.

À medida que fizer o exercício, cuide para seguir as orientações sobre manter o botão do mouse ou teclas específicas pressionadas. Se você soltar o botão do mouse acidentalmente no momento errado, reinicie o exercício a partir do Passo 1.

1 Selecione a ferramenta Zoom (🔍) e clique na tigela de azeitonas no lado direito da janela da imagem para ampliá-la a uma visualização de pelo menos 100% (utilize 200% se a tigela de azeitonas ainda couber na janela da imagem na sua tela).

2 Selecione a ferramenta Elliptical Marquee (○) oculta sob a ferramenta Rectangular Marquee.

3 Mova o cursor sobre a porção de azeitonas e arraste-o diagonalmente sobre a tigela oval *sem soltar o botão do mouse* para criar uma seleção. Tudo bem se sua seleção ainda não se encaixar à forma da porção.

Se soltar o botão do mouse acidentalmente, desenhe a seleção novamente. Na maioria dos casos – incluindo este –, a nova seleção substitui a anterior.

4 Com o botão do mouse pressionado, pressione a barra de espaço e continue a arrastar a seleção. Em vez de redimensionar a seleção, agora você a moverá. Posicione-a de modo que se alinhe mais à tigela.

● **Nota:** Você não precisa incluir todos os pixels da tigela de azeitonas, mas a seleção deve ter a forma da tigela e deve conter as azeitonas completamente.

5 Solte cuidadosamente a barra de espaço (mas não o botão do mouse) e continue a arrastar, tentando fazer com que o tamanho e a forma da seleção correspondam o máximo possível à da porção oval de azeitonas. Se necessário, pressione a barra de espaço mais uma vez e arraste o cursor para mover o contorno de seleção para a posição em torno da tigela de azeitonas.

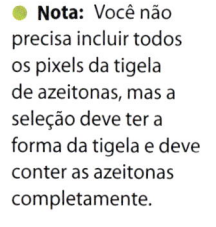

Comece arrastando uma seleção

Pressione a barra de espaço para movê-la

Complete a seleção

6 Quando a borda da seleção estiver posicionada corretamente, solte o botão do mouse.

7 Escolha View > Zoom Out ou utilize o controle deslizante no painel Navigator para reduzir o zoom e ver todos os objetos na janela da imagem.

Deixe a ferramenta Elliptical Marquee e a seleção ativa para o próximo exercício.

## Mova pixels selecionados com um atalho de teclado

Agora, você utilizará um atalho de teclado para mover os pixels selecionados para a tábua de corte. O atalho troca temporariamente a ferramenta ativa pela ferramenta Move para que você não precise selecioná-la no painel Tools.

1 Se a tigela de azeitonas ainda não estiver selecionada, repita o exercício anterior para selecioná-la.

2 Com a ferramenta Elliptical Marquee (◯) selecionada no painel Tools, pressione Ctrl (Windows) ou Command (Mac OS) e mova o cursor para dentro da seleção. O ícone do cursor agora inclui uma tesoura (✂) para indicar que a seleção será recortada da sua localização atual.

3 Arraste a tigela sobre a tábua de corte para que ela se sobreponha à borda direita inferior da tábua. (Logo veremos outra técnica para deslocar a tigela para a posição exata.)

● **Nota:** Ao soltar a tecla Ctrl ou Command depois que começar a arrastar o cursor, a ferramenta Move permanece ativa. O Photoshop volta à ferramenta anteriormente selecionada quando você remove a seleção clicando fora da seleção ou utilizando o comando Deselect.

4 Solte o botão do mouse, mas não remova a seleção da tigela de azeitonas.

## Mova com as teclas de seta

Você pode fazer ajustes menores, em incrementos de 1 ou 10 pixels, na posição dos pixels selecionados utilizando as teclas de seta.

Quando uma ferramenta de seleção está ativa no painel Tools, as teclas de seta deslocam a borda de seleção, mas não o conteúdo. Quando a ferramenta Move está ativa, as teclas de seta movem a borda de seleção e seu conteúdo.

Você utilizará as teclas de seta para ajustar a tigela de azeitonas. Antes de começar, certifique-se de que a tigela de azeitonas continua selecionada na janela da imagem.

1 Pressione algumas vezes a tecla de seta que aponta para cima (⬆) a fim de mover a seleção oval para cima.

Observe que toda vez que você pressiona a tecla de seta, a porção de azeitonas move-se 1 pixel. Utilize as outras teclas de seta para ver como elas afetam a seleção.

2 Mantenha pressionada a tecla Shift enquanto pressiona uma tecla de seta.

Quando a tecla Shift é mantida pressionada, a seleção move-se 10 pixels quando você pressiona uma tecla de seta.

Às vezes, a borda em torno de uma área selecionada pode atrapalhar enquanto você faz ajustes. Ela pode ser temporariamente ocultada sem que a seleção seja removida e, então, exibida depois de completados os ajustes.

3  Escolha View > Show > Selection Edges ou View > Extras para remover a seleção.

Qualquer um desses comandos oculta a borda de seleção em torno da tigela de azeitonas.

4  Utilize as teclas de seta para deslocar a tigela até a posição desejada. Escolha então View > Show Selection Edges para exibir a borda de seleção novamente.

Bordas de seleção ocultas          Bordas de seleção visíveis

5  Escolha Select > Deselect ou pressione Ctrl+D (Windows) ou Command+D (Mac OS).

6  Escolha File > Save para salvar seu trabalho até agora.

## Selecione a partir de um ponto central

Em alguns casos, é mais fácil criar seleções elípticas ou retangulares desenhando uma seleção a partir do ponto central. Você utilizará essa técnica para selecionar o logotipo Salads.

1  Selecione a ferramenta Zoom (🔍) e amplie o logotipo até aproximadamente 300%. Cuide para que o logotipo seja visto por inteiro na janela da imagem.

2  Selecione a ferramenta Elliptical Marquee (◯) no painel Tools.

3  Mova o cursor para perto do centro do logotipo Salads.

# LIÇÃO 3
**Trabalhando com Seleções**

4  Clique e comece a arrastar o cursor. Então, sem soltar o botão do mouse, pressione a tecla Alt (Windows) ou Option (Mac OS) enquanto continua a arrastar a seleção até a borda externa do logotipo.

A seleção é centralizada sobre seu ponto inicial.

5  Depois de selecionar todo o logotipo Salads, solte o botão do mouse primeiro e, então, solte Alt ou Option (e a tecla Shift se você a utilizou). Não remova a seleção, pois você a utilizará no próximo exercício.

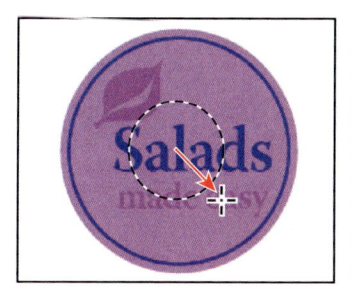

▶ **Dica:** Para selecionar um círculo perfeito, pressione Shift à medida que arrasta o cursor. Se mantiver pressionada a tecla Shift ao arrastar a ferramenta Rectangular Marquee, você selecionará um quadrado perfeito.

6  Se necessário, reposicione a borda da seleção utilizando um dos métodos vistos anteriormente. Se você soltou acidentalmente a tecla Alt ou Option antes de soltar o botão do mouse, tente selecionar o logotipo Salads novamente.

## Mova e modifique os pixels em uma seleção

Agora, você moverá o logotipo Salads para o canto superior direito da tábua de corte. Em seguida, modificará sua cor para conseguir um efeito mais interessante.

Antes de começar, certifique-se de que o logotipo Salads permanece selecionado. Se não estiver, selecione-o completando o exercício anterior.

1  Escolha View > Fit On Screen de modo que toda a imagem caiba dentro da janela da imagem.

2  Selecione a ferramenta Move (↖⊕) no painel Tools.

3  Posicione o cursor dentro da seleção do logotipo. O cursor torna-se uma seta com uma tesoura (↖✂), o que indica que a seleção será recortada a partir da sua localização atual e movimentada para a nova localização quando arrastada.

4  Arraste o logotipo para o canto superior direito da tábua de corte. Se quiser fazer mais um ajuste depois de parar de arrastar, apenas arraste a seleção novamente. O logotipo Salads permanece selecionado durante todo o processo.

5 Escolha Image > Adjustments > Invert.

As cores que compõem o logotipo Salads são invertidas para que agora ele seja um negativo colorido dele mesmo.

6 Deixando o logotipo Salads selecionado, escolha File > Save para salvar seu trabalho.

## Mova e duplique uma seleção simultaneamente

Você pode mover e duplicar uma seleção ao mesmo tempo. Faremos uma cópia do logotipo Salads. Se seu logo não estiver mais selecionado, selecione-o novamente, utilizando as técnicas que aprendeu anteriormente.

1 Com a ferramenta Move (⊕) selecionada, pressione Alt (Windows) ou Option (Mac OS) enquanto posiciona o cursor dentro da seleção do logotipo. O cursor torna-se uma seta dupla, que indica que uma cópia será criada quando você mover a seleção.

2 Continue a pressionar a tecla Alt ou Option enquanto arrasta uma cópia do logo para baixo e para a direita. Os logos podem sobrepor. Solte o botão do mouse e a tecla Alt ou Option, mas não remova a seleção do logotipo Salads duplicado.

**3** Escolha Edit > Transform > Scale. Uma caixa delimitadora aparece em torno da seleção.

**4** Pressione a tecla Shift enquanto arrasta uma das extremidades para aumentar a cópia do logotipo Salads aproximadamente 50% em relação ao original. Em seguida, pressione Enter (Windows) ou Return (Mac OS) para confirmar a alteração e remova a caixa delimitadora.

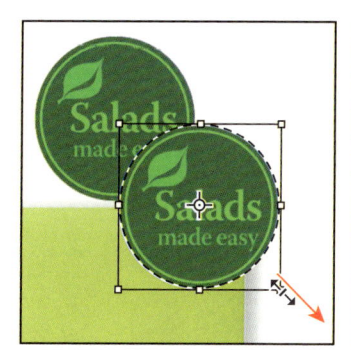

Quando você redimensiona o objeto, a marca de seleção também é redimensionada. O logotipo duplicado permanece selecionado. Pressionar a tecla Shift ao redimensionar a seleção limita as proporções de modo que o objeto expandido não seja alterado.

**5** Mantenha a combinação de teclas Alt+Shift (Windows) ou Option+Shift (Mac OS) e arraste uma cópia do segundo logotipo Salads para baixo e para a direita.

Pressionar a tecla Shift ao mover uma seleção restringe o movimento horizontal ou verticalmente em incrementos de 45 graus.

**6** Repita os Passos 3 e 4 para o terceiro logotipo, dobrando seu tamanho em relação ao primeiro.

**7** Se estiver satisfeito com o tamanho e a posição do terceiro logotipo Salads, pressione Enter ou Return para confirmar a escala, escolha Select > Deselect e, então, escolha File > Save.

▶ **Dica:** Atalho: Escolha Edit > Transform > Again para duplicar o logotipo e aumente-o duas vezes o tamanho da última transformação.

❓ Para informações sobre como trabalhar com o ponto central em uma transformação, consulte "Set or move the reference point for a transformation" no Photoshop Help.

> ### Copie seleções ou camadas
>
> Você pode utilizar a ferramenta Move para copiar seleções ao arrastá-las para dentro ou entre imagens, ou pode copiar e mover as seleções utilizando os comandos Copy, Copy Merged, Cut e Paste. Arrastar com a ferramenta Move economiza memória, pois a área de transferência não é utilizada como ocorre com os comandos Copy, Copy Merged, Cut e Paste.
>
> O Photoshop tem vários comandos de copiar e colar:
>
> - Copy copia a área selecionada na camada ativa.
> - Copy Merged cria uma cópia de todas as camadas visíveis na área selecionada.
> - Paste cola um recorte ou seleção copiada em outra parte da imagem ou em outra imagem como uma nova camada.
> - Paste Into cola um recorte ou seleção copiada dentro de outra seleção na mesma imagem ou em uma imagem diferente. A seleção de origem é colada sobre uma nova camada e a borda da seleção de destino é convertida em uma máscara de camada.
>
> Tenha em mente que, quando uma seleção ou camada é colada entre imagens com diferentes resoluções, os dados colados retêm suas dimensões em pixels. Isso pode fazer com que a parte colada pareça estar fora de proporção em relação à nova imagem. Utilize o comando Image Size para atribuir às imagens de origem e de destino a mesma resolução antes de copiar e colar.

## Utilize a ferramenta Magic Wand

A ferramenta Magic Wand seleciona todos os pixels em um intervalo ou gamut específico de cores. Ela é a melhor ferramenta para selecionar uma área de cores semelhantes cercada de áreas de cores bem diferentes. Como com muitas das ferramentas de seleção, depois de fazer a seleção inicial, você pode adicionar ou retirar áreas da seleção.

A opção Tolerance configura a sensibilidade da ferramenta Magic Wand, limitando ou estendendo o intervalo de semelhança dos pixels. O valor de tolerância padrão 32 seleciona a cor em que você clica e também 32 tons mais claros e 32 mais escuros dessa cor. Talvez seja necessário aumentar ou reduzir o nível de tolerância dependendo dos intervalos de cor e das variações na imagem.

LIÇÃO 3 | **101**
**Trabalhando com Seleções**

Se uma área multicolorida que você quer selecionar estiver configurada em um fundo com cores diferentes, pode ser muito mais fácil selecionar o fundo do que a própria área. Neste procedimento, você utilizará a ferramenta Rectangular Marquee para selecionar uma grande área e então utilizará a ferramenta Magic Wand para retirar o fundo a partir da seleção.

1 Selecione a ferramenta Rectangular Marquee ([ ]), oculta atrás da ferramenta Elliptical Marquee.

2 Arraste uma seleção em torno do pé de alface. Certifique-se de fazer uma seleção grande o bastante para formar uma margem branca entre as folhas da alface e as bordas da marca da seleção.

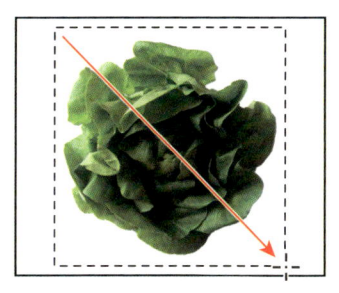

Neste ponto, o pé de alface e a área de fundo branco estão selecionados. Você vai retirar a área branca para que apenas a alface permaneça na seleção.

3 Selecione a ferramenta Magic Wand ( ), oculta sob a ferramenta Quick Selection ( ).

4 Na barra de opções, confirme se o valor de Tolerance é **32**. Esse valor determina o intervalo de cores que a ferramenta seleciona.

5 Selecione o botão Subtract From Selection ( ) na barra de opções. Um sinal de menos aparece ao lado da ferramenta no ícone do cursor. Qualquer coisa que você selecionar agora será retirada da seleção inicial.

6 Clique na área de fundo branco dentro da marca de seleção.

A ferramenta Magic Wand selecionou o fundo inteiro, retirando-o da seleção. Agora todos os pixels brancos estão desmarcados, deixando a alface perfeitamente selecionada.

7 Selecione a ferramenta Move (✥) e arraste o pé de alface para o canto superior esquerdo da tábua de corte, posicionando-o para que mais ou menos um quarto do pé de alface se sobreponha à borda da tábua de corte.

8 Escolha Select > Deselect e, então, salve seu trabalho.

## Selecione com as ferramentas Lasso

O Photoshop inclui três ferramentas Lasso: Lasso, Lasso Polygonal e Magnetic Lasso. A ferramenta Lasso pode ser usada para seleções que requerem linhas retas e linhas desenhadas à mão livre, utilizando atalhos de teclado para mover para frente e para trás entre as ferramentas Lasso e Lasso Polygonal. Você utilizará a ferramenta Lasso para selecionar a cenoura. Alternar entre seleções de segmentos de linha reta e à mão livre requer um pouco de prática – se cometer um erro ao selecionar a cenoura, simplesmente remova a seleção e reinicie.

1 Selecione a ferramenta Zoom (🔍) e clique na cenoura até que a visualização aumente para 100%. Certifique-se de que pode ver a cenoura inteira na janela.

2 Selecione a ferramenta Lasso (𝒫). Iniciando na parte esquerda inferior da cenoura, arraste o cursor em torno da extremidade arredondada da cenoura, contornando a forma da maneira mais precisa possível. *Não solte o botão do mouse.*

3 Pressione a tecla Alt (Windows) ou Option (Mac OS) e, então, solte o botão do mouse para que o cursor da ferramenta Lasso mude para Polygonal Lasso (𝒫). *Não solte Alt ou Option.*

4 Comece clicando até a extremidade da cenoura para posicionar pontos de ancoragem, seguindo os contornos dela. Mantenha pressionadas Alt ou Option durante todo o processo.

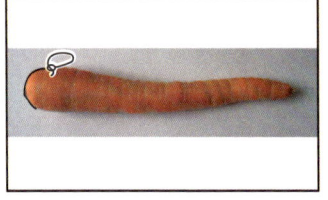

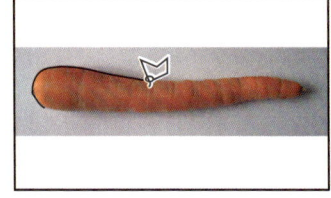

Arraste com a ferramenta Lasso    Clique com a ferramenta Lasso Polygonal

A borda da seleção se estica automaticamente como um elástico entre os pontos de ancoragem.

5  Quando alcançar a ponta da cenoura, mantenha o botão do mouse pressionado enquanto solta a tecla Alt ou Option. O cursor aparece novamente como o ícone de laço.

6  Arraste o cursor cuidadosamente em torno da ponta da cenoura, mantendo o botão do mouse pressionado.

7  Depois de contornar a ponta e alcançar a parte inferior da cenoura, primeiro pressione a tecla Alt ou Option novamente e então solte o botão do mouse. Clique ao longo da parte inferior da cenoura com a ferramenta Lasso Polygonal como fez na parte superior. Continue a delinear a cenoura até atingir novamente o ponto inicial da sua seleção.

8  Clique no começo da seleção e então solte a tecla Alt ou Option. A cenoura está agora inteiramente selecionada. Deixe a cenoura selecionada para o próximo exercício.

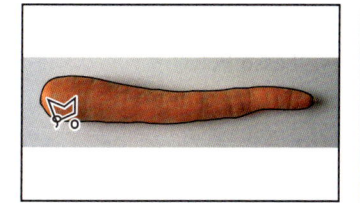

## Gire uma seleção

Por enquanto, você moveu, redimensionou, duplicou e inverteu a cor das áreas selecionadas. Neste exercício, você verá como é fácil girar um objeto selecionado.

Antes de começar, certifique-se de que a cenoura permanece selecionada.

1  Escolha View > Fit On Screen para redimensionar a janela da imagem a fim de que ela se ajuste à tela.

2  Pressione Ctrl (Windows) ou Command (Mac OS) enquanto arrasta a cenoura até a seção inferior da tábua de corte. O cursor muda para o ícone da ferramenta Move.

3 Escolha Edit > Transform > Rotate. A cenoura e a marca de seleção são posicionadas em um quadro delimitador.

4 Mova o cursor para fora do quadro delimitador para que ele se torne uma seta curva de ponta dupla (↻). Gire a cenoura em um ângulo de 45 graus. Você pode verificar o ângulo na caixa Rotate na barra de opções. Pressione Enter ou Return para confirmar as alterações na transformação.

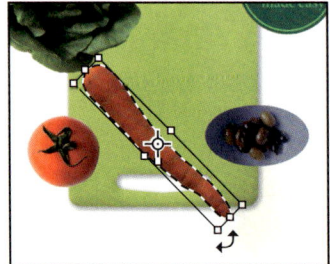

5 Se necessário, selecione a ferramenta Move (▶✥) e reposicione a cenoura. Se estiver satisfeito, escolha Select > Deselect.

6 Escolha File > Save.

## Selecione com a ferramenta Magnetic Lasso

Você pode utilizar a ferramenta Magnetic Lasso para criar seleções à mão livre de áreas com bordas em alto contraste. Ao desenhar com a ferramenta Magnetic Lasso, a borda da seleção se ajusta automaticamente à borda entre as áreas de contraste. Você também pode controlar o demarcador de seleção clicando ocasionalmente com o mouse para posicionar pontos de ancoragem na borda da seleção.

Você utilizará a ferramenta Magnetic Lasso para selecionar o pimentão amarelo e movê-lo para o centro da tábua de corte.

**1** Selecione a ferramenta Zoom (🔍) e clique no pimentão para uma visualização de pelo menos 100%.

**2** Selecione a ferramenta Magnetic Lasso (🔗), oculta sob a ferramenta Lasso (🔗).

**3** Clique uma vez na borda esquerda do pimentão e mova a ferramenta Magnetic Lasso ao longo da borda para marcar seu contorno.

▶ **Dica:** Em áreas de baixo contraste, é recomendável clicar para posicionar seus próprios pontos de travamento. Você pode adicionar quantos forem necessários. Para remover o ponto de travamento mais recente, pressione Delete e então mova o mouse novamente até o ponto de travamento anterior e continue a selecionar.

Mesmo sem manter o botão do mouse pressionado, a ferramenta se ajusta à borda do pimentão e adiciona automaticamente pontos de travamento.

**4** Quando atingir o lado esquerdo do pimentão novamente, dê um clique duplo para ligar a Magnetic Lasso ao ponto inicial, fechando a seleção. Ou mova a ferramenta sobre o ponto inicial e clique uma vez.

**5** Dê um clique duplo na ferramenta Hand (✋) para ajustar a imagem na janela da imagem.

6   Selecione a ferramenta Move (➤⊕) e arraste o pimentão até a tábua de corte.

7   Escolha Select > Deselect e, então, escolha File > Save.

## Suavize as bordas de uma seleção

Para suavizar as bordas duras de uma seleção, você pode aplicar suavização de serrilhado, difusão ou utilizar a opção Refine Edge.

A suavização de serrilhado, ou anti-alising, corrige as bordas irregulares de uma seleção, tornando mais sutil a transição de cores entre os pixels da borda e os pixels do fundo. Como são alterados apenas os pixels da borda, nenhum detalhe é perdido. Ela é útil ao cortar, copiar e colar seleções para criar imagens compostas.

A suavização de serrilhado está disponível para as ferramentas Lasso, Polygonal Lasso, Magnetic Lasso, Elliptical Marquee e Magic Wand. (Selecione a ferramenta para exibir suas opções na barra de opções.) Para aplicá-la, você deve selecioná-la antes de fazer a seleção. Depois que uma seleção é criada, não é possível adicionar a suavização de serrilhado.

A difusão, ou fethering, desfoca as bordas estabelecendo um limite de transição entre a seleção e seus pixels adjacentes. Esse desfoque pode causar alguma perda de detalhe na borda da seleção.

Você pode definir a opção difusão para as ferramentas Marquee e Lasso à medida que as utiliza ou pode adicionar a difusão a uma seleção existente. Os efeitos da difusão tornam-se aparentes quando você move, corta ou copia a seleção.

Depois de fazer uma seleção, você pode utilizar a opção Refine Edge para suavizar, contrair ou expandir o contorno. Utilizaremos a opção Refine Edge mais adiante nesta lição.

- Para utilizar a suavização de serrilhado, selecione uma ferramenta Lasso, ou as ferramentas Elliptical Marquee e Magic Wand, e selecione Anti-alias na barra de opções.

- Para aplicar difusão a uma borda usando uma ferramenta de seleção, selecione qualquer uma das ferramentas Lasso ou Marquee. Insira um valor de Feather na barra de opções. Esse valor define a largura da difusão na borda e pode variar de 1 a 250 pixels.

- Para definir a difusão de uma borda em uma seleção existente, escolha Select > Modify > Feather. Insira um valor de Feather Radius e clique em OK.

# Corte uma imagem e apague dentro de uma seleção

Agora que sua composição está no lugar certo, você cortará a imagem no seu tamanho final e limpará alguns restos do fundo deixados enquanto você movia as seleções. Você pode utilizar a ferramenta Crop ou o comando Crop para cortar imagem.

1. Selecione a ferramenta Crop ( ) ou pressione C para alternar da ferramenta atual para a ferramenta Crop. Então, arraste o cursor diagonalmente sobre a colagem para selecionar a área que você quer manter. O Photoshop desativa a área fora da borda de corte.

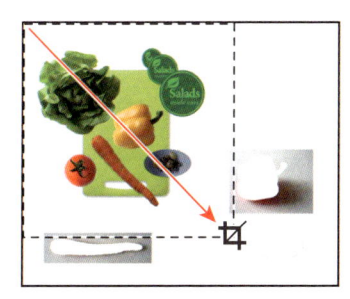

2. Ajuste a área de corte, conforme necessário:
   - Para reposicionar a borda de corte, posicione o cursor dentro da área de corte e o arraste.
   - Para redimensionar a área de corte, arraste uma alça.

3. Quando estiver satisfeito com a posição da área de corte, pressione Enter (Windows) ou Return (Mac OS) para cortar a imagem.

A imagem cortada pode apresentar alguns restos do fundo cinza do qual você selecionou e removeu as formas. Corrigir isso é o próximo passo.

4 Se uma parte do fundo cinza restar na composição, utilize uma ferramenta de seleção ou a Lasso (⌐) para selecioná-la. Tenha cuidado para não incluir nenhuma parte da imagem que você quer manter.

5 Selecione a ferramenta Eraser (✐) no painel Tools e, então, confira se as amostras de cores do primeiro plano e do fundo no painel Tools estão configuradas como o padrão: preto no primeiro plano e branco no plano de fundo.

6 Na barra de opções, abra o painel pop-up Brushes e especifique um pincel de **80** pixels com **100%** de dureza.

7 Arraste a ferramenta Eraser sobre a área que quer remover. Você não precisa se preocupar em errar, pois a ferramenta Eraser só afeta a área selecionada.

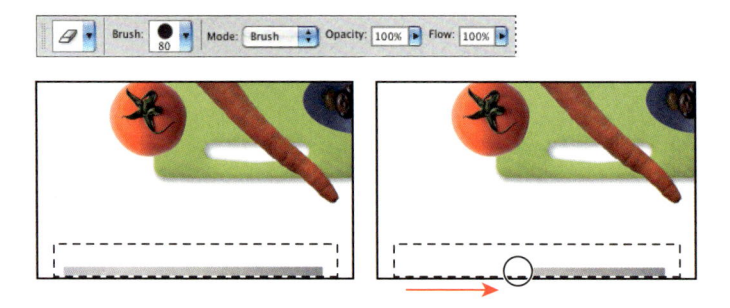

8 Repita os passos 4–7 para remover outras partes indesejáveis do fundo.

9 Escolha File > Save para salvar seu trabalho.

## Refine a borda de uma seleção

Às vezes, obtemos melhores resultados refinando a borda de seleção para suavizá-la, aumentar seu contraste, expandí-la ou diminuí-la para capturar fios muito finos ou outros detalhes. A opção Refine Edge melhora a qualidade da borda de uma seleção e permite ver a borda mais claramente removendo-a do contexto e posicionando-a contra fundos diferentes.

Nesta composição, a alface tem bordas mais complexas do que os outros elementos. Você vai selecioná-la e, então, fazer o ajuste fino de suas bordas.

**1** Selecione a ferramenta Quick Selection ( ), oculta sob a ferramenta Magic Wand ( ) no painel Tools.

**2** Arraste o canto inferior esquerdo da composição sobre a alface para selecioná-la com parte do fundo branco.

**3** Na barra de opções, clique no botão Subtract From Selection ( ).

**4** Clique em todas as partes brancas da seleção até que apenas a alface esteja selecionada.

**5** Clique em Refine Edge na barra de opções.

A caixa de diálogo Refine Edge contém opções para melhorar as bordas da seleção por meio de suavização, difusão, aumento de tamanho e de contraste das bordas de seleção. Você também pode visualizar as bordas da seleção como se estivessem mascaradas ou em vários tipos de fundo fosco, ou "matte".

6 Para preparar a borda para uma sombra projetada, configure Contrast como **25**, Smooth como **9**, Feather como **2** e Contract/Expand como **–49**.

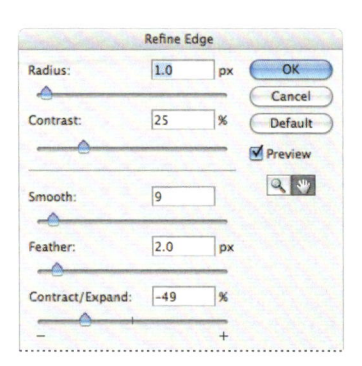

7 Selecione a ferramenta Zoom na caixa de diálogo e, então, arraste um contorno de seleção em torno do pé de alface para ampliar suas bordas.

Você verá a sombra contra um dos tipos de fundo.

8 Clique no botão Black Matte na parte inferior da caixa de diálogo. Um fundo preto aparece sob a seleção e as bordas da seleção desaparecem. Você pode clicar em outros botões para ver as bordas contra diferentes fundos.

9 Aumente o valor de Expand para adicionar uma parte maior de sombra em torno do pé de alface. Utilizamos um valor de 30%.

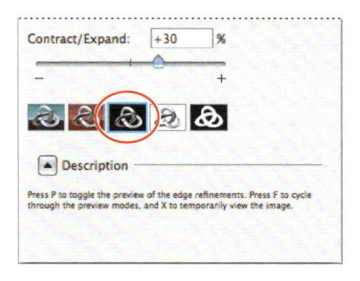

10 Quando estiver satisfeito com os resultados, clique em OK.

Você trabalhou bastante para criar e refinar sua seleção; para que não a perca, salve-a.

▶ **Dica:** Você verá outras maneiras de salvar seleções na Lição 5.

11 Escolha Edit > Copy e, então, escolha Edit > Paste para colar a seleção em uma nova camada. No painel Layers, dê um clique duplo nessa nova camada e renomeie-a **Lettuce**.

## Isole e salve seleções

Você também salvará as seleções de outros elementos na composição, assim, suas seleções permanecem intactas e acessíveis para edição.

1 No painel Layers, selecione a camada Background.

2 Aplique menos zoom ou role pela imagem para que possa ver o pimentão amarelo. Selecione a camada Background no painel Layers. Então, utilize a ferramenta Quick Selection ( ) para selecionar o pimentão, arrastando-a cuidadosamente para dentro do seu talo verde. Lembre-se de que você pode adicionar a ou retirar da seleção utilizando os botões na barra de opções.

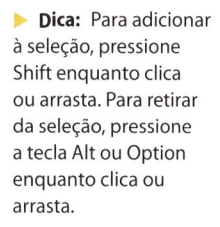

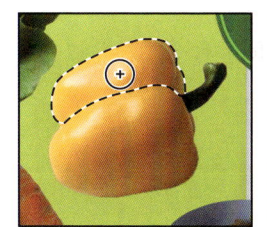

▶ **Dica:** Para adicionar à seleção, pressione Shift enquanto clica ou arrasta. Para retirar da seleção, pressione a tecla Alt ou Option enquanto clica ou arrasta.

3 Escolha Edit > Copy e, então, escolha Edit > Paste para colar uma cópia do pimentão em uma nova camada. No painel Layers, dê um clique duplo no nome da camada e renomeie-a **Yellow Pepper**.

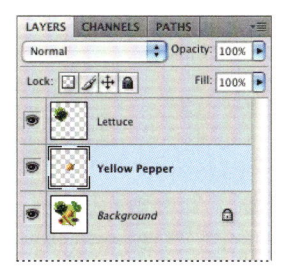

4 Repita os Passos 1 e 2 para a tigela de azeitonas, cenoura, tomate e o logotipo Salads, atribuindo às novas camadas os nomes **Olives**, **Carrot**, **Tomato** e **Logo**, respectivamente.

5 Escolha File > Save.

É recomendável salvar suas seleções em camadas individuais – especialmente depois de investir tempo e esforço em sua criação – , assim é possível recuperá-las facilmente.

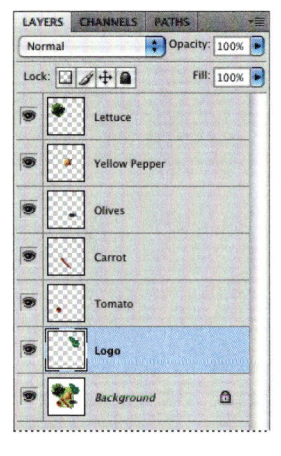

## Crie uma sombra projetada suave

Para completar sua composição, você adicionará uma sombra projetada atrás dos vegetais e do logotipo. Adicionar sombra projetada é apenas uma questão de acrescentar um efeito de camada.

1 No painel Layers, selecione a camada Carrot.

2 Na parte inferior do painel Layers, clique no botão Add A Layer Style (*fx*) e escolha Drop Shadow no menu pop-up.

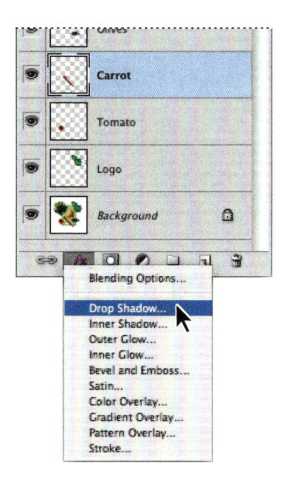

3 Na caixa de diálogo Layer Styles, ajuste as configurações de sombra para adicionar uma sombra suave. Utilizamos estes valores: Blend Mode: Normal, Opacity: **60**%, Angle: **30**, Distance: **5** px, Spread **3**%, Size: **18** px. Clique em OK.

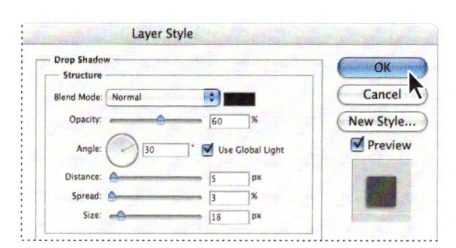

A cenoura agora tem uma sombra suave.

Para replicar essa sombra para os outros vegetais e o logotipo, você simplesmente copia o efeito para as respectivas camadas.

4 No painel Layers, posicione o cursor no efeito da camada Drop Shadow abaixo da miniatura Carrot (o cursor transforma-se em uma mão indicadora).

5 Mantenha Alt (Windows) ou Option (Mac OS) pressionadas e arraste o efeito até a camada Lettuce para copiá-lo.

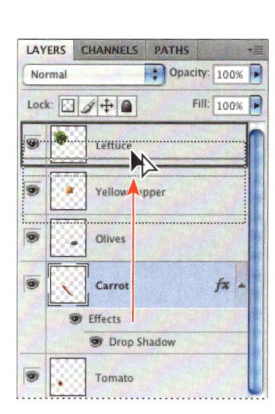

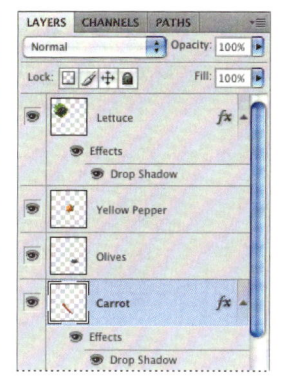

Pronto! Você copiou a sombra projetada.

6 Repita o Passo 5, arrastando o efeito Drop Shadow com a tecla Alt (Windows) ou Option (Mac OS) pressionadas sobre cada uma das outras camadas, com exceção da camada Background.

● **Nota:** Para remover um efeito de camada, arraste o ícone do efeito até o botão Delete Layer na parte inferior do painel Layers.

**7** Escolha File > Save para salvar seu trabalho.

Você utilizou diferentes ferramentas de seleção para mover todos os vegetais para o local correto. A colagem está completa!

## Separe partes de uma imagem em diferentes camadas

Para criar rapidamente várias imagens a partir de uma digitalização, utilize o comando Crop And Straighten Photos. As imagens com contorno claramente definido e plano de fundo uniforme – como o arquivo 03Start.psd – funcionam melhor. Para experimentar isso, abra o arquivo 03Start.psd na pasta Lesson03 e escolha File > Automate Crop And Straighten Photos. O Photoshop corta automaticamente todas as imagens no arquivo original e cria arquivos do Photoshop individuais para cada uma. Você pode fechar os arquivos sem salvar.

*Imagem original*       *Resultado*

## Perguntas de revisão

1 Depois de criar uma seleção, qual área da imagem pode ser editada?
2 Como adicionar elementos à seleção e como retirá-los?
3 Como você pode mover uma seleção enquanto a desenha?
4 Ao criar uma seleção com a ferramenta Lasso, como você deve terminá-la para que ela tenha a forma que você deseja?
5 O que a ferramenta Quick Selection faz?
6 Como a ferramenta Magic Wand determina quais áreas de uma imagem a selecionar? O que é tolerância e como ela afeta uma seleção?

## Respostas

1 Somente a área dentro da seleção pode ser editada.
2 Para adicionar a uma seleção, clique no botão Add To Selection na barra de opções e então clique na área que você quer adicionar. Para retirar de uma seleção, clique no botão Subtract From Selection na barra de opções e clique na área que quer retirar. Você também pode adicionar a uma seleção pressionando Shift ao arrastar ou clicar; para retirar, pressione a tecla Alt (Windows) ou Option (Mac OS) à medida que arrasta ou clica.
3 Sem soltar o botão do mouse, mantenha a barra de espaço pressionada e arraste para reposicionar a seleção.
4 Para ter certeza de que a seleção tem a forma que você deseja, finalize a seleção arrastando o cursor até o ponto inicial da seleção. Se iniciar e parar a seleção em pontos diferentes, o Photoshop desenhará uma linha reta entre o ponto inicial e o ponto final da seleção.
5 A ferramenta Quick Selection expande-se para fora a partir do local em que você clica para localizar e seguir automaticamente as bordas definidas na imagem.
6 A ferramenta Magic Wand seleciona pixels adjacentes com base em suas semelhanças de cor. A configuração de Tolerance determina quantos tons de cores a ferramenta Magic Wand selecionará. Quanto mais alto for o valor de tolerância, mais tons serão selecionados.

# 4 PRINCÍPIOS BÁSICOS DE CAMADAS

## Visão geral da lição

Nesta lição, você vai aprender a:

- Organizar a arte-final em camadas
- Criar, visualizar, ocultar e selecionar camadas
- Reorganizar camadas para alterar a ordem de empilhamento da arte-final na imagem
- Aplicar modos de mesclagem a camadas
- Redimensionar e girar camadas
- Aplicar um degradê à camada
- Aplicar um filtro à camada
- Adicionar efeitos de texto e de camada à camada
- Salvar uma cópia do arquivo com as camadas achatadas

Esta lição levará mais ou menos uma hora para ser concluída. Copie a pasta Lesson04 para a unidade de disco rígido se você ainda não fez isso. Ao trabalhar nesta lição, você preservará os arquivos iniciais. Se precisar restaurá-los, copie-os do CD do livro.

As fotografias do abacaxi e da flor © Image Source, www.imagesource.com

O Adobe Photoshop permite isolar diferentes partes de uma imagem em *camadas*. Cada camada pode ser editada como uma arte-final independente, dando enorme flexibilidade na composição e na revisão de uma imagem.

## As camadas

Todo arquivo do Photoshop contém uma ou mais *camadas*. Novos arquivos geralmente são criados com uma *camada de fundo*, que contém uma cor ou uma imagem que é exibida através das áreas transparentes das camadas seguintes. Todas as novas camadas em uma imagem são transparentes até você adicionar texto ou arte-final (valores de pixel).

Trabalhar com camadas é parecido com posicionar partes de um desenho em folhas de filme transparentes, como as usadas em retroprojetor: folhas individuais podem ser editadas, reposicionadas e excluídas sem afetar as outras folhas. Quando as folhas são empilhadas, a composição torna-se visível.

## Introdução

Inicie a lição visualizando a composição final.

1 Inicie o Photoshop e pressione Ctrl+Alt+Shift (Windows) ou Command+Option+Shift (Mac OS) para restaurar as preferências padrão. (Consulte "Restaurando as preferências padrão", na página 16).

2 Quando solicitado, clique em Yes para confirmar que você quer redefinir as preferências.

3 Clique no botão Launch Bridge (Br) na barra do aplicativo para abrir o Adobe Bridge.

4 No painel Favorites, clique na pasta Lessons; dê um clique duplo na pasta Lesson04 no painel Content e visualize o arquivo 04End.psd.

Esta composição em camadas é um cartão postal. Agora, você vai criá-lo e, ao fazer isso, aprenderá a criar, editar e gerenciar camadas.

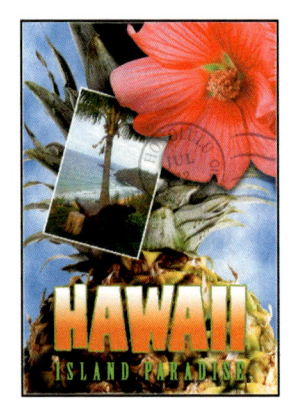

5 Dê um clique duplo na miniatura 04Start.psd para abri-la no Photoshop.

6 Escolha File > Save As, atribua ao arquivo o nome **04Working.psd** e clique em Save. Clique em OK se vir a caixa de diálogo Photoshop Format Options.

Salvar outra versão do arquivo inicial permite fazer modificações sem que você precise se preocupar em sobrescrever o original.

# Utilize o painel Layer

O painel Layer lista todas as camadas em uma imagem, exibindo os nomes das camadas e as miniaturas do conteúdo de cada uma. Você pode utilizar o painel Layers para ocultar, visualizar, reposicionar, excluir, renomear e mesclar camadas. As miniaturas do painel são automaticamente atualizadas à medida que você edita as camadas.

1 Se o painel Layers não estiver visível na área de trabalho, escolha Window > Layers.

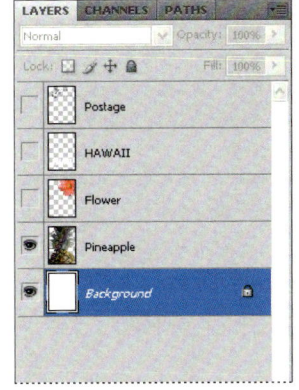

O painel Layers lista cinco camadas para o arquivo 04Working.psd (de cima para baixo): Postage, HAWAII, Flower, Pineapple e Background.

2 Selecione a camada Background para ativá-la (se já não estiver selecionada). Observe a miniatura e os ícones de camada no nível da camada Background:

- O ícone de cadeado (🔒) indica que a camada está protegida.
- O ícone de olho (👁) indica que a camada está visível na janela da imagem. Se clicar no olho, a janela da imagem não exibirá essa camada.

A primeira tarefa para este projeto é adicionar uma foto da praia ao cartão postal. Primeiro, você abrirá a imagem no Photoshop.

▶ **Dica:** Utilize o menu contextual para ocultar ou redimensionar a miniatura da camada. Clique com o botão direito do mouse (Windows) ou com a tecla Control pressionada (Mac OS) em uma miniatura no painel Layers para abrir o menu contextual e, então, selecione No Thumbnails, Small Thumbnails, Medium Thumbnails ou Large Thumbnails.

3   Clique no botão Launch Bridge (▣) na barra de opções. Dê um clique duplo no arquivo Beach.psd na pasta Lesson04 para abri-lo no Photoshop.

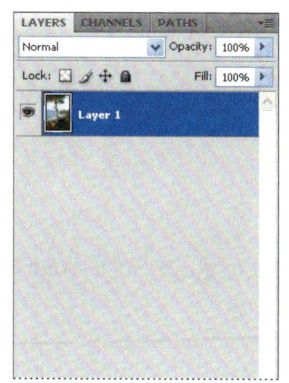

O painel Layers muda para exibir as informações sobre a camada para o arquivo Beach.psd ativo. Observe que apenas uma camada aparece na imagem Beach.psd: Layer 1, não Background. (Para informações adicionais, leia a nota "A camada Background".)

### A camada Background

Quando você cria uma nova imagem com um fundo branco ou colorido, a camada inferior no painel Layers é automaticamente denominada Background. Uma imagem só pode ter um fundo; não é possível alterar a ordem de empilhamento de um fundo, seu modo de mesclagem nem sua opacidade, mas é possível converter um fundo (camada Background) em uma camada normal.

Quando você cria uma nova imagem com conteúdo transparente, essa imagem não tem uma camada de fundo. A camada inferior não é limitada como a camada de fundo; você pode movê-la para qualquer lugar no painel Layers e alterar sua opacidade e modo de mesclagem.

**Para converter uma camada de fundo em uma camada normal:**

1   Dê um clique duplo no nome Background no painel Layers ou escolha Layer > New > Layer From Background.

2   Renomeie a camada e configure todas as outras opções de camada.

3   Clique em OK.

**Para converter uma camada normal em uma camada de fundo:**

1   Selecione uma camada no painel Layers.

2   Escolha Layer > New > Background From Layer.

● **Nota:** Para criar uma camada de fundo a partir de uma camada normal, você deve utilizar o comando Background From Layer; você não pode criar uma camada de fundo simplesmente renomeando uma camada normal para Background.

## Renomeie e copie uma camada

Para adicionar conteúdo a uma imagem e criar uma nova camada para ele simultaneamente, arraste um objeto ou camada a partir de um arquivo até a janela da imagem de outro arquivo. Se arrastar a partir da janela da imagem do arquivo original ou do painel Layers, apenas a camada ativa será reproduzida no arquivo de destino.

Você arrastará a imagem Beach.psd até o arquivo 04Working.psd. Antes de começar, confira se os arquivos 04Working.psd e Beach.psd estão abertos e se o arquivo Beach.psd está ativo.

Primeiro, atribua um nome mais descritivo à Layer 1.

1 No painel Layers, dê um clique duplo no nome Layer 1, digite **Beach** e, então, pressione Enter ou Return. Mantenha o texto selecionado.

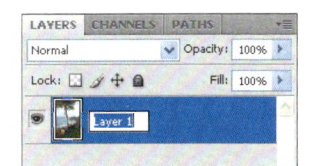

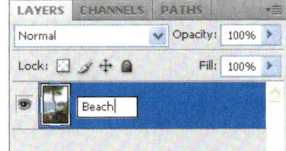

2 Clique no botão Arrange Documents (▦) na barra do aplicativo e selecione um dos layouts 2 Up. O Photoshop exibe os dois arquivos de imagem. Selecione a imagem Beach.psd para que seja o arquivo ativo.

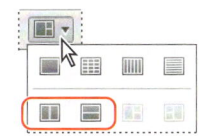

3 Selecione a ferramenta de Move (▶⊕) e utilize-a para arrastar a imagem Beach.psd até a janela da imagem 04Working.psd.

A camada Beach agora aparece na janela da imagem do arquivo 04Working.psd e no painel Layers, entre as camadas Background e Pineapple. O Photoshop sempre adiciona novas camadas diretamente acima da camada selecionada; você selecionou a camada Background anteriormente.

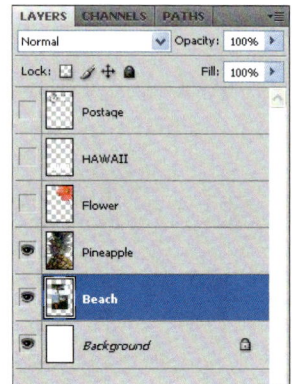

▶ **Dica:** Se mantiver Shift pressionada ao arrastar uma imagem de um dos arquivos para outro, a imagem arrastada será automaticamente centralizada na janela da imagem alvo.

4  Feche o arquivo Beach.psd sem salvar as modificações.

## Visualize camadas individuais

O arquivo 04Working.psd agora possui seis camadas. Algumas camadas estão visíveis e outras não. O ícone de olho (👁) ao lado de uma miniatura de camada no painel Layers indica que a camada está visível.

1  Clique no ícone de olho (👁) ao lado da camada Pineapple para ocultar a imagem do abacaxi.

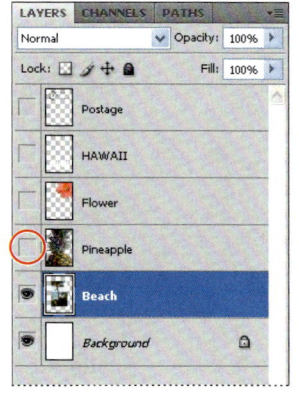

Você pode ocultar ou exibir uma camada clicando nesse ícone ou na sua coluna – também chamada coluna Show/Hide Visibility.

2  Clique novamente na coluna Show/Hide Visibility para exibir o abacaxi.

## Adicione borda a uma camada

Agora você adicionará uma borda branca em torno da camada Beach para criar a impressão de que ela é uma fotografia.

**1** Selecione a camada Beach (para isso, clique no nome da camada no painel Layers.)

A camada é destacada, indicando que está ativa; as modificações que você faz na janela da imagem afetam a camada ativa.

**2** Para deixar algumas áreas nessa camada mais óbvias, oculte todas as camadas exceto a camada Beach: pressione a tecla Alt (Windows) ou Option (Mac OS) ao clicar no ícone de olho (👁) ao lado da camada Beach.

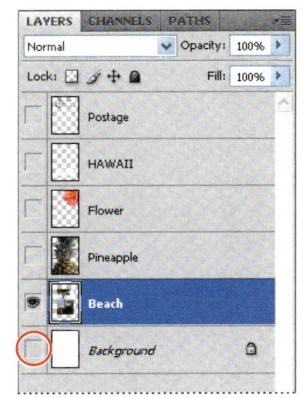

O fundo branco e outros objetos na imagem desaparecem, ficando apenas a imagem da praia contra um fundo xadrez. O xadrez indica as áreas transparentes da camada ativa.

**3** Escolha Layer > Layer Style > Stroke.

A caixa de diálogo Layer Style se abre. Agora você selecionará as opções para o quadro branco em torno da imagem da praia.

**4** Especifique as seguintes configurações:

- Size: **5** px
- Position: Inside
- Blend Mode: Normal
- Opacity: **100**%
- Color: branco (clique na caixa Color e escolha branco no Color Picker.)

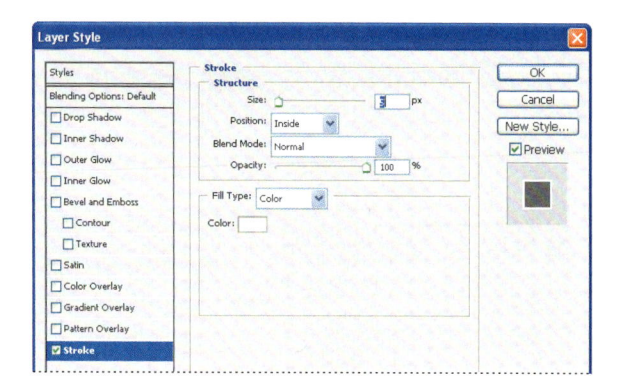

**5** Clique em OK. Uma borda branca aparece em torno da foto da praia.

# Reorganize as camadas

A ordem em que as camadas de uma imagem são organizadas é chamada *ordem de empilhamento*. A ordem de empilhamento determina como a imagem é visualizada – você pode alterar a ordem para que partes da imagem apareçam acima ou abaixo de outras camadas.

Você reorganizará as camadas para que a imagem da praia fique por cima de outra imagem que está oculta no arquivo.

**1** Torne as camadas Postage, HAWAII, Flower, Pineapple e Background visíveis clicando na coluna Show/Hide Visibility ao lado de seus nomes de camada.

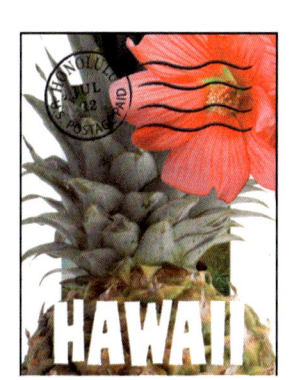

A imagem da praia está quase inteiramente bloqueada pelas imagens das outras camadas.

**2** No painel Layers, arraste a camada Beach um pouco para cima para que ela permaneça posicionada entre as camadas Pineapple e Flower – depois de posicioná-la corretamente, você verá uma linha grossa entre as camadas no painel – e solte o botão do mouse.

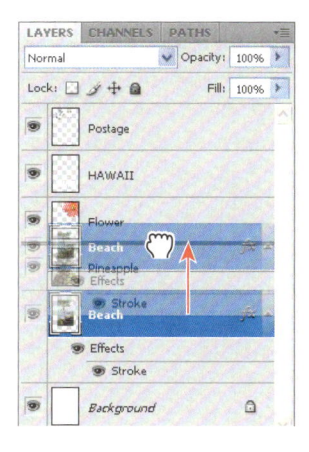

> **Dica:** Você também pode controlar a ordem de empilhamento das imagens nas camadas selecionando-as no painel Layers, escolhendo Layer > Arrange e selecionando Bring To Front, Bring Forward, Send To Back ou Send Backward.

A camada Beach sobe um nível na ordem de empilhamento e a imagem da praia aparece acima das imagens do abacaxi e do fundo e abaixo da flor e de "HAWAII".

## Altere a opacidade de uma camada

É possível reduzir a opacidade de qualquer camada para que outras camadas sejam exibidas através dela. Neste exercício, o carimbo postal está muito escuro sobre a flor. Você editará a opacidade da camada Postage para que a flor e outras imagens fiquem visíveis.

1 Selecione a camada Postage e clique na seta ao lado da caixa Opacity para exibir o controle deslizante Opacity. Arraste o controle deslizante até **25**%. Você também pode digitar o valor na caixa Opacity ou clicar e arrastarar pelo nome Opacity.

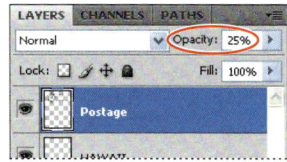

A camada Postage torna-se semi transparente para que você possa ver outras camadas abaixo dela. Observe que a alteração na opacidade só afeta a camada Postage; as camadas Pineapple, Beach, Flower e HAWAII permanecem opacas.

2 Escolha File > Save para salvar seu trabalho.

## Duplique uma camada e altere o modo de mesclagem

Você também pode aplicar diferentes *modos de mesclagem* a uma camada, que afetam a maneira como os pixels coloridos da imagem em uma camada mesclam-se aos pixels nas camadas abaixo. Primeiro, você utilizará os modos de mesclagem para aumentar a intensidade da imagem na camada Pineapple para que ela fique mais vibrante. Depois, vai alterar o modo de mesclagem na camada Postage. (Atualmente, o modo de mesclagem das duas camadas é Normal.)

1 Clique nos ícones de olho ao lado das camadas HAWAII, Flower e Beach para ocultá-las.

**2** Clique com o botão direito do mouse ou clique com a tecla Control pressionada na camada Pineapple e escolha Duplicate Layer no menu contextual. (Cuide para clicar no nome da camada, não na sua miniatura, senão verá o menu contextual errado.) Clique em OK na caixa de diálogo Duplicate Layer.

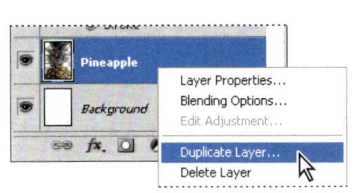

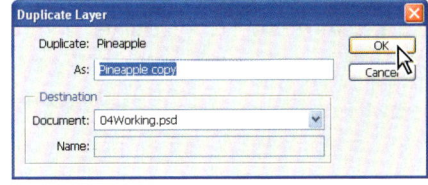

Uma camada chamada "Pineapple copy" aparece acima da camada Pineapple no painel Layers.

**3** Com a camada Pineapple copy selecionada, escolha Overlay no menu Blending Modes no painel Layers.

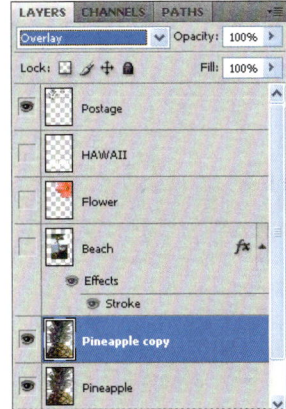

O modo de mesclagem Overlay mescla a camada Pineapple copy com a camada Pineapple abaixo dela para criar um abacaxi vibrante, mais colorido, com sombras mais profundas e áreas claras mais brilhantes.

4 Selecione a camada Postage e escolha Multiply no menu Blending Modes. O modo de mesclagem Multiply multiplica as cores nas camadas subjacentes pelas cores na camada superior. Neste caso, o carimbo postal torna-se um pouco mais forte.

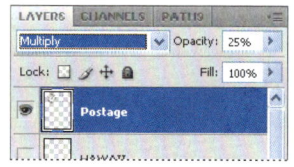

▶ **Dica:** Para mais informações sobre os modos de mesclagem, incluindo definições e exemplos visuais, consulte o Photoshop Help.

5 Escolha File > Save para salvar seu trabalho.

## Redimensione e gire as camadas

Você pode redimensionar e transformar as camadas.

1 Clique na coluna Visibility na camada Beach para torná-la visível.

2 Selecione a camada Beach no painel Layers e, então, escolha Edit > Free Transform. A caixa delimitadora Transform aparece em torno da imagem da praia. Ela tem alças nos quatro cantos e nos quatro lados.

Primeiro, você redimensionará e inclinará a camada.

3 Pressione Shift enquanto arrasta uma alça de canto para dentro para reduzir a foto da praia em mais ou menos 50 %. (Observe as porcentagens Width e Height na barra de opções.)

4 Então, com a caixa delimitadora ainda ativa, posicione o cursor fora de uma das alças de canto até que ela torne-se uma seta dupla curva. Arraste no sentido anti-horário para girar a imagem da praia em aproximadamente 15 graus. Você também pode inserir **15** na caixa Set Rotation na barra de opções.

**5** Clique no botão Commit Transform button (✓) na barra de opções.

**6** Deixe a camada Flower visível. Selecione a ferramenta Move (⤚)e arraste a foto da praia para que seu canto permaneça perfeitamente oculto sob a flor, como na figura.

**7** Escolha File > Save.

## Utilize um filtro para criar arte-final

Você criará uma nova camada sem nenhuma arte (adicionar camadas vazias a um arquivo é comparável a adicionar folhas de acetato vazias a uma pilha de imagens). Você utilizará essa camada para adicionar nuvens de aparência realista ao céu usando um filtro do Photoshop.

**1** No painel Layers, selecione a camada Background para ativá-la e, então, clique no botão New Layer (◱) na parte inferior do painel Layers.

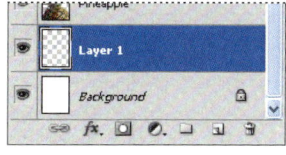

Uma nova camada, chamada Layer 1, aparece entre as camadas Background e Pineapple. A camada não tem nenhum conteúdo, portanto, ela não tem nenhum efeito sobre a imagem.

● **Nota:** Você também pode criar uma nova camada escolhendo Layer > New > Layer ou escolhendo New Layer no menu do painel Layers.

**2** Dê um clique duplo no nome Layer 1, digite **Clouds** e pressione Enter ou Return para renomear a camada.

3 No painel Tools, clique na amostra Foreground Color, selecione uma cor azul para o céu no Color Picker e clique em OK. Selecionamos uma cor com os seguintes valores: R 48, G 138 e B 174. A cor de fundo permanece branca.

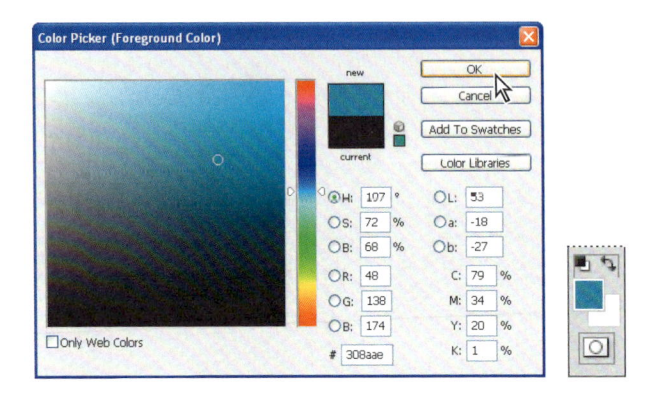

4 Com a camada Clouds ainda ativa, escolha Filter > Render > Clouds. Agora, as nuvens aparecem visíveis atrás da imagem.

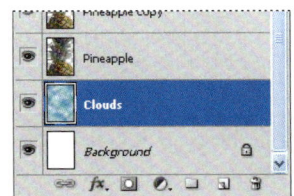

5 Escolha File > Save.

## Adicione texto

Agora você está pronto para adicionar texto utilizando a ferramenta Horizontal Type, que posiciona o texto em uma camada própria. Depois, você editará esse texto e aplicará um efeito especial.

1 Deixe a camada HAWAII visível. Você vai adicionar uma camada de texto abaixo dessa camada e aplicar efeitos especiais às duas camadas.

**2** Escolha Select > Deselect Layers para que nenhuma camada seja selecionada.

**3** Clique na amostra Foreground Color no painel Tools e selecione um verde forte no Color Picker. Clique em OK para fechá-lo.

**4** No painel Tools, selecione a ferramenta Horizontal Type (T). Escolha Window > Character para abrir o painel Character e faça o seguinte:

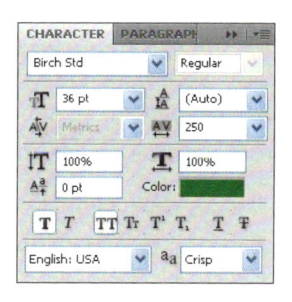

- Selecione uma fonte serifada (utilizamos Birch Std).
- Selecione um estilo de fonte (utilizamos Normal).
- Selecione um tamanho grande de fonte (utilizamos 36 pontos).
- Selecione Crisp no menu Anti-aliasing (ᵃa).
- Selecione um valor grande de espaçamento (⸺) (utilizamos 250).
- Clique no botão All Caps (TT).
- Clique no botão Faux Bold (T).

**5** Clique um pouco abaixo do "H" na palavra "HAWAII" e digite **Island Paradise**. Então, clique no botão Commit Any Current Edits (✓) na barra de opções.

● **Nota:** Se cometer um erro ao clicar para posicionar o texto, apenas clique longe do "HAWAII" e repita o Passo 5.

O painel Layers agora inclui uma camada chamada Island Paradise com um ícone de miniatura "T", indicando que ela é uma camada de texto. Essa camada está na parte superior da pilha de camadas.

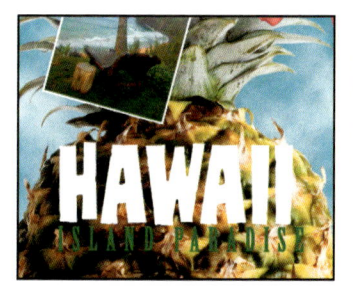

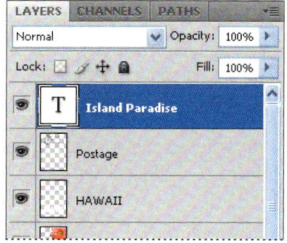

O texto aparece onde você clicou, que provavelmente não é exatamente o lugar que você quer que ele esteja posicionado.

6 Selecione a ferramenta Move (►♦) e arraste o texto "Island Paradise" para que fique centralizado logo abaixo de "HAWAII".

## Aplique um degradê a uma camada

Você pode aplicar um degradê de cores em toda ou em parte de uma camada. Neste exemplo, você aplicará um degradê ao texto "HAWAII" para deixá-lo mais colorido. Primeiro, selecione o texto e então aplique o degradê.

1 Selecione a camada HAWAII no painel Layers para torná-la ativa.

2 Clique com o botão direito do mouse ou clique com a tecla Control pressionada na miniatura na camada HAWAII e escolha Select Pixels. Tudo na camada HAWAII (as letras em branco) é selecionado.

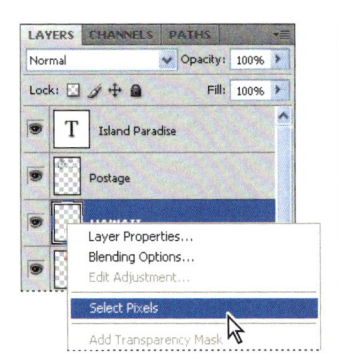

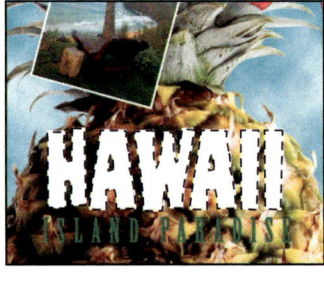

Agora que selecionou a área a preencher, aplique um degradê.

3 No painel Tools, selecione a ferramenta Gradient (▭).

4 Clique na amostra Foreground Color no painel Tools, selecione um laranja aberto no Color Picker e clique em OK. A cor de fundo deve permanecer branca.

5 Na barra de opções, certifique-se de que Linear Gradient (▭) está selecionada.

6 Na barra de opções, clique na seta ao lado da caixa Gradient Editor box para abrir o seletor de degradê. Selecione a amostra Foreground To Background (a primeira) e então clique em qualquer lugar fora do seletor para fechá-lo.

▶ **Dica:** Para listar as opções de degradê pelo nome em vez de pela amostra, clique no botão do seletor de degradê e escolha Small List ou Large List. Ou posicione o cursor sobre uma miniatura até que a dica de tela apareça, mostrando o nome do degradê.

7 Com a seleção ainda ativa, arraste a ferramenta Gradient da parte inferior para a parte superior das letras. Se quiser ter certeza de que está arrastando reto para cima, pressione a tecla Shift ao arrastar.

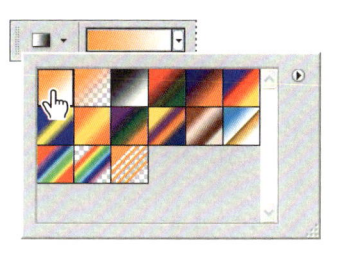

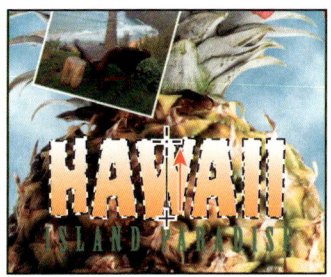

O degradê cobre todo o texto, iniciando com laranja na parte inferior e mesclando-se gradualmente com branco na parte superior.

8 Escolha Select > Deselect para remover a seleção do texto HAWAII.

9 Salve seu trabalho.

## Aplique um estilo de camada

Você pode melhorar uma camada adicionando Shadow, Stroke, Satin ou outro efeito especial a partir de um conjunto de estilos de camada automáticos e editáveis. Esses estilos são fáceis de aplicar e de vincular diretamente à camada que você escolher.

Como ocorre com as camadas, os estilos de camada podem ser ocultados clicando-se nos ícones de olho (👁) no painel Layers. Eles não são destrutivos, portanto, você pode editá-los ou removê-los em qualquer momento. Uma cópia de um estilo de camada pode ser aplicada a uma camada diferente arrastando-se o efeito sobre a camada de destino.

Anteriormente, você utilizou um estilo de camada para adicionar um traço à foto da praia. Agora, você adicionará sombras projetadas ao texto para fazer com ele se destaque.

▶ **Dica:** Você também pode abrir a caixa de diálogo Layer Style clicando no botão Add A Layer Style na parte inferior do painel Layers e, então, escolher um estilo de camada, como Bevel And Emboss, no menu pop-up.

**1** Selecione a camada Island Paradise e escolha Layer > Layer Style > Drop Shadow.

**2** Na caixa de diálogo Layer Style, cuide para que a opção Preview esteja selecionada e, se necessário, mova a caixa de diálogo para que você veja o texto "Island Paradise" na janela da imagem.

**3** Na área Structure, selecione Use Global Light e especifique as seguintes configurações:

- Blend Mode: Multiply
- Opacity: **75**%
- Angle: **78** degrees
- Distance: **5** px
- Spread: **30**%
- Size: **10** px

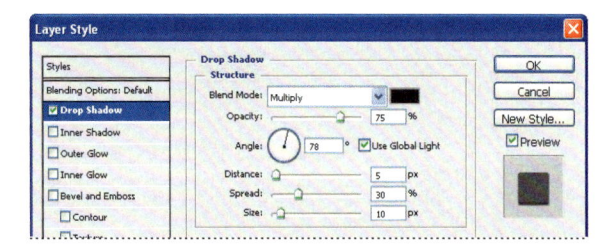

O Photoshop adiciona uma sombra ao texto "Island Paradise" na imagem.

**4** Clique em OK para aceitar as configurações e feche a caixa de diálogo Layer Style.

O Photoshop aninha o estilo de camada na camada Island Paradise. Ele primeiro lista os efeitos e depois os estilos de camada aplicados à camada. Um ícone de olho (👁) aparece ao lado da categoria do efeito e de cada efeito. Para desativar um efeito, clique no ícone de olho. Clique na coluna Visibility novamente para restaurar o efeito. Para ocultar todos os estilos de camada, clique no ícone de olho ao lado de Effects. Para recolher a lista de efeitos, clique na seta ao lado da camada.

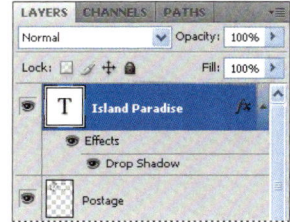

5   Antes de continuar, veja se os ícones de olho aparecem para os dois itens aninhados na camada Island Paradise.

6   Pressione a tecla Alt (Windows) ou Option (Mac OS) e arraste a linha Effects até a camada HAWAII. O estilo de camada Drop Shadow é aplicado à camada HAWAII com as mesmas configurações aplicadas à camada Island Paradise.

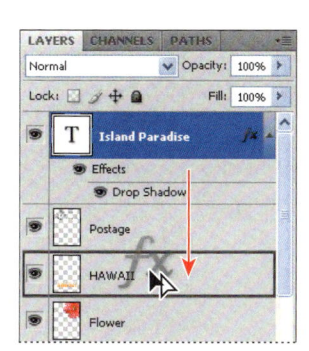

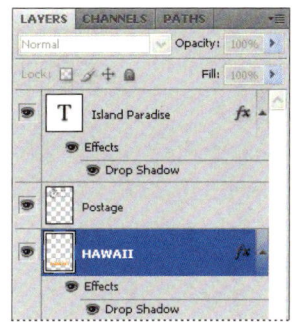

Agora você adicionará um traço verde em torno da palavra "HAWAII".

7   Selecione a camada HAWAII no painel Layers, clique no botão Add A Layer Style (*fx*) na parte inferior do painel e escolha Stroke no menu pop-up.

**8** Na área Structure da caixa de diálogo Layer Styles, especifique as seguintes configurações e então clique em OK:

- Size: **4** px
- Position: Outside
- Blend Mode: Normal
- Opacity: **100**%
- Color: verde (selecione uma boa cor que corresponda à cor que você utilizou para o texto "Island Paradise")

**9** Clique em OK para aplicar o traço.

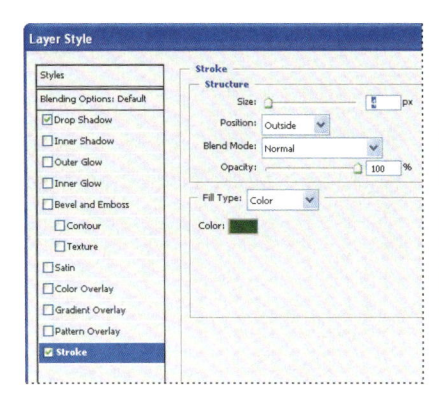

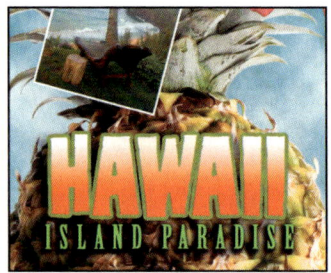

Agora você adicionará uma sombra projetada e um brilho acetinado à flor.

**10** Selecione a camada Flower e escolha Layer > Layer Style > Drop Shadow. Altere as seguintes configurações na área Structure: Opacity: **60**%, Distance: **13** px, Spread: **9**%. Cuide para que Use Global Light esteja selecionado e que Blend Mode seja Multiply. Não clique em OK.

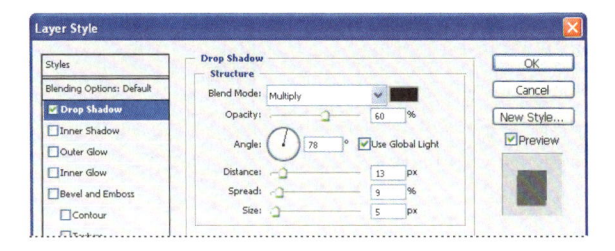

**11** Com a caixa de diálogo Layer Style ainda aberta, selecione Satin à esquerda. Veja se Invert está selecionado e então aplique as seguintes configurações:

- Color (ao lado de Blend Mode): rosa (escolha uma cor semelhante à cor da flor)
- Opacity: **20**%
- Distance: **22** px

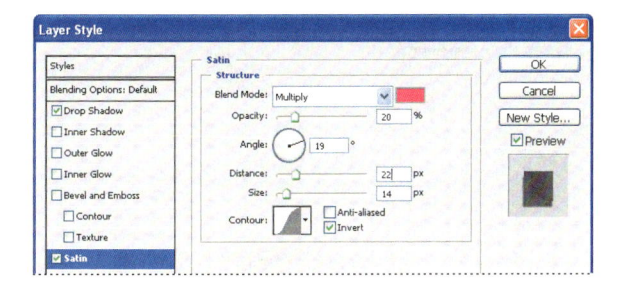

**12** Clique em OK para aplicar os dois estilos de camada.

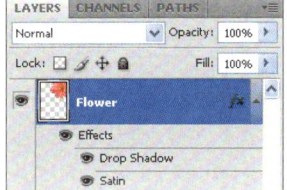

## Atualize os efeitos de camada

Os efeitos de camada são automaticamente atualizados quando você faz alterações em uma camada. Você pode editar o texto e observar como o efeito de camada monitora a alteração.

**1** Selecione a camada Island Paradise no painel Layers.

**2** No painel Tools, selecione a ferramenta Horizontal Type (T).

3 Na barra de opções, configure o tamanho de fonte para **32** pontos e pressione Enter ou Return.

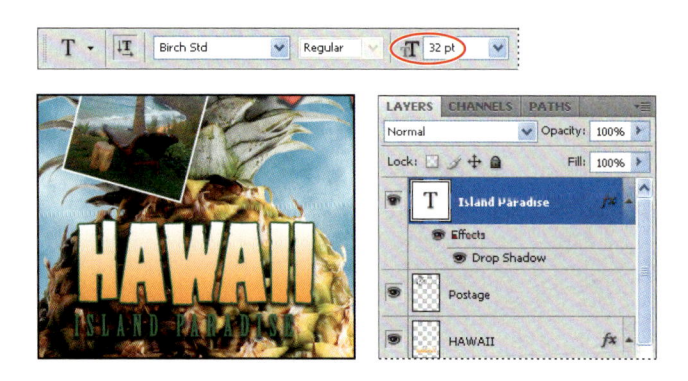

Embora você não tenha selecionado o texto arrastando a ferramenta Type (como teria de fazer em um programa de edição de texto), "Island Paradise" agora aparece em tamanho de 32 pontos.

4 Utilizando a ferramenta Horizontal Type, clique entre "Island" e "Paradise" e digite **of**.

À medida que você edita o texto, os estilos de camada são aplicados ao novo texto.

5 Na verdade, você não precisa da palavra "of", então exclua-a.

● **Nota:** Você não precisa clicar no botão Commit Any Current Edits depois de editar texto, pois escolher a ferramenta Move tem o mesmo efeito.

6 Selecione a ferramenta Move (⊕) e arraste "Island Paradise" para centralizá-la abaixo da palavra "HAWAII".

7 Escolha File > Save.

## Adicione uma borda

O cartão postal Hawaii está quase pronto – os elementos estão quase todos organizados corretamente na composição. Para finalizar, você vai posicionar o carimbo postal e adicionar uma borda branca ao cartão postal.

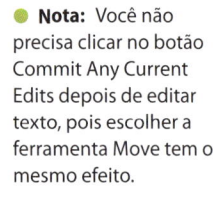

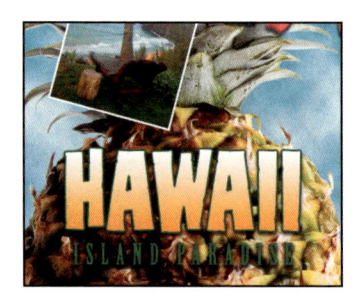

**1** Selecione a camada Postage e então utilize a ferramenta Move (⊕) para arrastá-la para a metade direita da imagem, como mostra a figura.

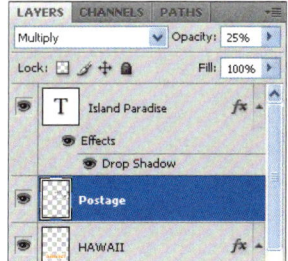

**2** Selecione a camada Island Paradise no painel Layers e clique no botão Add Layer (⬜) na parte inferior do painel.

**3** Escolha Select > All.

**4** Escolha Select > Modify > Border. Na caixa de diálogo Border Selection, digite **10** pixels para Width e clique em OK.

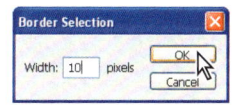

Uma borda de 10 pixels é selecionada em torno da imagem. Agora, você vai preenchê-la com branco.

**5** Escolha branco para Foreground Color e então selecione Edit > Fill.

**6** Na caixa de diálogo Fill, veja se Foreground Color está selecionada e clique em OK.

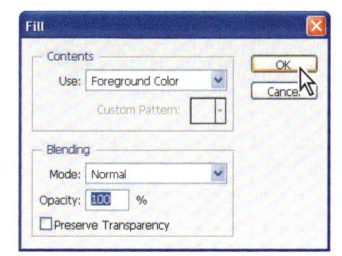

7 Escolha Select > Deselect.

8 Dê um clique duplo em Layer 1 no painel Layers e renomeie a camada para **Border**.

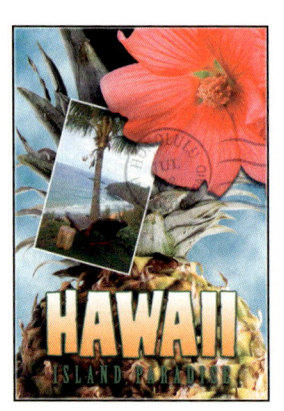

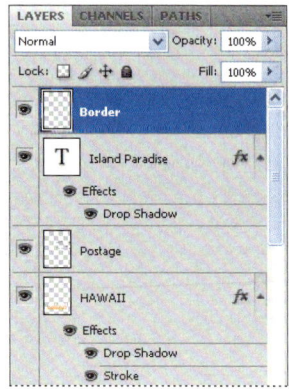

## Achate e salve arquivos

Depois de editar todas as camadas da sua imagem, você pode mesclar ou achatar as camadas para reduzir o tamanho do arquivo. O achatamento junta todas as camadas em uma só camada de fundo. As camadas não podem ser editadas depois de achatadas, portanto, você só deve achatar uma imagem quando estiver seguro de que está satisfeito com todas as suas decisões de design. Em vez de achatar seus arquivos PSD originais, uma boa ideia é salvar uma cópia do arquivo com suas camadas intactas, para caso você precise editar uma camada mais tarde.

● **Nota:** Clique na seta do menu pop-up da barra de status e escolha Show> Document Sizes se os tamanhos não aparecerem na barra de status.

Para verificar o que o achatamento faz, observe os dois números para tamanho de arquivo na barra de status na parte inferior da janela da imagem.

O primeiro número refere-se ao tamanho do arquivo se você achatasse a imagem. O segundo número representa o tamanho do arquivo sem o achatamento. Se achatado, esse arquivo de lição teria aproximadamente 2,29 MB, mas seu tamanho atual é muito maior – cerca de 26 MB. Portanto, o achatamento vale a pena neste caso.

1 Selecione qualquer ferramenta exceto a ferramenta Type (T) para ter certeza de que você não está no modo de edição de texto. Escolha File > Save (se estiver disponível) para salvar todas as suas alterações no arquivo.

2 Escolha Image > Duplicate.

3 Na caixa de diálogo Duplicate Image, nomeie o **04Flat.psd** e clique em OK.

4 Deixe o arquivo 04Flat.psd aberto, mas feche o 04Working.psd.

5 Escolha Flatten Image no menu do painel Layers. Apenas uma camada, chamada Background, permanece no painel Layers.

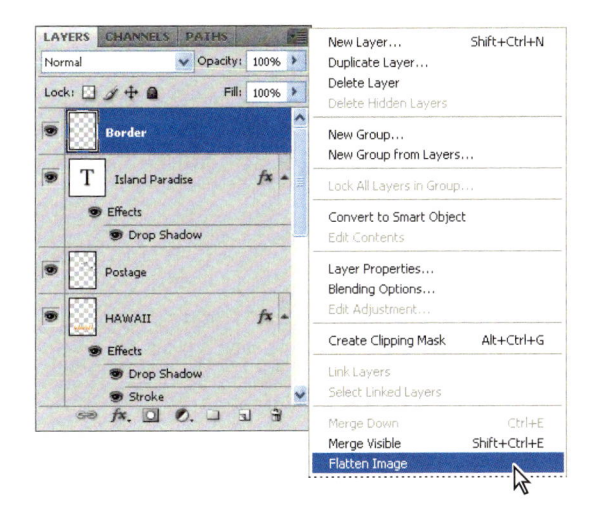

6 Escolha File > Save. Mesmo escolhendo Save em vez de Save As, a caixa de diálogo Save As aparece.

7 Confira se a localização é a pasta Lessons/Lesson04 e, então, clique em Save para aceitar as configurações padrão e salvar o arquivo achatado.

Você salvou duas versões do arquivo: uma cópia achatada da camada e o arquivo original, no qual todas as camadas permanecem intactas.

▶ **Dica:** Se quiser achatar apenas algumas camadas em um arquivo, clique nos ícones de olho para ocultar as camadas que você não quer achatar e, então, escolha Merge Visible no menu do painel Layers.

## As composições de camada

As composições de camada alternam entre diferentes visualizações de um arquivo de imagem com várias camadas com apenas um clique do mouse. Uma composição de camada é simplesmente uma definição das configurações no painel Layers. Depois de definir uma composição de camada, você pode mudar quantas configurações quiser no painel Layers e, então, criar outra composição de camada para preservar essa configuração das propriedades da camada. Em seguida, alternando de uma composição de camada para outra, você pode rever rapidamente os dois designs. A elegância das composições de camada torna-se evidente quando você quer mostrar uma quantidade de possíveis arranjos de design, por exemplo. Depois de criar algumas composições de camada, você pode rever as variações no design sem precisar selecionar e remover a seleção dos ícones de olho ou alterar configurações no painel Layers.

Digamos, por exemplo, que você esteja fazendo o design de um folheto e produzindo uma versão em inglês e em francês. Você poderia posicionar o texto em francês em uma camada e o texto em inglês em outra no mesmo arquivo de imagem. Para criar duas composições de camadas diferentes, simplesmente ative a visibilidade da camada Francês e desative a da camada Inglês e, então, clique no botão Create New Layer Comp no painel Layer Comps. Em seguida, faça o inverso – ative a visibilidade da camada Inglês e desative a da camada Francês e clique no botão New Layer Comp – para criar uma composição da camada Inglês.

Para visualizar as diferentes composições de camada, clique na caixa Apply Layer Comp para cada composição a fim de visualizá-las sucessivamente. Com um pouco de imaginação, você pode avaliar a economia de tempo para variações mais complexas. Composições de camada podem ser um recurso especialmente valioso quando o design está em andamento ou quando você precisa criar várias versões do mesmo arquivo de imagem.

Você criou um cartão postal colorido e bonito. Esta lição apenas começou a explorar as amplas possibilidades e a flexibilidade que você ganha depois de dominar a arte de utilizar as camadas do Photoshop. Você vai adquirir mais experiência e testar diferentes técnicas para camadas em quase todos os capítulos deste livro à medida que avançar e, em especial, na Lição 9, "Divisão em Camadas Avançada".

## Extras

Remova olhos fechados e poses ruins de um belo retrato de família com o recurso Auto Align Layers.

1 Abra FamilyPhoto.psd na sua pasta Lesson04.

2 No painel Layers, ative e desative a Layer 2 para ver as duas fotos. Quando as duas camadas estão visíveis, a Layer 2 mostra o homem mais alto no centro de olhos fechados e as duas meninas no meio da rede olhando para longe. Você vai alinhar as duas fotos e, então, usar a ferramenta Eraser para remover partes da foto na Layer 2 que você quer arrumar.

3 Deixe as duas camadas visíveis e clique com a tecla Shift pressionada para selecioná-las. Escolha Edit > Auto-Align Layers; clique em OK para aceitar a posição Auto padrão. Clique dentro e fora no ícone de olho ao lado da Layer 2 para ver se as camadas estão perfeitamente alinhadas.

Agora a parte divertida. Você removerá partes da foto onde quer ajeitá-la.

4 Selecione a ferramenta Eraser no painel Tools e um pincel macio de 45 pixels na barra de opções. Selecione a Layer 2 e comece a pincelar no centro da cabeça do homem com os olhos fechados para revelar o rosto sorridente na camada por baixo.

5 Utilize a ferramenta Eraser nas duas meninas que estão olhando para longe, revelando a imagem por baixo, em que elas olham para a câmara.

Você criou uma foto de família natural.

## Perguntas de revisão

1 Qual é a vantagem do uso de camadas
2 Quando você cria uma nova camada, onde ela aparece na pilha do painel Layers?
3 Como você pode fazer com que uma arte-final em uma camada apareça na frente da arte-final em outra camada?
4 Como você pode aplicar um estilo de camada?
5 Depois de completar sua arte-final, o que você pode fazer para diminuir o tamanho do arquivo sem alterar a qualidade ou as dimensões da imagem?

## Respostas

1 Camadas permitem mover e editar diferentes partes de uma imagem como objetos independentes. Você também pode ocultar camadas individuais enquanto trabalha em outras camadas.
2 A nova camada sempre aparece imediatamente acima da camada ativa.
3 Você pode fazer com que uma arte-final em uma camada apareça na frente de uma arte-final em outra camada arrastando as camadas para cima ou para baixo na ordem de empilhamento no painel Layers ou usando os subcomandos Layer > Arrange – Bring to Front, Bring Forward, Send to Back e Send Backward. Porém, não é possível alterar a posição de uma camada de fundo (Background).
4 Selecione a camada e então clique no botão Add A Layer Style no painel Layers, ou escolha Layer > Layer Style > [estilo].
5 Você pode achatar a imagem, o que junta todas as camadas em um só fundo. Uma boa ideia é duplicar os arquivos de imagem com as camadas intactas antes de compactá-los, para caso você precise fazer alterações em uma camada posteriormente.

# 5 MÁSCARAS E CANAIS

## Visão geral da lição

Nesta lição, você vai aprender a:

- Refinar uma seleção utilizando uma máscara rápida
- Salvar uma seleção como uma máscara de canal
- Visualizar uma máscara utilizando o painel Channels
- Carregar uma máscara salva
- Editar uma máscara utilizando o painel Masks
- Aplicar filtros, efeitos e modos de mesclagem a uma máscara
- Mover uma imagem dentro de uma máscara
- Criar uma máscara de camada
- Pintar uma máscara para modificar uma seleção
- Selecionar utilizando a ferramenta Quick Selection
- Criar e utilizar uma máscara de degradê
- Isolar um canal para fazer correções específicas na imagem
- Criar uma imagem de alta qualidade em tons de cinza misturando canais

Esta lição levará aproximadamente 90 minutos para ser concluída. Copie a pasta Lesson05 para sua unidade de disco rígido se ainda não fez isso. Ao trabalhar nesta lição, você preservará os arquivos iniciais. Se precisar restaurá-los, copie-os do CD do livro.

Use máscaras para isolar e manipular partes específicas de uma imagem. A parte de recorte de uma máscara pode ser alterada, mas a área que cerca o recorte permanece protegida contra alterações. Você pode criar uma máscara temporária para utilizar uma vez ou salvar máscaras para vários usos.

## Trabalhe com máscaras e canais

O Photoshop mascara e protege partes isoladas de uma imagem da mesma maneira que a fita adesiva protege o vidro ou o quadro de uma janela quando uma casa é pintada. Ao criar uma máscara com base em uma seleção, a área não selecionada é *mascarada*, ou protegida contra edição. Com máscaras, você pode criar e salvar seleções que tomam muito tempo para serem feitas e então utilizá-las novamente. Além disso, é possível usar as máscaras para outras tarefas de edição complexas – por exemplo, alterar cores ou aplicar efeitos de filtro a uma imagem.

No Photoshop, você pode criar máscaras temporárias, chamadas *máscaras rápidas* (*quick masks*), ou criar máscaras permanentes e armazená-las como canais de tons cinza (ou escala de cinza) especiais chamados *canais alfa*. O Photoshop também utiliza canais para armazenar as informações sobre as cores de uma imagem. Diferentemente das camadas, os canais não podem ser impressos. Você utiliza o painel Channels para visualizar e trabalhar com canais alfa.

Um conceito fundamental no uso de máscaras é que o preto oculta e o branco revela. Assim como na vida real, raramente alguma coisa é preta e branca. Tonalidades de cinza permanecem parcialmente ocultas, dependendo dos níveis de cinza (0 é o valor para preto, ocultando a arte-final completamente; 255 é o valor para branco, exibindo o trabalho artístico completamente).

## Introdução

Primeiro, visualize a imagem que você vai criar utilizando máscaras e canais.

1 Inicie o Photoshop e pressione Ctrl+Alt+Shift (Windows) ou Command+Option+Shift (Mac OS) para restaurar as preferências padrão. (Consulte "Restaurando as preferências padrão", na página 16).

2 Quando solicitado, clique em Yes para confirmar que você quer redefinir as preferências.

3 Clique no botão Launch Bridge () na barra de aplicação para abrir o Adobe Bridge.

4 Clique na guia Favorites à esquerda da janela Bridge. Selecione a pasta Lessons e dê um clique duplo na pasta Lesson05 no painel Content.

5 Analise o arquivo 05End.psd. Para expandir a miniatura a fim de que possa vê-la mais claramente, mova para a direita o controle deslizante da miniatura na parte inferior da janela do Bridge.

Nesta lição, você vai criar a capa para um livro intitulado *Zen Garden*. Usaremos as máscaras para juntar várias fotos – uma estátua de Buda, um templo japonês, uma cerca de bambu – e um texto em alto relevo em uma imagem. Também faremos seleções complexas das bordas de papel rasgadas que servirão de fundo para a composição. O toque final será adicionar texto à capa que revela a textura do papel.

6  Dê um clique duplo na miniatura **05Start.psd** para abri-la no Photoshop.

## Crie uma máscara rápida

Você vai usar o modo Quick Mask para converter uma seleção em uma máscara temporária e depois vai converter essa máscara de volta em uma seleção. A menos que você salve uma máscara rápida como uma máscara permanente de canal alfa, o Photoshop descarta a máscara temporária depois que ela é convertida em seleção.

1  Escolha File > Save As, atribua ao arquivo o nome **05Working.psd** e clique em Save. Clique em OK se um alerta de compatibilidade aparecer.

Salvar uma versão de trabalho do arquivo permite retornar ao original se necessário.

Você criará uma máscara da estátua do Buda para que possa separá-la do fundo e colá-la na frente de um novo fundo.

2  No painel Layers, selecione a camada Buddha.

3  Clique no botão Edit In Quick Mask Mode (  ) no painel Tools. (Você tem trabalhado no modo Standard).

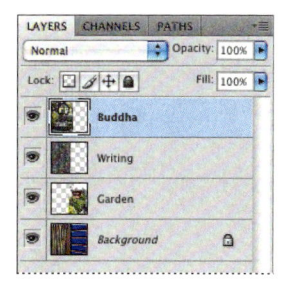

No modo Quick Mask, quando você faz a seleção, aparece uma sobreposição vermelha, que mascara a área fora da seleção do mesmo jeito que o rubylith, ou filme rubi, usado por gráficas tradicinais faz. Você só pode aplicar alterações na área desprotegida que está visível e selecionada. Observe que a camada selecionada no painel Layers aparece cinza, indicando que você está no modo Quick Mask.

4 No painel Tools, selecione a ferramenta Brush ( ).

5 Na barra de opções, confira se o modo está Normal. Abra o painel pop-up Brush e selecione um pincel duro grande com um diâmetro de **65** px. Clique fora do painel para fechá-lo.

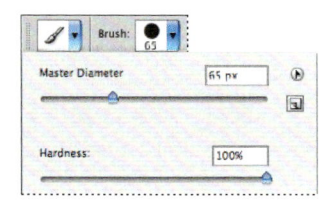

Você vai usar esse pincel para esboçar uma máscara, que será refinada no próximo exercício.

6 Na imagem, arraste a ferramenta Brush para mascarar o halo; o tamanho do pincel deve corresponder à largura do halo. Uma sobreposição vermelha aparece onde quer que você pinte, indicando a máscara que você está criando.

No modo Quick Mask, o Photoshop assume automaticamente o modo Grayscale, com uma cor de primeiro plano preta e uma cor de fundo branca. Ao utilizar uma ferramenta de pintura ou de edição no modo Quick Mask, lembre-se destes princípios:

- Pintar com preto adiciona à máscara (a sobreposição vermelha) e diminui a área selecionada.
- Pintar com branco apaga a máscara (a sobreposição vermelha) e aumenta a área selecionada.
- Pintar com cinza adiciona parcialmente à máscara.

7 Continue pintando com a ferramenta Brush para adicionar a estátua do Buda à máscara. Não inclua o fundo.

Não se preocupe se pintar fora do contorno da estátua – você fará o ajuste fino da máscara no próximo exercício.

8   No painel Layers, clique na guia Channels para exibir o painel Channels.

No painel Channels, os canais de informações e cores padrão são listados – um canal de preview colorido para a imagem CMYK e canais separados para ciano, magenta, amarelo e preto.

A máscara rápida que você acabou de criar aparece como um novo canal alfa, chamado Quick Mask. Lembre-se de que esse canal é temporário: a menos que você o salve como uma seleção, ele desaparecerá assim que você remover a seleção.

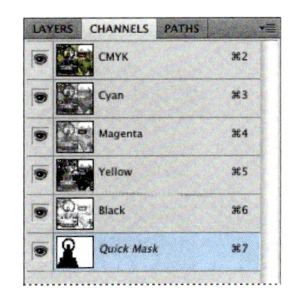

● **Nota:** Para ocultar e exibir canais individuais de cores, clique nos ícones de olho no painel Channels. Quando o canal CMYK estiver visível, os quatro canais individuais também estarão.

● **Nota:** Se salvar e fechar um arquivo no modo Quick Mask, a máscara rápida será exibida em um canal próprio na próxima vez que você abrir o arquivo. Mas, se salvar e fechar seu arquivo no modo Standard, a máscara rápida não será exibida na próxima vez que abrí-lo.

## Edite uma máscara

Você criou uma máscara esboçada da estátua, mas ela cobre o cenário. Você utilizará o painel Masks para converter a máscara rápida em uma máscara de camada e então refinará suas bordas. A vantagem de editar sua seleção como uma máscara é que você pode usar quase todas as ferramentas ou filtros para modificá-la. (pode até mesmo utilizar ferramentas de seleção).

### Converta uma máscara rápida em uma máscara de camada

Máscaras rápidas são temporárias; elas desaparecem assim que você elimina a seleção. Entretanto, você pode salvar uma seleção como uma máscara de canal alfa para que seu trabalho não seja perdido e para que possa reutilizá-la mais tarde nesse mesmo trabalho ou em outros arquivos de imagem do Photoshop.

Para não confundir canais e camadas, pense que os canais contêm as informações de cores e de seleção de uma imagem e que as camadas contêm pinturas e efeitos.

1 Clique no botão Edit In Standard Mode na parte inferior do painel Tools para sair do modo Quick Mask. A máscara rápida torna-se uma seleção ativa. Você utilizará essa seleção para refinar a máscara.

2 Clique na guia Layers para exibir o painel Layers e certifique-se de que a camada Buddha ainda está ativa.

3 Clique na guia Masks para exibir o painel Masks (agrupado com o painel Adjustments). O painel Masks fornece opções para refinar, inverter e trabalhar com máscaras.

4 Clique no botão Add A Pixel Mask ([icon]) no painel Masks. O Photoshop converte a seleção ativa em uma máscara de camada (máscara de pixels) na camada Buddha.

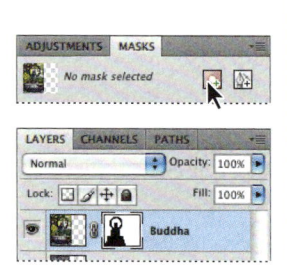

5 Clique na guia Channels para exibir o painel Channels. Observe que o canal Quick Mask desapareceu e que um canal alfa Buddha Mask foi adicionado.

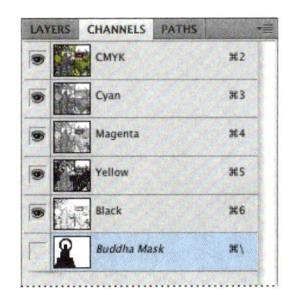

## Os canais alfa

Com o tempo, é bem provável que você acabe trabalhando com canais alfa no Photoshop. Uma boa ideia é entender algumas coisas sobre eles:

- Uma imagem pode conter até 56 canais, incluindo todos os canais alfa e de cores.
- Todos os canais são imagens de 8 bits em tons de cinza, capazes de exibir 256 níveis de cinza.
- Você pode especificar um nome, cor, opção de máscara e opacidade para cada canal. (A opacidade afeta a visualização do canal, não a imagem).
- Todos os novos canais têm as mesmas dimensões e número de pixels da imagem original.
- Você pode editar a máscara em um canal alfa utilizando as ferramentas de pintura, ferramentas de edição e filtros.
- Você pode converter canais alfa em canais de cor chapada (*spot-color*).

## Refine uma máscara

A estátua de Buda está mascarada, mas você ainda precisa suavizar suas bordas. Você inverterá a máscara para que possa ver a estátua claramente enquanto trabalha com a ferramenta Quick Selection e ferramentas do painel Masks.

Primeiro, oculte as camadas abaixo a da estátua para que possa vê-la mais claramente.

1 Clique na guia Layers para exibir o painel Layers novamente. Então, clique nos ícones de olho (👁) ao lado das camadas Writing, Garden e Background para ocultá-las. Tudo, exceto a vegetação, está transparente, o que é representado por um padrão xadrez.

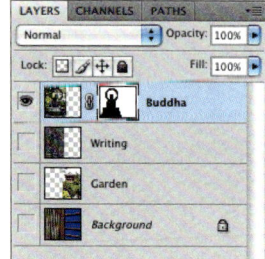

2 Verifique se a camada Buddha está ativa no painel Layers. No painel Masks, clique em Invert. Agora, o cenário está transparente e a estátua está visível. Visualizar a estátua facilita o refinamento preciso da máscara.

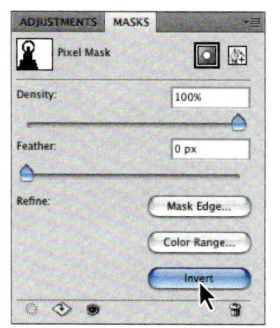

Você está pronto para adicionar e retirar pixels da máscara. Lembre-se de que, ao pintar com branco, você adiciona à máscara e, ao pintar com preto, retira dela.

3 Amplie para ver mais claramente a área com que está trabalhando. Provavelmente, você precisará rolar ou mover (pan) a imagem para trabalhar em diferentes áreas.

## Dicas de ferramenta de uma divulgadora do Photoshop

**Atalhos para a ferramenta Zoom**

Na edição de imagens, muitas vezes você precisa ampliar a imagem para trabalhar em um detalhe depois reduzi-la novamente para ver as alterações no contexto. Eis alguns atalhos de teclado que tornam o zoom ainda mais rápido e mais fácil de usar.

- Pressione Ctrl+barra de espaço (Windows) ou Command+barra de espaço (Mac OS) para selecionar temporariamente a ferramenta Zoom In com o teclado. Ao terminar de ampliar, solte as teclas para retornar à ferramenta que estava usando.

- Pressione Alt+barra de espaço (Windows) ou Option+barra de espaço (Mac OS) para selecionar temporariamente a ferramenta Zoom Out com o teclado. Ao terminar de reduzir, solte as teclas para retornar à ferramenta que estava usando.

- Dê um clique duplo na ferramenta Zoom no painel Tools para que a imagem volte à visualização em 100%.

- Pressione Alt (Windows) ou Option (Mac OS) para mudar da ferramenta Zoom In para a ferramenta Zoom Out e clique na área da imagem que você quer reduzir. Cada clique com Alt/Option pressionados reduz a imagem de acordo com o próximo incremento predefinido.

- Com qualquer ferramenta selecionada, pressione Ctrl+sinal de adição (Windows) ou Command+sinal de adição (Mac OS) para ampliar ou pressione Ctrl+sinal de menos ou Command+sinal de menos para reduzir.

*Julieanne Kost é divulgadora oficial do Adobe Photoshop*

**4** Selecione a ferramenta Quick Selection ( ) no painel Tools. Na barra de opções, selecione um pincel macio de 8 pixels.

**5** Use as bordas da estátua para guiar a seleção.

- Depois de selecionar a área que você quer adicionar à máscara (para que fique transparente), pressione Alt+Delete (Windows) ou Option+Delete (Mac OS).

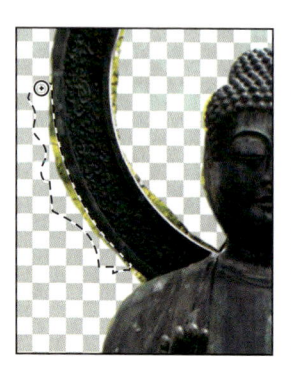

- Para remover a área selecionada da máscara (para que fique visível), pressione Delete. Cuide para clicar no botão New Selection na barra de opções toda vez que estiver pronto para fazer uma nova seleção. (O botão Add To Selection é selecionado por padrão.)

Outras ferramentas de seleção podem ser usadas, como a Magnetic Lasso. Utilize qualquer ferramenta de seleção, ou simplesmente a ferramenta Brush, para adicionar e retirar da máscara. Se estiver usando a ferramenta Brush, pressione a tecla X no teclado para mudar as cores do primeiro plano e do fundo. Talvez seja necessário alterar o tamanho do pincel à medida que você trabalha para refinar a máscara.

Se precisar de ajuda sobre como usar as ferramentas de seleção, consulte a Lição 3.

**6** Quando estiver satisfeito com a remoção da maior parte da vegetação da área visível, deixando toda a estátua visível, escolha Select > Deselect. Então, clique no botão Mask Edge no painel Masks. A caixa de diálogo Refine Mask se abre. Você pode suavizar ou endurecer a borda da máscara ou fazer outras modificações.

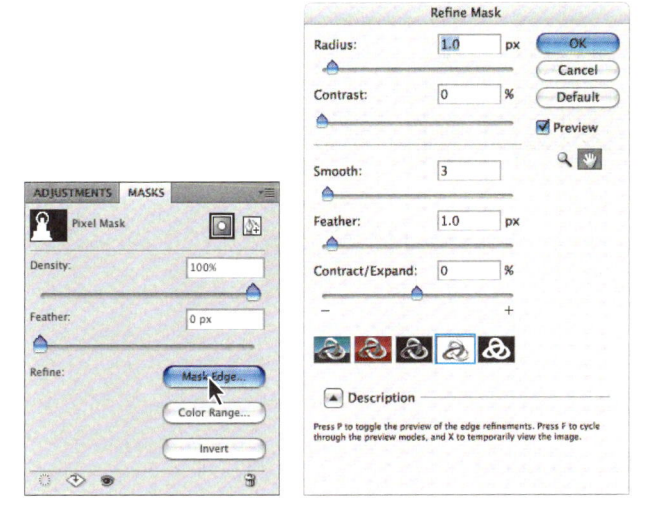

**7** Ajuste as opções na caixa de diálogo Refine Mask para que a máscara se ajuste mais suavemente em torno da borda da estátua. Configuramos Radius como 0, Contrast como 33, Smooth como 92, Feather como 0 e Contract/Expand como −57. Clique no botão Black Background para visualizar a máscara claramente. Clique em OK se a máscara estiver boa.

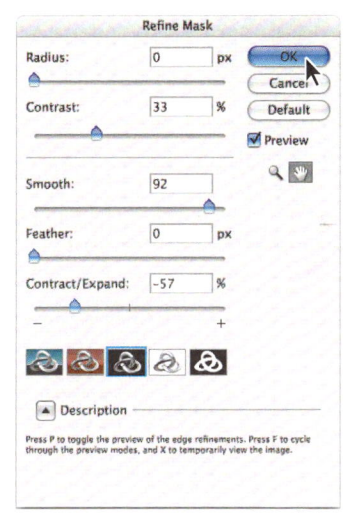

8 No painel Layers, deixe todas as camadas visíveis para que você veja a aparência da máscara em relação a elas.

9 Amplie e utilize um pincel pequeno e macio para retocar qualquer pequeno detalhe.

A vegetação está mascarada, mas seu objetivo é mascarar a estátua, então, você vai inverter a máscara.

10 Clique em Invert no painel Masks.

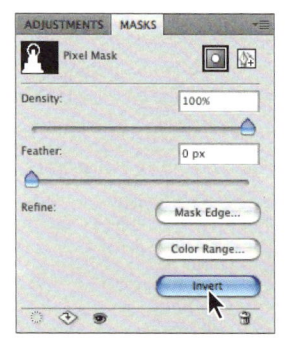

Se quiser ver a máscara sem nenhuma distração, abra o painel Channels e exiba o canal Buddha Mask e oculte todos os outros. Depois de visualizar o canal, exiba os outros canais e oculte o canal Buddha Mask.

11 Escolha File > Save para salvar seu trabalho até agora.

## Dicas e atalhos para máscaras

Dominar o uso de máscaras pode ajudar a deixar o trabalho no Photoshop mais eficiente. Estas dicas mostram os primeiros passos.

- Máscaras são não destrutivas, o que significa que você pode editá-las mais tarde sem perder os pixels que ocultam.

- Ao editar uma máscara, fique atento às cores selecionadas no painel Tools. Preto oculta, branco revela e tons de cinza ocultam ou revelam parcialmente. Quanto mais escuro o cinza, maior será o ocultamento na máscara.

- Para exibir o conteúdo de uma camada sem os efeitos de mascaramento, desative a máscara mantendo Shift pressionada e clicando na miniatura da máscara da camada ou escolha Layer > Layer Mask > Disable. Um X vermelho aparece sobre a miniatura da máscara no painel Layers quando ela é desativada.

- Para ativar uma máscara de camada, clique na miniatura da máscara com Shift pressionada sobre o X vermelho no painel Layers ou escolha Layer > Layer Mask > Enable. Se a máscara não aparecer no painel Layers, escolha Layer > Layer Mask > Reveal All para exibi-la.

- Desvincule camadas e máscaras para movê-las de modo independente e desloque os limites das máscaras separadamente da camada. Para desvincular uma camada ou um grupo da sua máscara de camada ou máscara vetorial, clique no ícone de link, ou vínculo, entre as miniaturas no painel Layers. Para revinculá-las, clique no espaço em branco entre as duas miniaturas.

- Para converter uma máscara vetorial em uma máscara de camada, selecione a camada que contém a máscara vetorial e escolha Layer > Rasterize > Vector Mask. Observe que, depois de rasterizar uma máscara vetorial, ela não poderá ser reconvertida em um objeto vetorial.

- Para modificar uma máscara, utilize os controles deslizantes Density e Feather no painel Masks. O controle deslizante Density determina a opacidade da máscara: em 100 %, a máscara está com efeito total; em opacidades mais baixas, o contraste é menor; e em 0 %, a máscara não tem nenhum efeito. O controle deslizante Feather suaviza a borda da máscara.

## Visualize os canais

Você está pronto para montar um fundo para a capa do livro utilizando uma máscara para ocultar os elementos indesejáveis. Começaremos examinando cada canal na imagem para determinar qual deles oferece maior contraste para a máscara que você vai criar.

1 Arraste a guia Layers para fora do encaixe para que o painel Layers fique flutuante. Posicione o painel Layers ao lado do painel Channels para que você veja os dois. Se não conseguir ver todo o conteúdo do painel Layers, arraste seu canto inferior direito até que conseguir.

2 No painel Layers, clique no ícone de olho (👁) ao lado da camada Background com a tecla Alt (Windows) ou Option (Mac OS) pressionadas para ocultar todas as outras camadas. Selecione a camada Background.

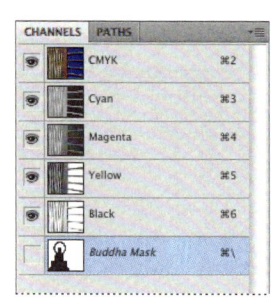

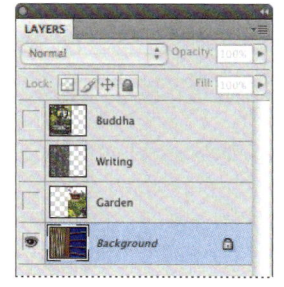

3 No painel Channels, selecione o canal CMYK para que todos os canais permaneçam visíveis. Então, oculte o canal Cyan. O ícone de olho ao lado do canal de composição (CMYK) também desaparece. Apenas os canais Magenta, Yellow e Black permanecem visíveis.

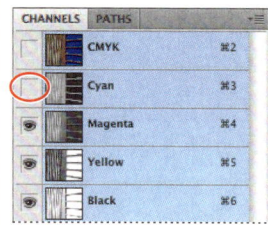

● **Nota:** Para exibir os canais nas suas respectivas cores (vermelho, verde e azul; ou ciano, magenta, amarelo e preto), selecione Show Channels In Color na categoria Interface da caixa de diálogo Photoshop Preferences. Mas, para esta lição, deixe essa opção desmarcada.

Se visualizar uma combinação de canais, eles aparecem em cores, quer você esteja visualizando canais em cores ou não.

4 Oculte os canais Magenta e Yellow. Somente o canal Black permanece visível. (Você não pode desativar todos os canais em uma imagem; pelo menos um deve permanecer visível.)

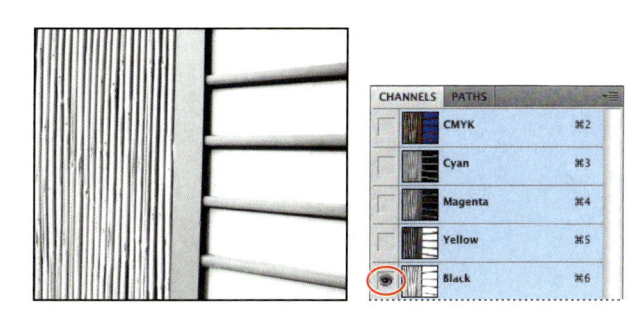

Todos os canais aparecem em tons de cinza, o que permite avaliar os valores tonais dos componentes coloridos dos canais de cor e decidir qual canal é o melhor candidato a correções.

5  No painel Channels, clique no nome do canal Yellow para desativar o canal Black e ativar o canal Yellow, e, então, examine o contraste na imagem. Repita esse passo para os canais Magenta e Cyan. Você está procurando o canal que oferece a seleção mais fácil para o fundo azul.

Observe que em todos os canais, exceto Cyan, os painéis têm uma faixa escura vertical. O canal Cyan mostra o fundo do painel como preto sólido, que oferece maior contraste, tornando esse canal o mais fácil de selecionar.

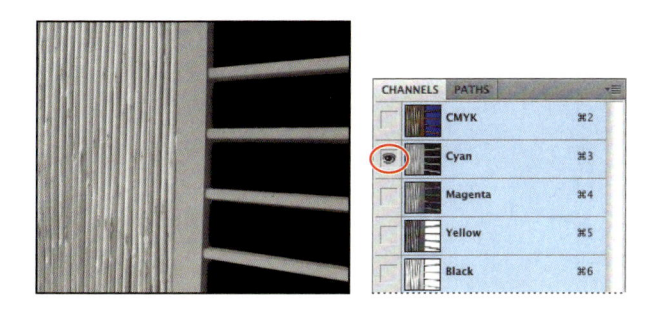

Você vai aplicar um ajuste de níveis ao canal para torná-lo mais fácil de selecionar.

## Ajuste canais individuais

Agora que identificou o canal Cyan como o canal com maior contraste, você vai copiá-lo e fazer ajustes na cópia.

1  Certifique-se de que apenas o canal Cyan está visível no painel Channels. Arraste o canal Cyan até o botão New Channel (🖼) na parte inferior do painel Channels. Um canal chamado Cyan copy aparece no painel Channels.

**2** Dê um clique duplo no nome da cópia Cyan e renomeie-a **Mask Panel**.

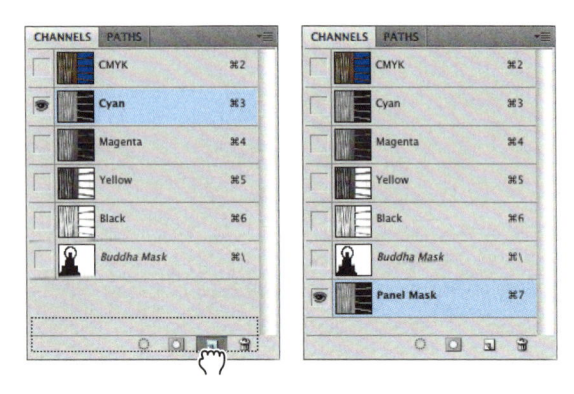

Você vai isolar os painéis pretos com um ajuste de níveis.

**3** Escolha Image > Adjustments > Levels para abrir a caixa de diálogo Levels. Observe a parte quase plana do histograma: isolaremos esses valores.

**4** Arraste o controle deslizante de preto (áreas escuras) para a direita até o ponto em que o preto começa a ficar reto no lado esquerdo do histograma; arraste o controle deslizante de branco (áreas claras) para esquerda até o ponto onde os valores de preto começam a subir novamente. (Utilizamos os valores de 23, 1.00 e 45.) O preview mostra a imagem em preto e branco. Clique em OK.

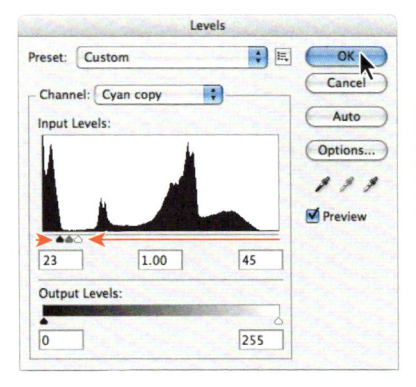

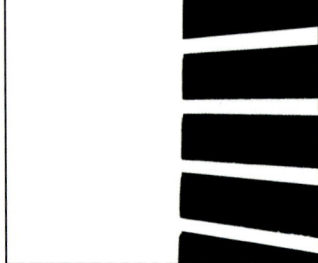

**5** Escolha File > Save para salvar seu trabalho.

## Carregue uma máscara como uma seleção

Você vai carregar a máscara de canal que acabou de criar como uma seleção, que pode então converter em uma máscara de camada.

1 No painel Layers, deixe a camada Garden visível e então a selecione.

2 Dê um clique duplo na ferramenta Hand para alterar a visualização para 100%.

3 Escolha Select > Load Selection. Escolha Panel Mask no menu Channel e então Invert para inverter a seleção a fim de que os painéis – não o fundo – fiquem selecionados. Clique em OK.

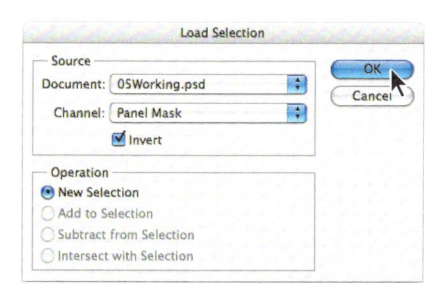

Um contorno de seleção aparece na imagem.

4 Com a seleção ativa, clique no botão Add Layer Mask ( ), na parte inferior do painel Layers, para mascarar a seleção.

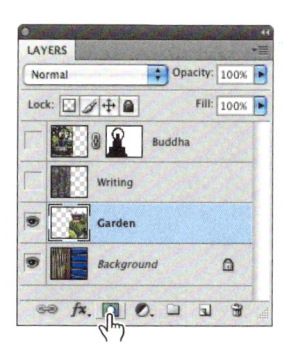

Veja que um novo canal, Garden Mask, aparece no painel Channels. Se a camada Garden estiver selecionada, o painel Channels exibirá sua máscara.

**5** No painel Layers, clique no ícone Link (🔗) entre a miniatura da imagem e a miniatura da máscara na camada Garden para desvincular as duas.

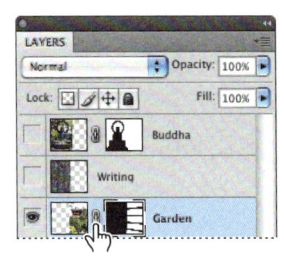

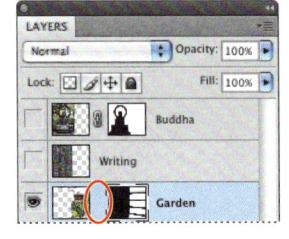

**6** Na camada Garden, clique na miniatura da imagem para ativá-la.

Você quer reposicionar o templo dentro da máscara.

**7** Selecione a ferramenta Move (✣) no painel Tools. Com a seleção ainda ativa, arraste a imagem para reposicioná-la dentro da máscara de modo que o topo do templo fique visível no painel de cima.

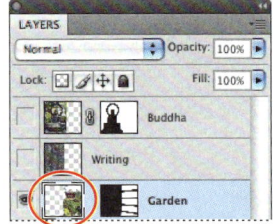

**8** Se estiver satisfeito com a imagem dentro da máscara, revincule a imagem e a máscara de camada na camada Garden. (Para revinculá-las, clique na área entre a miniatura da imagem e a miniatura da máscara da camada.)

**9** Salve seu trabalho.

## Carregue uma seleção em uma imagem usando atalhos

Você pode reutilizar uma seleção previamente salva carregando-a em uma imagem.

Para carregar uma seleção já salva utilizando atalhos, escolha uma dessas opções no painel Channels:

- Selecione o canal alfa, clique no botão Load Channel As Selection na parte inferior do painel e, então, clique no canal da cor de composição próximo da parte superior do painel.
- Arraste o canal que contém a seleção que você quer carregar para o botão Load Channel As Selection.
- Clique com a tecla Ctrl (Windows) ou Command (Mac OS) pressionada no canal que contém a seleção que você quer carregar.

Você pode escolher como a máscara interage com uma seleção existente:

- Para adicionar a máscara a uma seleção existente, pressione Ctrl+Shift (Windows) ou Command+Shift (Mac OS) e clique no canal.
- Para retirar a máscara de uma seleção existente, pressione Ctrl+Alt (Windows) ou Command+Option (Mac OS) e clique no canal.
- Para carregar a interseção da seleção salva e uma seleção existente, pressione Ctrl+Alt+Shift (Windows) ou Command+Option+Shift (Mac OS) e selecione o canal.

# Aplique filtros a uma máscara

Você trabalhou no modo CMYK para isolar o canal Cyan. Agora, converterá a imagem para o modo RGB para aplicar um filtro RGB na Filter Gallery. O número de filtros disponíveis no modo CMYK é limitado; os filtros na Filter Gallery só funcionam em imagens RGB. Você vai refinar a seleção dos painéis para que eles pareçam ser de vidro.

1 No painel Channels, certifique-se de que o canal composto CMYK está visível.

**2** Escolha Image > Mode > RGB Color. Na caixa de diálogo de alerta, clique em Don't Flatten. A imagem é convertida em RGB. Se um alerta de compatibilidade aparecer, clique em OK.

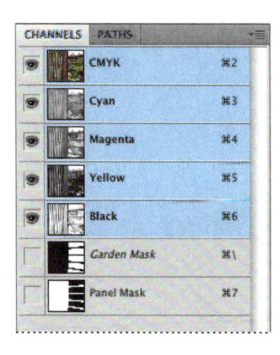

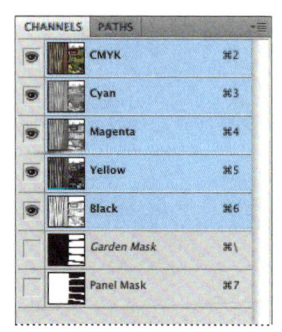

**3** Escolha Filter > Filter Gallery para exibir a caixa de diálogo Filter Gallery.

**4** Na Filter Gallery, expanda a pasta Distort. Clique então em Glass. No lado direito da caixa de diálogo, configure o valor de Distort como **2** e Smoothness como **4** para que ele se pareça com uma vidraça em um dia chuvoso. Clique em OK.

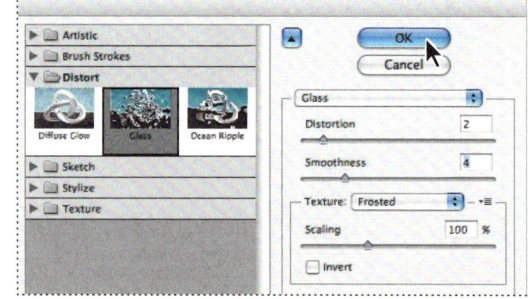

## Aplique efeitos com uma máscara de degradê

Além de utilizar preto para indicar o que está oculto e branco para indicar o que está selecionado, você pode pintar a máscara com tons de cinza para indicar uma transparência parcial. Por exemplo, se pintar com um tom de cinza que tem 50% de branco e de preto, a imagem de baixo torna-se parcialmente (50% ou mais) visível.

Agora, você vai criar uma máscara de degradê e utilizá-la para aplicar um filtro que se funde gradualmente à imagem.

**1** No painel Layers, deixe a camada Writing visível e então a selecione. A camada contém uma imagem com ideogramas em relevo em bronze.

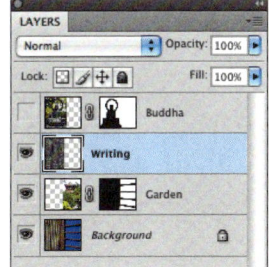

**2** Na parte inferior do painel Layers, clique no botão Add Layer Mask (◻) para adicionar uma máscara de camada à camada Writing.

**3** Clique na miniatura da máscara de camada Writing (atualmente uma caixa branca) para selecioná-la. Uma borda preta aparece em torno da máscara de camada, indicando que ela, e não a imagem, está selecionada. Aplicaremos um efeito apenas à máscara.

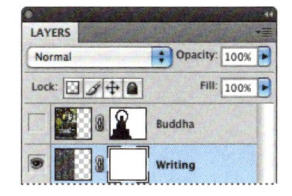

**4** Clique na ferramenta Gradient (◻) no painel Tools para selecioná-la. Na barra de opções, confira se o botão Linear Gradient está selecionado.

O degradê deve passar do branco para o preto, portanto, a cor do primeiro plano deve ser branca e a cor do fundo deve ser preta.

**5** Se a cor do primeiro plano for preta e a cor do fundo for branca, clique no ícone de seta dupla no painel Tools para inverter as cores do primeiro plano e do fundo.

6 Na janela da imagem, mantenha pressionada a tecla Shift e arraste a ferramenta Gradient transversalmente do centro da imagem para a direita, onde a parede encontra a janela. A miniatura da máscara de camada no painel Layers exibe o degradê.

Onde o degradê é branco, ele exibe o filtro que você já vai adicionar à máscara de camada. À medida que passa de branco para preto, ele oculta gradualmente o efeito. Valores em pixels do degradê que aumentam de 0 (preto) para 255 (branco) revelam gradualmente o que está sob a máscara.

7 Verifique se a borda preta ainda aparece em torno da máscara de camada indicando que ela, não a miniatura da imagem, está selecionada.

8 Escolha Filter > Texture > Mosaic Tiles. O Photoshop abre a Filter Gallery.

9 Ajuste as configurações Mosaic Tiles. Para Tile Size, digite **18**; Grout Width, digite **4**; e Lighten Grout, **1**. Em seguida, clique em OK.

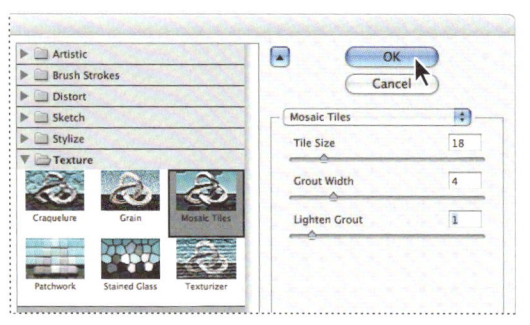

10 Escolha File > Save para salvar seu trabalho.

# Redimensione a tela de pintura

Você vai adicionar área de tela de pintura à imagem para criar um plano de fundo para o título e para o nome do autor na capa.

1   No painel Tools, configure a cor de fundo como branca. (Para configurá-la rapidamente, clique no botão Default Colors no painel Tools e então clique no ícone de seta dupla para mudar as cores do primeiro plano e do fundo.)

2   Escolha Image > Canvas Size. Na caixa de diálogo Canvas Size, selecione Relative para adicionar ao tamanho da imagem existente. Digite **2** inches para Height. Na área Anchor, clique no quadrado na parte central inferior para adicionar a tela de pintura ao topo da imagem. Clique em OK.

● **Nota:** Geralmente, a cor de fundo padrão é branca e a cor de primeiro plano padrão é preta, mas, quando você seleciona uma máscara, os padrões são invertidos.

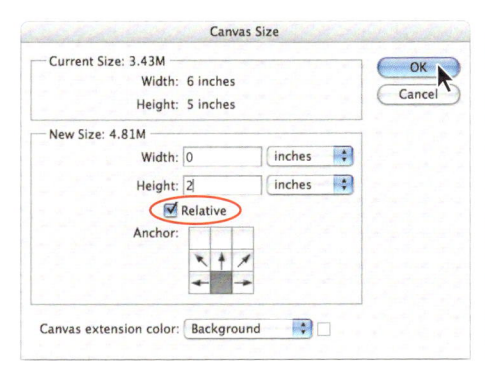

Repita a mesma ação para adicionar tela de pintura à parte inferior da imagem.

3   Escolha Image > Canvas Size. Na caixa de diálogo Canvas Size, certifique-se de que Relative continua selecionado, altere a Height para 1 inches e, na área Anchor, clique no quadrado superior central. Clique em OK.

4   Dê um clique duplo na ferramenta Hand para ver a imagem inteira e então salve seu trabalho.

## Remova o fundo de uma imagem

Você adicionará um fundo de papel rasgado à tela de pintura que acabou de criar. O papel foi digitalizado contra um fundo branco. Para usar o papel sem o fundo, você precisa selecioná-lo e copiá-lo para uma camada própria. Um jeito de selecionar uma borda delicada é agrupar o recurso de seleção Color Range com a ferramenta Quick Selection e a opção Refine Edge. Utilizando esse método, mesmo objetos com bordas fragmentadas, complexas ou difíceis de definir podem ser tirados de seus fundos com o mínimo de esforço.

▶ **Dica:** Para melhores resultados, combine arquivos que têm a mesma resolução de imagem. Para mais informações sobre a resolução de imagem, consulte "Pixels dimensions and image resolution" no Photoshop Help.

1 Clique no botão Launch Bridge (Br) na barra do aplicativo para ir para o Adobe Bridge. Em seguida, dê um clique duplo na miniatura 05Paper.psd (na pasta Lesson05) para abrir o arquivo no Photoshop.

2 Escolha Select > Color Range. Na caixa de diálogo Color Range, digite **200** para Fuzziness. Clique com o cursor, que se parece com um conta-gotas, sobre o papel. A janela de visualização mostra a seleção. Clique em OK.

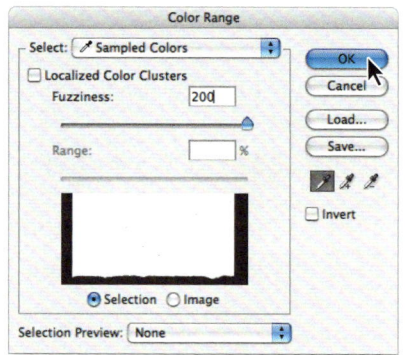

A maior parte do papel é selecionada, mas algumas cores mais escuras não são incluídas. Utilize a ferramenta Quick Selection para adicioná-las.

3 Selecione a ferramenta Quick Selection (🖌) no painel Tools. Arraste-a sobre o papel até que localize e selecione as bordas, selecionando toda a imagem do papel.

**4** Na barra de opções, clique em Refine Edge. Especifique **5.0** para Radius, **50%** para Contrast, **3** para Smooth, **0** para Feather e **–55** para Contract/Expand para suavizar as bordas. Em seguida, clique em OK.

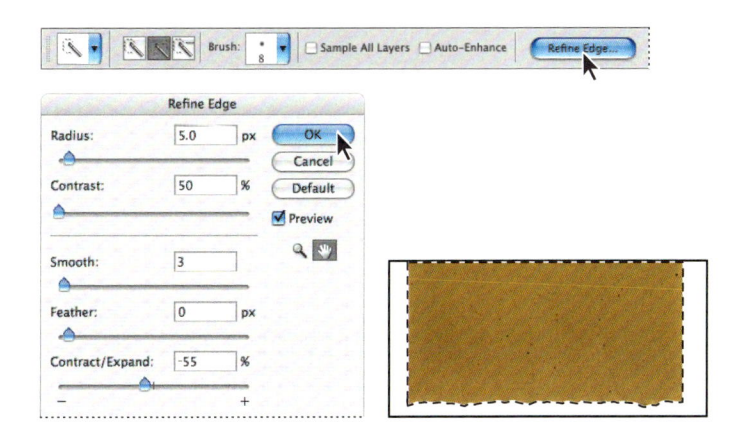

**5** Escolha Layer > New > Layer Via Copy. Uma nova camada aparece no painel Layers, chamada Layer 1. Oculte a camada Background para vê-la claramente. Apenas o papel está na camada, não o fundo branco.

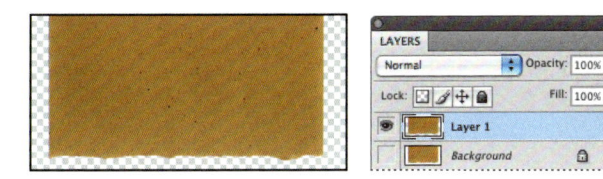

## Mova camadas entre documentos

Com frequência você precisa mover camadas entre documentos do Photoshop. É muito fácil fazer isso: mova a textura do papel que acabou de copiar para a composição da capa do livro a fim de adicionar uma textura de fundo.

**1** Clique no botão Arrange Documents (▦) na barra do aplicativo e selecione um layout 2 Up. Verifique se a camada Writing está ativa no painel Layers do 05Working.psd e selecione o documento 05Paper.psd para torná-lo ativo.

**2** Arraste Layer 1 do painel Layers do arquivo 05Paper.psd até o centro da imagem 05Working.psd. A camada é adicionada como Layer 1, um pouco abaixo da camada superior, Buddha.

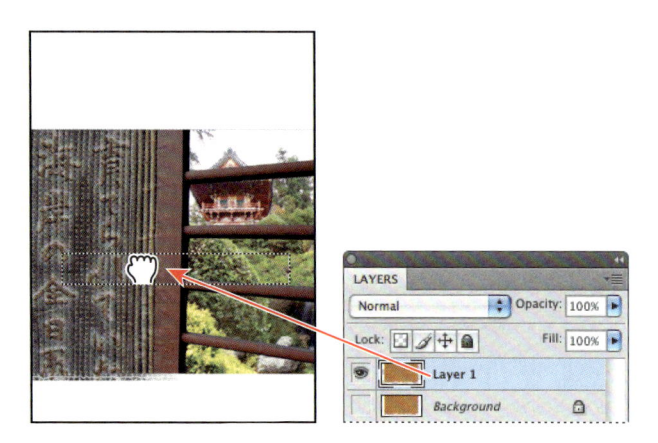

**3** No painel Layers, dê um clique duplo no nome da camada e renomeie-a **Paper**.

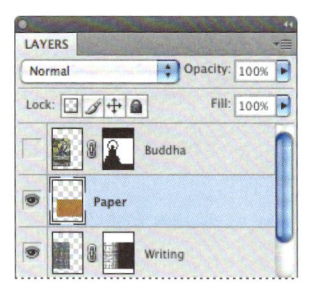

**4** Feche o arquivo 05Paper.psd sem salvar as alterações.

**5** Escolha View > Rulers. Arraste uma guia de régua para baixo até 2¼ polegadas ou 5,7 centímetros.

6 Selecione a ferramenta Move (▶⊕) no painel Tools. Mova o papel para cima para que sua borda inferior se alinhe à régua. A parte superior do papel estará fora da área da imagem.

## Adicione cor com uma camada de ajuste

Agora, você vai criar uma camada de ajuste para colorir o papel.

1 No painel Layers, veja se a camada Paper está selecionada.

2 Clique na guia Adjustments para exibir o painel Adjustments. Clique no botão Hue/Saturation na camada Adjustments.

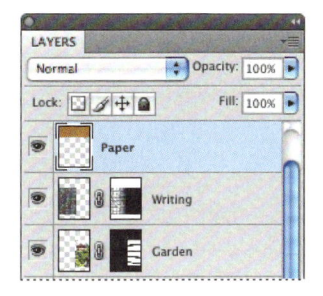

**3** Insira estes valores para aplicar um tom roxo ao papel: Hue: **–125**, Saturation **–56**, Lightness **–18**.

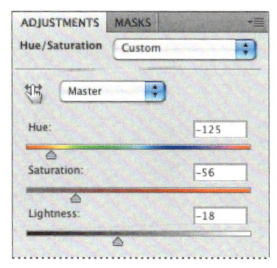

Como as camadas de ajuste afetam todas as camadas abaixo delas, a imagem inteira torna-se roxa. Restrinja o efeito apenas ao papel criando uma camada de recorte.

**4** No painel Layers, mantenha a tecla Alt (Windows) ou Option (Mac OS) pressionada e posicione o cursor entre a camada de ajuste Hue/Saturation e a camada Paper até que o cursor torne-se um ícone com círculo duplo ( ). Então, clique para criar uma camada de recorte.

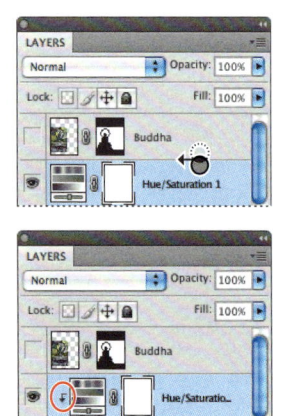

No painel Layers, a camada Hue/Saturation recua e uma seta aponta para a camada abaixo dela, Paper, que agora está sublinhada. A camada Paper é cortada de acordo com a camada de ajuste, o que significa que o efeito só se aplica a essa camada.

**5** Escolha File > Save para salvar seu trabalho.

## Agrupe e recorte camadas

Você completará a composição reorganizando algumas camadas e adicionando texto.

1 No painel Layers, deixe a camada Buddha visível. Ela deve ser a primeira camada no painel Layers.

2 No painel Layers, selecione a camada Paper e a camada de ajuste Hue/Saturation. (Pressione a tecla Shift para selecionar ambas.) No menu do painel Layers, escolha New Group From Layers; nomeie esse grupo **Top Paper**. Clique em OK.

Agora, duplique esse grupo de camada para a parte inferior da capa do livro.

3 Escolha Duplicate Group no menu do painel Layers.

4 Na caixa de diálogo Duplicate Group, nomeie o grupo duplicado **Bottom Paper**. Clique em OK.

5 No painel Layers, clique nos triângulos ao lado dos grupos de camada Bottom Paper e Top Paper para ampliá-los. Como você pode ver, a camada de Bottom Paper agora tem o mesmo conteúdo da camada Top Paper, duplicada na mesma localização na imagem. Clique nos triângulos novamente para recolher os grupos.

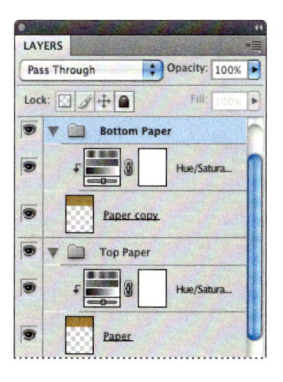

6 No painel Layers, oculte o grupo de camadas Top Paper.

7 Com a camada Bottom Paper selecionada no painel Layers, escolha Edit > Transform > Rotate 180°.

8 Utilize a ferramenta Move (↔) para arrastar o papel para a parte inferior da composição de modo que a parte superior da borda inferior fique a aproximadamente $6^{1}/_{2}$ polegadas ou 16,5 centímetros na régua. Você pode arrastar uma guia a partir da régua de cima se isso ajudar.

9 No painel Layers, deixe o grupo de camadas Top Paper visível novamente.

10 Escolha View > Rulers para ocultar as réguas e então escolha View > Clear Guides para ocultar todas as guias de régua.

## Inverta uma máscara

Lembra da linda máscara que você criou no começo desta lição? Está na hora de recuperá-la para mascarar o fundo.

1 Selecione a camada Buddha na parte superior do painel Layers.

2 Selecione a miniatura de máscara de camada na camada Buddha.

3 Clique na guia Masks para abrir o painel Masks e então clique em Invert no painel Masks. A estátua aparece e seu fundo desaparece.

Observe que o canal Buddha Mask é selecionado no painel Channels.

Veja como é útil poder aplicar canais alfa salvos em várias etapas do seu fluxo de trabalho.

Lembre-se de que você pode ajustar a imagem dentro da máscara: aqui, você moverá a máscara e a imagem mascarada juntas.

4 Utilize a ferramenta Move para ajustar a imagem mascarada para que tanto o halo superior como a base da estátua fiquem aproximadamente 1 cm sobre o papel.

Agora, ajuste a estátua sobre o papel.

5 No painel Layers, arraste o grupo de camadas Bottom Paper sobre a camada Buddha para que o papel cubra a base da estátua do Buda.

6 Escolha File > Save para salvar seu trabalho.

## Utilize texto como máscara

Assim como é possível utilizar seleções para mascarar áreas de uma imagem, texto também pode servir como máscara. Você vai exibir a textura original do papel utilizando texto para mascarar o papel colorido.

1 Selecione a ferramenta Type (T) no painel Tools. Na barra de opções, configure a fonte como Minion Pro Regular, o alinhamento centralizado (Center) e tamanho **75** pt. Defina preto como a cor do texto.

2 Clique com a ferramenta Type no centro do papel de cima e digite **Zen Garden**.

Para adicionar a textura de papel, primeiro você a copiará.

3 No painel Layers, expanda o grupo Top Paper.

4 Pressione a tecla Alt (Windows) ou Option (Mac OS) e arraste a camada Paper um pouco acima da camada de texto Zen Garden. Isso cria uma cópia da camada Paper na parte superior da camada de texto.

Você copiou a camada para fora do grupo de camadas para criar um grupo de recorte no próximo passo. É possível cortar duas camadas em conjunto, mas não é possível recortar um grupo de camadas com uma camada.

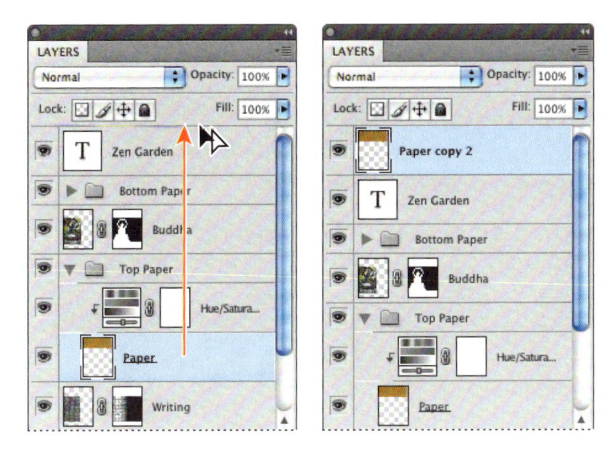

**5** Posicione o cursor entre a camada Paper copy 2 e a camada de texto Zen Garden e mantenha pressionada a tecla Alt (Windows) ou Option (Mac OS) até que o cursor torne-se um ícone de círculo duplo de camada de recorte (⤸). Clique quando esse cursor aparecer.

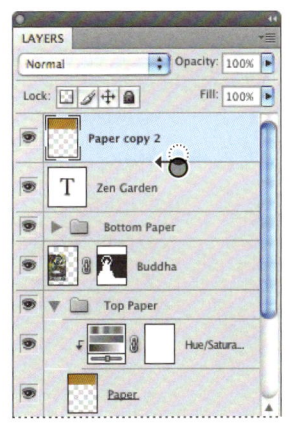

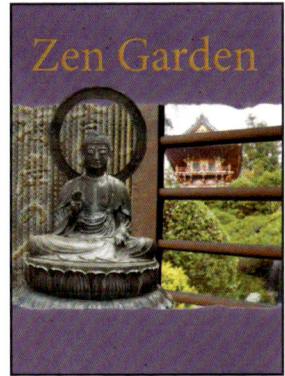

A textura dourada do papel original torna-se visível nas letras. Agora, você destacará um pouco mais o texto com uma sombra.

● **Nota:** Se você sem querer adicionar o efeito Drop Shadow à camada Paper copy 2, arraste o efeito para a camada de texto Zen Garden a fim de aplicá-lo lá.

6  Para adicionar uma sombra, selecione a camada de texto Zen Garden. Clique no botão Add A Layer Style (*fx*) na parte inferior do painel Layers e escolha Drop Shadow. Na caixa de diálogo Layer Style, escolha Multiply no menu Blend Mode; configure Distance como **12**, Spread como **5** e Size como **29**. Clique em OK.

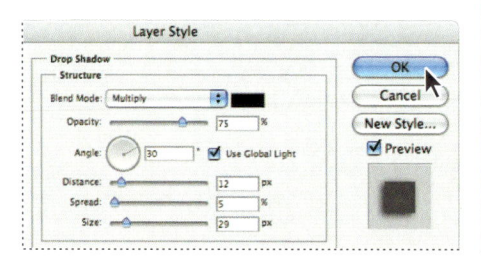

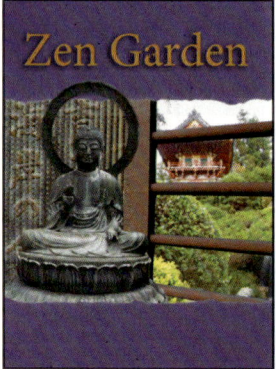

Para concluir a composição e esta lição, você vai adicionar seu nome como autor à textura do papel de baixo.

7  No painel Layers, selecione a camada Paper copy 2 para que a nova camada de texto seja adicionada acima dela.

8  Para colorir o texto, selecione a ferramenta Eyedropper (✏) no painel Tools. Clique em uma cor verde clara do arbusto na área do painel para obter uma amostra da cor.

**LIÇÃO 5** | **181**
**Máscaras e Canais**

9. Selecione a ferramenta Type (T) no painel Tools. Nas barra de opções, escolha Minion Pro Regular para a fonte e **15** pt para o tamanho.

10. Posicione a ferramenta Type sobre o centro da textura do papel na parte inferior. Digite o nome do autor [**seu nome aqui**].

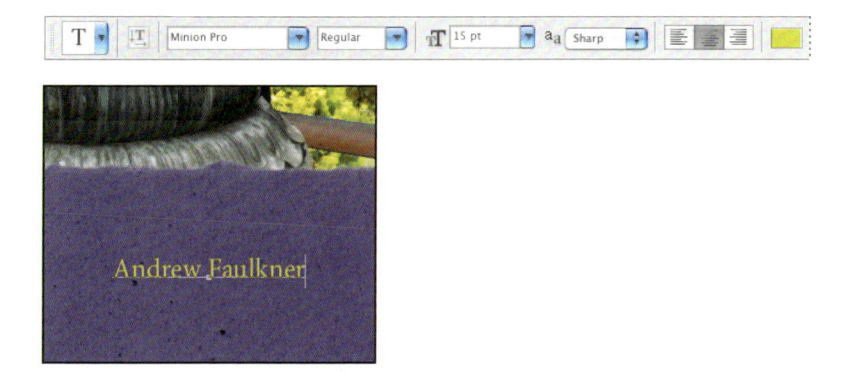

11. Pressione Ctrl (Windows) ou Command (Mac OS) para alternar para a ferramenta Move e posicione o texto no centro do papel.

Sua capa de livro está pronta.

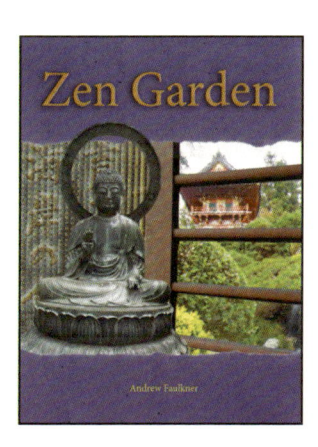

12. Escolha File > Save.

Você completou esta lição. Embora o uso de canais exija certa prática, você aprendeu todos os conceitos e habilidades básicos necessários para começar a utilizar máscaras e canais.

## Máscaras e mascaramento

Canais alfa, máscaras de canal, máscaras de corte, máscaras de camada, máscaras vetoriais – qual é a diferença? Em alguns casos, eles são intercambiáveis: uma máscara de canal pode ser convertida em uma máscara de camada, uma máscara de camada pode ser convertida em uma máscara vetorial e vice-versa.

Eis uma breve descrição que ajuda a entender todos esses termos. O que eles têm em comum é que todos armazenam seleções e permitem editar uma imagem de modo não destrutivo, para que possa retornar a qualquer momento ao original.

- Um **canal alfa** – também chamado máscara ou seleção – é um canal extra adicionado a uma imagem que armazena seleções como imagens em tons de cinza. Você pode adicionar canais alfa para criar e armazenar máscaras.
- Uma **máscara de camada** é como um canal alfa, mas associada a uma camada específica. Uma máscara de camada controla a parte de uma camada que é revelada ou ocultada. Uma máscara de camada aparece como uma miniatura em branco ao lado da miniatura da camada no painel Layers até você adicionar conteúdo a ela; um contorno preto indica que ela está selecionada.
- Uma **máscara vetorial** é essencialmente uma máscara de camada composta de vetores, não de pixels. Independentes de resolução, as máscaras vetoriais têm bordas duras e são criadas com as ferramentas Pen ou Shape. Elas não suportam transparência, portanto, suas arestas não podem ser suavizadas. Suas miniaturas parecem idênticas às miniaturas da máscara de camada.
- Uma **máscara de corte** é aplicada a uma camada. Ela isola a influência de um efeito a camadas específicas em vez de exibir tudo abaixo da camada na pilha de camadas. Utilizar uma máscara de recorte transforma as camadas em uma camada de base; apenas essa camada de base é afetada. As miniaturas de uma camada cortada são recuadas com uma seta em ângulo direito apontando para a camada abaixo. A camada de base cortada é sublinhada.
- Uma **máscara de canal** restringe a edição a um canal específico (por exemplo, um canal Cyan em uma imagem CMYK). Máscaras de canal são úteis para criar seleções complexas com bordas contínuas ou com bordas fragmentadas. Você pode criar uma máscara de canal com base na cor dominante de uma imagem ou em um contraste pronunciado em um canal isolado, por exemplo, entre o tema e o fundo.

## Perguntas de revisão

1 Qual é a vantagem de se utilizar uma máscara rápida?
2 O que acontece com uma máscara rápida quando sua seleção é removida?
3 Quando você salva uma seleção como uma máscara, onde a máscara é armazenada?
4 Como você pode editar uma máscara em um canal depois de salvá-la?
5 Qual é a diferença entre canais e camadas?

## Respostas

1 Máscaras rápidas são úteis para criar seleções rápidas que serão utilizadas uma só vez. Além disso, utilizar uma máscara rápida é uma maneira fácil de editar uma seleção com as ferramentas de pintura.
2 A máscara rápida desaparece quando você a desmarca.
3 As máscaras são salvas nos canais, os quais podem ser vistos como áreas de armazenamento para informações de cores e de seleção em uma imagem.
4 Você pode pintar sobre máscara em um canal usando preto, branco e tons de cinza.
5 Os canais são usados como áreas de armazenamento para seleções salvas. A menos que você exiba um canal explicitamente, ele não aparecerá na imagem ou na impressão. As camadas podem ser utilizadas para isolar várias partes de uma imagem de modo que possam ser editadas como objetos independentes com as ferramentas de pintura ou de edição ou outros efeitos.

# 6 CORRIGINDO E APRIMORANDO FOTOGRAFIAS DIGITAIS

## Visão geral da lição

Nesta lição, você vai aprender a:

- Processar uma imagem camera raw proprietária e salvar seus ajustes
- Fazer correções básicas em uma fotografia digital, incluindo remover olhos vermelhos e ruídos e destacar detalhes de sombras (áreas escuras) e realces (áreas claras)
- Ajustar a perspectiva visual dos objetos em uma imagem utilizando o filtro Vanishing Point
- Aplicar correção de lentes ópticas
- Alinhar e mesclar duas imagens para ampliar a profundidade de campo
- Preparar uma galeria de imagens em PDF com suas imagens corrigidas
- Adotar as melhores práticas para organizar, gerenciar e salvar suas imagens

Esta lição levará entre uma hora e meia e duas horas para ser concluída. Copie a pasta Lesson06 para sua unidade de disco rígido se já não fez isso. Ao trabalhar nesta lição, você preservará os arquivos iniciais. Se precisar restaurá-los, copie-os novamente do CD do livro.

O Photoshop possui uma gama de ferramentas para importar, editar e arquivar fotografias digitais, que podem tanto ser utilizadas por seus clientes ou projetos como para refinar, arquivar e conservar as suas imagens pessoais.

## Introdução

Nesta lição, você vai editar várias imagens digitais utilizando o Photoshop e o Adobe Camera Raw, que vem com o Photoshop. Você vai salvar cada imagem editada em uma pasta de galeria e então preparar uma apresentação de slides em PDF com as imagens finais. Comece analisando as imagens "antes" e "depois" no Adobe Bridge.

1 Inicie o Photoshop e pressione Ctrl+Alt+Shift (Windows) ou Command+Option+Shift (Mac OS) para restaurar as preferências padrão. (Consulte "Restaurando as preferências padrão", na página 16).

2 Quando solicitado, clique em Yes para confirmar que quer redefinir as preferências.

3 Clique no botão de Launch Bridge (Br) na barra do aplicativo para abrir o Adobe Bridge.

4 No painel Favorites no Bridge, clique na pasta Lessons. Então, no painel Content, dê um clique duplo na pasta Lesson06 para abri-la.

5 Ajuste o controle deslizante da miniatura se necessário para que possa ver os previews claramente. Em seguida, dê uma olhada nos arquivos 06A_Start.crw e 06A_End.psd.

06A_Start.crw         06A_End.psd

A fotografia original de uma igreja em estilo espanhol é um arquivo camera raw, portanto, ele não tem a extensão de arquivo .psd com a qual você trabalhou até agora neste livro. Ela foi tirada com uma câmera digital Canon Rebel e tem a extensão de arquivo .crw, patenteada pela Canon. Você vai processar essa imagem para deixá-la mais iliuminada, nítida e clara e então salvá-la como um arquivo no padrão DNG (Digital Negative) da indústria.

**6** Examine os previews em miniatura 06B_Start.psd e 06B_End.psd.

06B_Start.psd

06B_End.psd

Você fará várias correções neste retrato de mãe e filho, inclusive eliminar áreas muito escuras e muito claras, remover olhos vermelhos e deixar a imagem mais nítida.

**7** Examine os previews em miniatura 06C_Start.psd e 06C_End.psd.

06C_Start.psd

06C_End.psd

Você vai adicionar uma janela à casa de campo e remover a guirlanda, preservando a perspectiva do ponto de fuga enquanto faz as correções.

**8** Examine os previews em miniatura 06D_Start.psd e 06D_End.psd.

06D_Start.psd   06D_End.psd

A imagem original está distorcida, com as colunas parecendo curvas. Você vai corrigir a distorção de lente tipo barril.

**9** Examine os previews em miniatura 06E_Start.psd e 06E_End.psd.

06E_Start.psd   06E_End.psd

Na primeira imagem, não há foco no primeiro plano e no plano de fundo ao mesmo tempo – ou ele está na taça, ou na praia. Você vai aumentar a profundidade de campo para deixar os dois planos nítidos.

# O Camera Raw

Um arquivo *camera raw* contém dados não processados da imagem provenientes dos sensores de imagem da câmera digital. Muitas câmeras digitais podem salvar imagens como arquivos em formato camera raw. A vantagem dos arquivos camera raw é que eles permitem que o fotógrafo – em vez de a câmera – interprete os dados da imagem e faça ajustes e conversões (em comparação, fotografar imagens em JPEG faz com que você fique preso ao processamento da câmera). Como a câmera não processa as imagens quando você tira uma foto utilizando o formato raw, você pode utilizar o Adobe Camera Raw para configurar equilíbrio de branco, intervalo tonal, contraste, saturação das cores e nitidez. Pense nos arquivos camera raw como os negativos de fotos; você pode voltar e processar o arquivo novamente sempre que quiser para alcançar os resultados desejados.

Para criar arquivos camera raw, configure sua câmera digital para salvar arquivos em seu próprio formato de arquivo raw, possivelmente um proprietário. Ao fazer o download das fotografias de sua câmera, ele terá uma extensão de arquivo como .nef (Nikon) ou .crw (Canon). No Bridge ou Photoshop, você pode processar arquivos camera raw de uma quantidade imensa de câmeras digitais de fabricantes como Canon, Kodak, Leica, Nikon e outros – e até mesmo processar várias imagens simultaneamente. Você pode então exportar os arquivos camera raw proprietários para o formato de arquivo DNG (Digital Negative), o formato não proprietário da Adobe, para padronização dos arquivos, ou para outros formatos, como JPEG, TIFF e PSD.

> **Nota:** O formato Photoshop Raw (extensão .raw) é um formato de arquivo para transferir imagens entre aplicativos e plataformas de computador. Não confunda o Photoshop Raw com formatos de arquivo Camera Raw.

Você pode processar arquivos camera raw obtidos de câmaras que dão suporte a esse formato e também abrir imagens TIFF e JPEG no Camera Raw, que inclui alguns recursos de edição que não estão no Photoshop. Entretanto, você não terá a mesma flexibilidade com o balanço de branco e outras configurações se utilizar uma imagem JPEG ou TIFF. E, embora ele possa abrir e editar um arquivo de imagem nesses formatos, ele não pode salvar uma imagem no formato camera raw.

# Processe arquivos no Camera Raw

Ao fazer ajustes em uma imagem no Camera Raw, como alinhar ou cortar a imagem, o Photoshop e o Bridge preservam os dados do arquivo original. Dessa maneira, você pode editar a imagem como desejar, exportar a imagem editada e manter a original intacta para uso futuro ou outros ajustes.

## Abra imagens no Camera Raw

Você pode abrir o Camera Raw no Bridge ou no Photoshop e aplicar as mesmas edições a vários arquivos simultaneamente. Isso é especialmente útil se você estiver trabalhando com imagens que foram fotografadas no mesmo ambiente e que, portanto, precisam da mesma iluminação e outros ajustes.

O Camera Raw oferece vários controles para ajustar o balanço de branco, a exposição, o contraste, a nitidez, as curvas tonais, entre outros. Neste exercício, você vai editar uma imagem e então aplicar as mesmas configurações a imagens semelhantes.

1 No Bridge, abra a pasta Lessons/Lesson06/Mission, que contém três fotos da igreja espanhola que você viu no exercício anterior.

2 Clique em Shift para selecionar todas as imagens – Mission01.crw, Mission02.crw e Mission03.crw – e, então, escolha File > Open In Camera Raw.

**A.** Tira de filme
**B.** Alterne tira de filme
**C.** Alterne para o modo de tela inteira
**D.** Valores RGB
**E.** Guias de ajuste de imagem
**F.** Histograma
**G.** Menu de configurações do Camera Raw
**H.** Nível de ampliação
**I.** Clique para exibir as opções de fluxo de trabalho
**J.** Controles de navegação para múltiplas imagens
**K.** Controles deslizantes de ajuste

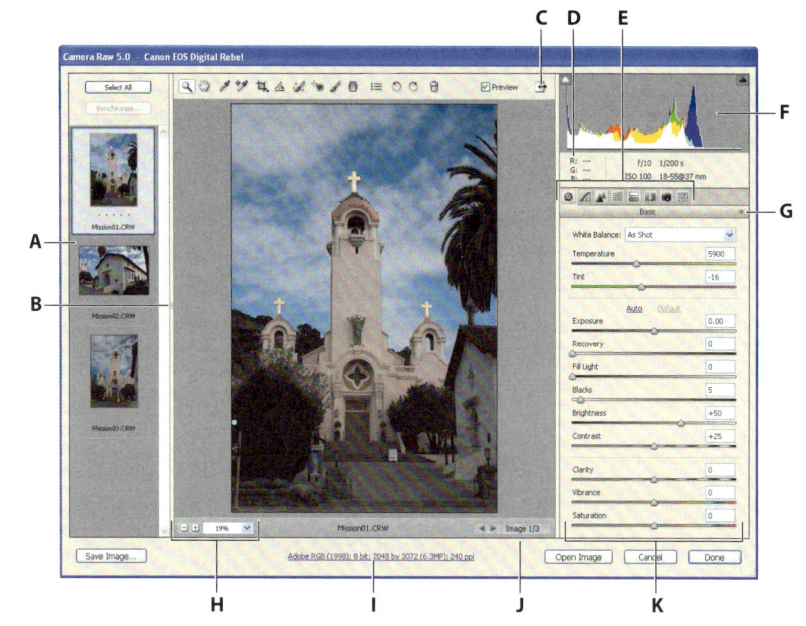

A caixa de diálogo Camera Raw exibe um grande preview da primeira imagem e uma tira de filme no lado esquerdo exibe todas as imagens abertas. O histograma no canto superior à direita mostra o intervalo tonal da imagem selecionada; as opções de fluxo de trabalho na parte central inferior da caixa de diálogo mostram espaço de cores, profundidade em bits, tamanho e resolução da imagem selecionada. As ferramentas na parte superior da caixa de diálogo permitem aplicar zoom, deslocar (pan), alinhar e fazer outros ajustes na imagem. Os painéis com guias no lado direito da caixa de diálogo fornecem opções mais variadas para ajustar a imagem: você pode corrigir o balanço de branco, ajustar o tom e a nitidez da imagem, remover ruídos, ajustar as cores e fazer outras modificações. Você também pode salvar configurações e aplicá-las posteriormente.

Para melhores resultados com o Camera Raw, planeje seu fluxo de trabalho para que ele se mova da esquerda para direita e de cima para baixo. Isso porque geralmente usamos primeiro as ferramentas da parte superior e depois os painéis em ordem, fazendo as modificações conforme necessário.

Vamos explorar esses controles agora, editando o primeiro arquivo de imagem.

3 Clique em todas as miniaturas na tira de filme para visualizar cada imagem antes de começar. Ou, você pode clicar no botão para frente sob a principal janela de visualização para mudar as imagens. Depois de ver as três, selecione a imagem Mission01.crw novamente.

4 Confira se a caixa Preview está selecionada na parte superior da caixa de diálogo para que possa ver o efeito dos ajustes que fará.

## Ajuste o balanço de branco

O balanço de branco de uma imagem reflete as condições de iluminação sob as quais ela foi tirada. Uma câmera digital registra o balanço de branco no momento da exposição; esse é o valor que aparece inicialmente no preview da imagem da caixa de diálogo Camera Raw.

O balanço de branco compreende dois componentes. O primeiro é *temperature*, ou temperatura, medida em kelvins, que determina o nível de "frieza" ou "calor" da imagem – isto é, seus tons azuis e verdes "frios" ou tons amarelos e vermelhos "quentes". O segundo componente é *tint*, ou matiz, que compensa as cores magenta ou verde na imagem.

Dependendo das configurações que você utiliza na sua câmara e do ambiente em que está fotografando (por exemplo, se houver *glare* ou iluminação irregular), é recomendável ajustar o balanço de branco da imagem. Se você planeja modificar o balanço de branco, faça isso antes de qualquer coisa, já que isso afeta todas as outras modificações na imagem.

1 Se o painel Basic ainda não estiver visível no lado direito da caixa de diálogo, clique no botão Basic (●) para abri-lo.

Por padrão, As Shot é selecionado no menu White Balance. O Camera Raw aplica as configurações de balanço de branco em sua câmara no momento da exposição. Você utilizará a ferramenta White Balance para alterar a temperatura de cor da imagem.

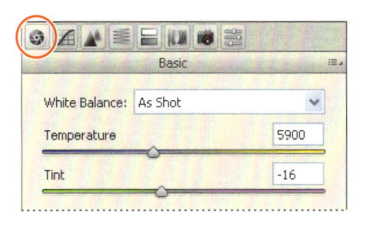

2 Selecione a ferramenta White Balance (✐) no topo da caixa de diálogo Camera Raw.

Para configurar um balanço de branco preciso, selecione um objeto que deve ser branco ou cinza. O Camera Raw utiliza essas informações para determinar a cor da luz em que a cena foi fotografada e então ajusta a iluminação da cena automaticamente.

**3** Clique nas nuvens brancas na imagem. A iluminação da imagem muda.

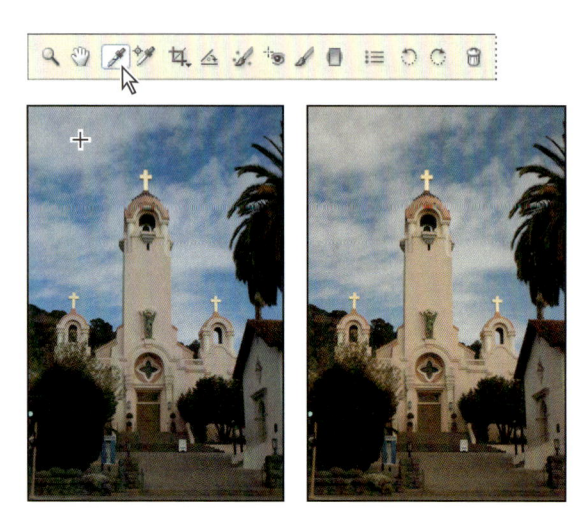

**4** Clique em uma área diferente das nuvens. A iluminação muda novamente.

Você pode utilizar a ferramenta White Balance para encontrar a melhor iluminação para a cena de modo rápido e fácil. Clicar em diferentes áreas altera a iluminação sem modificar nada permanentemente no arquivo, portanto, você pode testar o quanto quiser.

O Camera Raw também inclui várias predefinições de balanço de branco que você pode utilizar como ponto de partida para ver diferentes efeitos de iluminação.

**5** No painel Basics, escolha as opções no menu White Balance e observe como a iluminação altera a imagem.

**6** Escolha Cloudy no menu White Balance.

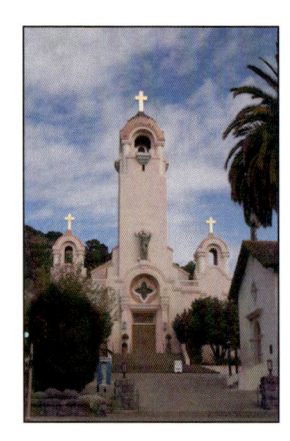

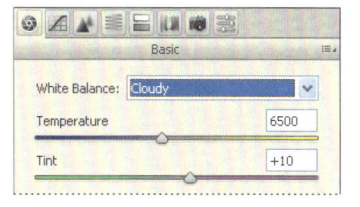

▶ **Dica:** Para desfazer as configurações, pressione Ctrl+Z (Windows) ou Command+Z (Mac OS). Para comparar as modificações que você fez com a imagem original, desmarque Preview. Selecione Preview novamente para ver a imagem modificada.

A predefinição Cloudy é adequada para essa imagem, que foi tirada em um dia com nuvens.

## Faça ajustes tonais no Camera Raw

Outros controles deslizantes no painel Basic afetam a exposição, o brilho, o contraste e a saturação na imagem. A exposição essencialmente define o *ponto branco*, ou ponto mais claro da imagem, para que o Camera Raw ajuste tudo mais de acordo com esse valor. Inversamente, o controle deslizante Blacks configura o *ponto preto*, ou ponto mais escuro na imagem. O controle deslizante Fill Light ajusta os meios-tons.

O controle deslizante Brightness determina o brilho da imagem e o controle deslizante Contrast ajusta o contraste. Para ajustes mais variados no contraste, utilize o controle deslizante Clarity que adiciona profundidade a uma imagem aumentando o contraste local, especialmente nos meio-tons.

▶ **Dica:** Para melhor efeito, aumente o controle deslizante Clarity até você ver os halos perto dos detalhes da borda e então reduza um pouco a configuração.

O controle deslizante Saturation ajusta uniformemente a saturação de todas as cores na imagem. O controle deslizante Vibration, por outro lado, tem um efeito melhor sobre cores não saturadas, portanto, você pode dar vida a um fundo sem saturar demais os tons de pele, por exemplo.

A opção Auto permite que o Camera Raw tente corrigir o tom da imagem – ou você pode selecionar suas próprias configurações.

**1** Clique em Auto no painel Basic.

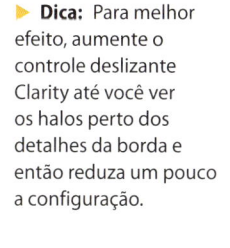

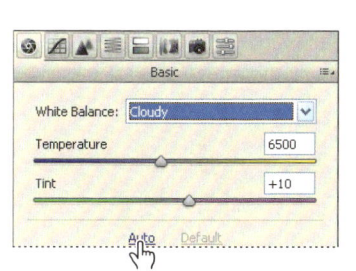

O Camera Raw aumenta a saturação e reduz os pretos e o contraste. Esse pode ser um ponto de partida. Neste exercício, porém, você retornará às configurações padrão para ajustá-las manualmente.

**2** Clique em Default no painel Basic.

**3** Altere os controles deslizantes desta maneira:
- Aumente Exposure para **+1.20**.
- Deixe Brightness em **50**.
- Aumente Contrast para **+ 29**.
- Reduza Clarity a **–75**.
- Reduza Saturation a **–5**.

Essas configurações ajudam a dar mais vida aos meios-tons desta imagem, para que ela pareça mais intensa e mais profunda, sem ficar supersaturada. Entretanto, ela está bastante suave. Você ajustará a configuração Clarity para deixá-la um pouco mais nítida.

**4** Aumente Clarity para **+25**.

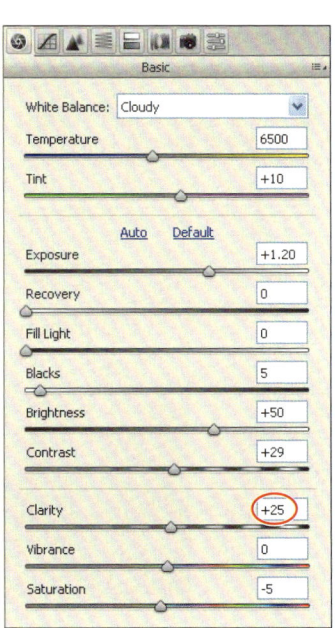

## O histograma do Camera Raw

O histograma no canto superior direito da caixa de diálogo Camera Raw mostra simultaneamente os canais de vermelho, verde e azul da imagem selecionada, e é atualizado interativamente à medida que você ajusta as configurações. Além disso, quando você move qualquer ferramenta sobre a imagem visualizada, os valores RGB para a área sob o cursor aparecem abaixo do histograma.

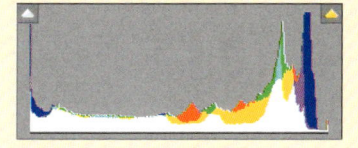

## Ajuste a nitidez

O Photoshop oferece vários filtros de nitidez, mas quando você precisa ajustar a nitidez de uma imagem inteira, o Camera Raw fornece melhor controle. Os controles de nitidez estão no painel Detail. Para ver o efeito da aplicação de nitidez no painel de preview, você deve visualizar a imagem em 100% ou mais.

1. Dê um clique duplo na ferramenta Zoom ( ) no lado esquerdo da barra de ferramentas para ampliar para 100%. Então, selecione a ferramenta Hand ( ) e desloque a imagem para ver a cruz na torre da igreja.

2. Clique no botão Detail para abrir o painel Detail ( ).

O controle deslizante Amount determina o nível de nitidez que o Camera Raw aplica. Normalmente, primeiro você exagera o valor de nitidez e depois o ajusta após ter configurado os outros controles deslizantes.

3. Mova o controle deslizante Amount para **100**.

O controle deslizante Radius (raio) determina a área de pixels que o Camera Raw analisa à medida que ajusta a nitidez da imagem. Para a maioria das imagens, você obterá melhores resultados se mantiver o raio pequeno, abaixo de 1 pixel, uma vez que um raio grande pode dar uma aparência artificial, quase como uma aquarela.

4. Mova o controle deslizante Radius para **0.9**.

O controle deslizante Detail determina quantos detalhes você verá. Mesmo quando esse controle deslizante é configurado como 0, o Camara Raw faz um pequeno ajuste na nitidez. Tipicamente, é recomendável manter a configuração Detail relativamente baixa.

5. Mova o controle deslizante Detail para **25**, se já não estiver lá.

O controle deslizante Masking determina a quais partes da imagem o Camera Raw aplica nitidez. Se o valor de Masking for alto, o Camera Raw só aplicará nitidez às partes da imagem que têm bordas fortes.

▶ **Dica:** Pressione a tecla Alt (Windows) ou Option (Mac OS) enquanto move o controle deslizante Masking para ver o que o Camera Raw deixará nítido.

**6** Mova o controle deslizante Masking para **61**.

Depois de ajustar os controles deslizantes Radius, Detail e Masking, você pode diminuir o controle deslizante Amount para finalizar o ajuste de nitidez.

**7** Diminua o controle deslizante Amount para **50**.

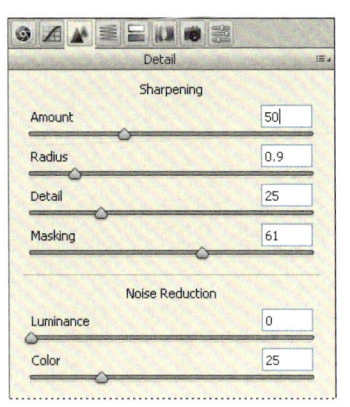

● **Nota:** Se você aplicar menos zoom, a imagem não parecerá nítida. Você pode visualizar os efeitos do ajuste de nitidez apenas em níveis de zoom de 100 % ou mais.

Ajustar a nitidez da imagem dá maior definição aos detalhes e às bordas. O controle deslizante Masking permite direcionar o efeito de nitidez às linhas da imagem, para que os objetos não apareçam nas áreas sem foco ou no fundo.

Ao fazer ajustes no Camera Raw, os dados do arquivo original são mantidos. As suas configurações de ajuste da imagem são armazenadas no arquivo de banco de dados Camera Raw ou em arquivos XMP secundários (*sidecar*) que acompanham o arquivo original da imagem na mesma pasta). Esses arquivos XMP retêm os ajustes que você fez no Camera Raw quando você transfere o arquivo de imagem para um dispositivo de armazenamento ou outro computador.

## Sincronize as configurações entre imagens

As três imagens da igreja foram fotografadas ao mesmo tempo sob as mesmas condições de iluminação. Agora que você ajustou a primeira foto, você pode aplicar automaticamente as mesmas configurações às outras duas imagens com o comando Synchronize.

**1** No canto superior esquerdo da caixa de diálogo Camera Raw, clique em Select All para selecionar todas as imagens na tira de filme.

**2** Clique no botão Synchronize.

A caixa de diálogo Synchronize aparece; ela lista todas as configurações que você pode aplicar às imagens. Por padrão, todas as opções, exceto Crop e Spot Removal, são selecionadas. Você pode aceitar o padrão para esse projeto, mesmo não tendo alterado todas as configurações.

**3** Clique em OK na caixa de diálogo Synchronize.

Ao sincronizar as configurações em todas as imagens selecionadas, as miniaturas são atualizadas para refletir as alterações que você fez. Para visualizar as imagens, clique em cada miniatura na tira de filme.

## Salve alterações no Camera Raw

Primeiro, você salvará as imagens com os ajustes como arquivos JPEG de baixa resolução que pode compartilhar na Web. Então, salvará uma imagem, Mission01, como um arquivo do Photoshop que adicionará a uma galeria de imagens em PDF mais adiante nesta lição. Você abrirá a imagem Mission01 como um Smart Object no Photoshop para que possa retornar ao Camera Raw sempre que precisar fazer ajustes adicionais.

**1** Clique em Select All na caixa de diálogo Camera Raw para selecionar as três imagens.

**2** Clique em Save Images no canto inferior esquerdo.

**3** Na caixa de diálogo Save Options, faça o seguinte:

- Selecione Save In Same Location no menu Destination.
- Na área File Naming, deixe *Document Name* na primeira caixa.
- Escolha JPEG no menu Format.

● **Nota:** Antes de compartilhar essas imagens pela Web, você provavelmente vai abri-las no Photoshop e redimensioná-las para 640 × 480 pixels. Elas estão muito grandes e a maioria dos internautas precisaria rolar a página para ver as imagens em tamanho natural.

Essas configurações salvarão as suas imagens corrigidas como arquivos JPEG menores e de resolução mais baixa, que você pode compartilhar com colegas na Web. Seus arquivos serão nomeados Mission01.jpg, Mission02.jpg e Mission03.jpg.

**4** Clique em Save.

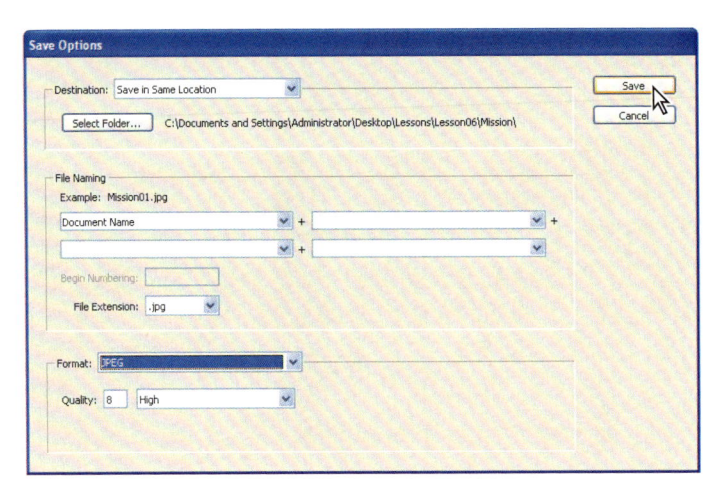

O Bridge o leva à caixa de diálogo Camera Raw e indica quantas imagens foram processadas até todas as imagens terem sido salvas. As miniaturas CRW ainda aparecem na caixa de diálogo Camera Raw, mas, no Bridge, agora também há versões JPEG junto com os arquivos de imagem CRW originais, não editados, que você pode continuar a editar ou deixar para outro momento.

Agora, você salvará uma cópia da imagem Mission01 na pasta Gallery, onde salvará todas as imagens da galeria.

# LIÇÃO 6 | **199**
Corrigindo e Aprimorando Fotografias Digitais

**5** Selecione a miniatura da imagem Mission01.crw na tira de filme na caixa de diálogo Camera Raw. Então, pressione a tecla Shift e clique em Open Object na parte inferior da caixa de diálogo.

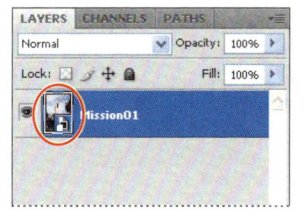

O botão Open Object abre a imagem como um Smart Object no Photoshop, e você pode retornar ao Camara Raw para continuar a fazer ajustes sempre que quiser. Se clicar em Open Image, a imagem se abrirá como uma imagem padrão do Photoshop. Pressionar a tecla Shift transforma o botão Open Image no botão Open Object.

▶ **Dica:** Para tornar o botão Open Object padrão, clique no link das opções de fluxo de trabalho (em azul) abaixo da janela de preview, selecione Open Photoshop As Smart Objects e clique em OK.

**6** No Photoshop, escolha File > Save As. Na caixa de diálogo Save As, escolha Photoshop para Format, renomeie o arquivo **Mission_Final.psd**, navegue até a pasta Lesson06/Gallery e clique em Save. Clique em OK se uma caixa de diálogo de compatibilidade aparecer. Em seguida, feche o arquivo.

## Como salvar arquivos no Camera Raw

Cada modelo de câmera salva imagens raw em um formato único, mas o Adobe Camera Raw pode processar diferentes formatos de arquivo raw usando configurações de imagem padrão baseadas em perfis de câmera predefinidos para câmeras suportadas e dados EXIF.

Você pode salvar os arquivos proprietários no formato DNG (o formato do Adobe Camera Raw), JPEG, TIFF e PSD. Todos eles podem ser utilizados para salvar imagens bitmap de tons contínuos, RGB e CMYK; e todos, exceto o DNG, também estão disponíveis nas caixas de diálogo Photoshop Save e Save As.

- O formato *Adobe Digital Negative (DNG)* contém dados brutos da imagem provenientes de uma câmera digital e os metadados que definem o que os dados da imagem significam. O DNG foi concebido como um formato padrão utilizado por toda a indústria para dados de imagem raw, ajudando os fotógrafos a gerenciar a variedade de formatos raw proprietários e fornecendo um formato de arquivo compatível. (Você só pode salvar esse formato a partir da caixa de diálogo Camera Raw.)

- O formato de arquivo *JPEG (Joint Photographic Experts Group)* é comumente usado para exibir fotografias e outras imagens RGB em tom contínuo na Web. Arquivos JPEG de resolução mais alta podem ser utilizados para outros objetivos, incluindo impressão de alta qualidade. O formato JPEG retém todas as informações de cor em uma imagem, mas compacta o tamanho do arquivo descartando seletivamente os dados. Quanto maior a compactação, menor a qualidade da imagem.

- O *TIFF (Tagged Image File Format)* é usado para a troca de arquivos entre aplicativos e plataformas de computador. TIFF é um formato flexível suportado por praticamente todos os aplicativos de desenho, edição de imagens e layout de página. Além disso, praticamente todos os scanners de mesa podem produzir imagens TIFF.

- O *formato PSD* é o formato de arquivo nativo do Photoshop. Devido à forte integração entre os produtos Adobe, outras aplicações Adobe como o Adobe Illustrator, Adobe InDesign e Adobe GoLive podem importar arquivos PSD diretamente e preservar muitos recursos do Photoshop.

Depois de abrir um arquivo no Photoshop, você pode salvá-lo em vários formatos, incluindo Large Document Format (PSB), Cineon, Photoshop Raw ou PNG. Para não ser confundido com os formatos de arquivo Camera Raw, o formato Photoshop Raw (RAW) é um formato de arquivo para transferir imagens entre aplicativos e plataformas de computador.

Para informações adicionais sobre formatos de arquivo no Camera Raw e no Photoshop, consulte o Photoshop Help.

# Corrija fotografias digitais no Photoshop

O Photoshop fornece muitos recursos para ajudá-lo a aprimorar a qualidade das fotografias digitais. Esses recursos incluem a capacidade de realçar detalhes nas áreas de sombra e de destaque da imagem, remover olhos vermelhos, reduzir ruídos indesejáveis e ajustar a nitidez de certas áreas de uma imagem. Para explorar esses recursos, você vai editar uma imagem digital diferente: o retrato de uma mãe e seu filho.

## Ajuste áreas claras e escuras

Para destacar o detalhe nas áreas escuras ou claras de uma imagem, utilize o comando Shadows/Highlights. Os ajustes Shadows/Highlights funcionam melhor quando o tema da imagem parece uma silhueta contra uma forte luz de fundo ou "lavado" porque o flash da câmera estava muito perto. Você também pode utilizar esses ajustes para aumentar os detalhes das sombras em uma imagem muito iluminada.

1 Clique no botão Launch Bridge (). No painel Favorites, clique na pasta Lessons. No painel Content, dê um clique duplo na pasta Lesson06. Dê um clique duplo na imagem 06B_Start.psd para abri-la no Photoshop.

2 Escolha File > Save As. Nomeie o arquivo **06B_Working.psd**.

3 Escolha Image > Adjustments > Shadows/Highlights. O Photoshop aplica automaticamente as configurações padrão à imagem, iluminando o fundo. Você vai personalizará as configurações para aumentar os detalhes tanto nas áreas escuras como nas claras e melhorar o vermelho do pôr-do-sol.

4 Na caixa de diálogo Shadows/Highlights, selecione Show More Options para expandir a caixa de diálogo. Então faça o seguinte:

- Na área Shadows, configure Amount como **80**% e Tonal Width como **65**%.
- Na área Highlights, configure Amount como **5**%.
- Na área Adjustments, arraste o controle deslizante Color Correction para **+45**.

5 Clique em OK para aceitar suas alterações.

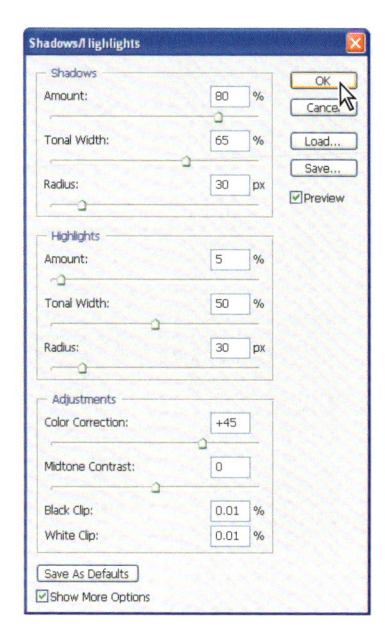

6 Escolha File > Save para salvar seu trabalho.

## Corrija olhos vermelhos

O efeito de *olhos vermelhos* ocorre quando a retina dos olhos da pessoa fotografada é refletida pelo flash da câmera. Isso acontece comumente em fotografias tiradas em um lugar escuro, porque as pupilas estão completamente abertas. É fácil corrigir olhos vermelhos no Photoshop. Neste exercício, você vai remover os olhos vermelhos do menino no retrato.

1 Selecione a ferramenta Zoom ( ) e, então, arraste um contorno de seleção em torno dos olhos do menino para ampliá-los.

2 Selecione a ferramenta Red Eye ( ), oculta sob a ferramenta Spot Healing Brush ( ).

**3** Na barra de opções, deixe Pupil Size configurado como 50%, mas mude Darken Amount para **10%**. Darken Amount especifica o quão escura a pupila deve ser. Como os olhos do menino são azuis, a configuração Darken Amount deve ser mais clara que o padrão.

**4** Clique na área vermelha no olho esquerdo do menino. O reflexo vermelho desaparece.

**5** Clique na área vermelha no olho direito do menino para também remover esse reflexo.

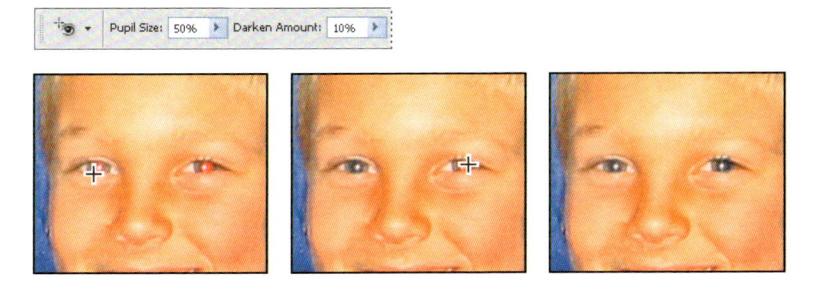

**6** Dê um clique duplo na ferramenta Zoom para ampliar a 100%.

**7** Escolha File > Save para salvar seu trabalho até agora.

## Reduza os ruídos

Pixels aleatórios que não são parte dos detalhes da imagem são chamados *ruído*. O ruído pode resultar do uso de uma configuração ISO alta em uma câmera digital, da subexposição ou de uma foto tirada em ambiente escuro com uma velocidade de obturador longa. Imagens digitalizadas talvez contenham ruídos resultantes do sensor de digitalização ou de um padrão granular do filme digitalizado.

Há dois tipos de ruídos de imagem: *ruído de luminosidade*, que são dados em tons de cinza que fazem uma imagem parecer granulada ou quadriculada, e *ruído de cor*, que aparece como artefatos coloridos na imagem. O filtro Reduce Noise resolve os dois tipos de ruído nos canais de cores individuais e, ao mesmo tempo, preserva os detalhes das bordas e corrige artefatos da compactação JPEG.

Primeiro, amplie a área entre a cabeça da mãe e o céu para obter uma boa visão do ruído nessa imagem.

**1** Utilizando a ferramenta Zoom (Q), clique no centro do céu acima da cabeça da mulher e amplie essa parte em aproximadamente 300%.

O ruído nessa imagem é manchado e rugoso, com uma granularidade desigual no céu. Com o filtro Reduce Noise, você pode atenuar e suavizar essa área e dar ao céu mais profundidade.

2 Escolha Filter > Noise > Reduce Noise.

3 Na caixa de diálogo Reduce Noise, faça o seguinte:

- Diminua Strength para **8**. (Strength controla a quantidade de ruído de luminosidade).
- Reduza Preserve Details para **45**%.
- Aumente Reduce Color Noise para **50**%.
- Mova Sharpen Details para **35**%.

● **Nota:** Para corrigir os ruídos em canais específicos da imagem, selecione Advanced e clique na guia Per Channel para ajustar as configurações em cada canal.

Você não precisa selecionar Remove JPEG Artifact, porque esta imagem não é um JPEG e não tem nenhum artefato JPEG.

4 Clique no botão de sinal de adição na parte inferior da caixa de diálogo duas vezes para ampliar em aproximadamente 300% a imagem e então arraste para posicionar o céu na área de visualização. Clique e mantenha o botão do mouse pressionado na área de visualização para ver a imagem "antes" e solte o botão do mouse para ver o resultado corrigido.

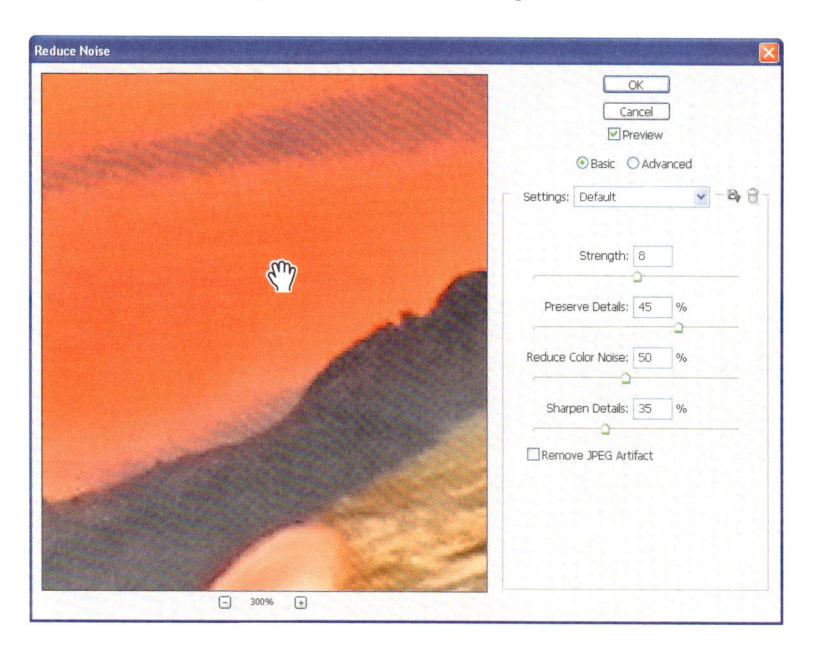

5 Clique em OK para aplicar suas alterações e fechar a caixa de diálogo Reduce Noise e, então, dê um clique duplo na ferramenta Zoom para retornar a 100%.

6 Escolha File > Save para salvar seu trabalho.

## Dê maior nitidez às bordas

Reduzir o ruído pode suavizar a imagem, portanto, como uma correção final para esta fotografia, você irá torná-la mais nítida.

O Photoshop inclui vários filtros que aplicam nitidez a áreas de uma imagem, incluindo Sharpen, Unsharp Mask, Sharpen Edges e Smart Sharpen. Todos focalizam imagens desfocadas aumentando o contraste dos pixels adjacentes, mas alguns são melhores para certas imagens do que outros, dependendo se toda a imagem ou apenas parte dela precisa ganhar nitidez. Smart Sharpen aumenta a nitidez da imagem e, ao mesmo tempo, reduz o ruído, permitindo que você especifique se o filtro deve ser aplicado a toda a imagem, as suas áreas mais escuras ou mais claras.

Para informações adicionais sobre outros filtros no submenu Sharpen, consulte o Photoshop Help.

1 Escolha Filter > Sharpen > Smart Sharpen.

2 Na caixa de diálogo Smart Sharpen, faça o seguinte:

- Reduza Amount para **40**%.
- Configure Radius como **5** pixels.
- Escolha Lens Blur no menu Remove.
- Na parte inferior da caixa de diálogo, selecione More Accurate.

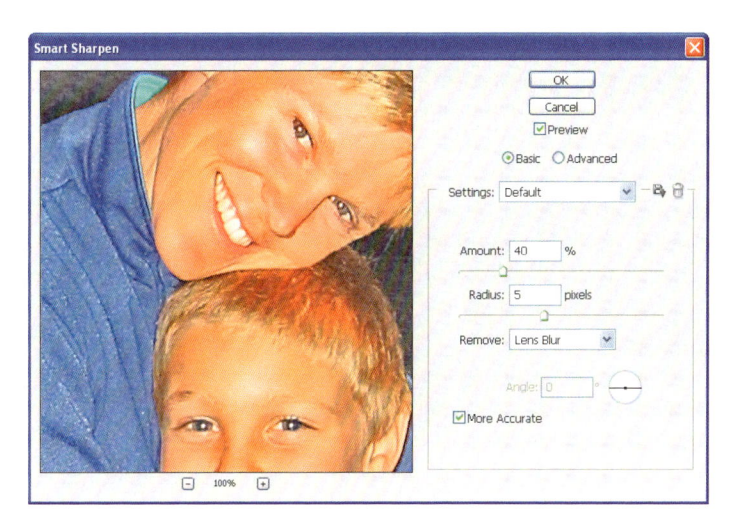

A opção Remove determina qual algoritmo é utilizado para dar maior nitidez à imagem. Gaussian Blur utiliza o mesmo método que o filtro Unsharp Mask. Lens Blur detecta as bordas e os detalhes em uma imagem e torna os detalhes mais nítidos e com menos halos nítidos. Motion Blur reduz o desfoque causado por movimentos da câmera ou do tema e inclui o controle Angle.

*Fotógrafo há mais de 22 anos, Jay Graham começou sua carreira projetando e construindo casas personalizadas. Hoje, ele tem clientes nas áreas de publicidade, arquitetura, editoração de livros e turismo.*

*Veja o portfólio de Jay Graham em jaygraham.com.*

# Fluxo de trabalho de fotografias profissionais

### Bons hábitos fazem a diferença

Um fluxo de trabalho sensato e bom hábitos de trabalho vão mantê-lo entusiasmado com a fotografia digital, ajudar suas imagens a brilhar e poupá-lo dos dissabores de perder um trabalho do qual você nunca fez backup. Eis um esboço do fluxo de trabalho básico com imagens digitais de um fotógrafo profissional com mais de 22 anos de experiência. Para ajudá-lo a tirar o máximo das fotos que você fotografa, Jay Graham dá orientações sobre como configurar sua câmera, criar um fluxo de trabalho colorido básico, selecionar formatos de arquivo, organizar imagens e mostrar seu trabalho.

Graham utiliza o Adobe Bridge para organizar milhares de imagens.

### Comece configurando as preferências da sua câmera

Se sua câmera tiver essa opção, só fotografe no formato de arquivo camera raw, que captura todas as informações necessárias sobre a imagem. Com uma foto de camera raw, diz Graham, "você pode passar da luz do dia para uma imagem com iluminação de tungstênio sem degradações" quando ela for reproduzida.

*"A maior reclamação das pessoas é que perderam suas imagens. Onde elas estão? Com que elas se parecem?", diz Graham, "Portanto, nomeá-las é importante."*

**Comece com o melhor material**
Obtenha todos os dados quando captura a imagem – em uma boa compactação e em uma alta resolução. Não é possível retornar ao local mais tarde.

**Transfira as imagens para seu computador**
Utilize um leitor de cartões em vez de conectar sua câmera ao computador para fazer o download das imagens. Leitores de cartões não exigem que a câmera esteja ligada; use vários cartões conforme necessário para armazenar suas imagens.

**Organize seus arquivos**
Nomeie e catalogue suas imagens assim que terminar de fazer o download delas. "Se a câmera nomear os arquivos, ela consequentemente redefinirá e produzirá vários arquivos com o mesmo nome", diz Graham. Use o Adobe Bridge para renomear, classificar e adicionar metadados às fotos que você planeja manter; elimine as que não pretende manter.

Graham nomeia seus arquivos de acordo com a data (e, talvez, com o tema). Ele armazenou uma série de fotos tiradas em 12 de dezembro de 2006, em Stinson Beach, em uma pasta chamada "20061212_Stinson"; dentro dessa pasta, ele nomeou cada imagem de modo incremental – "2006_1212_01" ou "001" e assim por diante. "Dessa maneira, elas permanecem ordenadas na unidade de disco e prontamente acessíveis", diz ele. Siga a convenção para atribuição de nomes do Windows a fim de manter os nomes de arquivo utilizáveis em plataformas que não são Macintosh (o máximo de 32 caracteres; somente números, letras, sublinhados e hífens).

**Converta imagens raw para o Adobe Camera Raw**
Salve as imagens Camera Raw editadas no formato DNG. Esse formato de código-fonte aberto pode ser lido por qualquer dispositivo, diferentemente dos formatos raw proprietários de muitas câmeras.

**Mantenha uma imagem mestre**
Salve sua imagem mestre no formato PSD, TIFF ou DNG, não em JPEG. Toda vez que um JPEG é re-editado e salvo, a compactação é reaplicada e degrada a qualidade da imagem.

**Mostre seu trabalho para os clientes e para os amigos**
Selecione o melhor perfil de cores para converter seu trabalho para tela ou impressão e configure a resolução da imagem final de acordo com a qualidade e o tamanho do arquivo. Para uma composição, exibição online ou serviço de fotos Web, use sRGB em uma resolução de 72 dpi. Para impressão de jato de tinta, utilize o Adobe 1998 para reproduzir imagens a 180 dpi e em resoluções mais altas.

**Faça backup das suas imagens**
Você dedicou bastante tempo e esforço as suas imagens: não as perca. Utilize um CD ou DVD para fazer o backup. Melhor ainda: utilize uma unidade de disco externa configurada para fazer o backup automaticamente. "A questão não é se sua unidade de disco [interna] irá travar", diz Graham, repetindo um ditado comum, "A questão é quando."

Selecionar More Accurate produz melhor nitidez, mas leva mais tempo para processar.

3   Para examinar os resultados do Smart Sharpen, clique e mantenha o botão do mouse pressionado na área de visualização, e, então, o solte.

4   Clique em OK para aplicar suas alterações.

5   Escolha File > Save As. Nomeie o arquivo **Portrait_Final.psd** e salve-o na pasta Lesson06/Gallery. Então, feche o arquivo.

Você fez várias correções básicas no retrato. Agora, você fará algo um pouco mais incomum: editar uma imagem e, ao mesmo tempo, preservar sua perspectiva.

## Edite imagens em perspectiva

Utilizando o filtro Vanishing Point, você pode definir os planos de perspectiva em uma imagem e, então, pintar, clonar e transformar a imagem de acordo com essa perspectiva. Você pode criar vários planos relacionados entre si. O Photoshop dimensiona e orienta automaticamente suas edições em uma perspectiva apropriada em toda a imagem.

O filtro Vanishing Point funciona com imagens de 8 bits por canal, mas não funciona com dados vetoriais. Para utilizá-lo, primeiro crie uma grade que defina a perspectiva e, então, edite sua imagem normalmente. O Vanishing Point ajusta sua edição de acordo com a perspectiva definida.

### Defina uma grade

Neste exercício, você vai trabalhar com a imagem de uma casa coberta por neve. Utilizaremos o filtro Vanishing Point para adicionar uma janela à parede e remover a guirlanda, tudo isso mantendo a perspectiva.

1   Clique no botão Launch Bridge ([Br]). Navegue até a pasta Lesson06. Dê um clique duplo na imagem 06C_Start.psd para abri-la no Photoshop.

Primeiro, você vai definir a grade de perspectiva. Em seguida, vai adicionar uma quarta janela e remover a guirlanda.

**2** Escolha Filter > Vanishing Point.

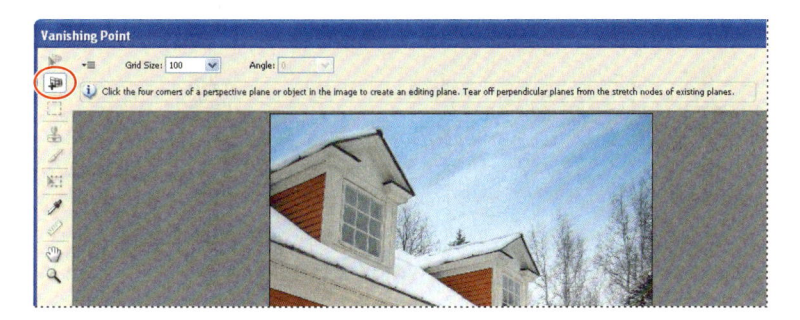

A caixa de diálogo Vanishing Point contém um preview da imagem, bem como várias ferramentas e opções para trabalhar com a perspectiva. A ferramenta Create Plane (▣) está selecionada para que você comece.

**3** Utilizando a ferramenta Create Plane (▣), clique nos quatro pontos de canto da parede da casa: clique logo abaixo do acabamento branco, onde ele encontra a parede vermelha, e, sobre a base, no canto inferior direito, para definir o tamanho e a forma do plano em perspectiva. À medida que você clica, um esboço azul aparece. Ao terminar, o Photoshop exibe uma grade azul sobre o plano que você acabou de definir.

● **Nota:** A grade só aparece quando o plano tem bordas paralelas. Se você vir uma borda vermelha em vez da grade, arraste as alças para ajustar o plano.

**4** Se necessário, arraste um canto ou uma alça lateral para ajustar a grade.

## Edite objetos na imagem

Agora que a grade de perspectiva foi criada, você pode selecionar e mover a janela.

**1** Selecione a ferramenta Marquee (▢) a partir do painel Tools na caixa de diálogo Vanishing Point. A grade detalhada desaparece e o plano é delineado em azul.

● **Nota:** A opção Heal determina como a seleção, a clonagem ou o traço de pintura se misturam com a cor, a iluminação e o sombreamento dos pixels adjacentes. Para mais informações sobre as opções do Vanishing Point, consulte a ajuda do Photoshop.

2 Para desfocar ligeiramente a borda da seleção que você vai criar, configure a opção Feather como **3** na parte superior da caixa de diálogo. Deixe as outras opções inalteradas.

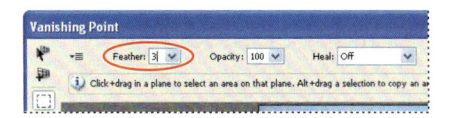

3 Faça uma seleção um pouco maior que a janela do meio. Então, pressione Alt (Windows) ou Option (Mac OS) para copiar a seleção, pressione Shift para manter o plano alinhado e arraste a cópia para a direita. Solte o mouse quando a nova janela estiver posicionada entre a janela direita e a extremidade da parede. À medida que você arrasta, o Photoshop dimensiona a seleção de acordo com a perspectiva da parede.

4 Selecione a ferramenta Zoom (🔍) e arraste-a sobre as três janelas originais para vê-las mais detalhadamente.

5 Selecione a ferramenta Marquee (▭) e arraste-a para selecionar a parede vazia entre as duas primeiras janelas.

6 Pressione Alt+Shift (Windows) ou Option+Shift (Mac OS) enquanto arrasta a seleção para o espaço entre a segunda e a terceira janelas, sobre a guirlanda.

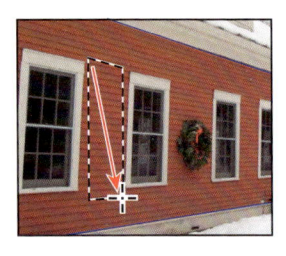

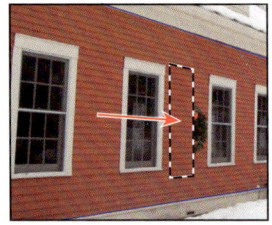

Embora a seleção copiada mantenha a perspectiva na sua nova localização, ela não cobre toda a guirlanda; parte dela ainda aparece na imagem. Você corrigirá isso a seguir.

7 Selecione a ferramenta Transform (▦). Alças aparecem na seleção.

8 Arraste essas alças para expandir a seleção e cobrir a guirlanda. Se necessário, utilize as teclas de seta para deslocar a seleção e alinhar as tábuas de madeira clonadas.

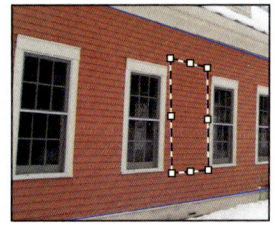

9 Selecione a ferramenta Marquee e clique fora da seleção para desmarcá-la. Amplie novamente para ver os resultados do seu trabalho. Então, clique em OK para aplicar o filtro Vanishing Point.

10 Escolha File > Save As. Na caixa de diálogo Save As, atribua ao arquivo o nome **Farmhouse_Final.psd** e salve-o na pasta Lesson06/Gallery. Então, feche a janela da imagem.

● **Nota:** Para manter as informações sobre o plano de perspectiva na imagem, você deve salvar a imagem no formato PSD, TIFF ou JPEG

## Corrija distorções na imagem

O filtro Lens Correction corrige falhas comuns de lente de câmera, como distorções ópticas do tipo barril e almofada, aberração cromática e vinhetas. A *distorção de barril* é um defeito de lente que faz com que linhas retas se curvem em direção às bordas da imagem. A *distorção de almofada* tem o efeito oposto, fazendo com que as linhas retas se curvem para dentro. A *aberração cromática* aparece como um filete de cor na borda dos objetos da imagem. A *vinheta* (ou *vinhetagem*) ocorre quando as bordas de uma imagem, especialmente os cantos, são mais escuras que o centro.

Algumas lentes causam esses defeitos dependendo da distância focal ou do f-stop utilizado. O filtro Lens Correction pode aplicar configurações com base na câmera, nas lentes e na distância focal usadas para capturar a imagem. Ele também pode girar imagem ou corrigir problemas de perspectiva causados por inclinação vertical ou horizontal da câmera. A grade de imagem do filtro torna esses ajustes mais fáceis e exatos do que com o comando Transform.

Neste exercício, você vai ajustar a distorção de lente na imagem de um templo grego.

1 Clique no botão Launch Bridge (![Br]). No Bridge, navegue até a pasta Lesson06. Dê um clique duplo na imagem 06D_Start.psd para abri-la no Photoshop.

As colunas nesta imagem se inclinam em direção à câmara e parecem tortas. Esta foto foi tirada a uma distância muito pequena com uma lente grande-angular.

2 Escolha Filter > Distort > Lens Correction. A caixa de diálogo Lens Correction se abre. Uma grade de alinhamento sobrepõe-se à imagem e ao lado aparecem as opções para remover a distorção, corrigir a aberração cromática, remover as vinhetas e transformar a perspectiva.

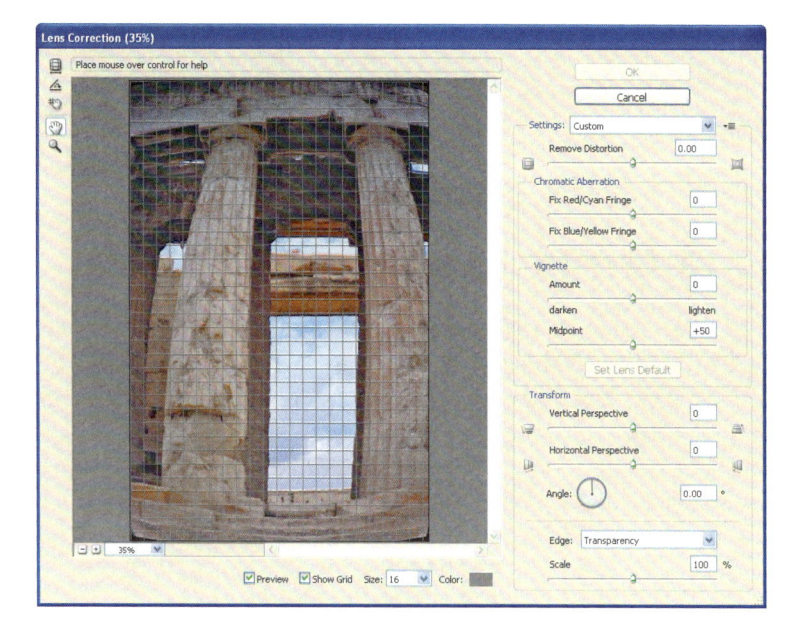

**3** Na caixa de diálogo Lens Correction, faça o seguinte:

- Arraste o controle deslizante Remove Distortion para **+52.00** para remover a distorção de barril da imagem. Ou então, você pode selecionar a ferramenta de Remove Distortion (🔲) e arrastá-la na área de visualização da imagem até que as colunas fiquem retas.

O ajuste faz as margens da imagem curvarem-se para dentro; você dimensionará a imagem para corrigir isso.

- Na parte inferior da caixa de diálogo, escolha Transparency no menu Edge.
- Arraste o controle deslizante Scale para **146**%.

**4** Clique em OK para aplicar suas alterações e fechar a caixa de diálogo Lens Correction.

▶ **Dica:** Observe a grade de alinhamento enquanto faz essas alterações para poder ver quando as colunas verticais são alinhadas na imagem.

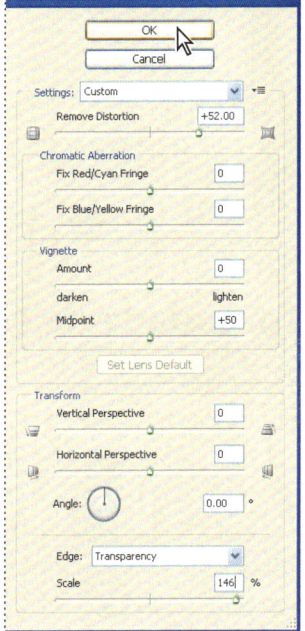

A distorção curva causada pela lente grande-angular e pela pouca distância do objeto é eliminada.

5 (Opcional) Para ver o efeito da sua alteração na janela principal, pressione Ctrl+Z (Windows) ou Command+Z (Mac OS) duas vezes para desfazer e refazer o filtro.

6 Escolha File > Save As. Na caixa de diálogo Save As, nomeie o arquivo como **Columns_Final.psd** e salve-o na pasta Lesson06/Gallery. Clique em OK se uma alerta de compatibilidade aparecer. Então, feche a imagem.

## Adicione profundidade de campo

Ao tirar uma foto, muitas vezes você precisa optar entre focar o fundo ou o primeiro plano. Se quiser que a imagem inteira esteja em foco, tire duas fotos, uma com o fundo e outra com o primeiro plano em foco, e junte as duas no Photoshop.

Como você deve alinhar as imagens precisamente, é útil utilizar um tripé para manter a câmera firme. Mas mesmo com uma câmera portátil você pode conseguir resultados impressionantes. Você vai aplicar essa técnica na imagem de uma taça de champanhe em uma praia.

1 No Photoshop, escolha File > Open. Navegue até pasta Lessons/Lesson06 e dê um clique duplo no arquivo 06E_Start para abri-lo.

**2** No painel Layers, oculte a camada Beach para que apenas a camada Glass permaneça visível. A taça está em foco, mas o fundo está desfocado. Então, exiba a camada Beach e oculte a camada Glass – agora a praia está em foco, mas a taça está desfocada.

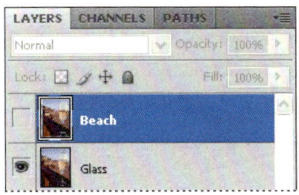

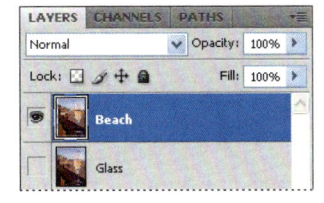

Você vai mesclar as camadas utilizando a parte de cada camada que está em foco. Primeiro, você precisa alinhar as camadas.

**3** Exiba as duas camadas novamente e então clique com Shift pressionada para selecionar ambas.

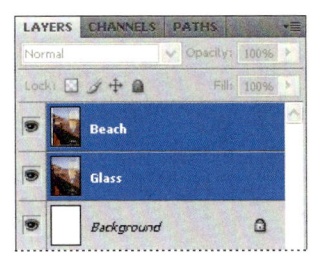

**4** Escolha Edit > Auto-Align Layers.

Auto é selecionado por padrão na área Projection da caixa de diálogo Auto-Align Layers. Como estas imagens foram tiradas do mesmo ângulo, Auto será adequado.

**5** Clique em OK para alinhar as camadas.

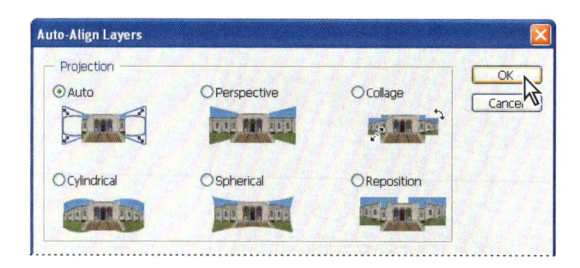

Agora que as camadas estão perfeitamente alinhadas, você está pronto para mesclá-las.

**6** Verifique se as duas camadas estão selecionadas no painel Layers. Em seguida, escolha Edit > Auto-Blend Layers.

**7** Selecione Stack Images e certifique-se de que Tones And Colors está selecionado. Em seguida, clique em OK.

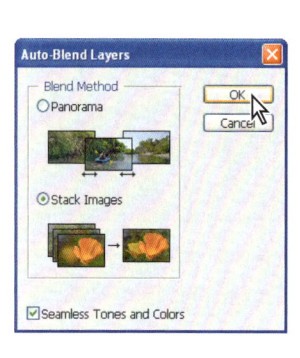

LIÇÃO 6 | **217**
Corrigindo e Aprimorando Fotografias Digitais

Tanto a taça de champagne como a praia atrás dela estão em foco. Agora, você vai adicionar uma camada de ajuste Vibrance para dar à imagem um pouco mais de vigor.

**8** Clique no botão Vibrance no painel Adjustments.

**9** Mova o controle deslizante Vibrance para **+33** e mova o controle Saturation para **–5**.

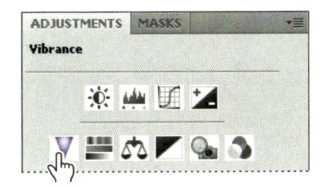

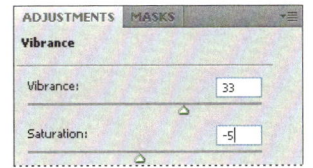

A camada de ajuste Vibrance afeta todas as camadas abaixo dela.

**10** Escolha File > Save As. Nomeie o arquivo **Glass_Final.psd** e salve-o na pasta Lesson06/Gallery. Clique em OK se um alerta de compatibilidade aparecer. Então feche o arquivo.

# O Adobe Photoshop Lightroom®

*O Adobe Photoshop Lightroom* é um aplicativo modular que oferece um ambiente consistente da captura à impressão.

Ao incorporar a conversão de formatos raw em um só fluxo de trabalho, o Adobe Photoshop Lightroom acelera o trabalho do fotógrafo profissional. Pense no Lightroom como uma caixa de luz digital – vitaminada. Clique para fazer painéis de controle e ferramentas desaparecerem gradualmente no segundo plano no modo Lights-Out e colocar a imagem no centro da área de visualização. Utilize o recurso Identity Plate para personalizar o aplicativo e sua saída e faça uma demonstração do seu trabalho. Role rapidamente por centenas de imagens ou amplie instantaneamente pontos mais detalhados de uma imagem.

O Lightroom se beneficia da tecnologia Adobe Camera Raw para suportar mais de 190 formatos de arquivo raw nativos – incluindo aqueles dos últimos modelos de câmeras.

## Alguns recursos do Lightroom:

- Recursos intuitivos de correção de imagem, incluindo ajustes de curva tonal para meios-tons, áreas escuras e claras. Controles de divisão tonal criam imagens em preto e branco mais ricas com maior controle para fazer ajustes e tratar áreas de imagem precisas no histograma.

- Economia de tempo ao converter e renomear arquivos importados para o formato Digital Negative (DNG) ou ao renomeá-los e segmentá-los por pasta ou data.

- Rápida recuperação de imagens com filtros de pesquisa e configurações predefinidas, além de opções de organização.

- Recursos para exibir imagens em uma apresentação de slides com sombras projetadas, bordas, padrões de identidade visual e diferentes planos de fundo. Você pode entregar as imagens nos formatos Adobe Flash, Adobe PDF ou HTML.

- Modelos de folhas de contatos podem ser personalizados para adicionar padrões de identidade visual ou produzir uma impressão sofisticada.

Para ver uma demonstração do funcionamento do Lightroom feita pela comunidade online que a Adobe hospeda, acesse o endereço www.adobe.com/products/photoshoplightroom/.

## Crie uma galeria de imagens em PDF

Você pode criar uma apresentação de slides no Adobe PDF ou em um documento PDF de várias páginas a partir de um conjunto de arquivos do Photoshop utilizando o comando PDF Presentation no Photoshop ou no Bridge. Você pode selecionar quais arquivos dentro de uma pasta você quer incluir ou selecionar uma pasta para incluir todos os arquivos armazenados nela; pode transformar com facilidade os arquivos que salvou na pasta Gallery em uma galeria PDF para compartilhar com clientes e colegas.

1 Clique no botão Launch Bridge (Br). No Bridge, acesse a pasta Lesson06/Gallery. A pasta Gallery deve conter 11 imagens que fornecemos para você mais os arquivos de imagem que você salvou: Mission_Final.psd, Portrait_Final.psd, Farmhouse_Final.psd, Columns_Final.psd e Glass_Final.psd.

2 Escolha Window > Workspace > Output para alterar o espaço de trabalho.

3 Selecione a imagem Buddha.psd, role pelos arquivos no painel Content e mantenha Shift pressionada enquanto seleciona a imagem Zoo_2.psd. Todas as imagens na pasta devem ser selecionadas.

**4** Clique no botão PDF no painel Output.

**5** No menu Template, selecione 4*5 Contact Sheet e clique em Refresh Preview. As imagens aparecem em uma só página, em quatro colunas.

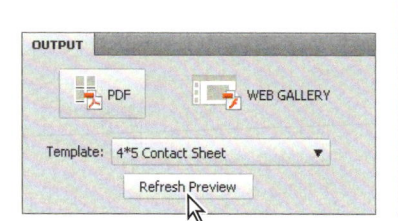

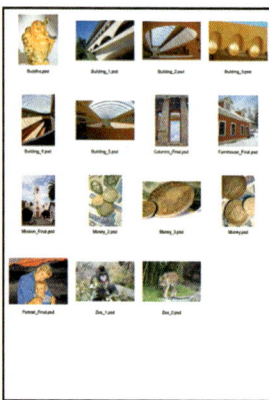

**6** No menu Template, selecione 2*2 Cells e clique em Refresh Preview mais uma vez. A visualização muda – agora há quatro imagens em cada página. É mais fácil ver as imagens no layout 2 x 2, portanto, deixe esta opção selecionada.

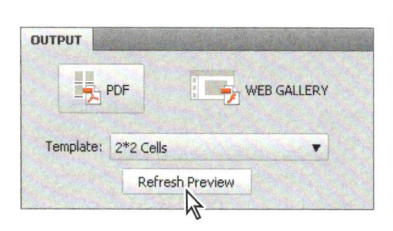

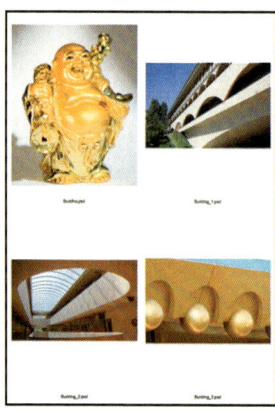

**7** Se a seção Document não estiver visível, clique no triângulo ao lado de Document para expandi-lo.

**8** Escolha U.S. Paper no menu Page Preset. Clique no triângulo ao lado de Document para recolher a seção.

**9** Expanda a seção Playback e escolha Dissolve no menu Transition. Então, recolha a seção Playback.

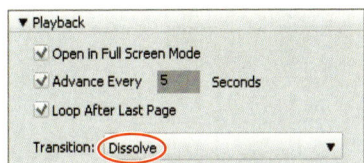

**10** Expanda a seção Watermark. Digite **not for reproduction** na caixa Watermark Text. Selecione uma fonte de tamanho **29**; escolha Black para Color; especifique **20** % para Opacity.

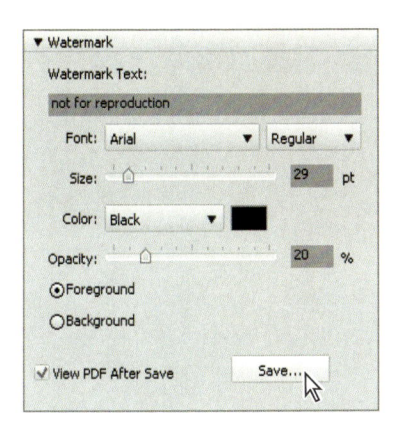

**11** Na parte inferior do painel Output, selecione View PDF After Save e então clique em Save.

**12** Nomeie o arquivo **PDF_Presentation** e salve-o na pasta Lesson06.

A galeria de imagens PDF abre no Adobe Acrobat, se ele estiver instalado no seu sistema, ou no Adobe Reader. Ela aparece no modo Full Screen e muda entre uma página e outra.

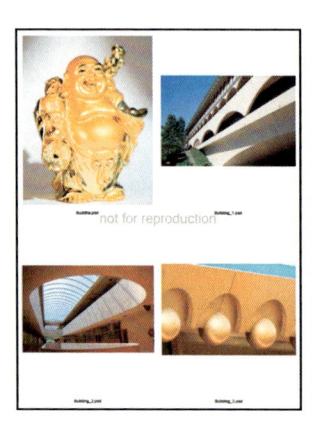

**13** Feche a apresentação em PDF depois de terminar de visualizá-la e retorne ao Bridge.

**14** No Bridge, escolha Window > Workspace > Essentials para retornar ao espaço de trabalho padrão.

## Perguntas de revisão

1 O que acontece com as imagens camera raw quando são editadas no Camera Raw?
2 Qual é a vantagem do formato de arquivo Adobe Digital Negative (DNG)?
3 Como corrigir olhos vermelhos no Photoshop?
4 Descreva como corrigir defeitos de lente de câmera comuns no Photoshop. O que provoca esses defeitos?

## Respostas

1 Um arquivo camera raw contém dados da imagem não processados provenientes dos sensores de imagem de uma câmera digital. Arquivos camera raw dão aos fotógrafos controle sobre a interpretação dos dados da imagem, em vez de deixar que a câmera faça os ajustes e conversões. Ao editar a imagem no Camera Raw, os dados brutos do arquivo original são preservados. Dessa maneira, você pode editar a imagem como quiser, exportá-la e manter a original intacta para uso futuro ou outros ajustes.

2 O formato de arquivo DNG (Adobe Digital Negative) contém os dados da imagem raw (bruta) provenientes de uma câmera digital bem como os metadados que definem o que os dados da imagem significam. DNG é um padrão amplamente utilizado pela indústria para dados de imagens camera raw que ajuda fotógrafos a gerenciar formatos de arquivos camera raw proprietários e fornece um formato de arquivo compatível.

3 O efeito de olhos vermelhos ocorre quando o flash da câmera reflete sobre a retina dos olhos da pessoa fotografada. Para corrigir olhos vermelhos no Adobe Photoshop, amplie a imagem na área dos olhos, selecione a ferramenta Red Eye e, então, clique nos olhos vermelhos. O reflexo vermelho desaparece.

4 O filtro Lens Correction corrige defeitos comuns de lente, como distorções do tipo barril e almofada, em que linhas retas curvam-se para fora, em direção às bordas da imagem (barril), ou para dentro (almofada); aberração cromática, em que uma faixa de cor aparece ao longo das bordas dos objetos na imagem; e vinheta (ou vinhetagem) nas bordas de uma imagem, especialmente nos cantos, que são mais escuras que o centro. Defeitos podem ocorrer devido à configuração incorreta da distância focal da lente ou do f-stop ou pela inclinação vertical ou horizontal da câmera.

# 7 DESIGN TIPOGRÁFICO

## Visão geral da lição

Nesta lição, você vai aprender a:

- Utilizar guias para posicionar texto em uma composição
- Criar um demarcador de corte no texto
- Mesclar texto a outras camadas
- Utilizar estilos de camada com texto
- Visualizar e selecionar interativamente as famílias de fonte para uma composição
- Controlar e posicionar texto utilizando os recursos avançados do painel Type
- Distorcer uma camada em torno de um objeto em 3D

Esta lição levará aproximadamente uma hora para ser concluída. Copie a pasta Lesson07 para sua unidade de disco rígido se ainda não fez isso. Ao trabalhar nesta lição, você preservará os arquivos iniciais. Se precisar restaurá-los, copie-os do CD do livro.

O Photoshop tem ferramentas de texto flexíveis e poderosas para que você possa adicionar texto as suas imagens com excelente controle e criatividade.

## O texto

No Photoshop, texto consiste em formas matematicamente definidas que descrevem letras, números e símbolos de uma família de fontes. Muitas fontes estão disponíveis em mais de um formato, sendo os mais comuns Type 1 ou PostScript, TrueType e OpenType (consulte "OpenType no Photoshop", mais adiante neste capítulo).

Ao adicionar texto a uma imagem no Photoshop, os caracteres são compostos de pixels e têm a mesma resolução do arquivo de imagem – a ampliação dos caracteres revela bordas serrilhadas. Entretanto, o Photoshop preserva os contornos de fontes baseadas em vetores e os utiliza quando você modifica a escala ou redimensiona o texto, salva um arquivo PDF ou EPS ou imprime a imagem em uma impressora PostScript. Como resultado, você pode criar texto com bordas nítidas independentemente da resolução, aplicar efeitos e estilos ao texto e transformar sua forma e tamanho.

## Introdução

Nesta lição, você vai trabalhar no layout do rótulo de uma garrafa de azeite de oliva. Você vai começar com a ilustração de uma garrafa, criada no Adobe Illustrator, e então vai adicionar e formatar o texto no Photoshop, incluindo deformar o texto para que ele se adapte à forma 3D. O arquivo inicial possui um rótulo branco sobre uma camada acima do fundo da garrafa.

Comece visualizando a composição final.

1. Inicie o Photoshop e pressione Ctrl+Alt+Shift (Windows) ou Command+Option+Shift (Mac OS) para restaurar as preferências padrão. (Consulte "Restaurando as preferências padrão", na página 16).
2. Quando solicitado, clique em Yes para confirmar que você quer redefinir as preferências.
3. Clique no botão Launch Bridge (Br) na barra do aplicativo para abrir o Adobe Bridge.
4. No painel Favorites, no lado esquerdo do Bridge, clique na pasta Lessons e, então, dê um clique duplo na pasta Lesson07 no painel Content.
5. Selecione o arquivo 07End.psd. Aumente o tamanho da miniatura para ver a garrafa claramente arrastando o controle deslizante da miniatura para a direita.

Esta é a composição em camadas para a embalagem de uma nova marca de azeite de oliva. Para esta lição, você é o designer que cria a composição para o produto; a forma da garrafa foi criada por outro designer no Adobe Illustrator.

Seu trabalho é aplicar o tratamento de texto no Photoshop para preparar a apresentação ao cliente. Todos os controles de texto necessários estão disponíveis no Photoshop, assim você não precisa utilizar outro aplicativo para completar este projeto.

6 Dê um clique duplo no arquivo 07Start.psd para abri-lo no Photoshop.

7 Escolha File > Save As, renomeie o arquivo como **07Working.psd** e clique em Save.

8 Clique em OK se a caixa de diálogo Photoshop Format Options aparecer.

## Crie uma máscara de corte a partir de texto

Uma *máscara de corte* (*clipping mask*) é um objeto ou grupo de objetos cuja forma mascara outras artes-finais para que somente áreas dentro da máscara fiquem visíveis. Na realidade, você corta a arte-final para que ela se adapte à forma do objeto (ou máscara). No Photoshop, você pode criar uma máscara de corte a partir de formas ou letras. Neste exercício, você utilizará letras como máscara de corte para que a imagem em outra camada apareça através das letras.

### Adicione guias para posicionar o texto

O arquivo 07Working.psd inclui uma camada de fundo, que contém a garrafa, e uma camada Blank Label, que será a base da sua tipografia. Blank Label é a camada ativa em que você começará a trabalhar. Comece ampliando a área de trabalho e utilize guias de régua para ajudá-lo a posicionar o texto.

1 Selecione a ferramenta Zoom (🔍) e arraste-a sobre a área P&B do rótulo em branco para ampliá-la e centralizá-la na janela da imagem.

2 Escolha View > Rulers para exibir as réguas de guia das bordas superior e esquerda da janela da imagem. Então, arraste uma guia vertical a partir da régua esquerda até o centro do rótulo (3½ polegadas ou 8,9 centímetros) e solte-a.

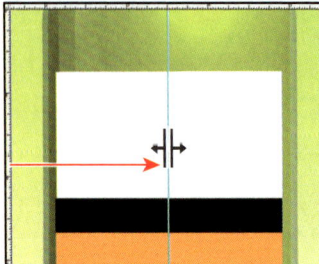

## Adicione texto

Agora, você está pronto para adicionar texto à composição. O Photoshop permite criar texto horizontal ou vertical em qualquer lugar de uma imagem. Você pode inserir *texto pontual* (*point type*, uma única letra, palavra ou linha) ou *texto de parágrafo* (*paragraph type*). Você fará ambos nesta lição. Primeiro, você criará o texto pontual.

1 Confira se a camada Blank Label está selecionada no painel Layers. Então, selecione a ferramenta Horizontal Type (T) e, na barra de opções, faça o seguinte:

- Escolha uma fonte sem serifas, como Myriad Pro, no menu pop-up Font Family e escolha Bold no menu Font Style.
- Digite **79 pt** para Size e pressione Enter ou Return.
- Clique no botão Center Text.

2 Clique na guia central na área branca do rótulo para estabelecer um ponto de inserção e digite **OLIO** em letras maiúsculas. Em seguida, clique no botão Commit Any Current Edits (✔) na barra de opções.

A palavra "Olio" é adicionada ao rótulo e aparece no painel Layers como uma nova camada de texto, OLIO. Você pode editar e gerenciar a camada de texto como faria com qualquer outra camada. É possível adicionar ou alterar o texto, mudar a orientação das letras, aplicar suavização de serrilhado (anti-aliasing), estilos e transformações de camada e criar máscaras. Você pode mover, reempilhar e copiar uma camada de texto, ou editar as opções de camada como faria com qualquer outra camada.

**3** Pressione Ctrl (Windows) ou Command (Mac OS) e arraste o texto OLIO para centralizá-lo verticalmente na caixa branca.

**4** Escolha File > Save para salvar seu trabalho até agora.

## Crie uma máscara de corte e aplique uma sombra

Você adicionou as letras em preto, a cor de texto padrão. Entretanto, você quer que as letras sejam preenchidas com azeitonas, então utilizará as letras para criar a máscara de corte que permitirá que outra camada da imagem seja exibida através delas.

**1** Abra o arquivo Olives.psd, que está na pasta Lesson07. Você pode abri-lo utilizando o Bridge ou escolhendo File > Open.

**2** No Photoshop, clique no botão Arrange Documents (▦) na barra do aplicativo e então selecione uma opção de layout 2 Up. Os arquivos Olives.psd e 07Working.psd aparecem na tela juntos. Clique no arquivo Olives.psd para ter certeza de que essa é a janela ativa.

**3** Mantenha pressionada a tecla Shift enquanto arrasta a camada Background do painel Layers do arquivo Olive.psd para o centro do arquivo 07Working.psd. Isso centraliza a imagem Olives.psd na composição.

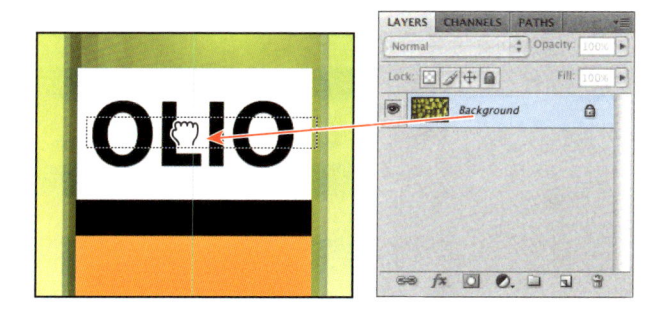

Uma nova camada aparece no painel Layers para o arquivo 07Working.psd: Layer 1. Essa nova camada contém a imagem das azeitonas que ficarão visíveis através do texto. Mas, antes de criar a máscara de corte, você precisa redimensionar a imagem das azeitonas, uma vez que ela é muito grande para a composição.

4  Feche o arquivo Olives.psd sem salvar nenhuma modificação.

5  No arquivo 07Working.psd, selecione a Layer 1 e então escolha Edit > Transform > Scale.

6  Pegue uma alça de canto na caixa delimitadora para as azeitonas. Pressione Shift enquanto a redimensiona para aproximadamente a mesma largura que a da área branca do rótulo. Pressionar Shift retém as proporções da imagem. Talvez seja necessário reposicionar as azeitonas para que a imagem permaneça centralizada no rótulo.

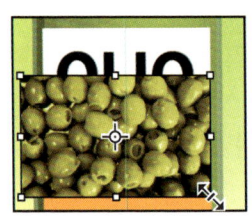

7  Pressione Enter ou Return para aplicar a transformação.

8  Dê um clique duplo no nome Layer 1 e mude-o para **Olives**. Em seguida, pressione Enter ou Return ou clique fora do nome no painel Layers para aplicar a alteração.

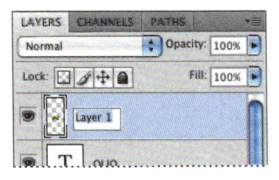

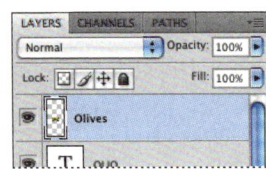

**9** Selecione a camada Olives, se já não estiver selecionada, e escolha Create Clipping Mask no menu do painel Layers.

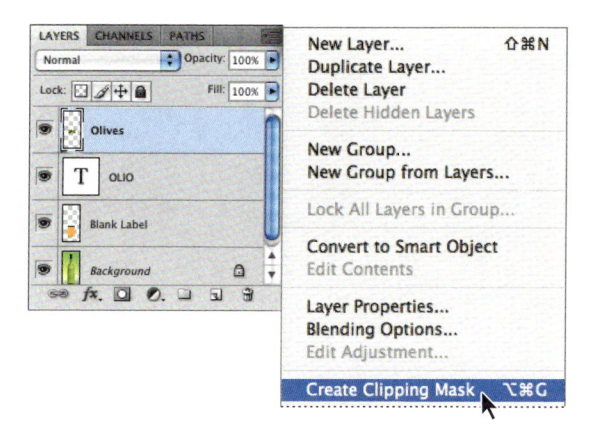

▶ **Dica:** Você também pode criar uma máscara de corte mantendo a tecla Alt (Windows) ou Option (Mac OS) pressionada e clicando entre as camadas de texto Olives e OLIO.

As azeitonas agora transparecem através das letras OLIO. Uma pequena seta na camada Olives e o nome da camada Type sublinhada indicam que a máscara de corte está aplicada. Agora, adicione uma sombra projetada para dar profundidade às letras.

**10** Selecione a camada de texto OLIO para ativá-la, clique no botão Add A Layer Style (*fx*) na parte inferior do painel Layers e escolha Drop Shadow no menu pop-up.

**11** Na caixa de diálogo Layer Style, altere Opacity para **35**%, aceite todas as outras configurações padrão e clique em OK.

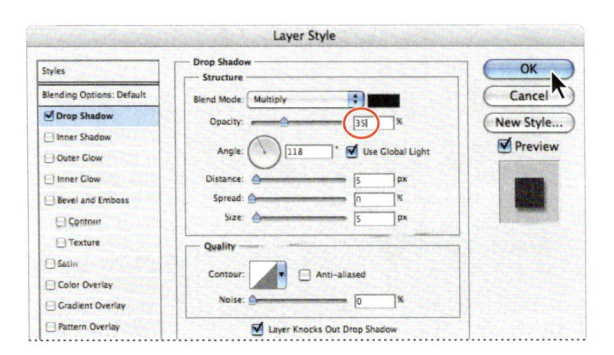

**12** Escolha File > Save para salvar seu trabalho até agora.

## Crie um elemento de design a partir de texto

Usaremos um truque de texto para adicionar linhas verticais sobre o rótulo. Essas linhas precisam estar perfeitamente alinhadas, por isso você vai usar a letra maiúscula "I" de uma fonte sem serifa em vez de criar, copiar e mover linhas individuais. Você também vai ajustar facilmente o tamanho e o espaçamento das "linhas" utilizando o painel Character.

**1** Clique em uma área em branco no painel Layers para remover a seleção de todas as camadas. Expanda o painel se nenhuma área em branco estiver visível.

**2** Selecione a ferramenta Horizontal Type (T). Na barra de opções, faça o seguinte:

- Escolha uma fonte sem serifas, como Myriad Pro.

- Escolha Condensed para o estilo da fonte, se estiver disponível.
- Configure o tamanho como **36 pt** e pressione Enter ou Return.
- Deixe o menu pop-up Anti-aliasing configurado como Sharp.
- Selecione o botão Left Align Text.
- Clique na amostra de cores para abrir o Color Picker. Mova o cursor, que se parece com um conta-gotas, sobre as azeitonas visíveis através do texto OLIO. Selecione uma cor verde escura da imagem e clique em OK.

**3** Clique no canto superior esquerdo da caixa branca e mantenha a tecla Shift pressionada enquanto digita **I** 12 vezes.

Isso cria uma nova camada de texto no painel Layers.

**4** Selecione a ferramenta Move (⬈), posicione-a dentro da caixa e arraste as letras para que sua parte superior toque a borda superior da caixa branca.

● **Nota:** Depois de digitar, você deve confirmar sua edição na camada clicando no botão Commit Any Current Edits ou mudando para outra ferramenta ou camada. Você não pode confirmar as edições atuais pressionando Enter ou Return; essa ação apenas cria uma nova linha de digitação.

## Dicas de ferramentas de uma divulgadora do Photoshop

**Truques da ferramenta Type**

- Com a tecla Shift pressionada, clique na janela da imagem com a ferramenta Type (T) para criar uma nova camada de texto – caso você esteja perto de outro bloco do texto e o Photoshop tente selecioná-lo automaticamente.

- Dê um clique duplo no ícone de miniatura de qualquer camada de texto no painel Layers para selecionar todo o texto nessa camada.

- Com um texto qualquer selecionado, clique com o botão direito do mouse (Windows) ou clique com a tecla Control pressionada (Mac OS) no texto para acessar o menu contextual. Escolha Check Spelling para executar uma verificação ortográfica.

*Julieanne Kost é divulgadora oficial do Adobe Photoshop*

Agora, você vai ajustar o tracking para aumentar um pouco o espaçamento entre as "linhas".

5 Escolha Window > Character para abrir o painel Character.

6 Digite **40** na caixa Tracking e pressione Enter ou Return. Ou, deslize pelo rótulo Tracking para configurar o valor.

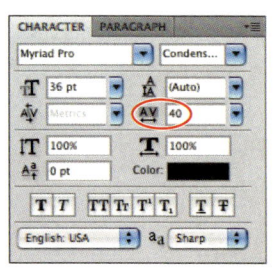

Ajuste o posicionamento das letras OLIO para que elas não fiquem muito perto das linhas verticais. Para isso, você precisa vincular a camada de texto OLIO à camada de máscara da imagem das azeitonas e movê-las como uma unidade.

7 Selecione a camada Olives e, então, clique com a tecla Shift pressionada na camada do texto OLIO para selecioná-la também. Então, escolha Link Layers no menu pop-up do painel Layers. Um ícone de link aparece ao lado do nome das duas camadas.

8   Selecione a ferramenta Move (🞧) e arraste o texto mais para baixo na caixa branca.

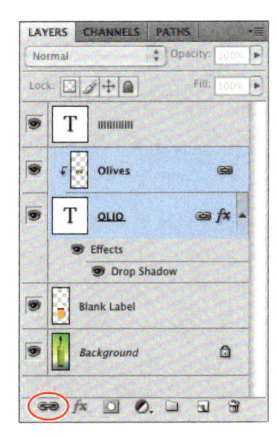

9   Escolha File > Save para salvar seu trabalho até agora.

## Utilize os controles de formatação interativos

O painel Character no Photoshop contém muitas opções para ajudá-lo a definir um texto perfeito, mas nem todas as escolhas e controles são óbvios – como no truque de deslizar sobre o ícone Tracking para selecionar um valor de tracking. Neste exercício, você vai criar uma seleção de texto utilizando outro truque avançado para visualizar o texto no painel Character.

1   Clique em uma área em branco do painel Layers para remover a seleção de todas as camadas.

2   Selecione a ferramenta Horizontal Type (T). Na barra de opções, faça o seguinte:

   • Clique no botão Center text.

   • Clique na caixa de cores e selecione uma cor vermelha aberta. Clique em OK para fechar o Color Picker.

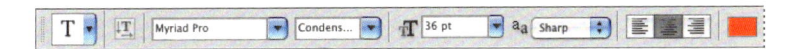

Por enquanto, não se preocupe com o tipo de fonte ou o tamanho que você utiliza.

3   Clique na guia central na lista preta do rótulo. Para que você não comece editando o texto OLIO acidentalmente, verifique se o cursor tem uma fina linha pontilhada em torno dele (⌶) ao clicar; isso significa que você criará uma nova camada de texto ao digitar.

4 Digite **EXTRA VIRGIN** em maiúsculas.

O Photoshop adiciona o texto com fonte e tamanho especificados anteriormente. E se você quiser utilizar uma fonte diferente? E se não estiver seguro de qual fonte utilizar?

5 Selecione o texto EXTRA VIRGIN na janela da imagem e, no painel Character, clique no nome da fonte no menu pop-up Font Family. O nome é destacado.

6 Pressione a tecla de seta para cima ou para baixo para examinar as fontes disponíveis e observar como o Photoshop visualiza cada fonte interativamente nas letras EXTRA VIRGIN realçadas na tela.

7 Depois de experimentar, escolha a face de tipos sem serifas que você utilizou nas letras OLIO – Myriad Pro, no nosso exemplo – e então utilize a tecla Tab para pular para caixa Font Style.

8 Mais uma vez, utilize as teclas de seta para cima e para baixo para examinar os estilos disponíveis (se houver algum) e escolha um (escolhemos Bold) e observe como os estilos são visualizados interativamente na janela da imagem.

▶ **Dica:** Pressione Shift enquanto utiliza as teclas de seta para cima e para baixo para alterar Size em incrementos de 10 pontos.

9 Na caixa Size, utilize as teclas de seta para cima ou para baixo para configurar o texto em **11** pontos.

10 No campo Tracking, configure Tracking como **280**: digite o valor, utilize a tecla de seta para cima (pressione Shift enquanto pressiona a tecla para aumentar em incrementos de 100) ou deslize para configurá-lo.

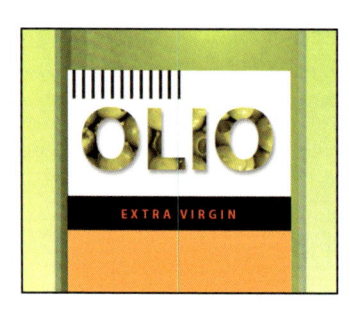

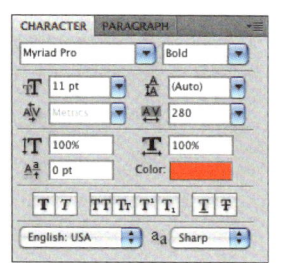

11 Selecione a ferramenta Move (▶⊕) e arraste o texto EXTRA VIRGIN de modo que ele fique centralizado na barra preta do rótulo.

12 Escolha File > Save para salvar seu trabalho até agora.

# Distorça o texto

Agora, você vai adicionar "Olive Oil" ao rótulo e distorcê-las para deixá-las mais divertidas. A *distorção* (*warping*) faz com que o texto se adapte a uma variedade de formas, como um arco ou uma onda. O estilo de distorção selecionado é um atributo da camada de texto – você pode alterar o estilo de distorção de uma camada para modificar a forma geral da distorção. As opções de distorção dão controle preciso sobre a orientação e a perspectiva do efeito de distorção.

1 Role ou utilize a ferramenta Hand (✋) para mover a área visível da janela da imagem de modo que a parte laranja do rótulo, abaixo da faixa preta, fique no centro da tela.

2 Clique em uma área em branco do painel Layers para remover a seleção de todas as camadas.

3 Selecione a ferramenta Horizontal Type (T) e, no painel Character, faça isto:
   - Escolha uma fonte serifada tradicional, como Garamond.
   - Selecione Regular para o estilo da fonte.
   - Configure o tamanho como **40** pontos.
   - Configure o tracking como **0**.
   - Escolha a cor branca.

4 Clique e arraste uma caixa de texto para a parte de cima da faixa laranja e digite **Olive Oil**. Em seguida, clique no botão Commit Any Current Edits (✓) na barra de opções.

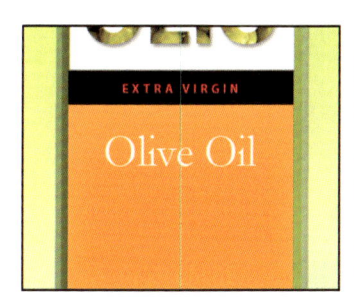

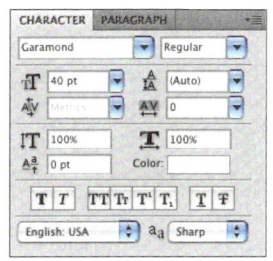

As palavras aparecem no rótulo e uma nova camada, Olive Oil, aparece no painel Layers.

5 Clique com o botão direito do mouse (Windows) ou com a tecla Control pressionada (Mac OS) na camada Olive Oil no painel Layers e escolha Warp Text no menu contextual.

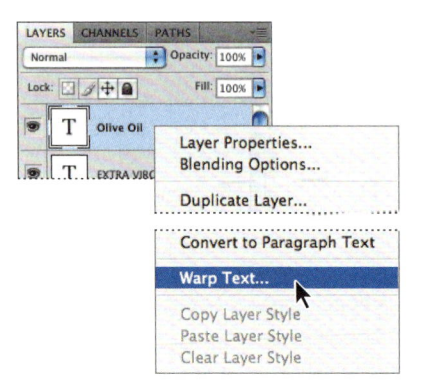

6 Na caixa de diálogo Warp Text, escolha Wave no menu Style e clique na opção Horizontal. Especifique os seguintes valores: Bend, **+77**%; Horizontal Distortion, **–7**%; e Vertical Distortion, **–24**%. Clique em OK.

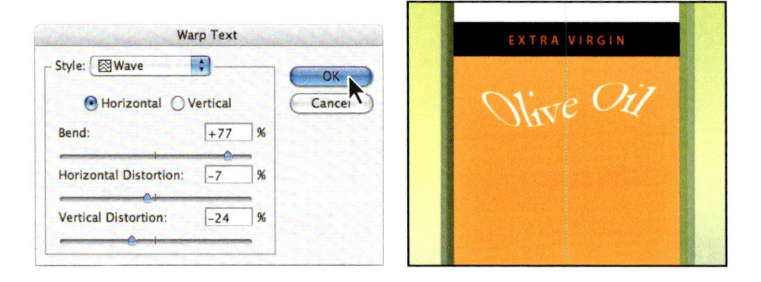

As palavras "Olive Oil" parecem flutuar como uma onda sobre o rótulo.

## Crie um parágrafo de texto

Até agora, você só escreveu algumas palavras ou linhas individuais no rótulo – ou texto pontual. Muitos designs, porém, requerem parágrafos completos de texto. É possível criar parágrafos completos no Photoshop sem precisar mudar para um programa específico de layout de página para acessar controles de texto sofisticados.

## Utilize guias para posicionar o texto

Você vai adicionar um parágrafo com conteúdo descritivo ao rótulo. Primeiro, você vai colocar algumas guias na área de trabalho para ajudá-lo a posicionar o parágrafo.

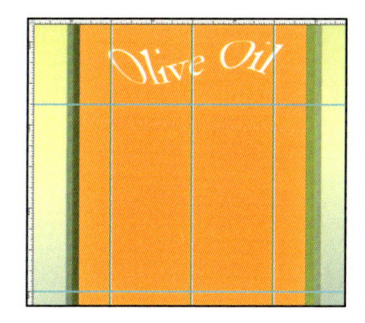

**1** Arraste duas guias a partir da régua vertical esquerda, posicionando a primeira em 2½ polegadas e a segunda em 4½ polegadas (ou 6,3 e 11,4 centímetros, respectivamente).

**2** Arraste duas guias a partir da régua horizontal superior, posicionando a primeira em 10¾ polegadas e a segunda em 13 polegadas (ou 27,3 e 33 centímetros, respectivamente).

## Adicione um parágrafo de texto a partir de uma nota

Você está pronto para adicionar o texto. Em um ambiente de design real, o texto seria fornecido na forma de um arquivo de texto ou no corpo de um email, que pode ser copiado e colado no Photoshop. Talvez você tivesse de digitá-lo. Outra maneira fácil de adicionar texto é fazer o autor da cópia anexá-la ao arquivo da imagem como uma nota.

**1** Dê um clique duplo na nota amarela no canto inferior direito da janela da imagem para abrir o painel Notes. Expanda o painel Notes, se necessário, para ver todo o texto.

● **Nota:** Talvez você precise alterar a visualização ou rolar para ver a nota aberta na tela.

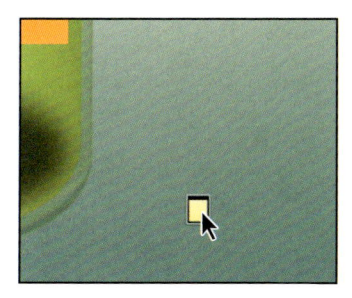

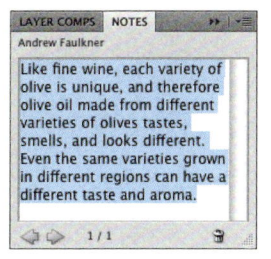

**2** Selecione todo o texto na nota e pressione Ctrl+C (Windows) ou Command+C (Mac OS) para copiá-lo para a área de transferência. Feche o painel Notes.

Antes de colar o texto, especifique suas opções de fonte.

**3** Escolha Select > Deselect Layers para garantir que nenhuma camada fique selecionada.

4 Selecione a ferramenta Horizontal Type (T) e, no painel Character, faça o seguinte:

- Escolha uma fonte sem serifa, como Myriad Pro.
- Selecione Regular para o estilo da fonte, se estiver disponível.
- Configure o tamanho como **10 pt**.
- Configure a entrelinha como **24 pt**.
- Configure o tracking como **5**.
- Escolha a cor preta.

5 Clique na guia Paragraph para abrir o painel Paragraph e clique no botão Justify All (▤).

6 Arraste a ferramenta Type para criar uma caixa de texto que corresponda às guias que você posicionou no exercício anterior e, então, pressione Ctrl+V (Windows) ou Command+V (Mac OS) para colar o texto da área de transferência na caixa de texto.

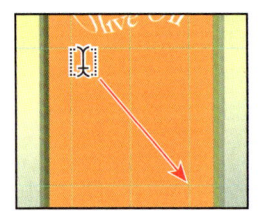

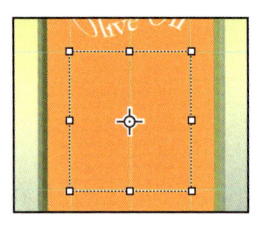

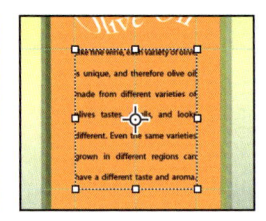

▶ **Dica:** Se redimensionar a caixa delimitadora, o texto vai recorrer dentro do retângulo ajustado.

O texto aparece na janela da imagem com os estilos que você especificou e se ajusta às dimensões da caixa delimitadora. A penúltima linha tem uns espaços feios, portanto, como medida de ajuste fino, você vai corrigir isso.

7 Posicione a ferramenta Horizontal Type (T) sobre a penúltima linha do parágrafo e dê um clique triplo para selecioná-la.

8 Clique na guia Character para abrir o painel Character e configure o tracking como **60**.

9 Clique no botão Commit Any Current Edits (✔) na barra de opções. O texto do parágrafo aparece como a camada chamada "Like fine wine". ..."

10 Escolha File > Save para salvar seu trabalho.

## OpenType no Photoshop

OpenType é um formato de arquivo-fonte para uso entre plataformas desenvolvido em conjunto pela Adobe e a Microsoft. O formato utiliza um só arquivo de origem tanto para computadores Mac OS como Windows, portanto, você pode mover arquivos de uma plataforma para outra sem que as fontes sejam substituídas ou o texto recorra. Suportado pelo Photoshop CS4, o OpenType oferece conjuntos de caracteres e recursos de layout bastante expandidos, como traçados diversos (*swashes*) e ligaduras discricionárias ou substituições discriminadas (*discretionary ligatures*), que não estão disponíveis nas tradicionais fontes PostScript e Truetype. Isso, por sua vez, dá um suporte mais rico a idiomas e controle avançado de tipologia. Eis alguns destaques do OpenType.

**O menu OpenType** O menu do painel Character tem um submenu OpenType que exibe todos os recursos disponíveis para uma fonte OpenType selecionada, incluindo ligaduras, alternativas estilísticas e frações. Os recursos desativados não estão disponíveis para a fonte; uma marca de verificação aparece ao lado dos recursos que foram aplicados.

**Ligaduras discricionárias** Para adicionar uma ligadura discricionária a duas letras no formato OpenType, como o "th" na fonte Bickham Script Standard, selecione-a na janela da imagem e escolha OpenType > Discretionary Ligatures no menu do painel Character.

**Swashes** Adicionar traçados ou caracteres alternativos funciona da mesma maneira: selecione a letra, como um "T" maiúsculo em Bickham Script e escolha OpenType > Swash para alterar a letra maiúscula comum em um T de traçado bem ornamentado.

**Criando frações verdadeiras** Digite as frações como de costume – por exemplo, 1/2 –, selecione os caracteres e, no menu do painel Character, escolha OpenType > Fractions. O Photoshop aplica a fração verdadeira (½).

▶ **Dica:** Utilize o painel Glyphs no Adobe Illustrator para visualizar as opções OpenType: copie seu texto no Photoshop e cole-o em um documento do Illustrator. Então, escolha Window > Type > Glyphs. Selecione o texto que deseja alterar e escolha Show > Alternates for Current Selection. Dê um clique duplo em um glifo para aplicá-lo e, depois de concluir, copie e cole o novo texto no seu arquivo do Photoshop.

## Adicione as duas últimas linhas

O texto do rótulo já está quase pronto – você só precisa adicionar mais duas linhas.

1 Com a camada Like fine wine... selecionada, clique dentro do parágrafo e arraste a alça central da borda inferior da caixa de texto para baixo até a borda inferior do rótulo.

2 Clique em um ponto de inserção no final do texto e pressione Enter ou Return.

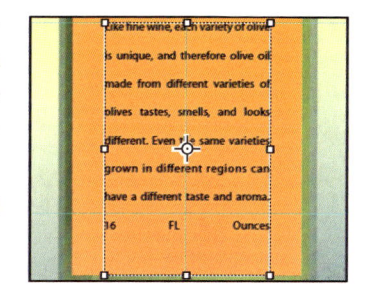

3 Digite **16 FL Ounces**.

4 Dê um clique triplo para selecionar "16 FL Ounces". No painel Character, configure o tamanho da fonte como **13 pt** e Baseline Shift como **−10**. A opção Baseline Shift move os caracteres para cima ou para baixo em relação à linha de base do texto ao redor.

5 No painel Tools, clique no botão Switch Colors para que branco seja a cor do primeiro plano.

6 No painel Paragraph, clique no botão Center Text (≡). Então, clique no botão Commit Any Current Edits (✓) na barra de opções.

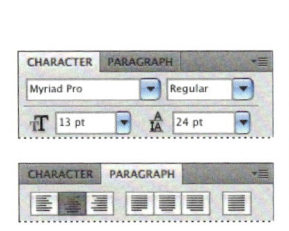

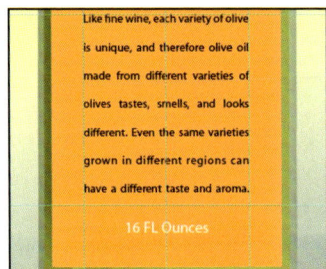

## Adicione texto vertical

A última linha será vertical.

1 Escolha Select > Deselect Layers. Então, selecione a ferramenta Vertical Type (↓T), oculta sob a ferramenta Horizontal Type.

2 Arraste o cursor na área à direita do texto descritivo para criar uma caixa de texto longa e estreita. Inicie do canto superior ou inferior direito para não selecionar acidentalmente o parágrafo de texto.

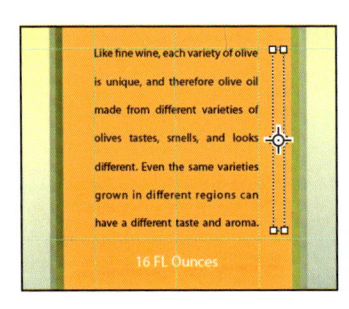

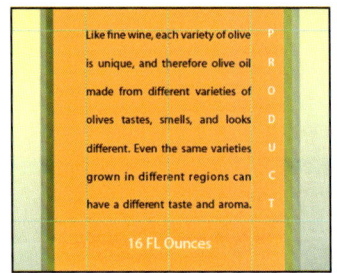

3 Digite **PRODUCT OF ITALY** em letras maiúsculas.

4 Selecione as letras arrastando o cursor sobre elas ou dando um clique triplo nelas e então, no painel Character, faça o seguinte:

- Escolha uma fonte serifada, como Adobe Garamond.
- Configure o tamanho como **8 pt**.
- Configure o tracking como **300**.
- Escolha a cor vermelha.

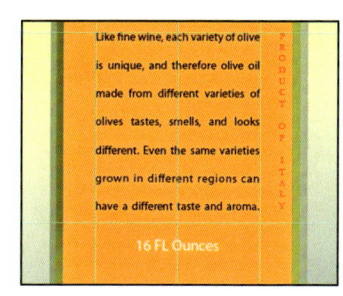

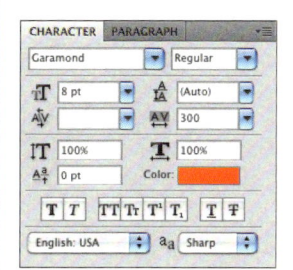

5 Clique no botão Commit Any Current Edits (✔) na barra de opções. Seu texto vertical aparece como a camada chamada PRODUCT OF ITALY. Utilize a ferramenta Move (▶⊕) e, se necessário, arraste para centralizá-la.

Agora, você fará uma pequena limpeza.

6 Clique na nota para selecioná-la. Clique com o botão direito do mouse (Windows) ou com a tecla Control pressionada (Mac OS) e escolha Delete Note no menu contextual; clique em Yes para confirmar que você quer excluir a nota.

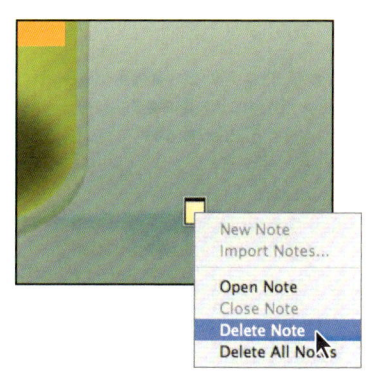

7 Oculte as guias: escolha a ferramenta Hand ( ) e, então, pressione Ctrl+; (Windows) ou Command+; (Mac OS). Em seguida, reduza para visualizar o seu trabalho.

8 Escolha File > Save para salvar seu trabalho.

## Distorça uma camada

Todo o texto agora está no rótulo, mas há um problema: a garrafa tem uma aparência tridimensional e o rótulo está muito artificial na sua superfície. Portanto, seu passo final será distorcer o rótulo e seu conteúdo para que eles se adaptem à forma da garrafa.

Anteriormente nesta lição, você distorceu as palavras "Olive Oil" para que as letras parecessem onduladas. Neste exercício, porém, você aplicará a transformação da distorção a uma camada, e não apenas às letras. Para isso, você vai converter o rótulo e as camadas de texto em um Smart Object e então transformá-lo. O recurso Smart Objects permite que você edite simultaneamente o conteúdo da camada (o texto) e a distorção depois de aplicar a transformação.

### Agrupe as camadas em um Smart Object

Criar o Smart Object é um processo de dois passos. Primeiro, você tem de mesclar a camada de texto OLIO e sua máscara de corte para então converter todas as camadas do rótulo no Smart Object.

1 Selecione a camada OLIO no painel Layers e, com Shift pressionada, clique para também selecionar a camada Olives. Escolha Merge Layers no menu pop-up do painel Layers. O Photoshop combina as camadas em uma só camada, chamada Olives.

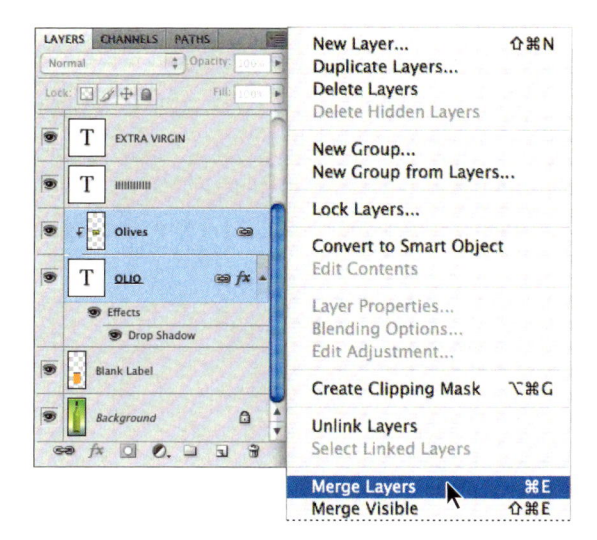

2 Selecione a camada Blank Label no painel Layers e então, com Shift pressionada, clique na primeira camada da pilha, PRODUCT OF ITALY, para selecionar as duas camadas e todas as outras entre elas. Em seguida, escolha Convert To Smart Object no menu do painel Layers.

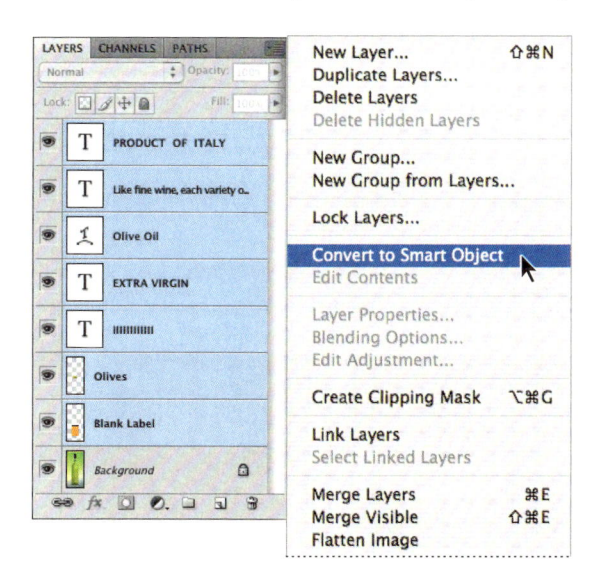

▶ **Dica:** Clique com o botão direito do mouse (Windows) ou com a tecla Control pressionada (Mac OS) para exibir o menu contextual com os comandos Merge Layers e Convert To Smart Object.

O Photoshop agrupa as camadas selecionadas em uma camada Smart Object. Essa nova camada adota o nome da primeira camada da antiga pilha, PRODUCT OF ITALY.

## Distorça com Smart Objects

Agora, você vai distorcer a camada Smart Objects para que ela se encaixe ao contorno da garrafa. Esse processo torna-se mais fácil se as guias estiverem visíveis.

1 Escolha View > Show > Guides para exibir as guias que você criou antes. Então, amplie o rótulo.

2 Com a camada PRODUCT OF ITALY selecionada, escolha Edit > Transform > Warp.

O Photoshop posiciona uma grade 3 x 3 sobre a camada na janela da imagem, com alças e linhas que você pode arrastar para distorcer a camada.

3 Para ajudá-lo a aplicar a distorção, arraste quatro guias horizontais: posicione uma guia na parte superior do rótulo e outra na parte inferior. Posicione as duas outras guias a 0,25 polegada (ou 0,6 cm) abaixo de cada uma dessas guias.

4 Uma por vez, clique no centro de cada linha horizontal da grade e arraste-a para baixo 0,25 polegada (ou 0,6 cm) para criar a curvatura do rótulo.

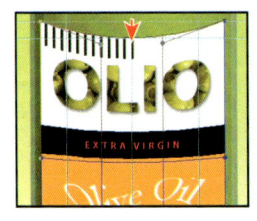

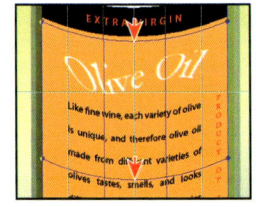

**5** Depois de terminar, pressione Enter ou Return para aplicar a distorção.

**6** Escolha View > Show > Guides para ocultar as guias. Então, clique em Fit Screen na barra de opções para ver a composição inteira na tela.

**7** Escolha File > Save para salvar seu trabalho.

Parabéns! Você adicionou e formatou todo o texto da garrafa de óleo de oliva Olio. Se quiser testar ainda mais as capacidades dos Smart Objects, passe para a próxima página, "Extras". Do contrário, no mundo real, você achataria e salvaria este arquivo de imagem para impressão.

**8** Escolha File > Save As e renomeie o arquivo como **07Working_flattened**. Clique em OK se vir a caixa de diálogo Maximize Compatibility.

Manter uma versão com camadas permite que você retorne ao arquivo 07Working.psd para que possa editá-lo mais tarde – como fará se você completar a seção de extras.

**9** Escolha Layer > Flatten Image.

**10** Escolha File > Save e, então, feche a janela da imagem.

## Extras

Você pode tirar total proveito do seu Smart Object editando o conteúdo do rótulo e deixando que o Photoshop atualize a composição da garrafa automaticamente.

1 Dê um clique duplo na miniatura do Smart Object PRODUCT OF ITALY no painel Layers. (Se aparecer uma caixa de diálogo de alerta no Smart Object, clique em OK). O Photoshop abre o Smart Object em uma janela propria.

2 Selecione a ferramenta Horizontal Type e, na janela da imagem Smart Object, altere o texto "16 FL Ounces" para **32 FL Ounces**. Então, clique no botão Commit Any Current Edits.

3 Feche a janela Product of Italy, e quando solicitado, salve suas modificações.

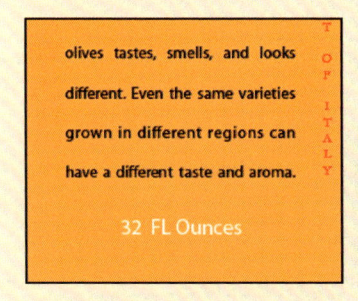

O Photoshop retorna ao arquivo de imagem 07Working.psd e aplica as atualizações do Smart Object ao rótulo. Você pode repetir esse processo para fazer mais edições, quantas vezes quiser, sem comprometer a qualidade da imagem ou a transformação. Para editar o efeito de distorção, escolha Edit > Transform > Warp no arquivo de imagem 07Working.psd e continue a editar a transformação de modo não destrutivo.

## Perguntas de revisão

1 Como o Photoshop trata o texto?

2 O que torna uma camada de texto idêntica ou diferente de outras camadas no Photoshop?

3 O que é uma máscara de corte e como ela é criada a partir do texto?

4 Descreva duas maneiras pouco conhecidas de controlar a formatação de texto no Photoshop.

## Respostas

1 Texto (ou fonte) no Photoshop consiste em formas matematicamente definidas que descrevem letras, números e símbolos de uma família de fontes. Quando você adiciona texto a uma imagem no Photoshop, os caracteres são compostos de pixels e têm a mesma resolução do arquivo de imagem. Entretanto, o Photoshop preserva os contornos da fonte com base em vetores e os utiliza quando você modifica a escala ou redimensiona o texto, salva um arquivo PDF ou EPS ou imprime a imagem em uma impressora PostScript.

2 O texto que é adicionado a uma imagem aparece no painel Layers como uma camada de texto que pode ser editada e gerenciada da mesma maneira que qualquer outro tipo de camada. Você pode adicionar e editar o texto, alterar sua orientação e aplicar suavização de serrilhado (anti-aliasing) bem como mover, reposicionar na pilha, copiar e modificar as opções de camada.

3 Uma *máscara de corte* é um objeto ou grupo de objetos cuja forma mascara outra arte-final de modo que somente áreas dentro da forma sejam visíveis. As letras em qualquer camada de texto podem ser convertidas em uma máscara de corte selecionando-se tanto a camada de texto como a camada que você quer que seja exibida através das letras e, então, escolhendo-se Create Clipping Mask no menu do painel Layers.

4 Selecione o texto na janela da imagem, no painel Character ou na barra de opções Type para fazer o seguinte:

- Use os controles deslizantes para definir os valores de Size, Leading, Tracking, Kerning, Scaling e Baseline Shift.

- Selecione uma parte do texto na janela da imagem, clique na fonte exibida no menu pop-up Font Family e pressione as teclas de seta para cima e para baixo para examinar as fontes disponíveis e ver como elas podem ser visualizadas interativamente na janela da imagem.

# 8 TÉCNICAS DE DESENHO VETORIAL

## Visão geral da lição

Nesta lição, você vai aprender a:

- Diferenciar imagens bitmap e elementos gráficos vetoriais
- Desenhar demarcadores retos e curvos com a ferramenta Pen
- Converter um demarcador em uma seleção e converter uma seleção em um demarcador
- Salvar demarcadores
- Desenhar e editar formas nas camadas
- Desenhar formas em camadas personalizadas
- Importar e editar um Smart Object do Adobe Illustrator

Esta lição levará aproximadamente 90 minutos para ser concluída. Copie a pasta Lesson08 para sua unidade de disco rígido se ainda não fez isso. Ao trabalhar nesta lição, você preservará os arquivos iniciais. Se precisar restaurá-los, copie-os do CD do livro.

Ao contrário das imagens bitmap, os elementos gráficos vetoriais conservam suas bordas nítidas em qualquer ampliação. Você pode desenhar formas e demarcadores vetoriais nas suas imagens do Photoshop e adicionar máscaras vetoriais para controlar o que é mostrado em uma imagem.

## Imagens bitmap e elementos gráficos vetoriais

Antes de trabalhar com formas e demarcadores vetoriais, é importante entender as diferenças básicas entre as duas principais categorias de imagens gráficas computadorizadas: *imagens bitmap* e *elementos gráficos vetoriais*. O Photoshop permite trabalhar com esses dois tipos de imagem; na realidade, você pode combinar bitmaps e dados vetoriais em um só arquivo individual de imagem do Photoshop.

Imagens bitmap, tecnicamente chamadas *imagens rasterizadas*, baseiam-se em uma grade de cores conhecida como pixels. A cada pixel é atribuído um local específico e um valor de cor. Ao trabalhar com imagens bitmap, você edita grupos de pixels em vez de objetos ou formas. Como imagens bitmap podem representar graduações sutis de sombra e cores, elas são apropriadas para imagens de tons contínuos como fotografias ou artes-finais criadas em programas de desenho. Uma desvantagem das imagens bitmap é que elas contêm um número fixo de pixels; como resultado, elas podem perder detalhes e parecer serrilhadas quando ampliadas na tela ou impressas em uma resolução inferior àquela com que foram criadas.

Os elementos gráficos vetoriais são compostos de linhas e curvas definidas por objetos matemáticos chamados *vetores*. Eles conservam a nitidez mesmo se movimentados ou redimensionados ou se sofrerem alteração de cores. Gráficos vetoriais são apropriados para ilustrações, texto e elementos gráficos como logotipos que podem ser dimensionados em diferentes tamanhos.

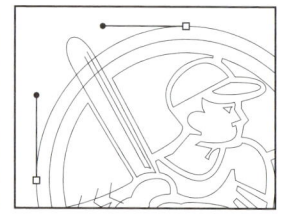

Logotipo desenhado com arte vetorial

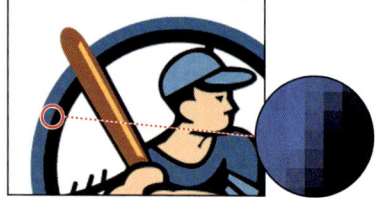

Logotipo rasterizado com arte de bitmaps

## Os demarcadores e a ferramenta Pen

No Photoshop, o contorno de uma forma vetorial é um demarcador (*path*). Um demarcador é um segmento de linha curvo ou reto que você desenha utilizando as ferramentas Pen, Magnetic Pen ou Freeform Pen. Entre elas, a ferramenta Pen é a que desenha com a maior precisão; as ferramentas Magnetic Pen e a Freeform Pen desenham demarcadores como se você estivesse usando um lápis em uma folha de papel.

### Dicas de ferramentas de uma divulgadora do Photoshop

Todas as ferramentas no painel Tools possuem uma letra que é um atalho de teclado. Digite a letra e a ferramenta aparece. Por exemplo, pressione P para selecionar a ferramenta Pen. Pressione Shift com uma tecla para alternar entre todas as ferramentas aninhadas em um grupo. Portanto, pressione Shift+P para alternar entre as ferramentas Pen e Freeform Pen.

*Julieanne Kost é divulgadora oficial do Adobe Photoshop*

Demarcadores podem ser do tipo aberto ou fechado. Demarcadores abertos (como uma linha ondulada) têm duas extremidades distintas. Demarcadores fechados (como um círculo) são contínuos. O tipo de demarcador que você desenha afeta a maneira como ele pode ser selecionado e ajustado.

Demarcadores que não foram preenchidos ou traçados não aparecem quando você imprime seu trabalho. Isso ocorre porque os demarcadores são objetos vetoriais que não contêm pixels, diferentemente de formas bitmap desenhadas pela ferramenta Pencil e por outras ferramentas de pintura.

## Introdução

Antes de começar, visualize a imagem a ser criada – um pôster para uma loja de brinquedos fictícia.

1. Inicie o Adobe Photoshop, pressione as teclas Ctrl+Alt+Shift (Windows) ou Command+Option+Shift (Mac OS) para restaurar as preferências padrão. (Consulte "Restaurando as preferências padrão", na página 16).

2. Quando solicitado, clique em Yes para confirmar que você quer redefinir as preferências.

3 Clique no botão de Launch Bridge (Br) na barra do aplicativo para abrir o Adobe Bridge.

4 No painel Favorites, no canto superior esquerdo do Bridge, clique na pasta Lessons e, então, dê um clique duplo na pasta Lesson08 no painel Content.

5 Visualize o arquivo 08End.psd no painel Content. Para ver miniaturas maiores, arraste o controle deslizante de miniatura na parte inferior da janela.

● **Nota:** Se abrir o arquivo 08End.psd no Photoshop, talvez seja solicitada a atualização das camadas de texto. Se for, clique em Update. Talvez você precise atualizar as camadas de texto quando arquivos forem transferidos entre diferentes computadores, especialmente entre diferentes sistemas operacionais.

Para criar este pôster, você vai abrir a imagem do disco voador e praticar a criação de demarcadores e seleções utilizando a ferramenta Pen. À medida que cria as formas e o texto de fundo, você aprenderá métodos avançados para usar máscaras demarcadoras e vetoriais, bem como maneiras de utilizar Smart Objects.

6 Depois de examinar 08End.psd, dê um clique duplo no arquivo Saucer.psd para abri-lo no Photoshop.

7 Escolha File > Save As, renomeie o arquivo como **08Working.psd** e clique em Save. Clique em OK na caixa de diálogo Photoshop Format Options.

## Utilize os demarcadores com arte-final

Você vai usar a ferramenta Pen para selecionar o disco voador, que tem bordas longas, curvas e suaves que seriam difíceis de selecionar com outros métodos.

Você vai desenhar um demarcador em torno do disco voador e criar dois demarcadores dentro dele. Vai converter os demarcadores em seleções e então remover uma seleção de outra para que apenas o disco voador, e nenhuma parte do céu estrelado, seja selecionado. Por fim, você vai criar uma nova camada na imagem do disco voador e modificar a imagem que aparece atrás dele.

Ao desenhar um demarcador à mão livre com a ferramenta Pen, utilize o mínimo possível de pontos para criar a forma que deseja. Quanto menor o número de pontos que você utiliza, mais suaves serão as curvas e mais eficiente será seu arquivo.

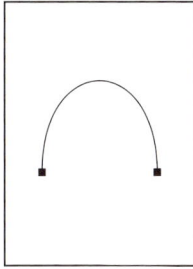

Número correto de pontos

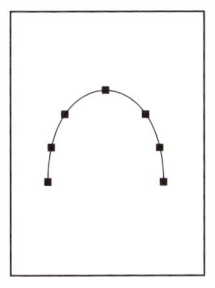

Pontos em excesso

## Crie demarcadores com a ferramenta Pen

A ferramenta Pen pode ser usada para criar demarcadores retos ou curvos, abertos ou fechados. Se não estiver familiarizado com a ferramenta Pen, você pode achar difícil utilizá-la no começo. Entender os elementos de um demarcador e a maneira como criá-los com a ferramenta Pen torna muito mais fácil desenhar os demarcadores.

Para criar um demarcador reto, clique no botão do mouse. No primeiro clique, você configura o ponto inicial. Todos os cliques seguintes desenham uma linha reta entre o ponto anterior e o ponto atual. Para desenhar demarcadores complexos de segmentos retos, simplesmente continue a adicionar pontos.

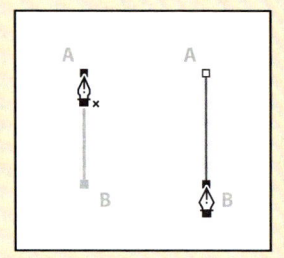

Para criar um demarcador curvo, clique para posicionar um ponto de ancoragem, arraste para criar uma linha de direção para esse ponto e, então, clique para posicionar o próximo ponto de ancoragem. Cada linha de direção acaba em dois pontos de direção; a posição das linhas e dos pontos de direção determinam o tamanho e a forma do segmento curvo. Mover as linhas e os pontos de direção remodela as curvas em um demarcador.

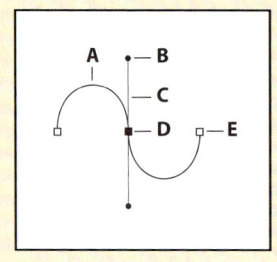

**A.** *Segmento de linha curvo*
**B.** *Ponto de direção*
**C.** *Linha de direção*
**D.** *Ponto de ancoragem selecionado*
**E.** *Ponto de ancoragem não selecionado*

Curvas suaves são unidas por pontos de ancoragem chamados *pontos suaves*. Demarcadores curvos precisos são ligados por *pontos de canto*. Ao mover uma linha de direção sobre um ponto suave, os segmentos curvos nos dois lados do ponto se ajustam simultaneamente, mas, ao mover uma linha de direção sobre um ponto de canto, somente a curva no mesmo lado do ponto da linha de direção é ajustada.

Os segmentos de demarcador e os pontos de ancoragem podem ser movidos depois de serem desenhados, individualmente ou como um grupo. Quando um demarcador contém mais de um segmento, você pode arrastar pontos de ancoragem individuais para ajustar segmentos individuais do demarcador ou selecionar todos os pontos de ancoragem em um demarcador para editar todo o demarcador. Utilize a ferramenta Direct Selection para selecionar e ajustar um ponto de ancoragem, um segmento de demarcador ou um demarcador inteiro.

Criar um demarcador fechado é diferente de criar um demarcador aberto no modo como você termina o demarcador. Para terminar um demarcador aberto, clique na ferramenta Pen no painel Tools. Para criar um demarcador fechado, posicione o cursor da ferramenta Pen sobre o ponto inicial e clique. Fechar um demarcador finaliza-o automaticamente. Depois de fechá-lo, o cursor da ferramenta Pen aparece com um pequeno x, indicando que seu próximo clique iniciará um novo demarcador.

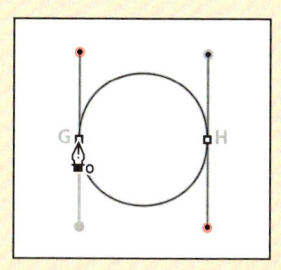

À medida que você desenha demarcadores, uma área de armazenamento temporário chamada Work Path aparece no painel Paths. Uma boa ideia é salvar os demarcadores de trabalho; e isso é essencial se você utiliza vários demarcadores independentes no mesmo arquivo de imagem. Se desmarcar um Work Path existente no painel Paths e, então, começar a desenhar novamente, um novo delimitador de trabalho substituirá o original, que será perdido. Para salvar um delimitador de trabalho, dê um clique duplo nele no painel Paths, digite um nome na caixa de diálogo Save Path e clique em OK para renomear e salvar o demarcador. O demarcador permanece selecionado no painel Paths.

## Desenhe o contorno de uma forma

Você vai usar a ferramenta Pen para conectar os pontos do ponto A ao ponto N e novamente até o ponto A. Você vai configurar segmentos retos, pontos de curva suave e pontos de canto.

O primeiro passo é configurar as opções da ferramenta Pen e a área de trabalho. Depois, você vai rastrear o contorno de um disco voador utilizando um modelo (template).

1 No painel Tools, selecione a ferramenta Pen ( ).

2 Na barra de opções, selecione ou verifique as configurações a seguir:

- Selecione a opção Path ( ).
- No menu pop-up Pen Options, certifique-se de que Rubber Band não está selecionada.
- Certifique-se de que a opção Auto Add/Delete está selecionada.
- Selecione a opção Add To Path Area ( ).

**A.** Opção Paths  **B.** Menu Pen Options  **C.** Opção Add to Path Area

3 Clique na guia Paths para exibir esse painel no grupo de painéis Layers.

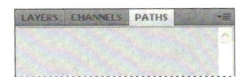

O painel Paths mostra previews em miniatura dos demarcadores que você desenha. No momento, o painel está vazio porque você ainda não começou a desenhar.

4 Se necessário, amplie para que possa ver os pontos com letras e os pontos vermelhos no template da forma. Certifique-se de que todo o template pode ser visualizado na janela da imagem e também de que você selecionou novamente a ferramenta Pen depois de ampliar.

5 Clique no ponto A (a caixa com um contorno azul) e arraste-o para a direita até o ponto vermelho. Solte o mouse. Você configurou o primeiro ponto de ancoragem e a direção da curva.

6 Clique no ponto B (mais uma vez, a caixa com um contorno azul) e arraste-a para baixo até o ponto vermelho. Solte o mouse.

No canto do cockpit (ponto B), você precisará converter um ponto suave em um ponto de canto para criar uma transição nítida entre o segmento curvo e o reto.

**7** Clique com a tecla Alt (Windows) ou Option (Mac OS) pressionadas no ponto B para converter o ponto suave em um ponto de canto e remover uma das linhas de direção.

Configurando um ponto suave em B   Convertendo o ponto suave em um ponto de canto

**8** Clique no ponto C para estabelecer um segmento reto (não arraste).

Se cometer um erro ao desenhar, escolha Edit > Undo para desfazer o procedimento e recomece.

**9** Clique no ponto D e arraste-o até seu ponto vermelho. Clique no ponto E e arraste-o até seu ponto vermelho. Em seguida, clique no ponto F.

**10** Configure os pontos de curva em G, H e I clicando nos pontos e arrastando-os até seus respectivos pontos vermelhos, um de cada vez.

**11** Clique no ponto J.

**12** Configure os pontos de curva em K e L clicando nos pontos e arrastando-os até seus respectivos pontos vermelhos.

**13** Clique no ponto M.

**14** Clique no ponto N e mantenha pressionado o botão do mouse. Pressione Alt (Windows) ou Option (Mac OS) e arraste-o até seu ponto vermelho para adicionar uma linha de direção ao ponto de ancoragem em N. Então, solte o botão do mouse e a tecla Alt ou Option.

**15** Mova o cursor sobre o ponto A de modo que um pequeno círculo apareça no ícone do cursor, indicando que você está para fechar o demarcador. (O pequeno círculo talvez seja difícil de ver porque a imagem é escura e o círculo é quase imperceptível). Arraste do ponto A para o ponto vermelho e, então, solte o botão do mouse para desenhar a última linha curva.

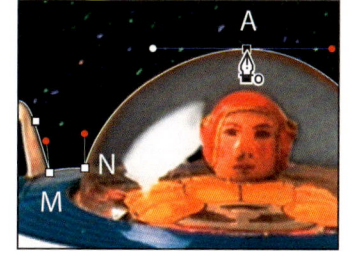

**16** No painel Paths, dê um clique duplo em Work Path, digite **Saucer** na caixa de diálogo Save Path e clique em OK para salvá-la.

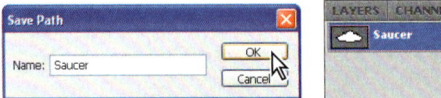

**17** Escolha File > Save para salvar seu trabalho.

## Converta seleções em demarcadores

Agora, você vai criar um segundo demarcador utilizando um método diferente. Primeiro, vai usar uma ferramenta de seleção para selecionar uma área com cores semelhantes e, então, converter a seleção em um demarcador. (Você pode converter qualquer seleção feita com uma ferramenta de seleção em um demarcador.)

**1** Clique na guia Layers para exibir o painel Layers e arraste a camada Template para o botão Delete na parte inferior do painel. Você não precisa mais dessa camada.

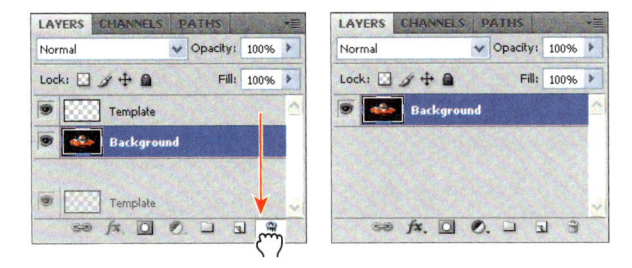

**2** Selecione a ferramenta Magic Wand ( ) no painel Tools, oculta sob a ferramenta Quick Selection.

**3** Na barra de opções, verifique se o valor de Tolerance é **32**.

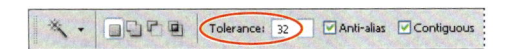

**4** Clique cuidadosamente na área preta dentro de um dos estabilizadores verticais do disco voador.

5   Com a tecla Shift pressionada clique dentro do outro estabilizador vertical para adicionar essa área preta à seleção.

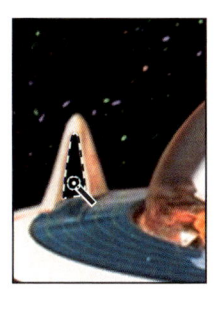

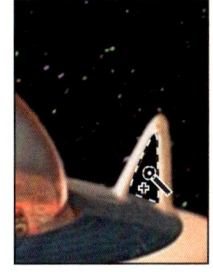

6   Clique na guia Paths para exibir o painel Paths. Então, clique no botão Make Work Path From Selection (  ) na parte inferior do painel.

As seleções são convertidas em demarcadores e um novo delimitador de trabalho é criado.

7   Dê um clique duplo no delimitador chamado Work Path, nomeie-o como **Fins** e, então, clique em OK para salvar o demarcador.

8   Escolha File > Save para salvar seu trabalho.

## Converta demarcadores em seleções

Assim como é possível converter bordas de seleção em demarcadores, também é possível converter demarcadores em seleções. Com seus contornos suaves, demarcadores permitem criar seleções precisas. Agora que desenhou demarcadores para o disco voador e para os estabilizadores verticais, você vai converter esses demarcadores em uma seleção e aplicar um filtro à seleção.

1   No painel Paths, clique no demarcador Saucer para ativá-lo.

▶ **Dica:** Você também pode clicar no botão Load Path As Selection na parte inferior do painel Paths para converter o demarcador ativo em uma seleção.

2  Escolha Make Selection no menu do painel Paths e clique em OK para converter o demarcador Saucer em uma seleção.

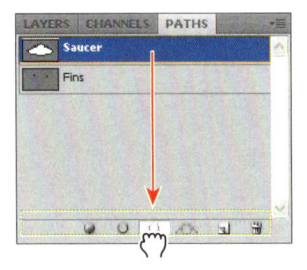

A seguir, você vai remover a seleção Fins da seleção Saucer para ver o fundo através das áreas vazadas nos estabilizadores verticais.

3  No painel Paths, clique no demarcador Fins para ativá-lo. Então, no menu do painel Paths, escolha Make Selection.

4  Na área Operation da caixa de diálogo Make Selection, selecione Subtract From Selection e clique em OK.

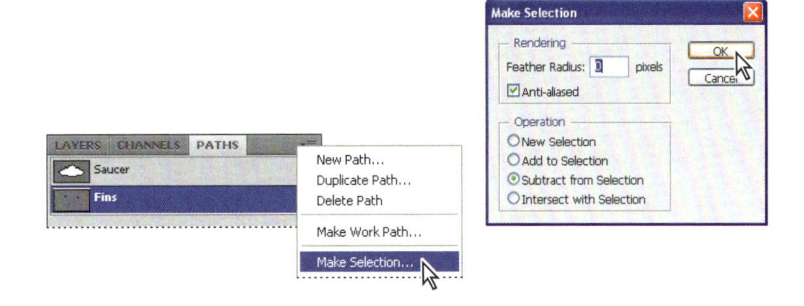

O demarcador Fins é convertido em uma seleção e removido da seleção Saucer simultaneamente.

Deixe os demarcadores selecionados, pois você vai utilizá-los no próximo exercício.

## Converta a seleção em uma camada

Agora, você vai ver que criar a seleção com a ferramenta Pen pode ajudá-lo a conseguir efeitos interessantes. Como você isolou o disco voador, vai poder criar uma cópia dele em uma nova camada e então copiá-lo para outro arquivo de imagem – especificamente, para a imagem que é o fundo do pôster da loja de brinquedos.

**1** Veja se ainda pode ver o contorno de seleção na janela da imagem. Se não conseguir, repita o exercício anterior, "Converta demarcadores em seleções".

**2** Escolha Layer > New > Layer Via Copy.

**3** Clique na guia Layers para trazer o painel Layers para frente. Uma nova camada aparece no painel Layers, Layer 1. A miniatura de Layer 1 mostra que a camada contém apenas a imagem do disco voador, não o fundo espacial da camada original.

**4** No painel Layers, renomeie Layer 1 para **Saucer** e pressione Enter ou Return.

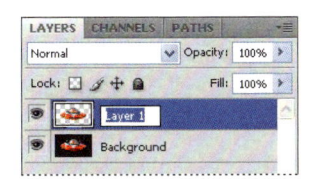

**5** Escolha File > Open e dê um clique duplo no arquivo 08Start.psd na pasta Lessons/Lesson08.

O arquivo 08Start.psd tem um fundo azul em degradê com um planeta na parte inferior da imagem. Você o usará como o fundo do disco voador.

**6** Clique no botão Arrange Documents na barra do aplicativo e selecione um layout 2 Up para que possa ver os arquivos Saucer.psd e 08Start.psd juntos. Clique na imagem 08Working.psd para ativá-la.

**7** Selecione a ferramenta Move (➤⊕) e arraste o disco voador da janela da imagem 08Working.psd para a janela da imagem 08Start.psd para que o disco voador pareça estar sobrevoando o planeta.

**8** Feche a imagem 08Working.psd sem salvar as alterações, deixando o arquivo 08Start.psd aberto e ativo.

Agora, você mudará a posição o disco voador no plano de fundo do pôster.

**9** Selecione a camada Saucer no painel Layers e escolha Edit > Free Transform.

Um caixa delimitadora aparece em torno do disco voador.

● **Nota:** Se você distorcer acidentalmente o disco voador em vez de girá-lo, pressione Esc e comece novamente.

**10** Posicione o cursor próximo de qualquer alça de canto até que ele se transforme no cursor de rotação (↻) e arraste-o para girar o disco voador cerca de 20 graus. Para uma rotação precisa, digite o valor na caixa Rotate na barra de opções. Quando estiver satisfeito, pressione Enter ou Return.

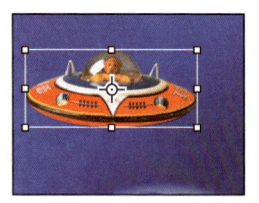

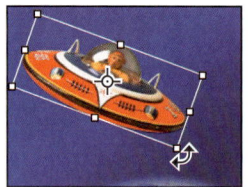

**11** Verifique se a camada Saucer ainda está selecionada e então utilize a ferramenta Move para arrastar o disco voador de modo que ele toque a parte superior do planeta, como na próxima imagem.

12 Escolha File > Save As, atribua o nome **08B_Working.psd a**o arquivo e clique em Save. Clique em OK na caixa de diálogo Photoshop Format Options.

## Crie objetos vetoriais para o fundo

Muitos pôsteres são projetados para serem dimensionáveis, para mais ou para menos, conservando uma aparência nítida. Esse é um bom uso das formas vetoriais. Você vai criar formas vetoriais com demarcadores e utilizar máscaras para controlar o que aparece no pôster. Como são vetoriais, as formas podem ser dimensionadas em futuras revisões de design sem perderem a qualidade ou os detalhes.

### Desenhe uma forma dimensionável

Começamos criando um objeto branco na forma de um rim para a parte de trás do pôster.

1 Escolha View > Rulers para exibir as réguas horizontais e verticais.

2 Arraste a guia do painel Paths para fora do grupo Layers de modo que ela flutue separadamente. Como neste exercício você utilizará bastante os painéis Layers e Paths, é conveniente mantê-los separados.

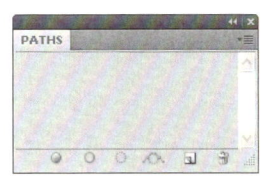

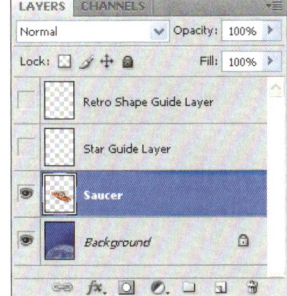

3 Oculte todas as camadas, exceto as camadas Retro Shape Guide e Background, clicando nos respectivos ícones de olho no painel Layers. Selecione a camada Background para ativá-la.

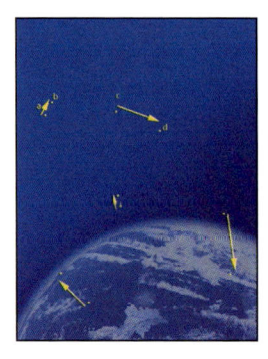

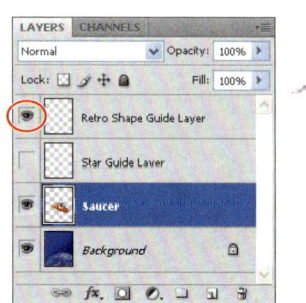

A camada-guia servirá como modelo enquanto você desenha a forma.

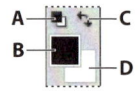

**A.** Botão Default Foreground And Background Colors
**B.** Botão Foreground Color
**C.** Botão Switch Foreground And Background Colors
**D.** Botão Background Color

4 Configure as cores do primeiro plano e do fundo de acordo com seus padrões (preto e branco, respectivamente) clicando no botão Default Foreground And Background Colors (■) no painel Tools (ou pressione o atalho de teclado D), então troque as cores do primeiro plano e do fundo clicando no botão Switch Foreground And Background Colors (↔) (ou pressione X). Agora, a cor do primeiro plano é branca.

5 No painel Tools, selecione a ferramenta Pen (✒). Em seguida, na barra de opções, selecione a opção Shape Layers.

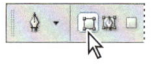

6 Crie a forma clicando e arrastando desta maneira:
  - Clique no ponto A e arraste uma linha de direção para cima e para a esquerda do ponto B e, então, solte.
  - Clique no ponto C e arraste uma linha em direção ao e acima do ponto D e, então, solte.
  - Continue a desenhar segmentos curvos dessa maneira em torno da forma até retornar ao ponto A e, então, clique nele para fechar o demarcador.

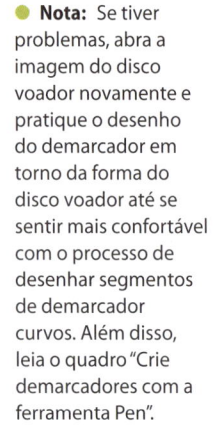

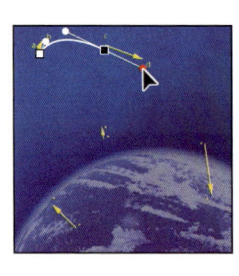

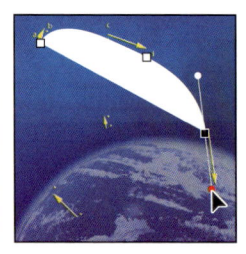

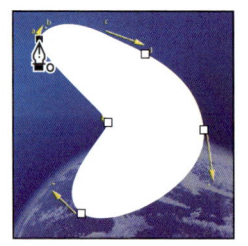

● **Nota:** Se tiver problemas, abra a imagem do disco voador novamente e pratique o desenho do demarcador em torno da forma do disco voador até se sentir mais confortável com o processo de desenhar segmentos de demarcador curvos. Além disso, leia o quadro "Crie demarcadores com a ferramenta Pen".

Observe que, à medida que você desenhava, o Photoshop criava uma nova camada automaticamente, Shape 1, logo acima da camada ativa no painel Layers.

**7** Dê um clique duplo no nome da camada Shape 1, renomeie a camada como **Retro Shape** e pressione Enter ou Return.

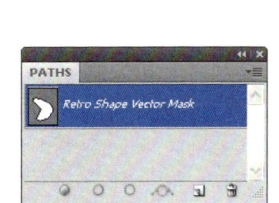

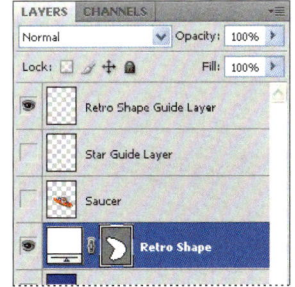

**8** Oculte a camada Retro Shape Guide layer no painel Layers.

**9** Escolha File > Save para salvar seu trabalho.

## Desmarque demarcadores

Talvez seja necessário remover a seleção dos demarcadores para ver as opções apropriadas na barra de opções ao selecionar uma ferramenta vetorial. Desmarcar demarcadores também pode ajudá-lo a visualizar certos efeitos que podem estar ocultos se um demarcador está ativo.

Observe que a borda entre a forma branca e o fundo azul está granulada.

Na verdade, o que você vê é o próprio demarcador, que é um item que não pode ser impresso. Essa é uma indicação visual de que a camada Retro Shape continua selecionada. Antes de prosseguir para o próximo exercício, certifique-se de que todos os demarcadores estão desmarcados.

**1** Selecione a ferramenta Path Selection (▶), que pode estar oculta sob a ferramenta Direct Selection (▶).

**2** Na barra de opções, clique no botão Dismiss Target Path (✓).

● **Nota:** Você também pode desmarcar demarcadores clicando na área em branco abaixo dos demarcadores no painel Paths.

## As camadas de forma

Uma camada de forma tem dois componentes: um preenchimento e uma forma. As propriedades de preenchimento determinam a cor (ou cores), o padrão e a transparência da camada. A forma é uma máscara de camada que define as áreas em que o preenchimento pode ser visto e as em que ele permanece oculto.

Na camada que você acabou de criar, o preenchimento é branco. A cor de preenchimento é visível dentro da forma que você desenhou e não é visível no restante da imagem, portanto, o céu no plano de fundo pode ser visto em torno dela.

**A.** Miniatura Fill
**B.** Ícone de vínculo da máscara de camada
**C.** Miniatura Mask

No painel Layers, a camada Retro Shape está sobre a camada Background porque o fundo foi selecionado quando você começou a desenhar. A camada de forma tem três itens e o nome da camada: duas imagens em miniatura e um ícone de link entre elas.

A miniatura Fill, na extremidade esquerda, mostra que toda a camada está preenchida com a cor branca do primeiro plano. O pequeno controle deslizante abaixo da miniatura simboliza que a camada é editável.

A miniatura Mask, na extremidade direita, mostra a máscara vetorial da camada. Nesta miniatura, branco indica a área em que a imagem está exposta e cinza indica as áreas em que a imagem está bloqueada.

O ícone entre as duas miniaturas mostra que a camada e a máscara vetorial estão vinculadas.

## Remova formas de uma camada de forma

Depois de criar uma camada de forma (elemento gráfico vetorial), você pode configurar as opções para remover novas formas a partir do elemento gráfico vetorial. Você também pode utilizar as ferramentas Path Selection e Direct Selection para mover, redimensionar e editar formas. Você vai adicionar alguns efeitos interessantes à forma retrô removendo dela a forma de uma estrela e fazendo com que o plano de fundo do espaço sideral transpareça por ela. Para ajudá-lo a posicionar a estrela, examine a camada Star Guide criada para você. No momento, essa camada está oculta.

1 No painel Layers, exiba a camada Star Guide, mas deixe a camada Retro Shape selecionada. A camada Star Guide agora está visível na janela da imagem.

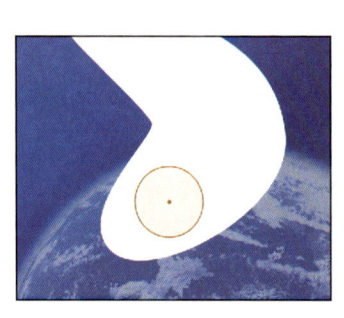

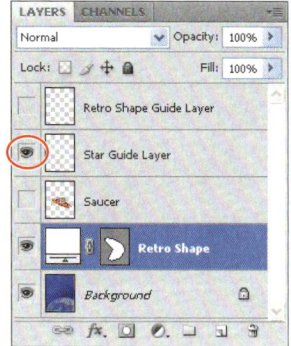

2 No painel Paths, selecione a máscara vetorial Retro Shape.

**3** No painel Tools, selecione a ferramenta Polygon (◯), oculta sob a ferramenta Rectangle (▭).

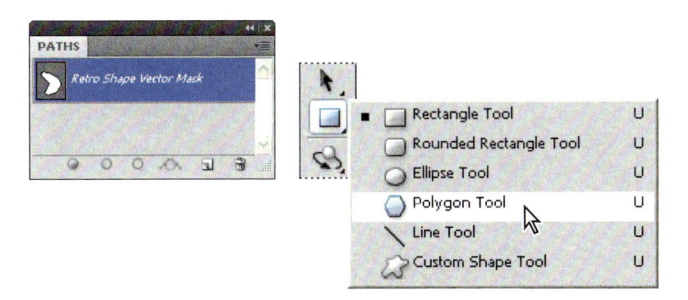

**4** Na barra de opções, faça o seguinte:

- Para Sides, digite **11**.

- Clique na seta logo à esquerda da opção Sides para abrir a janela Polygon Options. Selecione Star e digite **50 %** na caixa Indent Sides By. Então clique em qualquer lugar fora da janela Polygon Options para fechá-la.

- Selecione a opção Subtract From Shape Area (⬚) ou pressione o sinal de hífen ou de subtração para selecioná-la com um atalho de teclado. O cursor agora aparece como uma cruz com um pequeno sinal de subtração (✢).

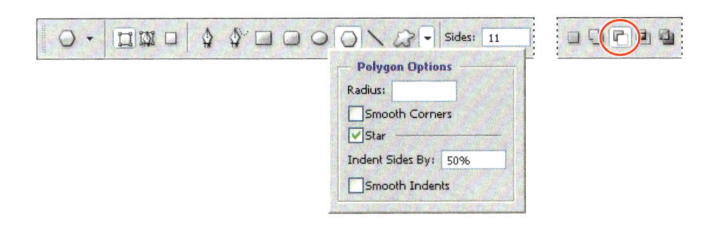

**5** Clique no ponto laranja no centro do círculo laranja na imagem e arraste-o para fora até que a ponta dos braços da estrela toquem o perímetro do círculo.

● **Nota:** À medida que arrasta, você pode girar a estrela arrastando o cursor para o lado.

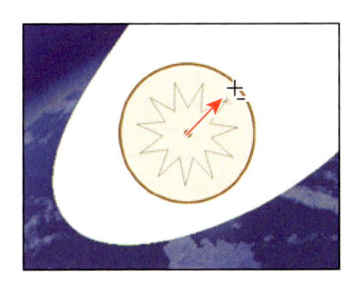

Ao soltar o mouse, a forma da estrela torna-se um recorte, permitindo que o planeta apareça através dela.

Observe que a estrela tem um contorno serrilhado, lembrando-o de que a forma está selecionada. Outra indicação de que ela está selecionada é que a miniatura da máscara vetorial Retro Shape permanece realçada (com um contorno em branco) no painel Layers.

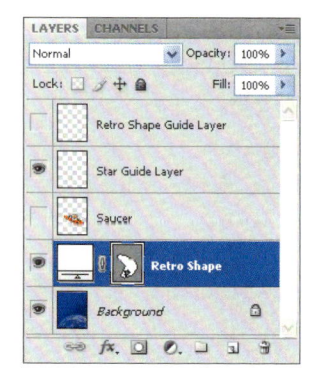

**6** No painel Layers, oculte a camada Star Guide.

Veja como as miniaturas mudam nos painéis. No painel Layers, a miniatura da esquerda da camada Retro Shape permanece inalterada, mas as miniaturas de máscara no painel Layers e no painel Paths mostram a Retro Shape com o recorte na forma de estrela.

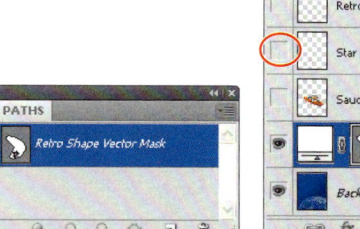

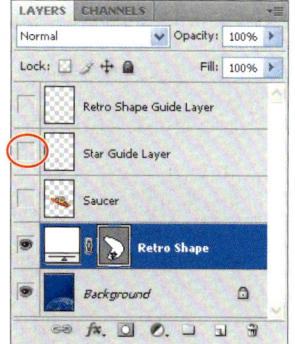

**7** Selecione a ferramenta Path Selection (▶) e clique no botão Dismiss Target Path (✓) na barra de opções para desmarcar a estrela e os demarcadores da forma retrô.

Os demarcadores estão agora desmarcados e as linhas serrilhadas do demarcador desapareceram, deixando uma borda precisa entre as áreas azuis e brancas. Além disso, o delimitador Retro Shape Vector Mask não está mais destacado no painel Paths.

**8** Escolha File > Save para salvar seu trabalho.

# Trabalhe com formas personalizadas definidas

Outra maneira de utilizar formas na sua arte-final é desenhar uma forma personalizada ou predefinida. Isso é tão fácil que você só precisa selecionar a ferramenta Custom Shape, escolher uma forma no seletor Custom Shape e desenhar na janela da imagem. Faremos exatamente isso para adicionar padrões de xadrez ao fundo do seu pôster para a loja de brinquedos.

**1** Verifique se a camada Retro Shape está selecionada no painel Layers. Clique no botão New Layer (▣) para adicionar uma camada acima dela. Atribua à nova camada o nome **Pattern** e pressione Enter ou Return.

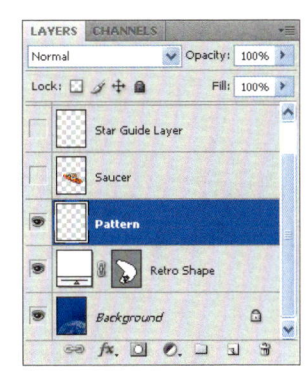

**2** No painel Tools, selecione a ferramenta Custom Shape (✦), oculta sob a ferramenta Polygon (○).

**3** Na barra de opções, selecione a opção Fill Pixels.

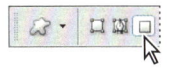

**4** Na barra de opções, clique na seta ao lado da opção Shape para abrir o seletor Custom Shape.

**5** Dê um clique duplo no padrão predefinido de tabuleiro de xadrez no lado direito do seletor Custom Shape (talvez seja necessário rolar ou arrastar o canto do seletor para vê-lo) para selecioná-lo. Então clique fora do seletor para fechá-lo.

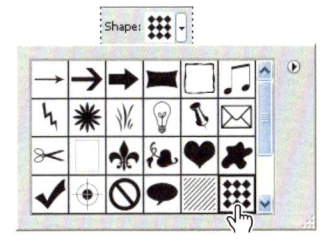

6 Veja se a cor do fundo é branca. Pressione Shift e arraste o cursor diagonalmente na janela da imagem para desenhar e dimensionar a forma de modo que ela tenha mais ou menos 2 polegadas quadradas (ou 5 centímetros quadrados). (Pressionar Shift limita a forma de acordo com suas proporções originais).

7 Adicione outros cinco padrões de tabuleiros de xadrez de vários tamanhos até que seu pôster fique parecido com a próxima imagem.

8 No painel Layers, reduza a opacidade da camada Pattern para **20%**.

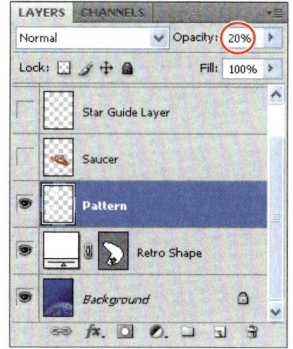

O fundo do seu pôster está pronto.

9 No painel Layers, exiba a camada Saucer para que possa ver a composição inteira.

10 Escolha File > Save para salvar seu trabalho.

# Importe um Smart Object

Smart Objects são camadas que você pode editar no Photoshop de maneira não destrutiva; isto é, as modificações que você faz na imagem permanecem editáveis e não afetam os pixels reais da imagem, que são preservados. Independentemente do quanto você dimensiona, gira, distorce ou transforma um Smart Object, ele conserva suas bordas precisas.

Você pode importar objetos vetoriais do Adobe Illustrator como Smart Objects. Se você editar o objeto original no Illustrator, as alterações se refletirão no Smart Object importado no seu arquivo de imagem do Photoshop. Você aprendeu um pouco sobre Smart Objects nas lições anteriores. Agora, vai explorá-los mais posicionando o texto criado no Illustrator no pôster da loja de brinquedos.

## Adicione o título

O nome da loja de brinquedos foi criado no Illustrator. Você vai adicioná-lo ao pôster.

1 Selecione a camada Saucer e escolha File > Place. Navegue até a pasta Lessons/Lesson08, selecione o arquivo Title.ai e clique em Place. Clique em OK na caixa de diálogo Place PDF que aparece.

O texto Retro Toyz é adicionado ao centro da composição, dentro de uma caixa delimitadora com alças ajustáveis. Uma nova camada, title, aparece no painel Layers.

2 Arraste o objeto Retro Toyz até o canto superior direito do pôster e, então, pressione Shift e arraste um canto para tornar o objeto de texto proporcionalmente maior – de modo que ele preencha a parte superior do pôster, como na imagem a seguir. Quando terminar, pressione Enter ou Return ou clique no botão Commit Transform (✔) na barra de opções.

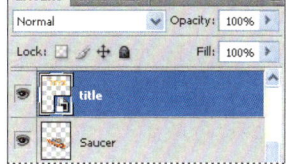

Quando você confirma a transformação, o ícone da miniatura de camada muda para indicar que a camada de título é um Smart Object.

Como o título Retro Toyz é um Smart Object, você pode continuar a editar seu tamanho e forma se quiser. Simplesmente selecione a camada e escolha Edit > Free Transform para acessar as alças de controle e arraste o cursor para ajustá-las. Ou selecione a ferramenta Move (▶✥) e marque Show Transform Controls na barra de opções e então ajuste as alças.

## Adicione uma máscara vetorial a um Smart Object

Para um efeito divertido, você vai transformar o centro de cada letra "O" do título em uma estrela que corresponde ao recorte que você criou antes. Você vai utilizar uma máscara vetorial, que no Photoshop CS4, pode vincular a um Smart Object.

1 Selecione a camada de título e clique no botão Add Layer Mask na parte inferior do painel Layers.

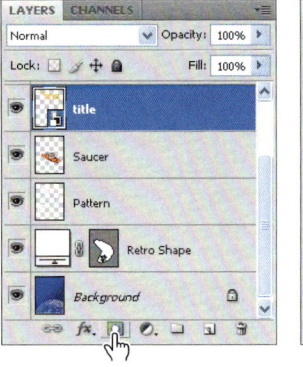

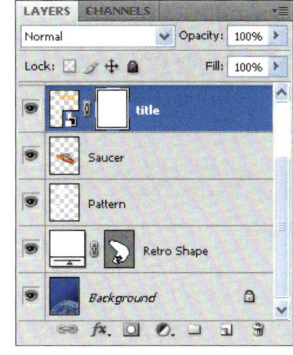

2 Selecione a ferramenta Polygon (oculta sob a ferramenta Custom Shape). As opções que você utilizou anteriormente para criar a estrela ainda devem estar ativas. A ferramenta Polygon armazena suas configurações até você alterá-las novamente. Se você redefinir as opções, consulte "Remova formas de uma camada de forma".

3 Clique no botão Switch Foreground And Background Colors no painel Tools para que preto seja a cor do primeiro plano.

4 Clique no centro do "O" em "Toyz" e arraste o cursor para fora até a estrela preencher o centro do "O".

**5** Repita o passo 3 para adicionar uma estrela no "O" de Retro.

## Gire a tela de pintura (somente OpenGL)

Você trabalhou com a imagem com "Retro Toyz" na parte superior da área de trabalho e com o planeta na parte inferior. Entretanto, se a sua placa de vídeo suportar OpenGL, você pode girar a área de trabalho para desenhar, digitar ou posicionar objetos em uma perspectiva diferente. Você vai girar a visualização enquanto adiciona a informação de direitos autorais na lateral da imagem. (Se sua placa de vídeo não suportar OpenGL, pule esta seção.)

Primeiro, digite o texto.

**1** Escolha Window > Character para abrir o painel Character. Selecione uma fonte serifada, como Myriad Pro, em tamanho pequeno, 10 pontos, por exemplo, e configure a cor como branco.

**2** Selecione a ferramenta Horizontal Type e então clique no canto inferior esquerdo da imagem. Digite **Copyright SEU NOME Productions**, colocando o seu nome.

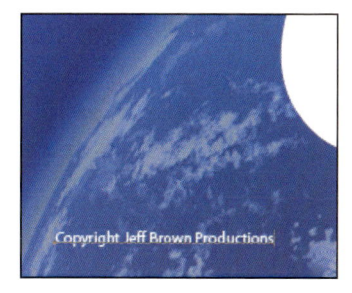

Você quer que os direitos autorais sejam posicionados no lado esquerdo da imagem. Você vai girar a tela de pintura para facilitar o posicionamento.

**3** Selecione a ferramenta Rotate View tool ( ), oculta sob a ferramenta Hand ( ).

> **Dica:** Você também pode inserir um valor na caixa Rotation Angle na barra de opções.

**4** Pressione a tecla Shift enquanto arrasta a ferramenta em um arco para girar a tela de pintura 90 graus em sentido horário. A tecla Shift limita a rotação a incrementos de 45 graus.

**5** Selecione a camada de texto Copyright e então escolha Edit > Transform > Rotate 90 Deg CCW.

**6** Utilize a ferramenta Move para alinhar o texto ao longo da parte superior da borda da imagem, que será a borda esquerda quando estiver na posição normal.

**7** Selecione a ferramenta Rotate View novamente e clique em Reset View na barra de opções.

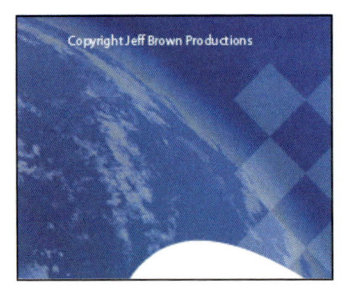

**8** Escolha File > Save para salvar seu trabalho.

## Finalize

Como um último procedimento, limpe o painel Layers excluindo suas camadas de modelo (template) guia.

**1** Confira se as camadas Copyright, title, Saucer, Pattern, Retro Shape e Background são as únicas camadas visíveis no painel Layers.

**2** Escolha Delete Hidden Layers no menu pop-up do painel Layers e, então, clique em Yes para confirmar a ação de exclusão.

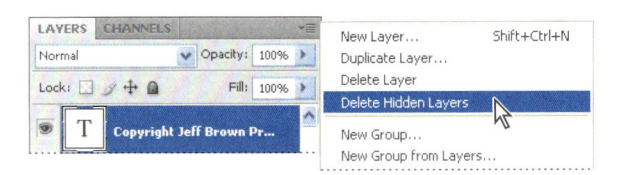

**3** Escolha File > Save para salvar seu trabalho.

Parabéns! Você terminou o pôster.

Ele deve estar parecido com a figura ao lado. (O texto do título só aparecerá contornado se você completar a tarefa dos Extras, a seguir.)

## Extras

Se você tem o Adobe Illustrator CS ou versão superior, pode avançar mais com o Smart Object no texto Retro Toyz – você pode editá-lo no Illustrator e ele será automaticamente atualizado no Photoshop. Experimente isto:

1 Dê um clique duplo na miniatura do Smart Object na camada do título. Se um alerta aparecer, clique em OK. O Illustrator abre e exibe o Retro Toyz Smart Object em uma janela de documentos.

2 Utilizando a ferramenta Direct Selection, arraste um contorno de seleção em torno do texto para selecionar todas as letras.

3 Dê um clique duplo no botão Stroke no painel Tools para abrir o Color Picker. Selecione preto e clique em OK.

4 No Illustrator CS3 ou superior, na barra de opções, escolha 0.5 pt no menu Stroke. Se estiver usando uma versão anterior, abra o painel Stroke e especifique um traço de 0.5 pt.

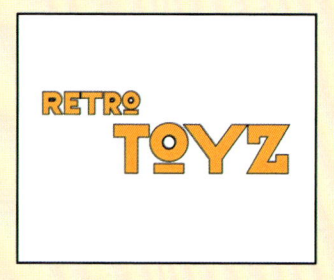

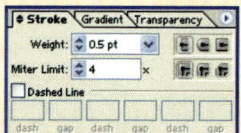

Um traço preto de 0,5 pontos aparece em torno do texto Retro Toyz.

5 Feche o documento Vector Smart Object e clique em Save quando solicitado. Clique em OK se uma caixa de alerta aparecer.

6 Volte ao Photoshop. A janela da imagem do pôster Retro Toyz é atualizada para corresponder ao texto contornado.

# Perguntas de revisão

1. Como a ferramenta Pen pode ser útil como ferramenta de seleção?
2. Qual é a diferença entre uma imagem bitmap e um elemento gráfico vetorial?
3. O que faz uma camada de forma?
4. Quais ferramentas você pode utilizar para mover e redimensionar demarcadores e formas?
5. O que são Smarts Objects e qual é a vantagem de utilizá-los?

# Respostas

1. Se precisar criar uma seleção complexa, pode ser mais fácil desenhar o demarcador com a ferramenta Pen e, então, converter o demarcador em uma seleção.
2. Imagens bitmap, ou *imagens rasterizadas*, baseiam-se em uma grade de pixels e são apropriadas para imagens em tom contínuo como fotografias ou artes-finais criadas em programas de desenho. Elementos gráficos vetoriais são compostos por formas baseadas em expressões matemáticas e são apropriados para ilustrações, texto e desenhos que requerem linhas suaves e definidas.
3. Uma camada de forma armazena o contorno de uma forma no painel Paths. Você pode alterar o contorno de uma forma editando seu demarcador.
4. Utilize a ferramenta Path Selection e a ferramenta Direct Selection para mover, redimensionar e editar formas. Você também pode modificar e dimensionar uma forma ou demarcador escolhendo Edit > Free Transform Path.
5. Smart Objects são objetos vetoriais que você pode posicionar e editar no Photoshop sem perda de qualidade. Independentemente do quanto você dimensiona, rotaciona, distorce ou transforma um Smart Object, ele retém bordas nítidas e precisas. Uma excelente vantagem do uso de Smart Objects é que você pode editar o objeto original no aplicativo de criação, como o Illustrator, e as alterações se refletirão no Smart Object posicionado no seu arquivo de imagem do Photoshop.

# 9 DIVISÃO EM CAMADAS AVANÇADA

## Visão geral da lição

Nesta lição, você vai aprender a:

- Importar uma camada de outro arquivo
- Recortar uma camada
- Criar e editar uma camada de ajuste
- Utilizar os efeitos Vanishing Point 3D com camadas
- Criar composições de camada para mostrar seu trabalho
- Gerenciar camadas
- Achatar uma imagem em camadas
- Mesclar e carimbar camadas

Esta lição levará mais ou menos uma hora para ser concluída. Copie a pasta Lesson09 para sua unidade de disco rígido se ainda não fez isso. Ao trabalhar nesta lição, você preservará os arquivos iniciais. Se precisar restaurá-los, copie-os do CD do livro.

Uma vez que se aprende as técnicas básicas de camada, é possível criar efeitos mais complexos na arte-final utilizando máscaras de camada, camadas de ajuste, filtros e mais estilos de camada. Também é possível adicionar camadas a partir de outros documentos.

## Introdução

Nesta lição, você vai juntar várias imagens para criar a embalagem de um celular. Você vai criar três designs diferentes com várias camadas, que pode exibir seletivamente utilizando composições de camada. Você vai ganhar experiência com camadas de ajuste, efeitos de camada, máscaras de camada e filtros de camada. Além desta lição, a melhor maneira de aprender a trabalhar com camadas é testando e combinando-as de novas maneiras com filtros, efeitos, máscaras de camada e propriedades de camada.

1 Inicie o Photoshop e pressione Ctrl+Alt+Shift (Windows) ou Command+Option+Shift (Mac OS) para restaurar as preferências padrão. (Consulte "Restaurando as preferências padrão", na página 16).

2 Quando solicitado, clique em Yes para confirmar que você quer redefinir as preferências.

3 Clique no botão Launch Bridge ( ) na barra do aplicativo para abrir o Adobe Bridge.

4 No painel Favorites, no canto esquerdo superior do Bridge, clique na pasta Lessons e, então, dê um clique duplo na pasta Lesson09 no painel Content.

5 Analise o arquivo 09End.psd no painel Content. Se necessário, arraste o controle deslizante da miniatura na parte inferior da janela para aumentar a miniatura.

Seu objetivo nesta lição é criar o protótipo de uma embalagem montando a arte-final a partir de vários arquivos, dividindo-a em camadas, adicionando perspectiva e, então, refinando o design. Você vai criar várias composições de camada para mostrar o design ao cliente.

6 Dê um clique duplo no arquivo 09Start.psd para abri-lo no Photoshop. Escolha File > Save As, renomeie o arquivo como **09Working.psd** e clique em Save. Clique em OK na caixa de diálogo Photoshop Format Options.

7 Arraste o painel Layers pela guia até a parte superior da área de trabalho. Expandir o painel para que possa ver aproximadamente 10 camadas sem rolar.

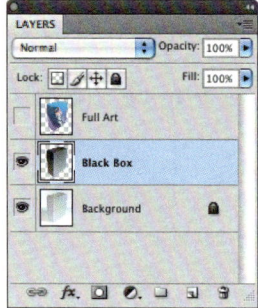

O painel lista três camadas, duas das quais estão visíveis – a caixa tridimensional cinza exibida na janela da imagem e o fundo logo abaixo dela. A camada Full Art está oculta.

**8** No painel Layers, selecione a camada Full Art. Observe que, mesmo selecionada, a camada permanece oculta.

## Transforme uma camada em uma forma

Para começar a criar uma imagem composta, você vai adicionar mais arte e transformá-la em uma forma.

**1** Clique no botão Launch Bridge (Br) na barra do aplicativo para retornar ao Bridge.

**2** No painel Bridge Content, dê um clique duplo no arquivo Phone_art.psd para abri-lo.

Esse arquivo tem duas camadas: Phone Art e Mask. Você vai recortar a imagem do telefone para que ela se ajuste à forma livre na camada Mask.

**3** No painel Layers, verifique se a camada Mask está abaixo da camada Phone Art. Deve haver uma forma de recorte abaixo da imagem que você está recortando.

**4** Selecione a camada Phone Art. Pressione a tecla Alt (Windows) ou Option (Mac OS) ao posicionar o cursor entre a camada Phone Art e a camada Mask até ele se tornar um ícone de círculo duplo ( ) e clique.

A miniatura da camada recortada, Phone Art, está recuada no painel Layers e uma seta aponta para a camada abaixo dela, que agora está sublinhada.

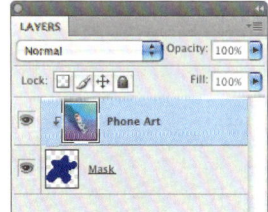

Você vai importar essa nova imagem para o arquivo Start. Antes, porém, você precisa achatar a imagem em uma só camada.

**5** Escolha Merge Visible no menu do painel Layers.

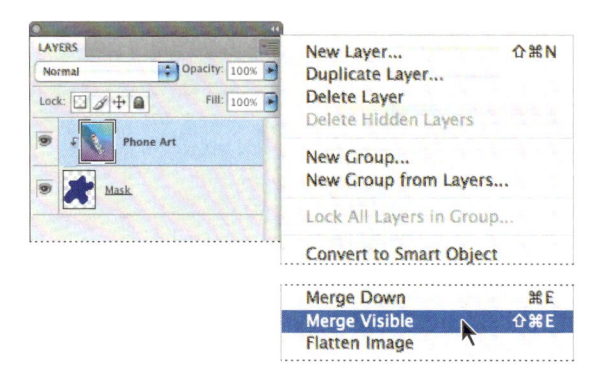

Você pode mesclar as camadas de outras maneiras, mas não escolha Layer > Flatten Image, pois isso removeria a transparência já especificada no arquivo.

Agora, adicione arte-final a partir de outro arquivo, arrastando-a e posicionando-a.

**6** Clique no botão Arrange Documents na barra do aplicativo e selecione um layout 2 Up para que você possa ver ambas as imagens.

**7** Arraste a camada Phone Art mesclada do painel Layers para a janela da imagem 09Working.psd. A camada aparece acima da camada ativa (Full Art) e na parte superior do painel Layers do arquivo 09Working.psd. A arte-final cobre toda a caixa.

**8** No painel Layers em 09Working.psd, dê um clique duplo no nome da camada Phone Art e digite **Shape Art** para renomeá-la. Pressione Enter ou Return.

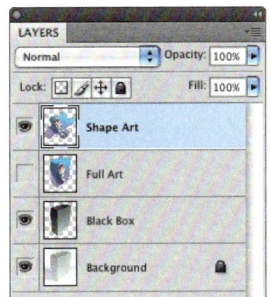

**9** Escolha File > Save para salvar seu trabalho até agora.

**10** Feche o arquivo Phone_Art.psd sem salvar suas alterações.

# Configure uma grade de Vanishing Point

A arte que você adicionou está sobre a caixa – o que não é exatamente o efeito que você quer. Você vai corrigir isso fazendo com que essa composição gráfica apareça em perspectiva, "empacotando" a caixa.

**1** Com a camada Shape Art selecionada no painel Layers, pressione Ctrl+A (Windows) ou Command+A (Mac OS) para selecionar todo o conteúdo da camada.

**2** Pressione Ctrl+X (Windows) ou Command+X (Mac OS) para cortar o conteúdo e posicioná-lo na área de transferência. Somente a caixa fica visível, não o trabalho gráfico.

**3** Escolha Filter > Vanishing Point. Você vai usar o filtro Vanishing Point para desenhar um plano em perspectiva que corresponda às dimensões da caixa.

**4** Com a ferramenta Create Plane (), selecionada por padrão, clique no canto superior esquerdo da face frontal da caixa para começar a definir o plano. É mais fácil definir planos quando você pode utilizar um objeto retangular como um guia.

**5** Continue desenhando o plano clicando em todos os cantos desse lado da caixa. Clique no último canto para completar o plano: uma grade aparece e a ferramenta Edit Plane () é automaticamente selecionada. Você pode ajustar o tamanho dessa grade utilizando a ferramenta Edit Plane na parte superior da caixa de diálogo.

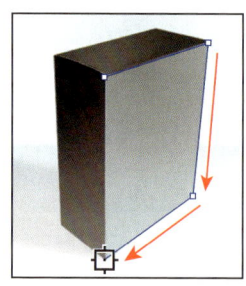

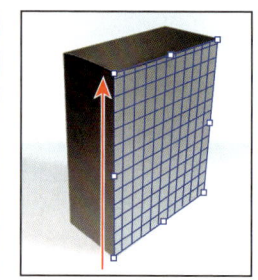

**6** Utilize o cursor Edit Plane para ajustar os pontos de canto e refinar seu plano, conforme necessário.

Agora, você vai acrescentar grades à parte superior e à lateral da caixa para completar a perspectiva.

# LIÇÃO 9 | 287
## Divisão em Camadas Avançada

**7** Com a ferramenta Edit Plane selecionada, pressione Ctrl (Windows) ou Command (Mac OS) e arraste o ponto central do lado esquerdo do plano, estendendo-o por toda a lateral da caixa. Como a grade é exibida na lateral da caixa, a grade na face frontal desaparece, mas sua borda azul permanece.

**8** Utilize o cursor Edit Plane para ajustar todos os pontos de canto do plano lateral para que ele corresponda mais precisamente à forma da caixa.

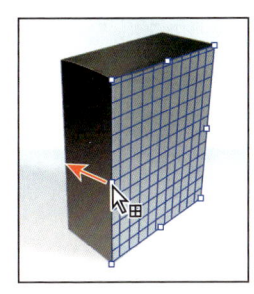

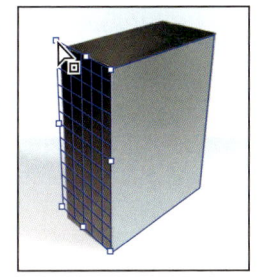

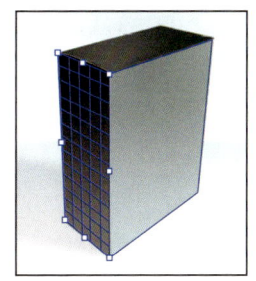

**9** Se estiver satisfeito com o posicionamento da grade, repita os passos 7 e 8 para estender a grade à parte superior da caixa.

● **Nota:** A grade final não precisa corresponder exatamente às dimensões da caixa.

Se estivesse aplicando perspectiva a vários planos, seria melhor criar uma camada separada para cada um deles. O Vanishing Point (ponto de fuga) cria uma camada separada que preserva sua imagem original e permite utilizar o controle de opacidade, estilos e modos de mesclagem da camada.

Você está pronto para adicionar a composição gráfica e colocá-la em perspectiva.

**10** Pressione Ctrl+V (Windows) ou Command+V (Mac OS) para colar o conteúdo da área de transferência sobre a grade. Essa ação seleciona automaticamente a ferramenta Marquee na caixa de diálogo Vanishing Point.

**11** Utilizando a ferramenta Marquee ([ ]), selecione o conteúdo e arraste-o para o centro do plano de perspectiva da face frontal para que a maior parte da composição apareça no painel frontal, e o restante contorne a lateral e a parte superior. É importante posicionar a composição no painel da face frontal para que ela contorne a caixa corretamente.

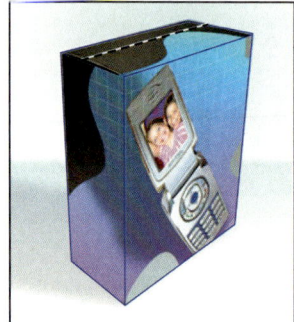

**12** Quando estiver satisfeito com o posicionamento, clique em OK.

**13** Escolha File > Save para salvar seu trabalho até agora.

## Crie seus próprios atalhos de teclado

O Photoshop vem com atalhos de teclado para a maioria das ferramentas e comandos mais comuns, mas você pode personalizar os atalhos e adaptá-los ao seu fluxo de trabalho. Para compor a sua imagem, você vai acrescentar várias imagens criadas no Adobe Illustrator. Para tornar seu trabalho mais eficiente, crie um atalho de teclado para o comando Place.

**1** Escolha Edit > Keyboard shortcuts. A caixa de diálogo Keyboard Shortcuts and Menus aparece.

**2** Em Application Menu Command, clique no triângulo à esquerda de File para expandir seu conteúdo. Role até Place e o selecione.

**3** Pressione a tecla F7 para determiná-la como um novo atalho. Um alerta aparece, lembrando que a tecla F7 já está em uso – ela é o atalho de teclado para o comando Window > Layers que abre o painel Layers.

**4** Clique em Accept e, então, clique em OK.

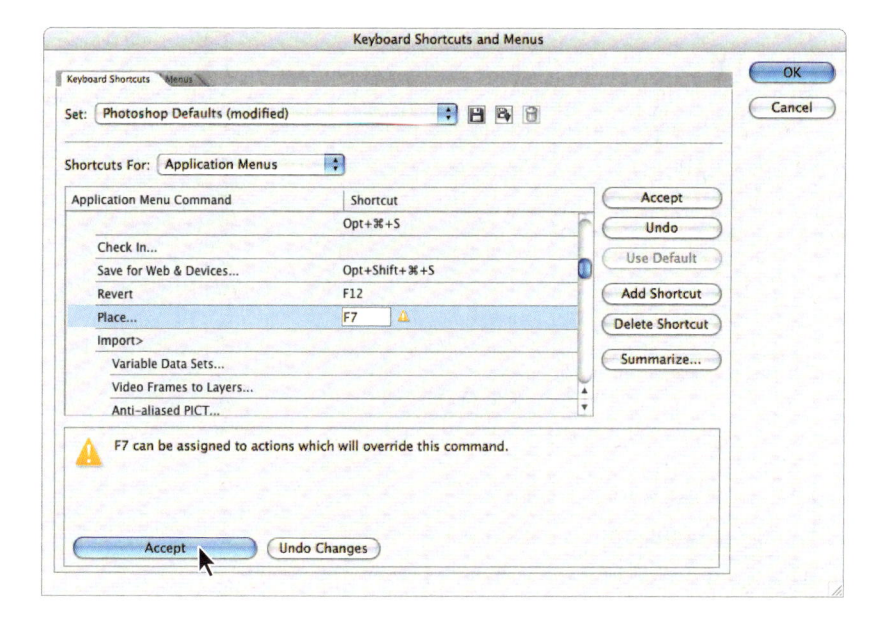

## Insira arte-final importada

Agora você vai aproveitar o novo atalho de teclado à medida que adiciona mais arte ao pacote. A arte-final importada contém as palavras *ZX-Tel cellular*, originalmente criadas com a ferramenta Type no Illustrator e então convertidas em um elemento gráfico. Não é mais possível editar o texto com a ferramenta Type; por outro lado, você não precisa se preocupar se outras pessoas que trabalham no arquivo conseguem ou não ver o texto corretamente caso não tenham a mesma fonte instalada.

**1** Pressione F7 para abrir a caixa de diálogo Place.

**2** Selecione o arquivo ZX-Tel logo.ai na pasta Lesson09. Clique em Place. A caixa de diálogo Place PDF aparece.

**3** Deixe as configurações nos respectivos padrões e clique em OK para posicionar o arquivo. A imagem do logotipo se abre no modo Free Transform, portanto, você poderá modificá-la.

O comando Place adiciona ao documento foto, arte ou qualquer arquivo suportado pelo Photoshop como um Smart Object. Você deve se lembrar das lições anteriores que os Smart Objects preservam o conteúdo original de uma imagem com todas as suas características, permitindo que você edite a camada Smart Object de maneira não destrutiva. Ao utilizar um Smart Object, porém, alguns filtros e efeitos ficam indisponíveis.

**4** Arraste o logotipo sobre o painel frontal e então arraste os pontos de canto para redimensionar o logotipo mais ou menos de acordo com a largura da face frontal da caixa. Não se preocupe com precisão: você vai utilizar o filtro Vanishing Point para posicionar o logotipo na perspectiva mais adiante.

**5** Se estiver satisfeito com o posicionamento, pressione Enter ou Return para posicionar o arquivo.

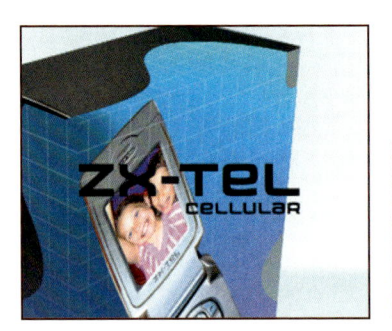

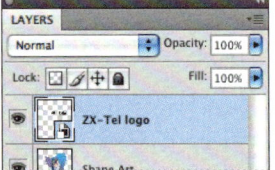

A imagem inserida aparece como a camada ZX-Tel logo na parte superior do painel Layers. O ícone no canto inferior direito da miniatura da camada indica que ela é um Smart Object.

**6** Escolha File > Save para salvar seu trabalho.

## Adicione perspectiva à arte

Você vai aplicar o texto que acabou de adicionar à caixa tridimensional. Em seguida, vai transformá-lo e estilizá-lo para que pareça realista e em perspectiva. Como Smart Objects não suportam o filtro Vanishing Point, inicialmente você vai converter os dados vetoriais na camada Smart Object em pixels.

1 No painel Layers, clique com o botão direito do mouse (Windows) ou clique com a tecla Control pressionada (Mac OS) no nome da camada ZX-Tel e escolha Rasterize Layer no menu de contexto. Isso converte o Smart Object em uma camada, única, rasterizada.

2 Escolha Image > Adjustments > Invert para inverter as cores de preto a cinza. Isso facilitará a leitura do texto quando ele for adicionado à caixa.

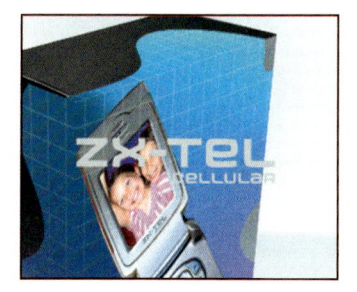

3 Com a camada do logotipo ZX-Tel selecionada no painel Layers, escolha Select > All. Toda a camada do logotipo é selecionada.

4 Escolha Edit > Cut.

5 Escolha Filter> Vanishing Point para retornar ao plano de perspectiva. A caixa 3D com a arte do celular já está lá.

6 Pressione Ctrl+V (Windows) ou Command+V (Mac OS) para colar o logotipo sobre o plano de perspectiva e arraste-o para posicioná-lo na frente da caixa.

7  Pressione Ctrl+T (Windows) ou Command+T (Mac OS) para acessar as alças de transformação livre (Free Transform). Arraste essas alças para ajustar o logo de modo que ele se adapte à perspectiva da caixa. Talvez você precise girar o logotipo.

8  Pressione a tecla Alt (Windows) ou Option (Mac OS) e arraste uma cópia clonada do logotipo para a parte superior da caixa. Quando estiver satisfeito com os resultados, clique em OK.

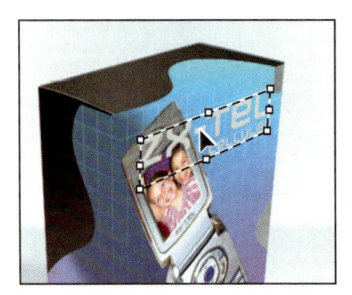

9  Escolha File > Save para salvar seu trabalho.

## Adicione um estilo de camada

Agora, você vai adicionar um estilo de camada para dar ao logotipo alguma profundidade. Os estilos de camada são efeitos automáticos que podem ser aplicados a uma camada.

1  No painel Layers, selecione a camada do logotipo ZX-Tel.

2  Escolha Layer > Layer Style > Bevel And Emboss. Deixe as configurações em seus padrões e clique em OK.

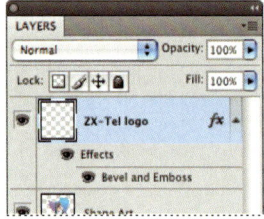

O logotipo aparece com bordas nítidas e destacadas, dando à caixa a impressão de maior profundidade.

## Posicione a arte no painel lateral

Para completar a embalagem, você vai adicionar uma cópia do produto ao painel lateral da caixa.

1. Pressione F7 e selecione o arquivo Side Box Copy.ai. Clique em Place. Na caixa de diálogo Place PDF, deixe as configurações em seus respectivos padrões e clique em OK.

2. Pressione a tecla Shift e arraste um canto da imagem para redimensioná-la para mais ou menos a largura do painel lateral. Pressione Enter ou Return para posicionar a arte-final.

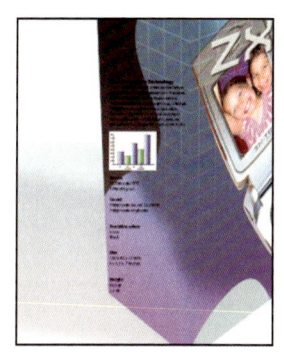

3. No painel Layers, clique com o botão direito do mouse (Windows) ou com a tecla Control pressionada (Mac OS) no nome da camada da cópia da caixa lateral e escolha Rasterize Layer no menu contextual.

Você vai selecionar o texto e mudar sua cor para deixá-lo mais legível.

4. Selecione a ferramenta Polygonal Lasso ( ) no painel Tools, oculta sob a ferramenta Lasso ( ).

5. Utilizando a ferramenta Polygonal Lasso, clique em todos os cantos para desenhar uma caixa em torno do bloco superior de texto. Então, com a tecla Shift pressionada, desenhe outra caixa em torno do bloco inferior de texto para adicioná-lo à seleção. Não inclua o gráfico.

Você utilizou a ferramenta Polygonal Lasso porque as linhas do texto criam uma forma ligeiramente irregular. Você também poderia usar a ferramenta Rectangular Marquee.

6 Pressione Ctrl+I (Windows) ou Command+I (Mac OS) para inverter a cor de preto para branco. Então, escolha Select > Deselect.

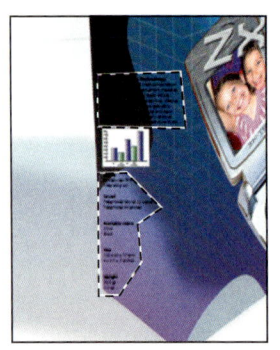

## Adicione mais perspectiva

Agora, você vai adicionar a cópia do painel lateral a sua caixa tridimensional.

1 Selecione a camada da cópia da lateral da caixa e escolha Select > All.

2 Pressione Ctrl+X (Windows) ou Command+X (Mac OS) para cortar o conteúdo e posicioná-lo na área de transferência.

3 Escolha Filter > Vanishing Point.

4 Pressione Ctrl+V (Windows) ou Command+V (Mac OS) para colar a arte-final da cópia da lateral para o plano de perspectiva.

5 Posicione a arte de modo que ela se ajuste ao painel lateral. Se necessário, pressione Ctrl+T (Windows) ou Command+T (Mac OS) e utilize as alças de transformação livre para ajustá-la adequadamente.

6 Se estiver satisfeito com a aparência da cópia da arte-final lateral, clique em OK.

Agora, você repetirá esse procedimento mais uma vez para inserir a última parte da arte e adicioná-la à caixa em perspectiva.

7 Pressione F7 e dê um clique duplo no arquivo Special Offer.ai. Clique em OK para fechar a caixa de diálogo Place PDF. Redimensione o tamanho da arte-final para que ela se ajuste ao canto inferior esquerdo da face frontal da caixa e, então, pressione Enter ou Return para inserir o arquivo.

8 No painel Layers, clique com o botão direito do mouse (Windows) ou com a tecla Control pressionada (Mac OS) no nome da camada Special Offer e escolha Rasterize Layer no menu contextual. A camada não mais é um Smart Object.

9 Insira a camada Special Offer na caixa em perspectiva seguindo o mesmo procedimento já utilizado para adicionar a arte-final da caixa, o texto e a cópia lateral:

- Com a camada special offer ativa, escolha Select > All.
- Pressione Ctrl+X (Windows) ou Command+X (Mac OS) para cortar o conteúdo e posicioná-lo na área de transferência.
- Escolha Filter > Vanishing Point.
- Pressione Ctrl+V (Windows) ou Command+V (Mac OS) para colar o conteúdo a partir da área de transferência.
- Posicione a arte-final no canto inferior esquerdo do painel frontal e, então, clique em OK.

10 Escolha File > Save para salvar seu trabalho.

## Adicione uma camada de ajuste

Para aumentar o realismo da embalagem, você vai adicionar uma camada de ajuste para criar uma sombra sobre o painel lateral.

As camadas de ajuste podem ser adicionadas a uma imagem para aplicar ajustes tonais e de cor sem alterar permanentemente os valores de pixel na imagem. Por exemplo, se você adicionar uma camada de ajuste Color Balance a uma imagem, pode experimentar cores diferentes repetidamente, pois a alteração só ocorre na camada, não na imagem. Se decidir retornar aos valores de pixel originais, basta ocultar ou excluir a camada de ajuste.

Você utilizou camadas de ajuste em outras lições. Aqui, vai adicionar uma camada de ajuste Levels para aumentar o intervalo tonal da seleção, aumentando o contraste geral. Uma camada de ajuste afeta todas as camadas abaixo dela na ordem de empilhamento da imagem, a menos que uma seleção esteja ativa quando você a cria.

1 No painel Layers, selecione a camada da cópia da lateral da caixa.

2 Selecione a ferramenta Polygonal Lasso ( ) no painel Tools e clique em todos os cantos para desenhar uma forma retangular em torno do painel da lateral.

3 Clique no botão Levels no painel Adjustments para criar uma camada de ajuste.

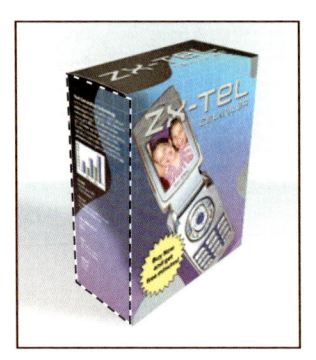

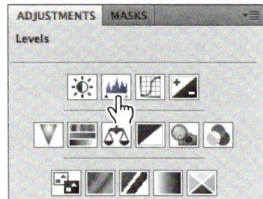

4 Dê um clique duplo no nome Levels 1 e o renomeie **Shadow**. Pressione Enter ou Return.

5 No painel Adjustments, arraste o triângulo direito (branco) no controle deslizante Output Levels até aproximadamente **210** para reduzir o brilho. Então, clique no botão Return To Adjustment List na parte inferior do painel Adjustments.

6 Escolha File > Save para salvar seu trabalho.

7 Clique no botão Show/Hide Visibility da camada de ajuste Shadow para ver seu efeito. Como você fez uma seleção antes de criar a camada de ajuste, ela só afeta a área selecionada. Ao terminar, certifique-se de que todas as camadas, exceto a Full Art, estão visíveis.

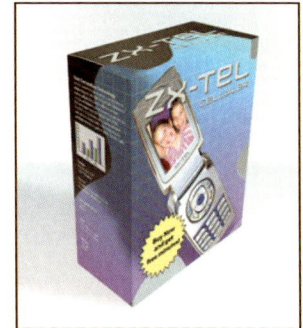

## Trabalhe com composições de camadas

Agora, salve esta configuração como uma composição de camadas. Composições de camadas permitem alternar facilmente entre várias combinações de camadas e de efeitos dentro do mesmo arquivo do Photoshop. Uma composição de camadas é um instantâneo (snapshot) de um estado do painel Layers.

**1** Escolha Window > Layer Comps.

**2** Na parte inferior do painel Layer Comps, clique no botão New Layer Comp. Atribua o nome **Black Box** à nova composição de camada e digite uma descrição da sua aparência na caixa Comment: **3D box, black top and side shape with full-color art (caixa 3D, tampa e forma lateral preta com arte colorida)**. Clique em OK.

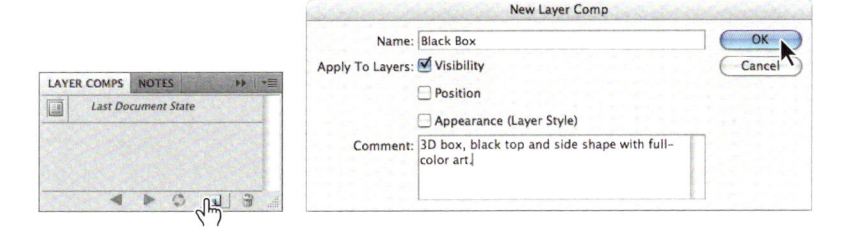

Agora, você fará algumas alterações e salvará o novo visual como uma composição de camadas diferente.

**3** No painel Layers, oculte as camadas Black Box e Shape Art e exiba a camada Full Art.

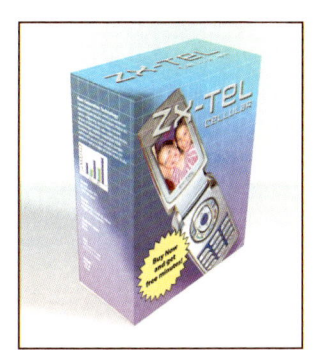

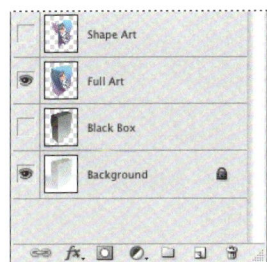

Você vai salvar esta versão como uma nova composição de camadas.

4 No painel Layer Comps, clique no botão New Layer Comp. Digite **Full Image** e insira uma descrição: **3D box, blue top with full-color art** (caixa 3D, tampa azul, arte colorida). Clique em OK.

5 No painel Layer Comps, ative os ícones de visibilidade para exibir e ocultar as duas composições de camadas e verifique as diferenças.

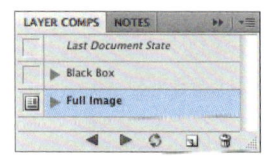

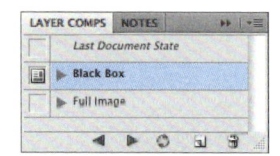

Você também pode utilizar composições de camadas para registrar a posição da camada no documento ou a aparência da camada, incluindo estilos de camada e modos de mesclagem.

6 Escolha File > Save para salvar seu trabalho.

## Gerencie camadas

Com composições de camada, você aprendeu uma excelente maneira de apresentar diferentes opções de design para uma embalagem. Também é útil poder agrupar as camadas por conteúdo. Você vai organizar os elementos do texto e da arte criando um grupo para cada um.

1 No painel Layers, clique com a tecla Control (Windows) ou com a tecla Command (Mac OS) pressionadas para selecionar as camadas special offer, side box copy e ZX-Tel logo.

**2** No menu do painel Layers, escolha New Group From Layers. Digite **Box Type** para nomear esse grupo e clique em OK.

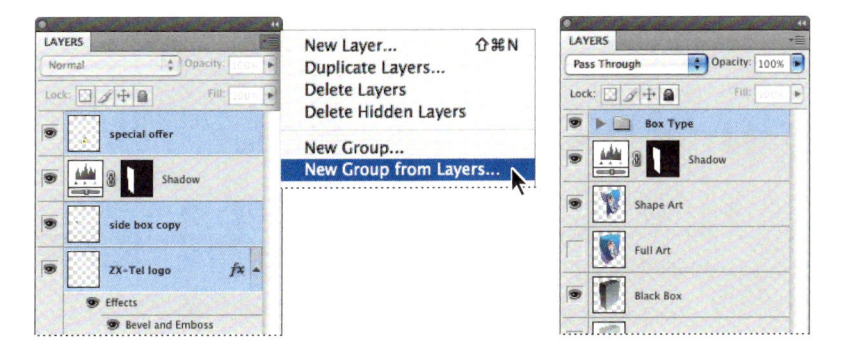

**3** Selecione a camada de ajuste Shadow e clique com Shift pressionada na camada Full Art para selecioná-las junto com Shape Art. Então, escolha New Group From Layers no menu do painel Layers e nomeie esse grupo **Box Artwork**. Clique em OK.

Grupos de camada ajudam a organizar e gerenciar camadas individuais. Você pode expandir um grupo para examinar suas camadas ou recolhê-lo para simplificar a visualização. Pode também alterar a ordem de empilhamento das camadas dentro do grupo de camadas.

**4** Oculte os grupos de camadas para ver como as camadas são agrupadas. Então mostre os grupos de camadas novamente.

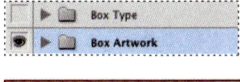

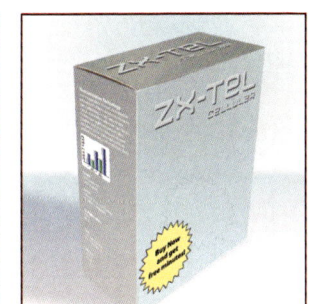

Os grupos de camadas podem funcionar exatamente como camadas de várias maneiras. Você pode selecionar, duplicar e mover grupos inteiros, bem como aplicar atributos e máscaras. Qualquer alteração feita no grupo é aplicada a todas as camadas dentro dele.

## Achate uma imagem em camadas

Como nas lições anteriores deste livro, você agora vai achatar a imagem em camadas. Quando você achata um arquivo, todas as camadas são mescladas em um único fundo, reduzindo significativamente o tamanho do arquivo. Se você planeja enviar um arquivo para provas, é uma boa ideia salvar duas versões do arquivo – uma contendo todas as camadas para que você possa editar o arquivo se necessário e outra achatada para enviar para a gráfica.

1 Primeiro, anote os valores no canto inferior esquerdo da imagem ou janela do aplicativo. Se a exibição não mostrar o tamanho do arquivo (como "Doc: 5.01M/43M"), clique na seta e escolha Show > Document Sizes.

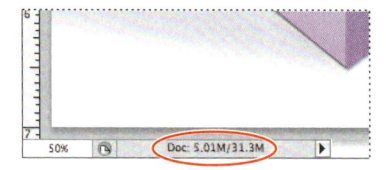

O primeiro número é o tamanho de impressão da imagem, que é aproximadamente o tamanho que o arquivo achatado salvo teria no formato do Adobe Photoshop. O segundo número indica o tamanho aproximado do documento do arquivo atualmente, incluindo camadas e canais.

2 Escolha Image > Duplicate, atribua o nome **09Final.psd** ao arquivo duplicado e clique em OK.

3 A partir do menu do painel Layers, escolha Flatten Image. Clique em OK quando solicitado a descartar as camadas ocultas.

As camadas do arquivo 09Final.psd são combinadas em uma só camada de fundo. Os tamanhos de arquivo mostrados na área inferior esquerda da área de trabalho aproximam-se dos números menores que você viu anteriormente. Observe que o achatamento preenche as áreas transparentes com branco.

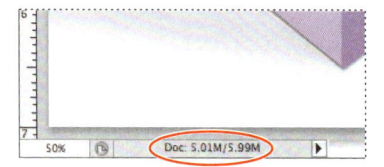

**4** Escolha Edit > Undo Flatten Image.

Você vai experimentar outra maneira de mesclar camadas e reduzir o tamanho do arquivo.

## Mescle camadas e grupos de camadas

Ao contrário de achatar uma imagem em camadas, mesclar camadas permite selecionar o número de camadas que você quer achatar ou deixar independentes.

Você vai mesclar todos os elementos da caixa e, ao mesmo tempo, manter o grupo de camadas Box Type e a camada Background intactos. Dessa maneira, você pode retornar ao arquivo e reutilizar as camadas Background e Box Type a qualquer hora.

**1** No painel Layers, oculte o grupo de camadas Box Type para ocultar todas as suas camadas.

**2** Selecione o grupo de camadas Box Artwork no painel Layers.

**3** Escolha Layer > Merge Visible. Todas as camadas ocultas no grupo de camadas não serão mescladas no painel Layers.

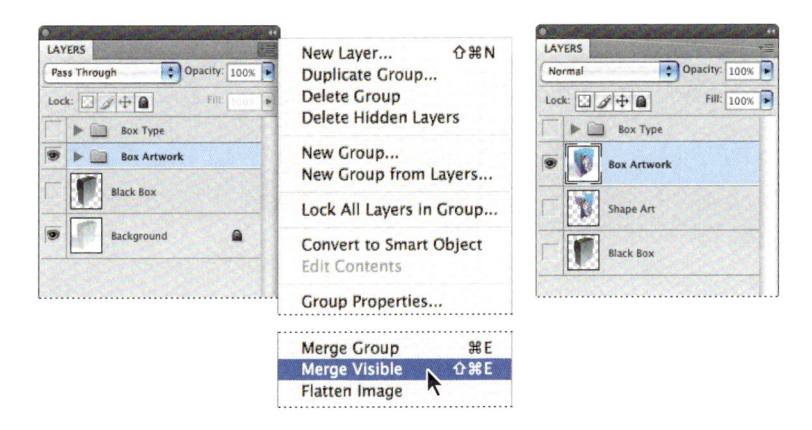

**4** Escolha Edit > Undo Merge Visible.

Há ainda outra maneira de mesclar camadas e reduzir o tamanho do arquivo.

## Carimbe camadas

Você pode desfrutar das vantagens do achatamento de uma imagem e, ao mesmo tempo, manter algumas camadas intactas carimbando-as. Carimbar achata duas ou mais camadas e insere a imagem achatada em uma nova camada, deixando as outras camadas intactas. Isso é útil se você precisar utilizar uma imagem achatada e, ao mesmo tempo, precisar manter algumas camadas intactas para seu trabalho.

1  No painel Layers, selecione o grupo Box Artwork.

2  Pressione Alt (Windows) ou Option (Mac OS) ao escolher Layer > Merge Group. O painel Layers exibe uma nova camada que inclui sua imagem mesclada. Para reduzir o tamanho do arquivo, você pode excluir as camadas originais dele.

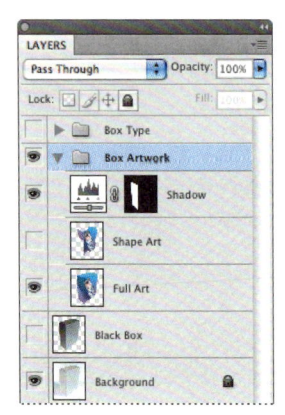

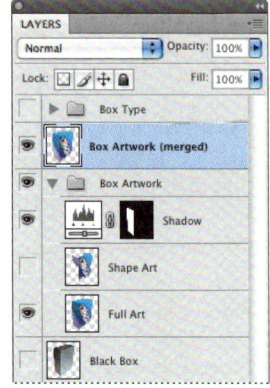

Grupo de camadas    Camada carimbada

3  Escolha File > Save. Na caixa de diálogo Save As, clique em Save para salvar o arquivo no formato Photoshop. Clique em OK se a caixa de diálogo Photoshop Format Options aparecer.

Você criou uma imagem composta tridimensional e explorou várias maneiras de salvar a arte-final.

## Perguntas de revisão

1. Por que você utilizaria grupos de camadas?
2. Como cortar e transformar uma camada em uma forma?
3. Como as camadas de ajuste funcionam e qual a vantagem de utilizá-las?
4. O que são os estilos de camada e por que você os utilizaria?
5. Qual é a diferença entre achatar, mesclar e carimbar camadas?

## Respostas

1. Grupos de camada permitem organizar e gerenciar camadas. Por exemplo, você pode mover todas as camadas em um grupo de camadas e, então, aplicar atributos ou uma máscara ao grupo inteiro.
2. Posicione a camada que você quer cortar acima da camada que você quer usar como demarcador de corte. Selecione a primeira camada e então pressione Alt ou Option à medida que posiciona o cursor entre as camadas e clique. A camada cortada é recuada, com uma seta apontando para a camada de demarcador de corte.
3. Uma camada de ajuste aplica ajustes tonais e de cor sem alterar os pixels. Você pode exibir, ocultar, editar, excluir ou mascarar camadas de ajuste sem afetar permanentemente a imagem.
4. Os estilos de camada são efeitos personalizáveis que podem ser aplicados às camadas. Você pode usá-los para aplicar alterações em uma camada e pode modificá-los ou removê-los sempre que quiser.
5. Achatar uma imagem mescla todas as camadas em um só fundo, reduzindo significativamente o tamanho do arquivo. Mesclar camadas permite escolher quais camadas achatar; essa técnica junta todas as camadas selecionadas ou visíveis em uma só camada. Carimbar combina as vantagens do achatamento de imagem com as vantagens de manter algumas camadas intactas; esse processo achata duas ou mais camadas e insere a imagem achatada em uma nova camada, deixando as demais intactas.

# 10 COMPOSIÇÃO AVANÇADA

## Visão geral da lição

Nesta lição, você vai aprender a:

- Adicionar guias para inserir e alinhar imagens com precisão
- Salvar seleções e carregá-las como máscaras
- Aplicar efeitos de cor apenas às áreas não mascaradas de uma imagem
- Aplicar filtros a seleções para criar efeitos
- Adicionar estilos de camada para criar efeitos especiais editáveis
- Gravar e reproduzir uma ação para automatizar uma série de passos
- Mesclar imagens para criar uma panorâmica

Esta lição levará aproximadamente 90 minutos para ser concluída. Copie a pasta Lesson10 para sua unidade de disco rígido se ainda não fez isso. Ao trabalhar nesta lição, você preservará os arquivos iniciais. Se precisar restaurá-los, copie-os do CD do livro.

Filtros podem transformar imagens comuns em artes digitais extraordinárias. Escolha filtros que desfocam, mesclam, dobram, ajustam a nitidez ou fragmentam a imagem ou que simulam uma técnica artística tradicional, como aquarela. Você também pode utilizar camadas de ajuste e modos de pintura para mudar a aparência da sua arte-final.

## Introdução

Nesta lição, você vai criar souvenirs de viagem de Washington, DC. Você criará uma montagem das imagens para um cartão postal e então agrupará imagens panorâmicas para criar um pôster. Primeiro, examine os projetos finais para ver o que você vai criar.

1 Inicie o Photoshop e pressione Ctrl+Alt+Shift (Windows) ou Command+Option+Shift (Mac OS) para restaurar as preferências padrão. (Consulte "Restaure preferências padrão", na página 16).

2 Quando solicitado, clique em Yes para confirmar que você quer redefinir as preferências.

3 Clique no botão Launch Bridge ( ) na barra do aplicativo para abrir o Adobe Bridge.

4 No painel Favorites, no canto superior esquerdo do Bridge, clique na pasta Lessons e dê um clique duplo na pasta Lesson10 para ver seu conteúdo no painel Content.

5 Visualize a miniatura 10A_End.psd no painel Content. Se necessário, mova o controle deslizante da miniatura para aumentar o tamanho dela para que possa ver a imagem claramente.

Este arquivo é um cartão postal que reúne quatro fotografias. Um filtro ou efeito específico foi aplicado a todas as imagens.

6 Visualize a miniatura 10B_End.psd.

Este arquivo é um pôster com uma imagem panorâmica e texto. Primeiro, você vai criar o cartão postal.

7 Dê um clique duplo na miniatura 10A_Start.psd para abrir o arquivo no Photoshop.

# Faça uma montagem de imagens

O cartão postal é uma montagem de quatro imagens diferentes. Você vai cortar cada imagem e adicioná-las como camadas separadas a uma imagem composta. Utilizando guias, você vai alinhar as imagens com exatidão sem muito esforço. Antes de fazer outras modificações nas imagens, você vai adicionar o texto e aplicar efeitos a elas.

## Abra e corte as imagens

O tamanho das imagens que você utilizará nas inserções é maior do que o necessário, portanto, você vai cortá-las antes de juntá-las em um arquivo. Cortar imagens envolve escolhas estéticas sobre onde e quanto da imagem cortar. O arquivo 10A_Start.jpg já está aberto, então, você iniciará com ele.

1 Selecione a ferramenta Crop ( ). Na barra de opções, insira **500 px** para Width e **500 px** para Height. Insira **300** ppi para Resolution.

● **Nota:** Certifique-se de inserir 500 pixels, não 500 polegadas!

A caixa de corte terá um tamanho fixo de 500 pixels por 500 pixels.

2 Arraste uma caixa de corte no lado direito da imagem para que o Smithsonian Institution seja o foco da área cortada. Você pode usar as teclas seta que apontam para a direita e para a esquerda para colocar a caixa de corte na posição correta se necessário.

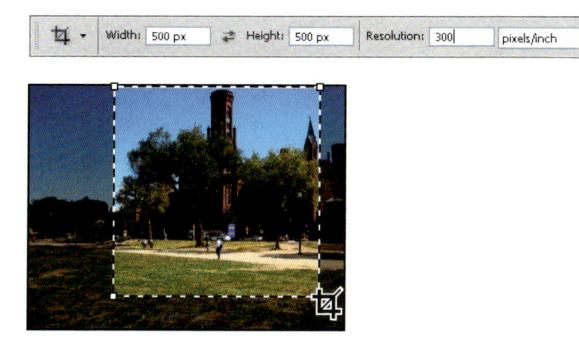

3 Quando estiver satisfeito com a área de corte, dê um clique duplo dentro da área ou pressione Enter ou Return para aplicar o corte.

Como está trabalhando com vários arquivos, você vai renomear o arquivo 10A_Start.jpg com um nome descritivo para facilitar sua identificação. Você também vai salvar o arquivo no formato do Photoshop, pois toda vez que você edita e salva novamente um arquivo JPEG, sua qualidade degrada.

4 Escolha File > Save As, em Format escolha Photoshop e salve a imagem cortada como **Museum.psd** na pasta Lesson10.

5 Escolha File > Open, acesse a pasta Lesson10 e selecione os arquivos Capitol_Building.jpg e Washington_Monument.jpg. (Clique com Control ou com Command pressionadas para selecionar os arquivos não adjacentes.) Em seguida, clique em Open.

Os arquivos de imagem abrem no Photoshop, cada um com uma guia própria.

6 Selecione o arquivo Washington_Monument.jpg e escolha File > Save As. Escolha Photoshop para Format e renomeie o arquivo **Monument.psd**. Em seguida, clique em Save.

7 Selecione a guia Capitol_Building.jpg. Escolha File > Save As, escolha Photoshop para Format e renomeie o arquivo **Capitol.psd**. Em seguida, clique em Save.

8 Siga os passos 1 a 3 para cortar os arquivos Capitol.psd e Monument.psd e salve-os.

Versões cortadas dos arquivos Museum.psd, Capitol.psd e Monument.psd

9 Escolha File > Open, navegue até a pasta Lesson10 e dê um clique duplo no arquivo Background.jpg para abri-lo no Photoshop.

10 Escolha File > Save As. Escolha Photoshop para Format e renomeie o arquivo **10A_Working.psd**. Então, clique em Save.

Deixe os quatro arquivos abertos para o próximo exercício.

## Posicione imagens utilizando guias

As guias são linhas não imprimíveis que ajudam a alinhar elementos no documento, horizontal ou verticalmente. Se você escolher um comando Snap To, as guias se comportarão como ímãs: ao arrastar um objeto para perto de uma guia e então soltar o botão do mouse, o objeto adere ao lugar correto na guia. Você vai adicionar guias à imagem de fundo que utilizará como base para a composição.

1 Clique no botão Show Extras ( ) na barra de aplicativo e escolha Show Rulers. As réguas aparecem ao longo das bordas superior e esquerda da janela.

2 Escolha Window > Info para abrir o painel Info.

3 Arraste uma guia a partir da régua horizontal até o centro da imagem e solte o mouse quando o valor da coordenada Y no painel Info for 3.000 polegadas. Uma linha guia azul aparece no meio da imagem.

● **Nota:** Se as unidades da régua estiverem marcadas em outra unidade além de polegadas, clique com o botão direito do mouse ou clique com Control pressionada em uma régua e escolha Inches no menu contextual.

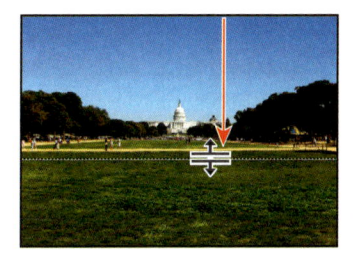

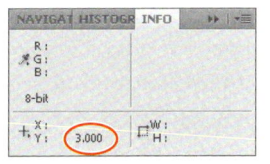

4 Arraste outra guia, dessa vez a partir da régua vertical, e solte o mouse quando X = 3.000 polegadas.

5 Escolha View > Snap To e verifique se Guides está selecionado.

6 Arraste outra guia a partir da régua vertical até o centro da imagem. Embora possa movê-la mais, ela pára exatamente no meio da imagem.

▶ **Dica:** Se você precisar ajustar uma guia de régua, utilize a ferramenta Move.

7 Clique no botão Arrange Documents ( ) na barra do aplicativo e selecione a opção Tile All In Grid. As quatro imagens estão visíveis, cada uma em uma janela própria.

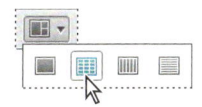

8  Selecione a ferramenta Move (►♦) e arraste a imagem Museum.psd até a imagem 10A_Working.psd. O Photoshop posiciona a imagem Museum.psd em uma camada própria no arquivo 10A_Working.psd.

9  Arraste as imagens Monument.psd e Capitol.psd até o arquivo 10A_Working.psd.

10  Feche os arquivos Monument.psd, Capitol.psd e Museum.psd sem salvá-los.

11  Renomeie as camadas no painel Layers para que elas correspondam às imagens apropriadas. Se você arrastou-as na ordem listada acima, renomeie Layer 1 **Museum**, Layer 2 **Monument** e Layer 3 **Capitol**.

12  Selecione a camada Monument e então selecione a ferramenta Move (►♦) no painel Tools. Mova a camada Monument para o centro da tela de pintura, com sua borda superior alinhada à guia horizontal.

13  Selecione a camada Capitol e então arraste-a para a esquerda do monumento a fim de que a parte superior da imagem fique alinhada à guia horizontal. Deixe um espaço simétrico entre a imagem do monumento e a margem esquerda do cartão postal. Faça o mesmo para a camada Museum, posicionando-a à direita do monumento.

14  Escolha View > Show > Guides para ocultar as guias. Então, escolha View > Rulers para ocultar as réguas.

15  Escolha File > Save para salvar seu trabalho. Clique em OK se a caixa de diálogo Photoshop Format Options aparecer.

## Extras

Foi fácil alinhar as imagens utilizando guias centralizadas, mas, para uma maior precisão, os Smart Guides são uma excelente maneira de alinhar fotos e objetos. Utilizando o arquivo de trabalho depois das alterações do exercício "Posicione imagens utilizando guias", você pode experimentar outra maneira de alinhar essas fotos – ou continuar a lição e tentar essa técnica outra hora.

1 Selecione a camada Museum no painel Layers. Na janela da imagem, utilize a ferramenta Move para mover a imagem para fora do alinhamento.

2 Escolha View Show > Smart Guides.

3 Utilizando a ferramenta Move, arraste a imagem do museu na janela da imagem para alinhar a borda superior dela com a borda superior da fotografia do monumento.

4 Escolha View > Show > Smart Guides para ocultar as Smart Guides.

## Adicione texto a uma montagem

Você vai adicionar texto ao cartão postal e aplicar alguns efeitos a ele.

1 Selecione a ferramenta Text (T). Em seguida, clique na área do céu e digite **Greetings From**. Clique no botão Commit Edits na barra de opções para aceitar o texto. O Photoshop cria uma nova camada de texto.

**2** Com a camada de texto Greetings From selecionada, escolha Window > Character e então insira as seguintes configurações no painel Character:

- Font: Chapparal Pro, Regular
- Font size: **36 pt**
- Tracking: **220**
- Color: vermelha
- All Caps (TT)
- Anti-Aliasing: smooth

**3** Selecione a ferramenta Move (⊕) e mova o texto para centro da borda superior da tela de pintura. Ele se encaixa no lugar correto quando centralizado, embora as guias estejam ocultas porque Snap To Guides continuam selecionadas.

**4** Selecione a ferramenta Text novamente, clique na tela de pintura e digite **Washington, DC**. Então, clique no botão Commit Edits.

O Photoshop utilizou as configurações atuais no painel Character para o novo texto.

**5** Insira as seguintes configurações no painel Character:

- Font: Myriad Pro, Bold
- Font Size: **48 pt**
- Tracking: **0**
- Color: branca

(Deixe All Caps selecionado e Anti-Aliasing configurado como smooth.)

**6** Utilize a ferramenta Move para arrastar o texto Washington, D.C. até o centro da tela de pintura, um pouco abaixo do outro texto.

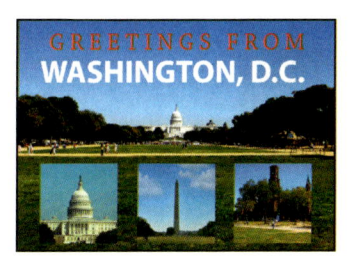

**7** Selecione a camada de texto Greetings From no painel Layers. Clique no botão Add A Layer Style (*fx*) na parte inferior do painel Layers e escolha Outer Glow.

**8** Aplique essas configurações à área Outer Glow da caixa de diálogo Layer Style:

- Blend Mode: Screen
- Opacity: **40**%
- Color: branca
- Spread: **14**%
- Size: **40** px

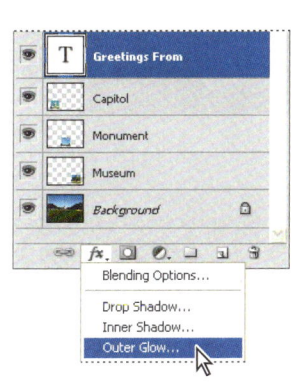

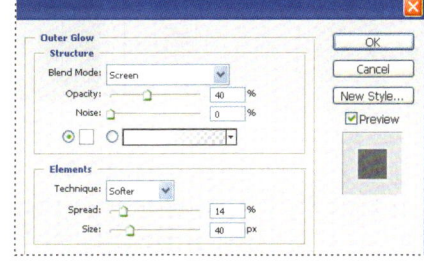

**9** Clique em OK para aceitar o estilo de camada.

**10** No painel Tools, clique na amostra Foreground Color e então selecione vermelho na caixa de diálogo Color Picker. Clique em OK.

Você vai usar a cor de primeiro plano para criar faixas no texto de baixo.

**11** Selecione a camada de texto Washington, D.C., clique no botão Add A Layer Style (*fx*) e escolha Gradient Overlay.

**12** Na área Gradient Overlay da caixa de diálogo Layer Style, clique na seta ao lado da amostra Gradient para abrir o menu pop-up Gradient. Selecione o degradê parecido com faixas vermelhas e transparentes (o último no menu). Você vai usar os padrões para as outras configurações.

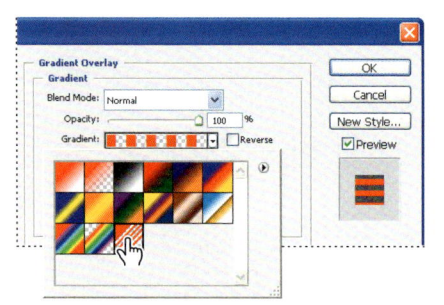

**13** Clique em Drop Shadow na lista da esquerda para adicionar outro efeito ao mesmo texto. Na área Drop Shadow da caixa de diálogo, altere Opacity para **45** % e Distance para **9** px. Deixe as outras configurações inalteradas.

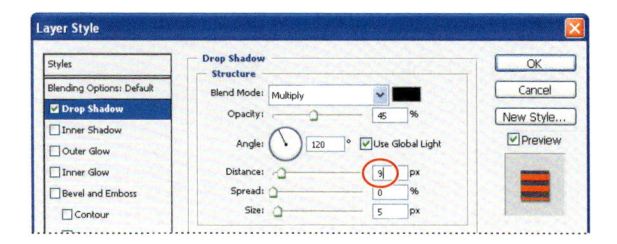

14 Clique em OK para aplicar os efeitos e fechar a caixa de diálogo Layer Style. Então, escolha File > Save para salvar seu trabalho.

## Aplique filtros

O Photoshop possui muitos filtros para criar efeitos especiais. A melhor maneira de aprender a usá-los é testar os diferentes filtros com várias opções nos seus arquivos. Você pode utilizar a Filter Gallery para visualizar o efeito de um filtro na imagem sem confirmá-lo.

Você já usou filtros em lições anteriores. Nesta lição, você vai aplicar o filtro Graphic Pen à imagem do museu para obter um efeito de esboço feito à mão.

### Melhore o desempenho com filtros

Alguns efeitos de filtro podem fazer intenso uso de memória, especialmente quando aplicados a uma imagem de alta resolução. Você pode utilizar essas técnicas para melhorar o desempenho:

- Teste filtros e configurações em uma pequena parte da imagem.

- Aplique o efeito aos canais individuais – por exemplo, a um canal RGB – se a imagem for grande e surgirem problemas por falta de memória. (Mas observe que alguns filtros podem produzir diferentes resultados quando você os aplica a canais individuais em vez de à imagem composta, especialmente se o filtro modificar os pixels aleatoriamente.)

- Libere memória antes de executar o filtro utilizando os comandos Purge (no menu Edit ).

- Feche outros aplicativos abertos para liberar mais memória para o Photoshop. Se estiver usando o Mac OS, aloque mais RAM ao Photoshop.

- Tente mudar as configurações para melhorar a velocidade dos filtros que fazem intenso uso de memória, como os filtros Lighting Effects, Cutout, Stained Glass, Chrome, Ripple, Spatter, Sprayed Strokes e Glass. Por exemplo, com o filtro Stained Glass, você pode aumentar o tamanho de célula. Com o filtro Cutout, experimente aumentar Edge Simplicity, diminuir Edge Fidelity ou ambos.

- Se você planeja imprimir em uma impressora de tons de cinza, converta uma cópia da imagem para tons de cinza antes de aplicar os filtros. Entretanto, aplicar um filtro a uma imagem colorida e, em seguida, converter em tons de cinza pode não ter o mesmo efeito do que aplicar o filtro a uma versão de tons de cinza da imagem.

1 Selecione a camada Museum no painel Layers.

2 No painel Tools, clique no botão Default Foreground And Background Colors para mudar a cor do primeiro plano para preto novamente.

O filtro Graphic Pen utiliza a cor do primeiro plano.

3 Escolha Filter > Filter Gallery.

A Filter Gallery inclui uma janela de preview, listas de filtros disponíveis e configurações para o filtro selecionado. Esse é um excelente lugar para testar configurações de filtro na sua imagem antes de decidir quais aplicar.

4 Clique no triângulo ao lado de Sketch para expandir a seção. Selecione Graphic Pen. O preview da imagem muda imediatamente para refletir os valores padrão para esse filtro.

5 No painel da direita, configure Light/Dark Balance como **25**. Deixe as outras opções nas suas configurações padrão. (Stroke Length deve ser 15 e Stroke Direction deve ser Right Diagonal.) O preview é atualizado.

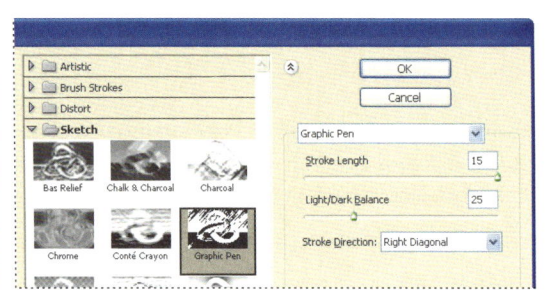

6 Clique em OK para aplicar o filtro e fechar a Filter Gallery.

7 Escolha File > Save para salvar o seu trabalho.

## Utilize filtros

Ao considerar qual filtro utilizar e o efeito que ele pode ter, tenha em mente o seguinte:

- O último filtro escolhido aparece na parte superior do menu Filter.
- Os filtros são aplicados à camada ativa, visível.
- Os filtros não podem ser aplicados a imagens bitmap ou indexadas por cor.
- Alguns filtros só funcionam em imagens RGB.
- Alguns filtros são inteiramente processados na RAM.
- Para aplicar mais de um filtro na Filter Gallery, clique no botão New Filter na parte inferior da lista de filtros e então selecione um filtro.
- Veja "Using filters" no Photoshop Help para consultar uma lista de filtros que podem ser utilizados com imagens de 16 e de 32 bits por canal.
- O Photoshop Help fornece informações específicas sobre filtros individuais.

## Dicas de ferramentas de uma divulgadora do Photoshop

### Utilizando atalhos de filtro

Esses poderosos atalhos podem economizar tempo ao se trabalhar com filtros:

- Para reaplicar o filtro utilizado mais recentemente com seus últimos valores, pressione Ctrl-F (Windows) ou Command-F (Mac OS).
- Para exibir a caixa de diálogo do último filtro aplicado, pressione Ctrl+Alt+F (Windows) ou Command+Option+F (Mac OS).
- Para reduzir o efeito do último filtro aplicado, pressione Ctrl+Shift+F (Windows) ou Command+Shift+F (Mac OS).

*Julieanne Kost é divulgadora oficial do Adobe Photoshop*

# Adicione cor manualmente às seleções em uma camada

Antes da era da fotografia colorida, os artistas coloriam as imagens em preto e branco. Você pode criar o mesmo efeito colorindo manualmente as seleções em uma camada. Neste exercício, você vai colorir a imagem do museu e adicionar estrelas ao céu na imagem de fundo.

## Aplique efeitos de pintura

Você vai usar diferentes pincéis com diferentes opacidades e modos de mesclagem para colorir o céu, a grama e o edifício na imagem do museu.

1  No painel Layers, clique com Control (Windows) ou com Command (Mac OS) pressionadas na miniatura da imagem na camada Museum. Os conteúdos da camada são selecionados.

Você só pode pintar dentro da seleção, portanto, não precisa se preocupar em pintar a imagem de fundo ou as outras imagens. Somente certifique-se de ver a borda da seleção em torno da imagem antes de começar a pintar.

▶ **Dica:** Você pode alterar a opacidade do pincel pressionando um número de 0 a 9 no teclado (em que 1 é 10%, 9 é 90% e 0, 100%).

2  Amplie a imagem do museu para que possa vê-la claramente.

3  Selecione a ferramenta Brush (✎). Na barra de opções, selecione um pincel de **90** pixels com uma Hardness de **0**. Selecione Darken no menu Mode. Configure a opacidade do pincel como **20**%.

4  Clique na amostra Foreground Color no painel Tools e selecione uma cor azul aberta (não muito clara). Você vai usar essa cor para pintar o céu.

5  Pinte o céu na imagem do museu. Como a opacidade está configurada em 20%, você pode pintar sobre a mesma área mais de uma vez para escurecê-la. Não tenha medo de pintar perto das bordas; nada fora da borda da imagem é afetado pelo pincel. Você pode alterar a opacidade e o tamanho do pincel enquanto pinta; por exemplo, talvez você precise de um pincel menor para pintar as áreas entre as copas das árvores. Se cometer um erro, pressione Ctrl+Z (Windows) ou Command+Z (Mac OS) para desfazê-lo. Mas lembre-se que a ideia é conseguir um visual pintado à mão; ele não precisa ser perfeito.

▶ **Dica:** Para alterar o tamanho do pincel enquanto pinta, pressione as teclas de colchete no teclado. A tecla de abre colchete ([) reduz o tamanho do pincel; a tecla de fecha colchete (]) aumenta.

6. Pinte as árvores e a grama da mesma maneira. Altere a cor de primeiro plano para verde e então configure um pincel macio de **70** pixels utilizando o modo de mesclagem Darken e opacidade de **80%**. Não há problemas em pintar sobre as áreas pretas esboçadas; apenas as áreas brancas exibem bastante cor.

▶ **Dica:** Ao colorir manualmente uma imagem, trabalhe do fundo para frente para que possa pintar por cima de qualquer borrão.

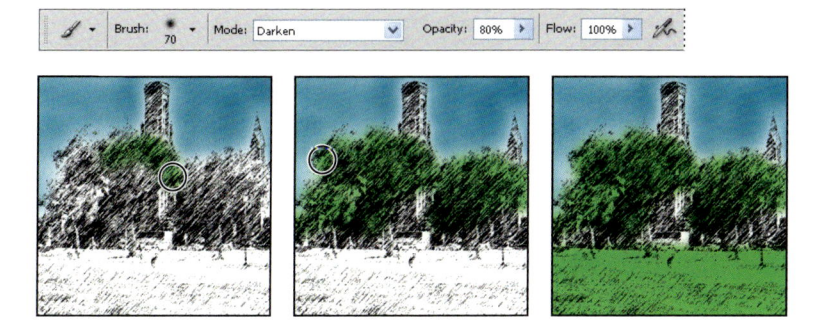

7. Pinte a fachada do museu com uma cor vermelho-escura. Comece com um pincel de **40** pixels, modo de mesclagem Lighten e opacidade de **80%**.

O modo de mesclagem Lighten afeta as linhas pretas em vez de as áreas brancas.

8. Se estiver satisfeito com a pintura, escolha Select > Deselect para desmarcar a imagem. Então, escolha File > Save para salvar seu trabalho.

## Salve as seleções

Para preencher o céu do fundo com estrelas pintadas à mão, você precisa salvar uma seleção do céu. Primeiro, salve a imagem de fundo como um Smart Object para que possa aplicar os Smart Filters depois.

1 No painel Layers, clique com o botão direito do mouse (Windows) ou com Control pressionada (Mac OS) na camada Background e escolha Convert To Smart Object (a camada Background está na parte inferior da pilha de camadas).

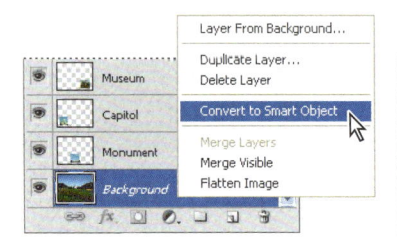

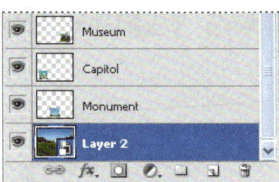

O nome da camada muda para Layer 2. Um ícone aparece na miniatura da camada, indicando que ela agora é um Smart Object. Filtros, chamados *Smart Filters*, são aplicados a Smart Objects de modo não destrutivo para que você possa continuar a editá-los posteriormente.

2 Renomeie a Layer 2 **Capitol and Mall**.

3 Dê um clique duplo na miniatura da imagem na camada Capitol and Mall; clique em OK na mensagem informativa.

O Smart Object se abre em sua própria janela de imagem. Você pode editá-la sem afetar os outros objetos.

4 Selecione a ferramenta Quick Selection ( ) e então a utilize para selecionar o céu. Se precisar remover uma área da seleção, clique no botão Subtract From Selection na barra de opções e clique na área que você precisa desmarcar. A seleção não precisa ser perfeita.

Para saber mais sobre como utilizar a ferramenta Quick Selection e outras ferramentas de seleção, consulte a Lição 3, "Trabalhando com seleções".

5 Com o céu selecionado, clique em Refine Edge na barra de opções. Altere as seguintes configurações e clique em OK:

- Smooth: **25**
- Feather: **30**
- Contract/Expand: **–20**

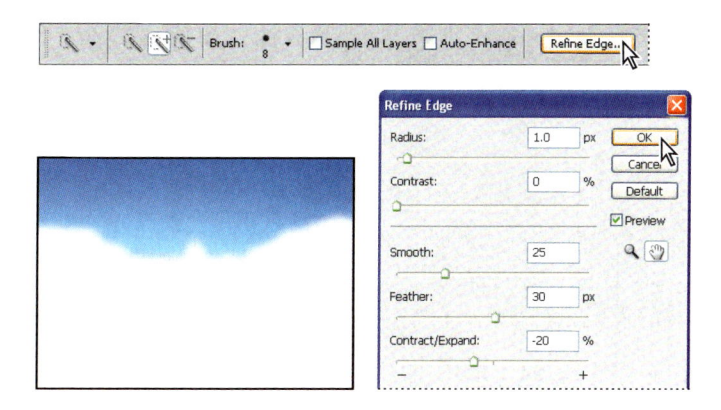

Essas configurações suavizam a borda do horizonte para que a seleção não tenha uma borda dura.

6 Escolha Select > Save Selection. Na caixa de diálogo Save Selection, nomeie a seleção como **Sky** e clique em OK.

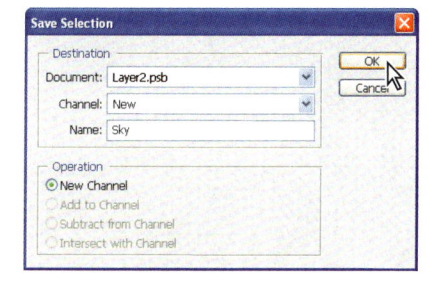

7 Escolha Select > Deselect.

## Pinte com um pincel de efeitos especiais

Você vai adicionar estrelas ao céu que acabou de selecionar usando um pincel com forma de estrela.

1 Pressione D para restaurar as cores padrão de primeiro plano e de fundo para o painel Tools. Então, pressione X para invertê-las para que branco seja a cor do primeiro plano.

Você vai pintar estrelas brancas no céu, portanto, a cor do primeiro plano precisa ser branca.

2 Selecione a ferramenta Brush ( ). Na barra de opções, abra o seletor Brush Preset.

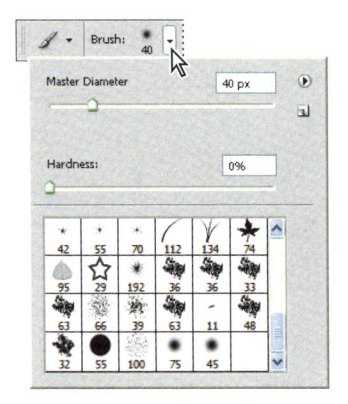

3 Role para baixo no seletor Brush Preset e selecione o pincel Star. Aumente seu tamanho para **300** pixels, escolha Normal no menu Mode e selecione a opacidade de **100%**.

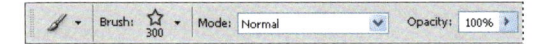

Agora que configurou o pincel, é preciso carregar a seleção que você salvou.

4 Escolha Select > Load Selection. Na caixa de diálogo Load Selection, escolha Sky no menu Channel e clique em OK.

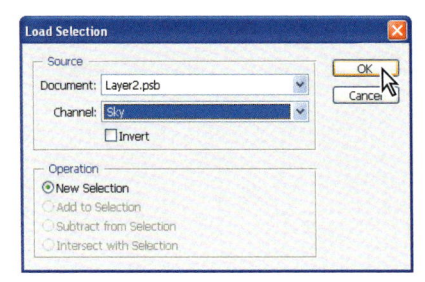

# LIÇÃO 10 | 323
## Composição Avançada

**5** No painel Layers, clique no botão New Layer. Renomeie a camada **Paint**.

**6** Pinte as estrelas no céu. Você pode pintar perto das bordas, pois apenas a seleção será afetada. Certifique-se de que a seleção permanece ativa.

● **Nota:** Se você quiser começar novamente, exclua a camada Paint e crie uma nova camada. Para excluir uma camada, arraste-a até o botão Delete Layer no painel Layers.

**7** Se estiver satisfeito com a distribuição das estrelas, no painel Layers, altere Opacity da camada Paint para **50** %. Então, no mesmo painel, escolha Overlay no menu Blending Mode.

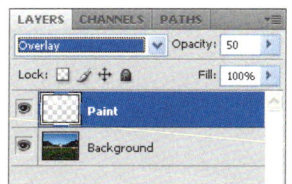

**8** Escolha File > Save e, então, escolha o Smart Object. Quando o Photoshop retornar à imagem 10A_Working.psd, escolha View > Fit On Screen de modo que possa ver o cartão postal inteiro.

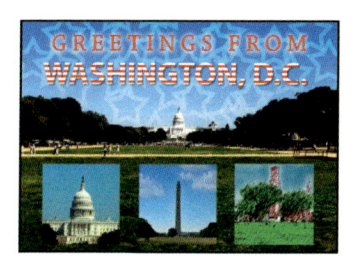

As estrelas foram adicionadas ao seu cartão postal. Você pode editar as estrelas quando quiser dando um clique duplo na miniatura da imagem no painel Layers para abrir o Smart Object.

9  Escolha File > Save para salvar seu trabalho.

## Aplique Smart Filters

Ao contrário dos filtros comuns, que mudam permanentemente uma imagem, os Smart Filters não são destrutivos: eles podem ser ajustados, desativados e excluídos. Porém, Smart Filters só podem ser aplicados a um Smart Object.

Você já converteu a camada Capitol and Mall em um Smart Object; aplique vários Smart Filters à camada e então adicione alguns estilos a ela.

1  Selecione a camada Capitol and Mall no painel Layers. Escolha Filter > Artistic > Cutout.

O Photoshop abre a Filter Gallery com o filtro Cutout selecionado e aplicado ao preview. O filtro Cutout faz com que a imagem pareça ter sido construída a partir de pedaços de papel colorido grosseiramente cortados.

2  No lado direito da caixa de diálogo, altere Number of Levels para 8, deixe Edge Simplicity em **4** e mova o controle deslizante Edge Fidelity para **3**. Então, clique em OK.

Smart Filters aparecem com o Smart Object no painel Layers. Um ícone aparece à direita de um nome de camada se os efeitos de filtro forem aplicados a uma camada.

3 Dê um clique duplo no filtro Cutout no painel Layers para abrir a Filter Gallery novamente. Clique no botão New Effect Layer na parte inferior da lista de filtros aplicados e então selecione um filtro qualquer. Teste as configurações até estar satisfeito, mas não clique em OK ainda.

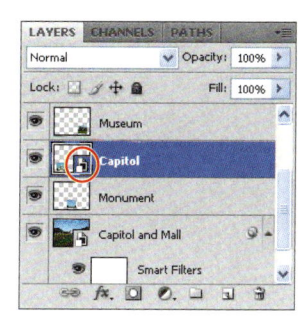

Escolhemos Film Grain na pasta Artistic e utilizamos as seguintes configurações: Grain 2, Highlight Area 6 e Intensity 1.

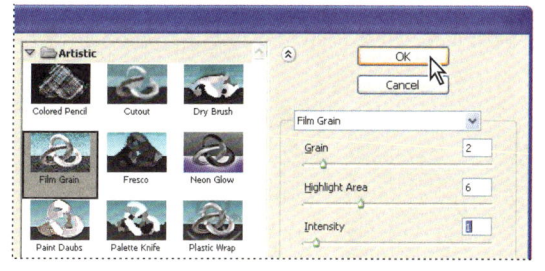

Você pode misturar e combinar, ativar e desativar os Smart Filters.

4 Na lista de filtros aplicados na Filter Gallery, arraste o filtro Cutout acima do segundo filtro que você aplicou para ver como o efeito muda. Clique em OK para fechar o Filter Gallery.

A ordem na qual você aplica os filtros pode alterar o efeito. Você também pode ocultar um efeito clicando no ícone de olho (👁) ao lado do seu nome na lista de filtros.

Você vai usar filtros para dar às outras imagens inseridas uma aparência de pintada à mão sem passar pelo problema de pintá-las manualmente. Primeiro, você vai convertê-las em Smart Objects.

5 Selecione a camada Capitol e escolha Filter > Convert For Smart Filters. Clique em OK na caixa de diálogo informativa. A camada Capitol agora é um Smart Object.

6 Selecione a camada Monument e escolha Filter > Convert For Smart Filters para também convertê-la em um Smart Object.

7 Selecione a camada Capitol, escolha Filter > Filter Gallery e selecione um filtro do qual você goste. Teste as configurações até encontrar um efeito do qual goste. Clique em OK para aplicar o filtro.

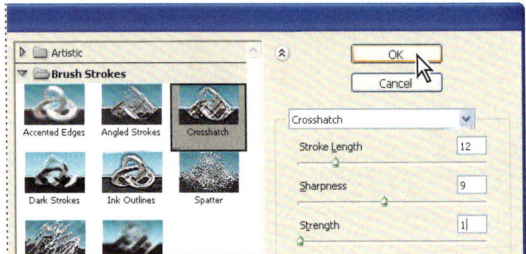

Escolhemos o filtro Crosshatch (na pasta Brush Strokes), com um Stroke Length de 12, Sharpness de 9 e Strength de 1.

8 Selecione a camada Monument e escolha Filter > Filter Gallery. Selecione um filtro de que goste e então clique em OK para aplicá-lo.

Você pode aplicar praticamente qualquer filtro como um Smart Filter. As únicas exceções são os filtros Extract, Liquify, Pattern Maker e Vanishing Point, pois eles precisam acessar os pixels da imagem original. Além de filtros, você pode aplicar os ajustes Shadows/Highlights e Variations aos Smart Objects.

**9** Escolha File > Save para salvar seu trabalho.

## Adicione sombras projetadas e uma borda

Você já quase concluiu o cartão postal. Para que as imagens inseridas se destaquem um pouco mais, você vai adicionar sombras projetadas a elas. Então, vai colocar uma borda em torno do cartão postal inteiro.

**1** Selecione a camada Capitol e clique no botão Add A Layer Style (*fx*) na parte inferior do painel Layers. Escolha Drop Shadow.

**2** Na caixa de diálogo Layer Style, altere Opacity para **40**%, Distance para **15** px, Spread para **9**% e Size para **9** px. Em seguida, clique em OK.

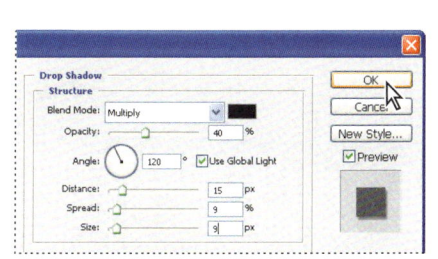

**3** No painel Layers, pressione a tecla Alt (Windows) ou Option (Mac OS) enquanto arrasta o efeito Drop Shadow da camada Capitol até a camada Monument.

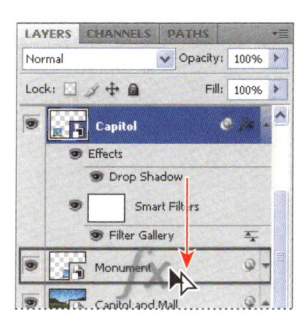

**4** Com a tecla Alt ou a tecla Option pressionadas, arraste o mesmo efeito Drop Shadow até a camada Museum.

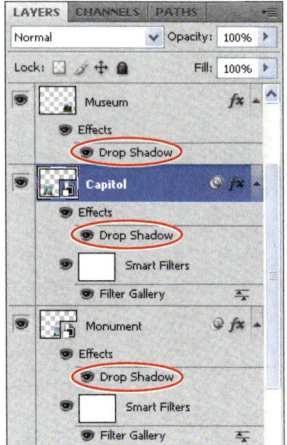

Agora, você vai expandir a tela de pintura para que possa adicionar uma borda sem cobrir nenhuma das imagens.

**5** Escolha Image > Canvas Size e digite **7** polegadas (inches) para Width e **5** para Height. Clique em OK.

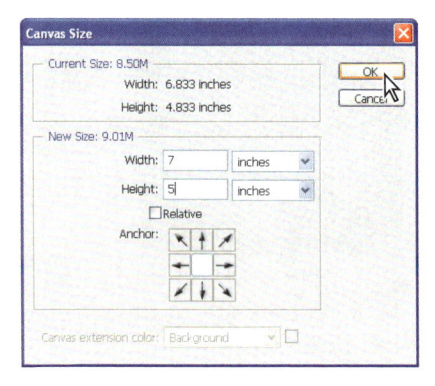

Uma borda transparente aparece em torno da imagem. Você deixará essa borda branca.

**6** Pressione D para que as cores de primeiro plano e de fundo retornem ao padrão no painel Tools, de modo que a camada de fundo seja branca.

**7** No painel Layers, clique no botão Create A New Layer e arraste a nova camada até a parte inferior da pilha de camadas. Nomeie-a **Border**.

**8** Com a camada Border selecionada, escolha Select > All.

**9** Escolha Edit > Fill. Na caixa de diálogo Fill, escolha Background Color no menu Use e clique em OK.

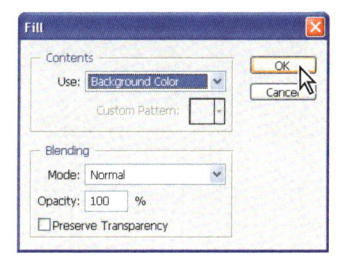

**10** Escolha File > Save para salvar o cartão postal.

O cartão postal está pronto para ser impresso e enviado por email. Ele tem o tamanho padrão de cartão postal do serviço postal dos Estados Unidos.

**11** Feche o arquivo 10A_Working.psd. Você vai usar diferentes arquivos para criar a panorâmica.

## Faça a correspondência de cores entre imagens

Você vai combinar quatro imagens em uma imagem panorâmica para fazer o pôster. Para dar a ideia de continuidade na panorâmica, você vai harmonizar os esquemas de cores nas imagens fazendo a correspondência da imagem alvo com as cores dominantes de uma fonte. Primeiro, abra o documento que será usado como fonte da correspondência de cores.

1 No Photoshop, escolha File > Open. Navegue até a pasta Lesson10 e dê um clique duplo no arquivo IMG_1441.psd para abri-lo.

Há quatro imagens numeradas sequencialmente na pasta. Você vai fazer a correspondência das cores desses arquivos.

2 Escolha File > Open, navegue até a pasta Lesson10 e dê um clique duplo no arquivo IMG_1442.psd para abri-lo.

O arquivo IMG_1442.psd está excessivamente exposto em algumas áreas e um pouco lavado. Você vai usar o recurso Match Color para corresponder as cores às do arquivo fonte.

3 Com o IMG_1442.psd ativo, escolha Image > Adjustments > Match Color. Na caixa de diálogo Match Color, faça o seguinte:
- Selecione a opção Preview, se já não estiver selecionada.
- Escolha IMG_1441.psd no menu Source.
- Escolha a camada Background no menu Layer. Você pode selecionar qualquer camada na imagem de origem, mas essa imagem tem apenas uma camada.

- Teste as configurações Luminance, Color Intensity e Fade.
- Quando o esquema de cores unificar as cores nas imagens, clique em OK.

**4** Escolha File > Save para salvar o arquivo IMG_1442.psd com as novas cores.

Você pode utilizar Match Color com qualquer arquivo fonte para criar efeitos interessantes e incomuns. Ele também é útil para certas correções de cores (como tons de pele) em algumas fotografias e também pode harmonizar cores entre diferentes camadas na mesma imagem. Consulte o Photoshop Help para obter informações adicionais.

# Automatize uma tarefa com vários passos

Uma *ação* é um conjunto de um ou mais comandos que você grava e, então, reproduz para aplicar a um só arquivo ou a um lote de arquivos. Neste exercício, você vai usar ações para fazer correspondência de cores, ajuste da nitidez e para salvar as imagens combinadas em uma panorâmica.

As ações são uma das várias maneiras de automatizar tarefas no Adobe Photoshop. Para saber mais sobre como gravar ações, consulte o Photoshop Help.

Você já fez a correspondência de cores para uma das imagens. Agora, você vai ajustar a nitidez de uma imagem utilizando o filtro Unsharp Mask e salvá-la em uma nova pasta chamada Ready For Panorama.

1 Com o arquivo IMG_1442.psd ativo, escolha Filter > Sharpen > Unsharp Mask.

2 Na caixa de diálogo Unsharp Mask, altere Radius para **1.2**, deixe as outras configurações inalteradas e clique em OK.

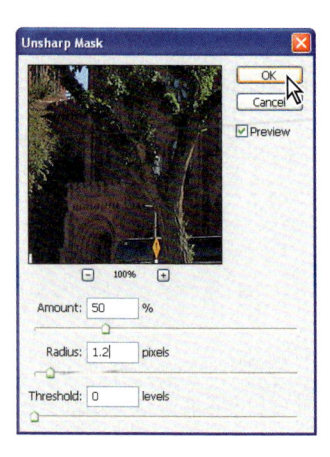

3 Escolha File > Save As. Escolha TIFF para Format, utilize o mesmo nome (IMG_1442) e salve-a em uma nova pasta chamada Ready For Panorama. Então, clique em Save.

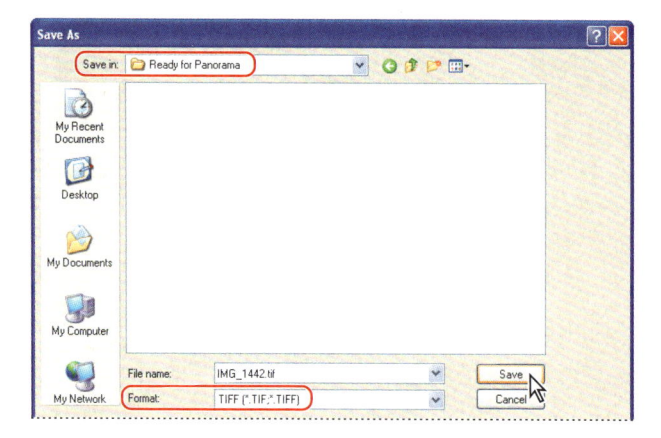

4 Na área Image Compression da caixa de diálogo TIFF Options, selecione LZW e clique em OK.

5 Feche o arquivo IMG_1442.tif.

## Preparação para gravar uma ação

Você utiliza o painel Actions para gravar, reproduzir, editar e excluir ações individuais. Também o utiliza para salvar e carregar arquivos de ação. Primeiro, você vai abrir o painel Actions e então os arquivos adicionais que usará.

1 Escolha Window > Workspace > Automation para exibir o espaço de trabalho Automation.

O painel Action fica visível nesse espaço de trabalho, como o painel Layers.

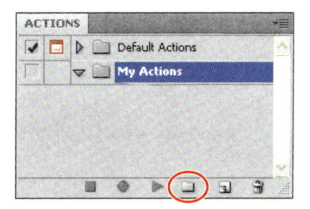

2 No painel Actions, clique no botão Create New Set (◻). Nomeie a nova configuração **My Actions** e clique em OK.

3 Escolha File > Open. Na caixa de diálogo Open, navegue até a pasta Lesson10. Com Shift pressionada, selecione os arquivos IMG_1443.psd, IMG_1444.psd, IMG_1445.psd e IMG_1446.psd. Em seguida, clique em Open.

Agora há cinco guias, representando cinco arquivos abertos no Photoshop.

## Grave ações

Você vai gravar os passos da correspondência de cores, do ajuste de nitidez e de salvar as imagens como uma ação.

1 Selecione a guia IMG_1443.psd. Então, no painel Actions, clique no botão New Action (◨).

2 Na caixa de diálogo New Action, nomeie a ação **color match and sharpen** e certifique-se de que My Actions está selecionado no menu Set. Depois, clique em Record.

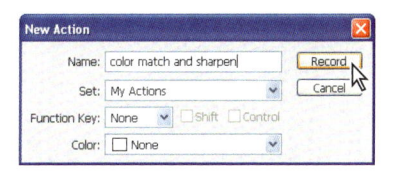

● **Nota:** Você deve seguir todos os passos nesse procedimento sem interrupções. Se precisar começar novamente, pule para o passo 8 a fim de parar a gravação; arraste a ação até o botão Delete no painel Actions. Utilize o painel History para excluir todos os estados depois que você abriu os arquivos. Então, reinicie a partir do passo 1.

Não se apresse só porque está gravando ações. Dedique todo o tempo que precisar para fazer esse procedimento com exatidão. A velocidade com que você trabalha não influencia a quantidade de tempo necessária para reproduzir uma ação gravada.

3 Escolha Image > Adjustments > Match Color.

**4** Na caixa de diálogo Match Color, selecione IMG_1441.psd no menu Source, escolha Background no menu Layer e faça as mesmas modificações da correspondência de cores de IMG_1442.psd. Clique em OK.

**5** Escolha Filter > Sharpen > Unsharp Mask. As configurações na caixa de diálogo Unsharp Mask devem ser as mesmas do arquivo IMG_1442.psd. Clique em OK.

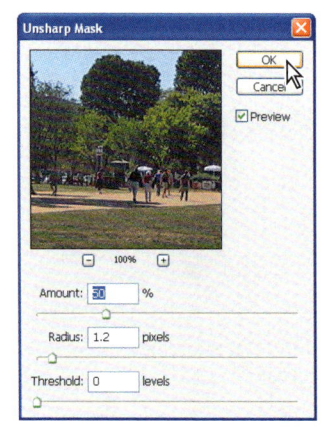

O Photoshop preserva suas configurações mais recentes nas caixas de diálogo de filtro até você alterá-las novamente.

6  Escolha File > Save As. Na caixa de diálogo Save As, escolha TIFF para Format, mantenha o mesmo nome (IMG_1443) e salve o arquivo na pasta Ready For Panorama. Clique em Save. Na caixa de diálogo TIFF Options, verifique se LZW está selecionado e clique em OK.

7  Feche a imagem.

8  Clique no botão Stop (■) na parte inferior do painel Actions para parar a gravação.

A ação que você acabou de gravar agora está salva no painel Actions. Clique nas setas para expandir os diferentes conjuntos de passos. Você pode examinar cada passo gravado e as seleções específicas que você fez.

## Execute uma ação

Você vai aplicar a ação de correspondência de cores e de ajuste de nitidez a um dos outros arquivos de imagem que abriu.

1  Clique na guia IMG_1444.psd para ativar essa imagem.

2  No painel Actions, selecione a ação color match and sharpen no conjunto My Actions e então clique no botão Play (▶).

A correspondência de cores e o ajuste de nitidez na imagem IMG_1444.psd são feitos automaticamente e ela também é salva como um TIFF para que fique harmonizada com a imagem IMG_1443.tif para essas propriedades. Como você registrou o fechamento de arquivo, o arquivo também foi fechado.

## Reproduza uma ação em lote

Aplicar ações é um processo que economiza tempo para as tarefas de rotina em arquivos, mas você pode simplificar ainda mais seu trabalho aplicando ações a todos os arquivos abertos. Mais dois arquivos nesse projeto precisam ser preparados para a panorâmica; portanto, você aplicará neles sua ação automatizada simultaneamente.

● **Nota:** Se o arquivo IMG_1441.psd não for a terceira guia, ele será fechado antes que as cores possam ser correspondidas com uma ou duas outras imagens. O recurso Match Color exige que o arquivo de origem esteja aberto.

1 Certifique-se de que os arquivos IMG_1445.psd e IMG_1446.psd estão abertos. Feche o arquivo IMG_1441.psd e abra-o novamente para ter certeza de que ele é a terceira guia.

2 Escolha File > Automate > Batch.

3 Na área Play da caixa de diálogo Batch, escolha My Actions a partir do menu Set e selecione color match and sharpen no menu Action.

4 Escolha Opened Files no menu Source. Deixe Destination como None e clique em OK.

A ação é aplicada tanto a IMG_1445.psd como a IMG_1446.psd, portanto, os arquivos ficam com a mesma correspondência de cores e nitidez e são salvos como arquivos TIFF. A mesma ação foi aplicada a IMG_1441.psd, embora a correspondência de cores tenha ocorrido no próprio arquivo.

Neste exercício, você processou três arquivos em lote em vez de fazer as mesmas alterações um por um – uma pequena conveniência. Criar e aplicar ações pode economizar muito tempo e poupá-lo do tédio quando houver dezenas ou até centenas de arquivos que precisem algum trabalho rotineiro e repetitivo.

# Costure uma panorâmica

A correspondência de cores dos arquivos já foi feita, a nitidez foi ajustada e eles foram salvos para evitar a falta de uniformidade na sua panorâmica. Você já está pronto para agrupar as imagens! Você também vai adicionar uma faixa para completar o pôster.

1 Com todos os arquivos fechados no Photoshop, escolha File > Automate > Photomerge.

2 Na área Layout, selecione Auto. Então, na área Source Files, clique em Browse e navegue até a pasta Lesson10/Ready For Panorama. Selecione a primeira imagem, pressione Shift e selecione a última para que todas as imagens sejam selecionadas e clique em Open.

3 Na parte inferior da caixa de diálogo Photomerge, selecione Blend Images Together, Vignette Removal e Geometric Distortion Correction. Clique em OK.

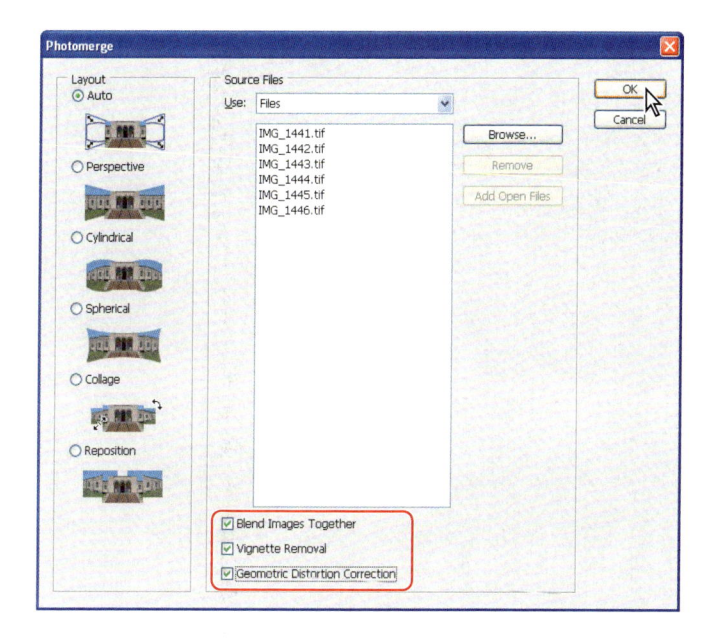

O Photoshop cria a imagem panorâmica. É um processo complexo, portanto, você precisa esperar um pouco enquanto o Photoshop trabalha. Depois que ele terminar, você deve ver uma imagem semelhante a que aparece na próxima página, com seis camadas no painel Layers: uma para cada imagem. O Photoshop localizou as áreas de sobreposição das imagens e as combinou, corrigindo as discrepâncias de ângulo. No processo, ele deixou algumas áreas vazias. Você vai retocar a panorâmica adicionando um pouco de céu para preencher parte das áreas vazias e cortando a imagem.

**4** Selecione todas as camadas no painel Layers e escolha Layer > Merge Layers.

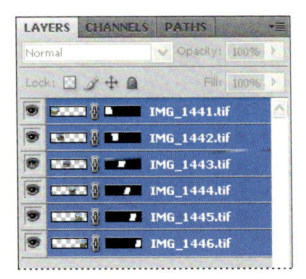

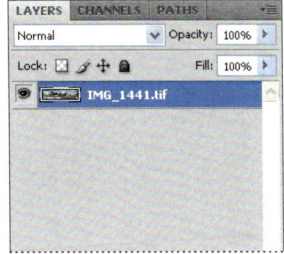

**5** Escolha File > Save As. Escolha Photoshop para Format e nomeie o arquivo **10B_Working.psd**. Salve o arquivo na pasta Lesson10. Clique em Save e então clique em OK na caixa de diálogo Photoshop Format Options.

**6** Selecione a ferramenta Crop ( ). Na barra de opções, clique em Clear para remover os valores nas caixas Height, Width e Resolution para que você possa cortar em qualquer tamanho. Desenhe uma seleção de corte a partir da grama (onde sua borda inferior é a mais alta) até o ponto mais alto da imagem (um pouco acima da torre mais alta do museu). Remova todas as áreas transparentes nas laterais. Se estiver satisfeito com a área cortada, pressione Enter ou Return.

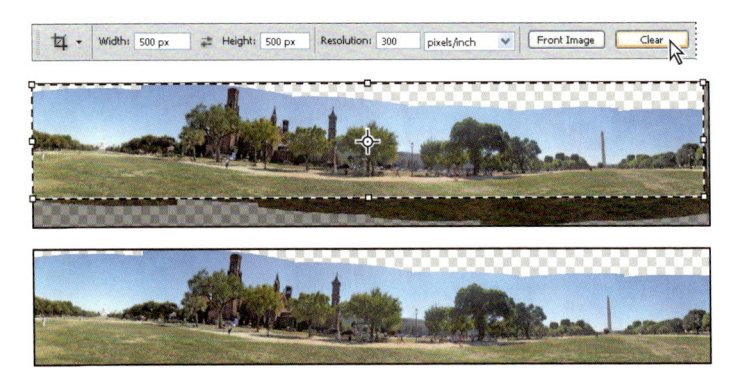

**7** No painel Layers, clique no botão Create A New Layer ( ).

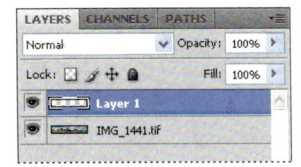

# LIÇÃO 10 | 339
## Composição Avançada

8 Selecione a ferramenta Rectangular Marquee (▭) e desenhe uma seleção ao longo da parte superior da imagem, onde você vai adicionar o céu. Tudo bem se sobrepor as árvores e os edifícios; cuide apenas para cobrir todas as áreas transparentes (representadas por um padrão xadrez).

9 Selecione a ferramenta Eyedropper (🖉) e escolha um azul escuro do céu para a cor do primeiro plano. Escolha uma cor azul claro para a cor do fundo.

10 Com a seleção ainda ativa, selecione a ferramenta Gradient (▭). Na barra de opções, selecione o degradê Foreground To Background no seletor de visualização Gradient. Então, arraste a ferramenta Gradient verticalmente de cima para baixo na seleção.

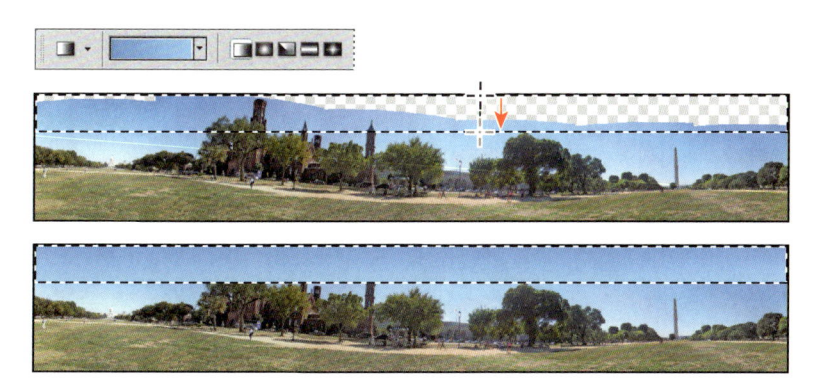

11 Escolha Select > Deselect. Selecione as duas camadas no painel Layers e escolha Edit > Auto-Blend Layers. Na área Blend Method, selecione Panorama e clique em OK.

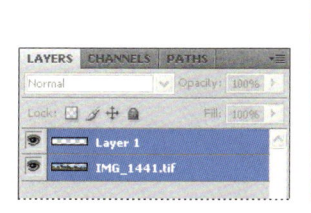

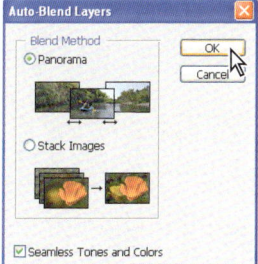

O Photoshop mescla as camadas com base no seu conteúdo. Depois de pronta, a área selecionada é preenchida com o céu e ela não mais bloqueia os edifícios ou as árvores.

**12** Com ambas as camadas selecionadas, escolha Layer > Merge Layers.

Para concluir o pôster, só falta adicionar a faixa à lateral.

**13** Escolha File > Open, navegue até a pasta Lesson10 e dê um clique duplo no arquivo DC_Letters.psd para abri-lo.

**14** Clique no botão Arrange Documents na barra do aplicativo e escolha a opção de layout 2 Up para que possa ver os dois arquivos. Então, utilize a ferramenta Move (⬆) para arrastar a imagem DC_Letters.psd até a imagem Panorama. Feche o arquivo DC_Letters.psd sem salvá-lo.

**15** Com a ferramenta Move, posicione o texto e o fundo vermelho ao longo da lateral esquerda da imagem.

Como você está preparando este pôster para impressão, converta-o para CMYK.

**16** Escolha Image > Mode > CMYK Color. Clique em Merge para mesclar as camadas. Clique em OK se você vir uma caixa de diálogo informando o perfil de cores.

**17** Escolha Layer > Flatten Image para reduzir o tamanho da imagem.

**18** Escolha File > Save para salvar seu trabalho.

Você criou dois souvenires fotográficos combinando imagens; criou uma montagem de várias imagens e mesclou imagens em uma panorâmica. Você está pronto para criar montagens e panorâmicas com suas próprias imagens.

## Perguntas de revisão

1 Para que serve salvar as seleções?
2 Como visualizar os efeitos de um filtro antes de confirmá-los?
3 Quais são as diferenças entre usar um Smart Filter e um filtro comum para aplicar efeitos a uma imagem?
4 Descreva um uso do recurso Match Color.

## Respostas

1 Salvando uma seleção, é possível criar e reutilizar seleções demoradas e selecionar uniformemente a arte-final em uma imagem. Você também pode combinar seleções ou criar novas seleções adicionando a ou removendo de seleções existentes.

2 Utilizando a Filter Gallery para testar diferentes filtros com diferentes configurações para ver o efeito que eles terão sobre sua imagem.

3 Smart Filters são não destrutivos: eles podem ser ajustados, desativados e excluídos a qualquer momento. Em comparação, filtros comuns alteram permanentemente uma imagem; depois de aplicados, eles não podem ser removidos. Smart Filters só podem ser aplicados a uma camada Smart Object.

4 Você pode utilizar o recurso Match Color para fazer a correspondência de cores entre diferentes imagens, por exemplo, para ajustar os tons da pele do rosto nas fotografias – ou para fazer correspondência de cores entre diferentes camadas na mesma imagem. Você também pode utilizar esse recurso para criar efeitos de cores incomuns.

# 11 PREPARANDO ARQUIVOS PARA A WEB

## Visão geral da lição

Nesta lição, você vai aprender a:

- Cortar uma imagem em fatias no Photoshop
- Distinguir entre fatias de usuário e fatias automáticas
- Vincular fatias de usuário a outras páginas HTML ou localizações
- Definir estados de rolagem (rollovers) para que reflitam ações do mouse
- Visualizar efeitos de rolagem
- Criar GIFs animados simples utilizando um arquivo em camadas
- Utilizar os painéis Layers e Animation para criar sequências de animação
- Interpolar quadros intermediários para criar transições suaves
- Visualizar animações em um navegador da Web
- Otimizar imagens para a Web e fazer boas escolhas de compactação
- Exportar arquivos grandes de alta resolução dispostos lado a lado para ampliação e deslocamento da área ampliada
- Mostrar suas imagens em uma Media Gallery

Esta lição levará aproximadamente 90 minutos para ser concluída. Copie a pasta Lesson11 para sua unidade de disco rígido se ainda não fez isso. Ao trabalhar nesta lição, você preservará os arquivos iniciais. Se precisar restaurá-los, copie-os novamente do CD do livro.

Ao clicar em elementos gráficos vinculados, os usuários Web esperam pular para outro site ou página e ativar animações. Você pode preparar um arquivo para a Web no Photoshop adicionando fatias para vincular outras páginas ou sites e criando rollover e animações.

## Introdução

Para esta lição, você vai precisar de um navegador Web como o Firefox, o Netscape, o Internet Explorer ou o Safari. Não é preciso estar conectado à Internet.

Você vai fazer o ajuste fino de elementos gráficos para o site de um museu de artes espanhol. Vai adicionar links aos tópicos para que os visitantes possam ir para outras páginas no site. Também vai adicionar rollovers para mudar a aparência da página Web e criar uma animação para o logotipo Museo Arte no canto superior esquerdo.

Primeiro, explore a página HTML final que você vai criar a partir de um arquivo do Photoshop. Várias áreas da arte-final reagem às ações do mouse; por exemplo, algumas áreas da imagem mudam quando você posiciona o cursor sobre elas ou quando clica em um link.

1 Inicie o Adobe Photoshop, mantendo pressionadas as teclas Ctrl+Alt+Shift (Windows) ou Command+Option+Shift (Mac OS) para restaurar as preferências padrão. (Consulte "Restaurando as preferências padrão", na página 16).

2 Quando solicitado, clique em Yes para confirmar se você quer redefinir as preferências.

3 Clique no botão Launch Bridge () na barra do aplicativo para abrir o Adobe Bridge.

4 No Bridge, clique em Lessons no painel Favorites. Dê um clique duplo na pasta Lesson11 no painel Content e então dê um clique duplo na pasta 11End e, finalmente, dê um clique duplo na pasta Site.

A pasta Site contém os conteúdos do site Web com que você vai trabalhar.

5 Clique com o botão direito do mouse (Windows) ou com a tecla Control pressionada (Mac OS) no arquivo home.html e escolha Open With no menu de contexto. Escolha um navegador Web para abrir o arquivo HTML.

Como o site aberto, observe o logotipo animado no canto superior esquerdo do layout. Se você não vir o logotipo, clique no botão Refresh no navegador para carregar a página novamente.

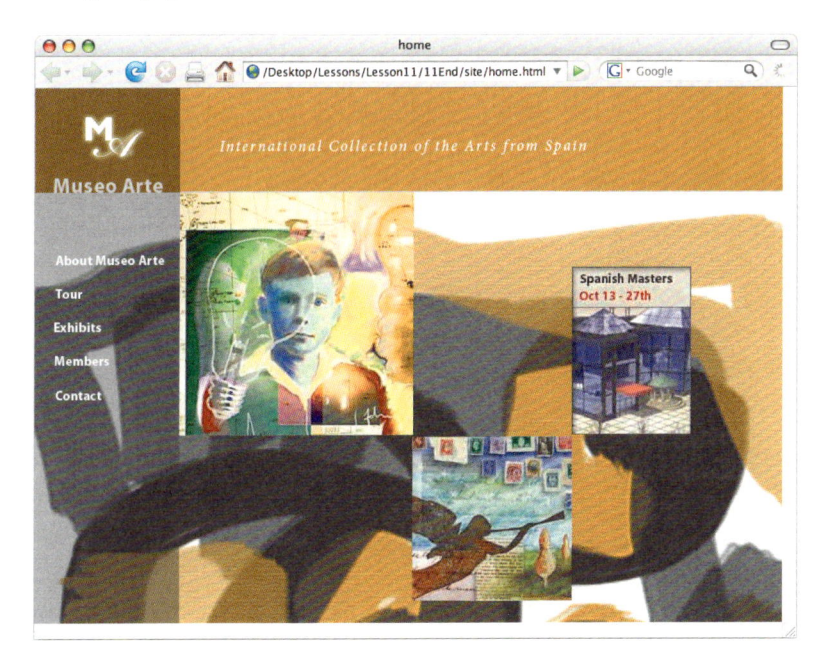

6 Mova o cursor sobre os tópicos no lado esquerdo da página Web e sobre as imagens. Quando o cursor é posicionado sobre um link, ele muda de uma seta para uma mão indicadora.

7 Clique no anjo na parte inferior central da imagem para visualizar a janela Zoomify. Clique nos controles Zoomify para ver como eles alteram a ampliação e o reposicionamento da imagem.

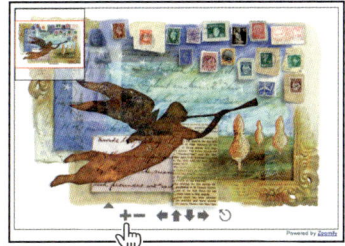

8 Retorne à home page, feche a janela Zoomify.

9 Clique em uma das outras imagens para vê-la mais detalhadamente em uma janela própria. Feche a janela do navegador depois de terminar.

10 Na home page, clique nos tópicos no lado esquerdo para acessar suas respectivas páginas vinculadas. Para retornar à home page, clique em *Museo Arte* logo abaixo do logo, no canto superior esquerdo da janela.

11 Quando terminar de examinar a página Web, feche o navegador e retorne ao Bridge.

Nos passos anteriores, você utilizou dois tipos de links diferentes: fatias (os tópicos no lado esquerdo da página) e imagens (o menino, a página Spanish Masters e o anjo).

*Fatias* são áreas retangulares em uma imagem que você define com base em camadas, guias ou seleções precisas na imagem, ou utilizando a ferramenta Slice. Quando você define fatias em uma imagem, o Photoshop cria uma tabela HTML ou camadas de folha de estilo em cascata (Cascading Style Sheet – CSS) para conter e alinhar as fatias. Se quiser, você pode gerar e visualizar um arquivo HTML que contém a imagem cortada em fatias junto com a tabela ou a folha de estilo em cascata.

Você também pode adicionar links de hipertexto às imagens e o visitante do site pode então clicar na imagem para abrir uma página vinculada. Ao contrário das fatias, que são sempre retangulares, as imagens podem ter qualquer forma.

## Selecione o espaço de trabalho de design Web

Como o aplicativo mais usado para preparar imagens para sites, o Photoshop também possui algumas ferramentas básicas de criação de HTML. Para facilitar o acesso a essas ferramentas nas suas tarefas de design Web, você pode personalizar a disposição padrão dos painéis, das barras de ferramentas e das janelas utilizando um dos espaços de trabalho predefinidos do Photoshop.

1 No Bridge, clique na pasta Lesson11 na parte superior da janela para exibir os conteúdos da pasta Lesson11. Dê um clique duplo na pasta 11Start no painel Content e então dê um clique duplo na miniatura 11Start.psd para abrir o arquivo no Photoshop.

Você vai aproveitar as vantagens do espaço de trabalho Web predefinido do Photoshop.

**2** Escolha Web no switcher de espaço de trabalho na barra do aplicativo.

O Photoshop só exibe os painéis que tendem a ser mais usados no design para a Web.

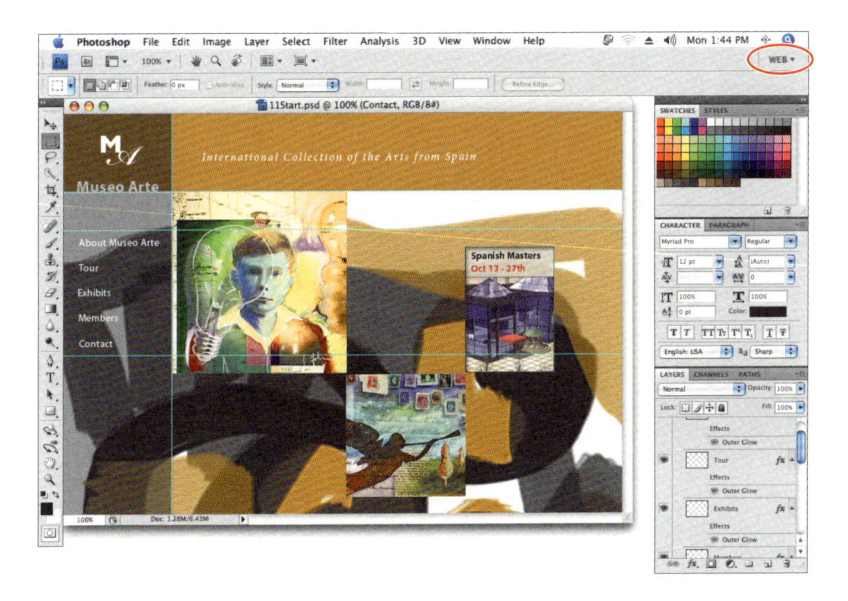

**3** Escolha File > Save As e renomeie o arquivo como **11Working.psd**. Clique em OK na caixa de diálogo Photoshop Format Options. Salvar uma cópia de trabalho preserva o arquivo inicial original caso você precise utilizá-lo posteriormente.

## Crie fatias

Quando você define uma área retangular em uma imagem como uma fatia, o Photoshop cria uma tabela HTML para conter e alinhar a fatia. Depois de criar as fatias, você pode transformá-las em botões e programá-los para fazer com que a página da Web funcione.

Você não pode criar uma fatia só – a menos que criasse uma fatia que incluísse toda a imagem, o que seria relativamente inútil. Qualquer fatia nova criada dentro de uma imagem (uma *fatia de usuário*) cria automaticamente outras fatias (*fatias automáticas*) que cobrem a área inteira da imagem fora da fatia de usuário.

### Selecione fatias e configure opções de fatia

Você começará selecionando uma fatia existente no arquivo inicial. Já criamos a primeira fatia para que ela tenha exatamente o mesmo tamanho, em pixels, da animação que você vai adicionar à fatia no final da lição.

1 No painel Tools, selecione a ferramenta Slice Select (), oculta sob a ferramenta Crop ().

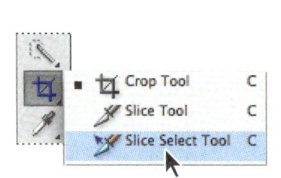

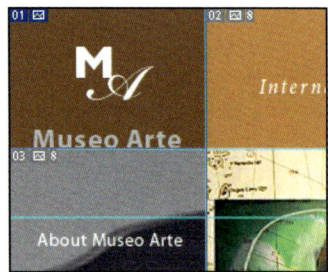

Ao selecionar a ferramenta Slice ou Slice Select, o Photoshop exibe as fatias, com seus respectivos números, na imagem.

A fatia de número 01 engloba o canto superior esquerdo da imagem; ela também tem um pequeno ícone, ou *símbolo*, semelhante a uma pequena montanha. A cor azul significa que a fatia é uma fatia do usuário, uma fatia criada no arquivo inicial.

Observe também as fatias cinzas – 02 à direita e 03 logo abaixo da fatia 01. O cinza indica que essas são fatias automáticas, criadas automaticamente após uma fatia de usuário. O símbolo indica que a fatia possui conteúdo de imagem. Consulte "Os símbolos de fatia" para uma descrição dos símbolos de fatia.

## Os símbolos de fatia

Os símbolos de fatia azuis e cinza, ou *badges*, na janela de imagem do Photoshop e a caixa de diálogo Save For Web And Devices podem ser lembretes úteis se você parar um pouco para aprender a lê-los. Cada fatia pode conter a quantidade de símbolos necessária, e eles indicam o seguinte:

( 01 ) O número da fatia. Os números aparecem em sequência da esquerda para a direita e de cima para baixo da imagem.

( ⊠ ) A fatia contém conteúdo de imagem.

( ⊠ ) A fatia não contém conteúdo de imagem.

( ⊡ ) A fatia baseia-se em camada; isto é, ela foi criada a partir de uma camada.

( ⌘ ) A fatia está vinculada a outras fatias (para propósitos de otimização).

**2** No canto superior esquerdo da imagem, clique na fatia de número 01 com o pequeno retângulo azul. Uma caixa delimitadora dourada aparece indicando que a fatia está selecionada.

**3** Utilizando a ferramenta Slice Select, dê um clique duplo na fatia 01. A caixa de diálogo Slice Options aparece. Por padrão, o Photoshop atribui um nome a cada fatia com base no nome do arquivo e no número da fatia – nesse caso, 11Start_01.

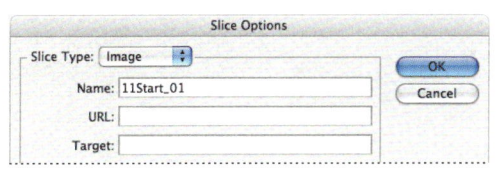

As fatias só passam a ser realmente úteis depois que você configura opções para elas. As opções de fatia incluem o nome da fatia e o URL que se abre quando o usuário clica nela.

● **Nota:** Você pode configurar opções para uma fatia automática, mas isso a promove a uma fatia de usuário.

**4** Na caixa de diálogo Slice Options, nomeie a fatia **Logo Animation**. Para URL, digite **#**. O sinal de cerquilha (#) permite visualizar as funcionalidades de um botão sem realmente programar um link para ele. O sinal é muito útil nas etapas iniciais do design de um site, quando você quer testar a aparência e o comportamento de um botão.

5 Clique em OK para aplicar as alterações. Mais adiante nesta lição, você vai criar uma versão animada dessa imagem dividida em fatias para substituí-la no site final.

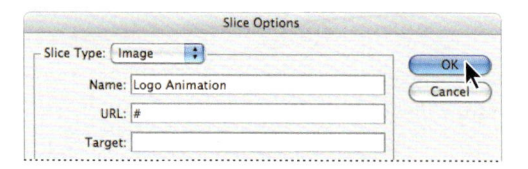

## Crie botões de navegação

Agora, você vai dividir em fatias os botões de navegação no lado esquerdo da página para que possa transformá-los em rollovers. Você pode selecionar um botão por vez e adicionar propriedades de navegação a ele, mas também pode fazer a mesma coisa de um jeito mais rápido.

1 No painel Tools, selecione a ferramenta Slice ( ) ou pressione Shift+C. (As ferramentas Crop, Slice e Slice Select compartilham a tecla C como atalho de teclado. Para alternar entre as três ferramentas, pressione Shift+C.)

Observe as guias acima e abaixo das palavras no lado esquerdo da imagem.

2 Utilizando as guias no lado esquerdo da imagem, arraste a ferramenta Slice diagonalmente a partir do canto superior esquerdo, acima de *About Museo Arte*, até a guia inferior, abaixo *de Contact*, para que as cinco linhas sejam delimitadas.

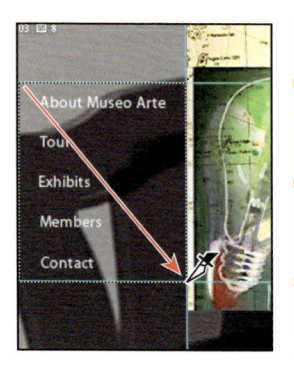

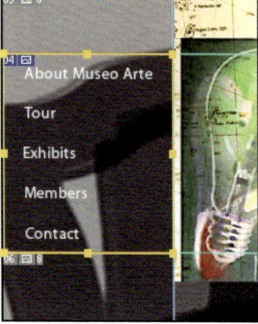

Um retângulo azul, semelhante ao da fatia 01, aparece no canto superior esquerdo da fatia que você acabou de criar, numerada como fatia 04. A cor azul informa que essa é uma fatia de usuário, não uma fatia automática.

O retângulo cinza original para a fatia automática 03 permanece inalterado, mas a área incluída na fatia 03 é menor, cobrindo apenas um pequeno retângulo acima do texto. Outra fatia automática, numerada 05, aparece abaixo da fatia que você criou.

A caixa delimitadora amarela indica os limites da fatia e que ela também está selecionada.

**3** Com a ferramenta Slice ainda selecionada, pressione Shift+C para mudar para a ferramenta Slice Select (). A barra de opções acima da janela da imagem muda, incluindo uma série de botões de alinhamento.

Agora, você vai fatiar sua seleção em cinco botões separados.

**4** Clique no botão Divide na barra de opções.

**5** Na caixa de diálogo Divide Slice, selecione Divide Horizontally Into e digite **5** para Slices Down, Evenly Spaced. Clique em OK.

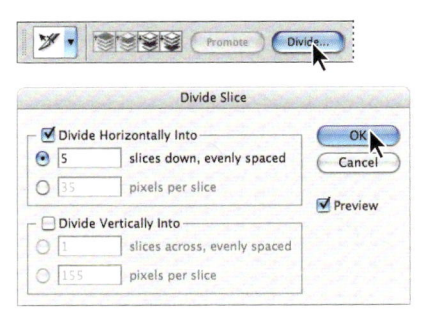

Nomeie cada fatia e adicione um link correspondente.

**6** Utilizando a ferramenta Slice Select, dê um clique duplo na fatia na parte superior, rotulada *About Museo Arte*.

**7** Na caixa de diálogo Slice Options, nomeie a fatia como **About**; digite **about.html** em URL; digite **_self** em Target (não esqueça de incluir o sublinhado antes da letra *s*). Clique em OK.

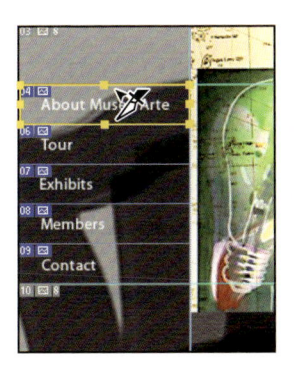

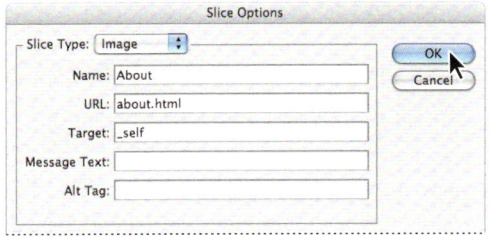

A opção Target controla o modo como um arquivo vinculado se abre quando o link é clicado. A opção _self exibe o arquivo vinculado no mesmo quadro do arquivo original.

● **Nota:** Digite os nomes do arquivo HTML na caixa URL exatamente como mostrado para que eles correspondam aos nomes das páginas às quais você vinculará os botões.

8  Repita os passos 6 e 7 para as fatias restantes, começando pela segunda fatia na parte superior:

- Nomeie a segunda fatia **Tour**; digite **tour.html** para o URL; e digite **_self** para Target.

- Nomeie a terceira fatia como **Exhibits**; digite **exhibits.html** para URL; e **_self** para Target.

- Nomeie a quarta fatia como **Members**; digite **members.html** para URL; e **_self** para Target.

- Nomeie a quinta fatia **Contact**; digite **contact.html** para o URL; e digite **_self** para Target.

▶ **Dica:** Se achar que os indicadores das fatias automáticas desviam muito sua atenção, selecione a ferramenta Slice Select e, então, clique no botão Hide Auto Slices na barra de opções da ferramenta. Você também pode ocultar as guias escolhendo View > Show > Guides, pois não precisará mais delas.

9  Escolha File > Save para salvar seu trabalho até agora.

## Crie fatias com base em camadas

Além de utilizar a ferramenta Slice, você pode criar fatias com base em camadas. A vantagem de usar camadas para criar fatias é que o Photoshop cria a fatia baseado nas dimensões da camada e inclui todos os dados de pixels. Quando você edita a camada, move-a, ou aplica-lhe um efeito, a fatia baseada na camada se ajusta para incluir os novos pixels.

1  No painel Layers, selecione a camada Image 1. Se não puder ver todo o conteúdo do painel, arraste para fora e o expanda puxando o canto inferior direito.

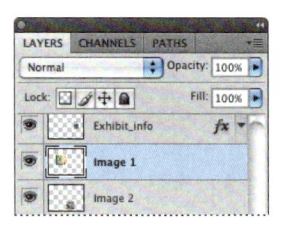

**2** Escolha Layer > New Layer Based Slice. Na janela da imagem, uma fatia de número 04 com um símbolo azul aparece sobre a imagem do menino. Ela é numerada de acordo com sua posição nas fatias, começando do canto superior esquerdo da imagem.

**3** Utilizando a ferramenta Slice Select ( ), dê um clique duplo na fatia e nomeie-a **Image 1**. Para URL, digite **image1.html**. Digite **_blank** para Target. A opção _blank abre a página vinculada em uma nova instância do navegador Web. Clique em OK.

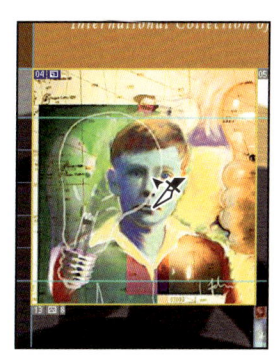

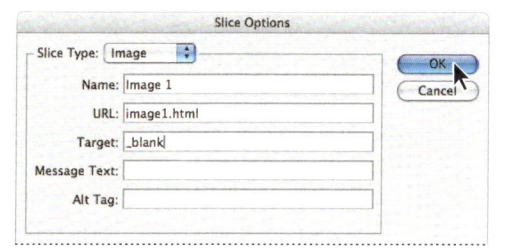

Insira essas opções exatamente como indicado, para que correspondam às páginas que você vinculará às fatias.

Agora, crie outra fatia para a camada Exhibit Info.

**4** Repita os passos 1 a 3 para as imagens restantes:

- Crie uma fatia a partir da camada Exhibit_info; nomeie-a **Exhibit Info**; digite **exhibitinfo.html** para URL; e digite **_blank** para Target. Clique em OK.
- Crie uma fatia a partir da camada Image 2; nomeie-a **Card**; digite **card.html** para o URL e **_blank** para Target. Clique em OK.

Você deve ter notado que a caixa de diálogo contém mais opções do que as três que especificou para essas fatias. Para informações adicionais sobre como utilizar essas opções, consulte o Photoshop Help.

**5** Escolha File > Save para salvar seu trabalho.

## Criando fatias

Há outros métodos de criar fatias que você pode tentar:

- Crie fatias do tipo No Image e então adicione texto ou código-fonte HTML a elas. As fatias No Image podem ter uma cor de fundo e são salvas como parte do arquivo HTML. A principal vantagem de utilizar fatias No Image para texto é que ele pode ser editado em qualquer editor HTML, poupando-o de voltar para o Photoshop para editá-lo. Entretanto, se o texto ficar muito grande para a fatia, ele vai quebrar a tabela HTML e produzir lacunas indesejáveis.

- Se utilizar guias personalizadas no design, você pode dividir uma imagem inteira em fatias instantaneamente com o botão Slices From Guides na barra de opções Slice. Entretanto, utilize essa técnica com cautela, porque ela descarta todas as fatias criadas anteriormente e todas as opções associadas a elas. Além disso, ela só cria fatias de usuário e você pode não precisar de tantas.

- Quando quiser criar fatias com tamanho, espaçamento e alinhamento idênticos, tente criar uma única fatia de usuário que cubra a área inteira. Então, utilize o botão Divide na barra de opções Slice Select para dividir a fatia original em quantas linhas verticais ou horizontais de fatias você quiser.

- Se quiser desvincular uma fatia baseada em camada a partir da sua camada, você pode convertê-la em uma fatia de usuário. Apenas dê um clique duplo nela com a ferramenta Slice Select e selecione opções para ela.

## Adicione animação

No Photoshop, você pode criar animações com uma só imagem utilizando arquivos GIF animados. Um *GIF animado* é uma sequência de imagens ou quadros em que cada quadro varia ligeiramente do anterior, criando a ilusão de movimento quando são vistos em uma sequência rápida – exatamente como em filmes. Você pode criar a animação de várias maneiras:

- Utilizando o botão Duplicate Selected Frames no painel Animation para criar os quadros de animação e, depois, no painel Layers, definindo o estado de imagem associado a cada quadro.

- Utilizando o recurso Tween para rapidamente criar novos quadros que distorçam o texto ou variem a opacidade, a posição ou os efeitos de uma camada para criar a ilusão de um elemento em um quadro movendo-se ou aparecendo e desaparecendo gradualmente.

- Abrindo um arquivo Adobe Photoshop de várias camadas ou um arquivo Adobe Illustrator para uma animação, em que cada camada torna-se um quadro.

Nesta lição, você vai usar as duas primeiras técnicas.

Os arquivos das animações devem ser salvos no formato GIF ou como filmes do QuickTime. Você não pode criar animações como arquivos JPEG ou PNG.

## Crie um GIF animado

Para deixar a página Web mais interessante, você vai criar a animação do logotipo Museo Arte para que ele pareça dançar no canto esquerdo da tela utilizando os painéis Animation e Layers em conjunto enquanto continua a trabalhar no espaço de trabalho Web.

**1** No painel Layers, clique no triângulo ao lado do grupo Logo Animation para expandir o conteúdo se ele ainda não estiver visível. Esse grupo consiste em três componentes – um *M*, um *A* e o texto *Museo Arte* – em camadas separadas.

A animação vai mostrar as duas letras aparecendo e se movendo para a posição final. No final, elas vão brilhar e o texto *Museo Arte* aparecerá gradualmente.

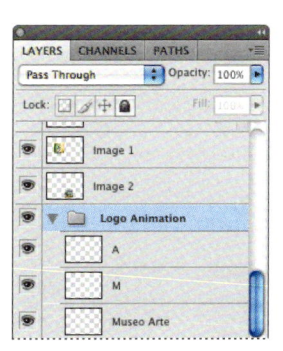

**2** Escolha Window > Animation para exibir o painel Animation na parte inferior da janela da imagem.

**3** No painel Animation, clique no botão Duplicate Selected Frames (), o que cria um novo quadro com base no anterior.

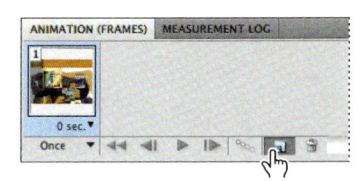

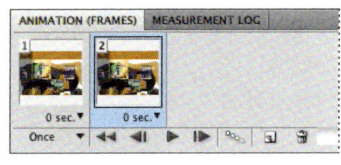

**4** No painel Layers, selecione a camada M.

5 Selecione a ferramenta Move (⊕) no painel Tools. Na imagem, arraste o *M* para o lado esquerdo da janela da imagem com a tecla Shift pressionada para manter o movimento horizontal preciso. Pressione a tecla de seta para a esquerda no teclado para deslocar o *M* para a esquerda até ele quase desaparecer.

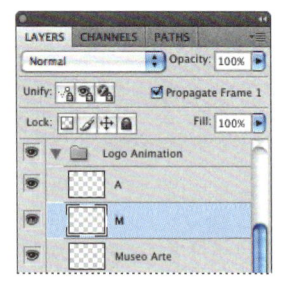

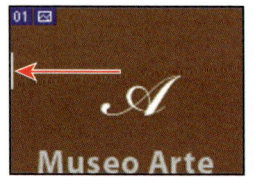

Tenha cuidado para não arrastar a letra completamente para fora da janela da imagem.

6 No painel Layers, selecione a camada A.

7 Na janela da imagem, utilize a ferramenta Move para arrastar o *A* para cima – mantenha pressionada a tecla Shift para restringir o movimento – até a letra estar fora do quadro.

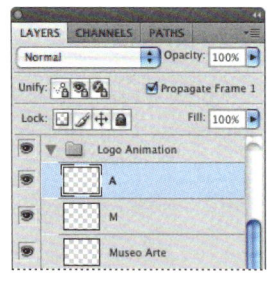

Outra maneira de animar objetos é alterando sua opacidade para que eles apareçam ou desapareçam gradualmente.

8 No painel Layers, selecione a camada Museo Arte. Reduza a Opacity a **0%**.

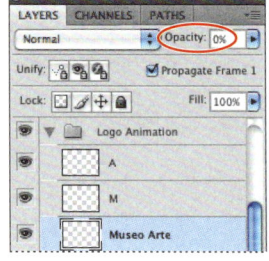

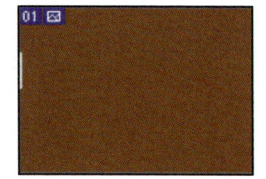

9 No painel Layers, selecione a camada M e reduza sua opacidade para **10%**. Então, selecione a camada A e reduza sua opacidade para **10%**.

10 Escolha File > Save para salvar seu trabalho.

## Interpole a posição e a opacidade de camadas

Você vai adicionar quadros que representam estados de imagem transitórios entre os dois quadros existentes. Ao alterar a posição, a opacidade ou os efeitos de qualquer camada entre dois quadros de animação, você pode instruir o Photoshop a fazer uma *interpolação* (*tweening*), o que automaticamente cria a quantidade de quadros intermediários que você especificar.

Você começará fazendo do quadro 2 o estado inicial da animação.

1 No painel Animation, arraste o quadro 2 para a esquerda do quadro 1. Os quadros são instantaneamente renomeados em sequência. Para ver o estado que você gravou para cada quadro, clique em cada um deles.

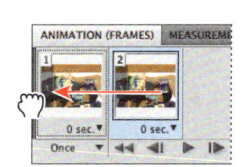

Agora, você vai adicionar quadros intermediários entre esses dois quadros.

2 No painel Animation, confira se o quadro 1 está selecionado e depois clique no botão Tween ( ) na parte inferior do painel.

3 Na caixa de diálogo Tween, configure as seguintes opções (se já não estiverem selecionadas):

- Tween With: Next Frame.
- Frames to Add: **5**.
- Layers: All Layers.
- Parameters: selecione todas as opções.

4 Clique em OK para fechar a caixa de diálogo.

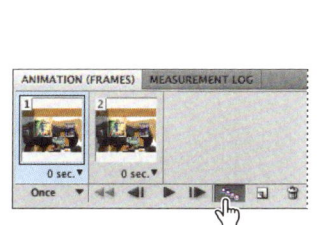

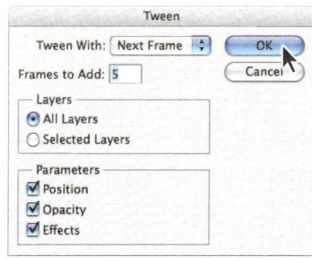

5 Para testar a animação, clique no botão Play na parte inferior do painel Animation, o que abre a visualização da animação; ela pode parecer um pouco tremida, mas será bem reproduzida no seu navegador.

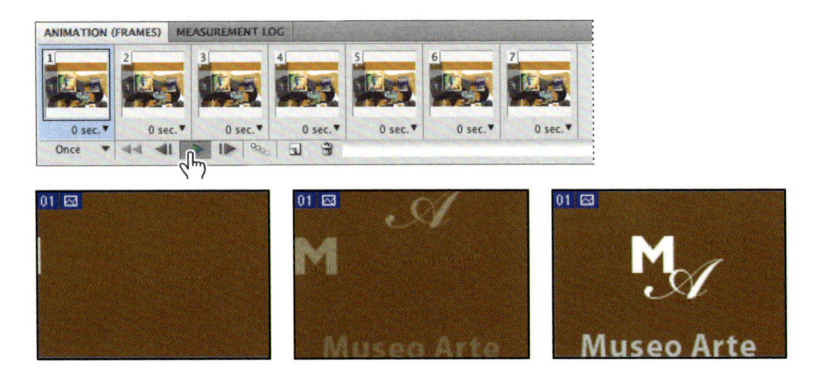

> **Nota:** Você não pode selecionar quadros que não estão lado a lado para aplicar interpolação.

## Interpole quadros

Você utiliza o comando Tween para adicionar ou modificar automaticamente uma série de quadros entre dois quadros existentes – variando os atributos de camada (posição, opacidade ou parâmetros de efeito) igualmente entre os novos quadros para criar a ilusão de movimento. Por exemplo, se quiser que uma camada desapareça gradualmente, configure a opacidade da camada no quadro inicial como 100% e no quadro final como 0%. Ao aplicar interpolação entre os dois quadros, a opacidade da camada é reduzida uniformemente nos novos quadros.

O termo *tweening* (interpolação de quadros) deriva de "in betweening", que é comumente utilizado na animação tradicional para descrever esse processo. A interpolação reduz bastante o tempo necessário para criar efeitos de animação como o *fade in* ou *fade out* ou o movimento de um elemento em um quadro. Você pode editar quadros interpolados individualmente depois de criá-los.

Se selecionar um único quadro, você escolhe se interpolará o quadro com o anterior ou com o seguinte. Se selecionar dois quadros contíguos, novos quadros serão adicionados entre os quadros. Se selecionar mais de dois quadros, os quadros existentes entre o primeiro e o último selecionados serão alterados pela operação de interpolação. Se selecionar o primeiro e último quadros em uma animação, eles serão tratados como contíguos e os quadros interpolados serão adicionados depois do último quadro. (Esse método de interpolação é útil quando a animação está configurada para fazer loop várias vezes.)

## Anime um estilo de camada

Além de animar a posição ou a opacidade de um objeto, você também pode animar um efeito de camada, ou *estilo de camada*. O resultado final será um pequeno flash de luz que aparece e, então, desaparece atrás das letras M e A.

1 No painel Animation, selecione o quadro 7 e clique no botão Duplicate Selected Frames (🖫) para criar um novo quadro com as mesmas configurações do quadro 7. Deixe o quadro 8 selecionado.

2 No painel Layers, selecione a camada M. Clique no botão Add A Layer Style (*fx*) na parte inferior do painel e escolha Outer Glow. Na caixa de diálogo Layer Style, faça o seguinte:

- Selecione Screen para Blend Mode.
- Configure Opacity como **55**%. Configure o Spread como **0**%.
- Configure o tamanho como **5** px.
- Para cor, clique na amostra de cores e escolha um amarelo claro no seletor de cores.

3 Clique em OK para aplicar o estilo à camada M. Agora, você vai copiar esse efeito para a camada A.

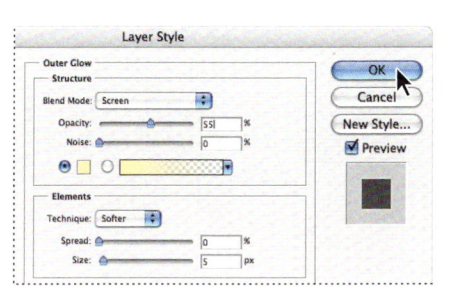

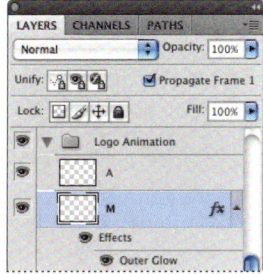

4  No painel Layers, pressione a tecla Alt (Windows) ou Option (Mac OS) e arraste o ícone de efeitos da camada M para a camada A, copiando o efeito de uma camada para a outra.

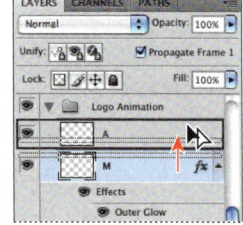

Agora você vai interpolar o efeito copiado para que as letras brilhem no final da animação:

5  No painel Animation, selecione o quadro 7. Clique no botão Tween (∞) na parte inferior do painel.

6  Na caixa de diálogo Tween, digite **2** em Frames To Add. Certifique-se de que Effects está selecionado na área Parameters e clique em OK.

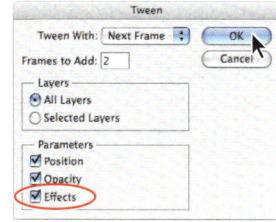

7  No painel Animation, selecione o quadro 7 e, então, clique no botão Duplicate Selected Frames para criar um novo quadro com as mesmas configurações do quadro 7.

8  Arraste esse novo quadro (8) para o fim da animação, onde ele se torna o quadro 11.

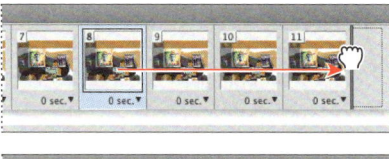

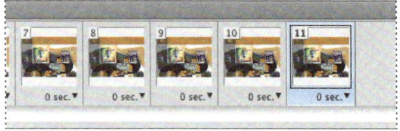

Você vai configurar essa animação para que ela só rode uma vez no site.

9 No canto inferior esquerdo do painel Animation, verifique se Once está selecionado no menu pop-up.

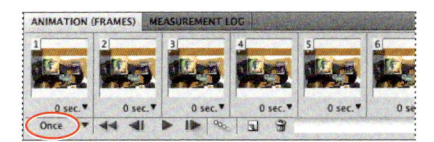

10 Clique no botão Play na parte inferior do painel Animation para visualizar a animação.

11 Escolha File > Save para salvar seu trabalho.

## Exporte HTML e imagens

Você está pronto para criar suas fatias finais, definir seus links e exportar seu arquivo para que ele crie uma página HTML que exibirá todas as suas fatias como uma unidade.

É importante deixar as imagens para a Web com o menor tamanho possível para que as páginas abram rapidamente. O Photoshop possui ferramentas que ajudam a estimar o tamanho com que se pode exportar cada fatia sem comprometer a qualidade da imagem. Uma boa regra geral é utilizar a compactação JPEG para imagens fotográficas em degradê e a compactação GIF para amplas áreas de cor – no caso do site desta lição, todas as áreas em torno das três principais artes da página.

Você vai usar a caixa de diálogo Save For Web & Devices para comparar as opções de configuração e compactação para diferentes formatos de imagem.

1 Escolha File > Save For Web & Devices.

2 Selecione a guia 2 Up na parte superior da caixa de diálogo Save For Web & Devices.

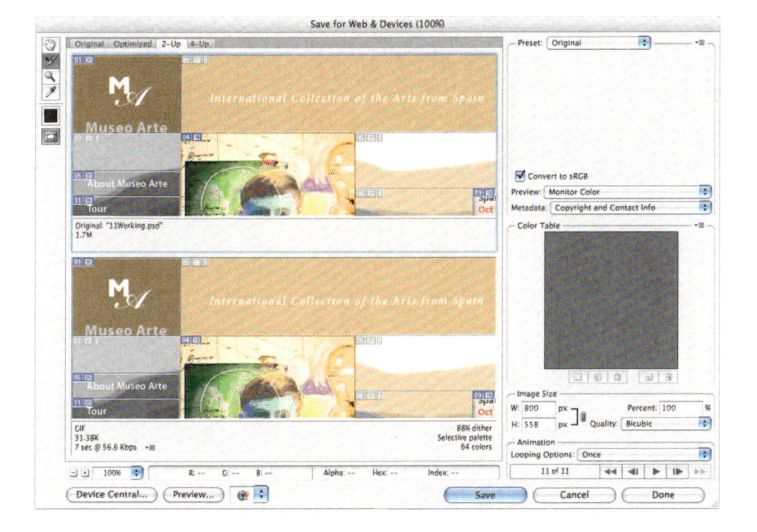

3 Escolha a ferramenta Slice Select (✣) na caixa de diálogo e selecione a fatia 04 (o retrato do menino) das fatias da imagem superior. Observe o tamanho do arquivo exibido abaixo da imagem.

4 Se necessário, utilize a ferramenta Hand (✋) na caixa de diálogo para mover a imagem para dentro da janela e ajustar a visualização.

5 No lado direito da caixa de diálogo, escolha o menu pop-up JPEG Medium pelo menu Preset. Observe o tamanho do arquivo exibido abaixo da imagem; ele muda drásticamente quando você escolhe JPEG Medium.

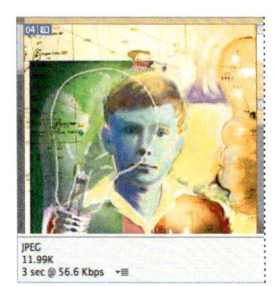

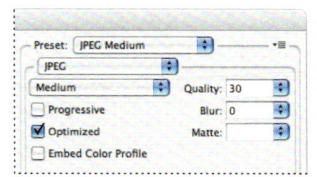

Agora você vai aplicar uma configuração GIF para a mesma fatia na imagem de baixo.

6 Com a ferramenta Slice Select, selecione a fatia 04 na imagem de baixo. No lado direito da caixa de diálogo, escolha GIF 32 No Dither em Preset.

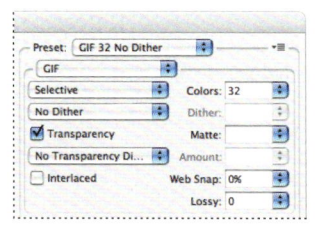

Observe como a área colorida do retrato parece ter menos brilho e mais contraste, mas o tamanho da imagem é mais ou menos o mesmo.

Com base no que você acabou de aprender, escolha a compactação a ser atribuída a todas as fatias nessa página.

**7** Selecione a guia Optimized na parte superior da caixa de diálogo.

**8** Com a ferramenta Slice Select, clique com Shift pressionada para selecionar as três principais imagens na janela de preview. No menu Preset, escolha JPEG Medium.

**9** Clique com a tecla Shift pressionada para selecionar todas as fatias restantes na janela de preview e então escolha GIF 64 Dithered no menu Preset.

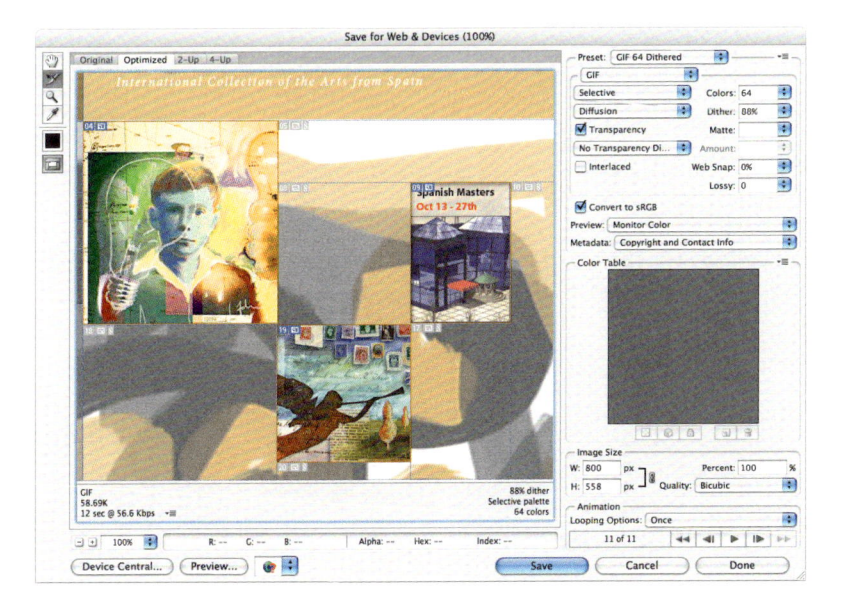

**10** Clique em Save. Na caixa de diálogo Save Optimized As, navegue até a pasta Lesson11/11Start/Museo, que contém o restante do site, incluindo as páginas às quais suas fatias serão vinculadas.

**11** Para o formato, escolha HTML And Images. Utilize as configurações padrão e escolha All Slices para Slices. Atribua ao arquivo o nome **home.html** e clique em Save. Se for solicitado a substituir as imagens, clique em Replace.

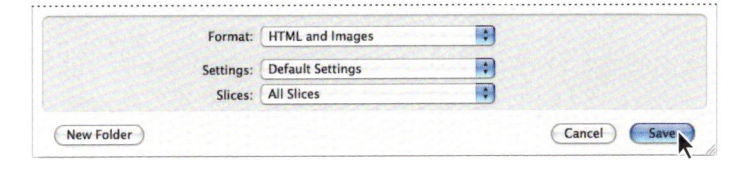

12 No Photoshop, clique no botão Launch Bridge (![Br]) para mudar para o Bridge. Clique em Lessons no painel Favorites. Dê um clique duplo na pasta Lesson11 no painel Content; dê um clique duplo na pasta 11Start e, então, dê um clique duplo na pasta Museo.

13 Clique com o botão direito do mouse (Windows) ou com a tecla Control (Mac OS) pressionada no arquivo home.html e escolha Open With no menu contextual. Escolha um navegador Web para abrir o arquivo HTML.

14 No navegador Web, mova o arquivo HTML:

- Posicione o mouse sobre algumas das fatias que você criou. Observe que o cursor transforma-se em um dedo indicador para indicar um botão.

- Clique no retrato do menino para abrir uma nova janela com a imagem completa.

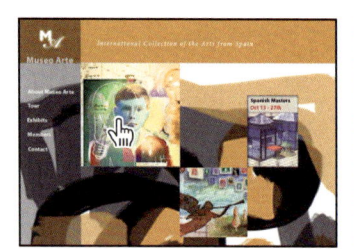

- Clique no link Spanish Masters para abrir essa janela.

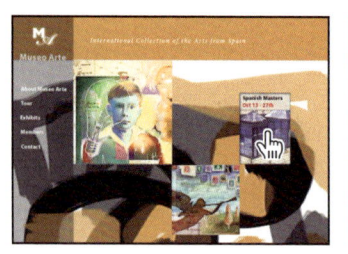

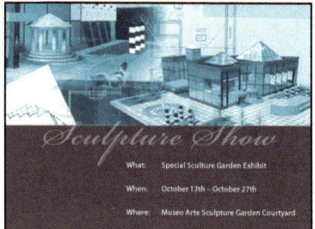

- Clique nos links de texto à esquerda para pular para outras páginas no site.

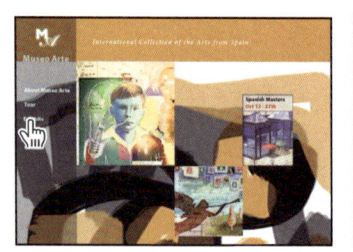

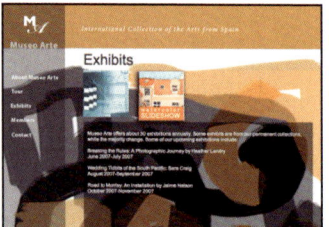

15 Quando tiver terminado de explorar o arquivo, feche o navegador.

## Otimize imagens para a Web

*Otimizar* é o processo de selecionar as configurações de formato, resolução e qualidade para tornar uma imagem eficiente, atraente e útil para as páginas dos navegadores Web. Em termos simples, é um equilíbrio entre tamanho do arquivo e boa aparência. Um só conjunto de configurações não pode maximizar a eficiência de todos os tipos de arquivo de imagem; otimizar requer julgamento humano e um bom olho.

As opções de compactação variam de acordo com o formato de arquivo utilizado para salvar a imagem. JPEG e GIF são os dois formatos mais comuns. O formato JPEG foi concebido para conservar o amplo intervalo de cores e as sutis variações de brilho de imagens de tons contínuos, como fotografias. Ele pode representar imagens utilizando milhões de cores. O formato GIF é eficiente na compactação de imagens de cores sólidas e com áreas de cores repetidas, como traços, logotipos e ilustrações com fontes. Ele utiliza um painel de 256 cores para representar a imagem e suporta a transparência do fundo.

O Photoshop oferece uma série de controles para compactar o tamanho de arquivos de imagem e, ao mesmo tempo, otimizar a qualidade na tela. Em geral, você otimiza as imagens antes de salvá-las em um arquivo HTML. Utilize a caixa de diálogo Save For Web & Devices para comparar a imagem original a uma ou mais alternativas compactadas, ajustando as configurações à medida que compara. Para mais informações sobre como otimizar imagens GIF e JPEG, consulte o Photoshop Help.

# Utilize o recurso Zoomify

Com o recurso Zoomify, você pode publicar imagens de alta resolução na Web que os usuários podem ampliar para ver mais detalhes. O tempo de download de uma imagem de tamanho padrão é o mesmo de um arquivo JPEG de tamanho equivalente. O Photoshop exporta os arquivos JPEG e o arquivo HTML que você pode carregar em seu site. As capacidades Zoomify funcionam com qualquer navegador Web.

**1** No Bridge, clique na pasta 11Start na parte superior da janela. Então, dê um clique duplo no arquivo card.jpg para abri-lo no Photoshop.

O arquivo card é uma imagem bitmap grande que você exportará para HTML utilizando o recurso Zoomify. Você vai converter a imagem do anjo em um arquivo que será vinculado a um dos links que acabou de criar na home page.

**2** Escolha File > Export > Zoomify.

**3** Na caixa de diálogo Zoomify Export, clique em Folder e selecione a pasta Lesson11/11Start/Museo. Em Base Name, digite **Card**. Configure Quality como **12**; configure Width como **600** e Height como **400** para a imagem de base no navegador do usuário. Verifique se a opção Open In Web Browser está selecionada.

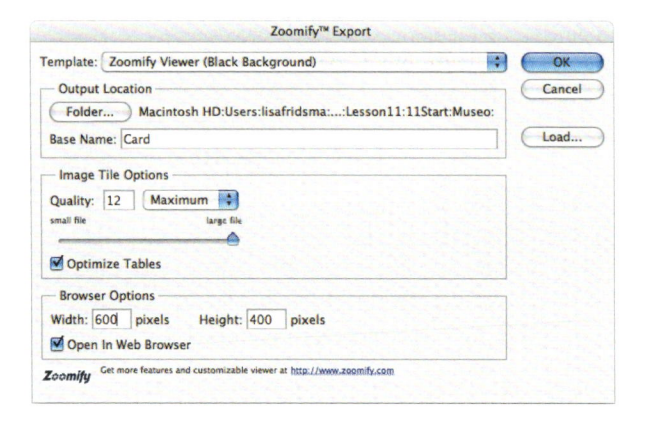

**4** Clique em OK para exportar o arquivo HTML e as imagens. Zoomify os abre no seu navegador Web.

**5** Utilize os controles na janela Zoomify para testar seu link Zoomify na imagem do anjo.

**6** Depois de concluir, feche o navegador.

## Crie uma galeria Web

Utilizando o Bridge, você pode mostrar suas imagens em uma galeria online para que os visitantes possam visualizar imagens individuais ou uma apresentação de slides do seu trabalho. Você vai criar uma galeria de mídia vinculada ao arquivo exhibits.html no site Web do museu.

1  No Bridge, dê um clique duplo na pasta Watercolors. (A pasta Watercolors está na pasta Lesson11/11Start.)

Você vai criar uma apresentação de slides a partir das imagens na pasta Watercolors.

2  Selecione a primeira imagem e, com Shift pressionada, selecione a última para que todas as imagens sejam selecionadas. Lembre-se de que você pode utilizar o controle deslizante Thumbnails na parte inferior da janela do Bridge para reduzir o tamanho das miniaturas e ajustar mais delas no painel Content.

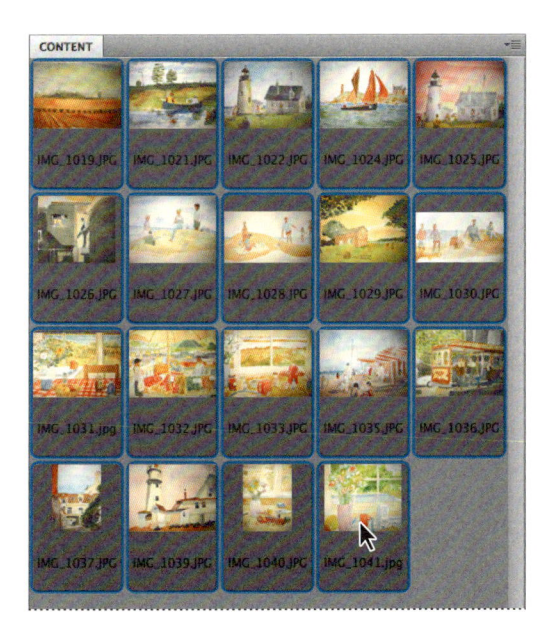

3  Clique em Output na parte superior da janela do Bridge para exibir o espaço de trabalho Output. Se não houver nenhum botão Output, escolha Window > Workspace > Output.

4  No painel Output, clique no botão Web Gallery.

5 Clique no triângulo ao lado de Site Info se o conteúdo ainda não estiver visível. Na área Site Info do painel Output, digite **Watercolors** para Gallery Title, **Paintings from the Watercolors exhibit** para Gallery Caption e **Now showing at Museo Arte** na caixa About This Gallery. Você também pode adicionar informações e contato se desejar.

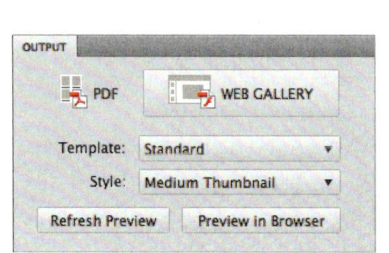

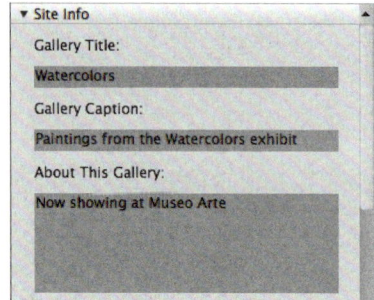

6 Clique no triângulo ao lado de Site Info para recolher seu conteúdo. Role até a área Create Gallery. Expanda o conteúdo se ainda não estiver visível.

7 Nomeie a galeria **Watercolors.** Escolha Save To Disk, clique em Browse e navegue até a pasta Lesson11/11Start/Museo. Clique em OK ou Choose para fechar a caixa de diálogo e então clique em Save in Bridge.

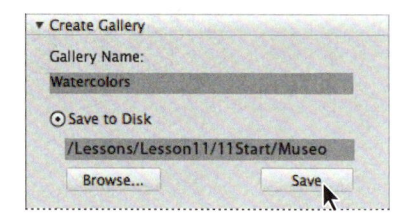

O Bridge cria uma pasta de galeria chamada Watercolors que contém um arquivo index.html e uma pasta de recursos que contém as imagens em aquarela.

8 Clique em OK quando o Bridge informar que a galeria foi criada. Em seguida, no Bridge, clique no botão Essentials na parte superior da janela para retornar ao espaço de trabalho padrão.

9  Navegue até a pasta Lesson11/11Start/Museo. Dê um clique duplo na pasta Watercolors, que é a pasta de galeria que o Bridge criou. Clique com o botão direito do mouse ou clique com Control pressionada no arquivo index.html, escolha Open With e selecione um navegador.

10 Se vir um aviso de segurança, clique em OK ou siga as instruções para alterar as configurações.

A galeria se abre. Uma imagem é exibida no lado direito e as miniaturas das outras são mostradas à esquerda.

11 Clique no botão View Slideshow abaixo da imagem maior para iniciar a apresentação de slides. Clique no botão View Gallery abaixo da imagem apresentada para retornar à galeria.

12 Feche o aplicativo.

O arquivo exhibits.html já contém um link para a pasta que você criou, desde que tenha nomeado a pasta exatamente como especificado no passo 7. Agora, você vai abrir seu site Web e utilizar o link para visualizar a galeria.

13 No Bridge, navegue até a pasta Lesson11/11Start/Museo. Clique com o botão direito do mouse (Windows) ou com a tecla Control (Mac OS) pressionada no arquivo home.html e escolha Open With no menu contextual. Escolha um navegador Web para abrir o arquivo HTML.

14 No site Web, clique no link Exhibits na área de navegação. Então, na página Exhibits, clique no link para a galeria Watercolors. A galeria se abre.

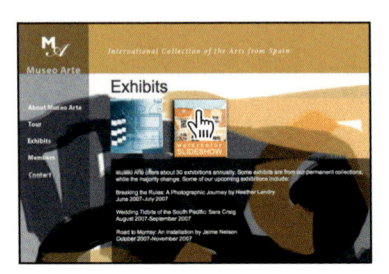

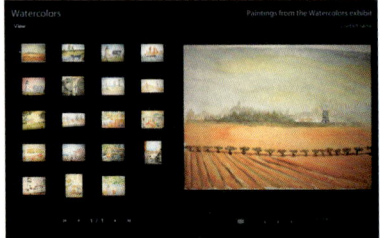

15 Explore a galeria e o site Web ainda mais, se preferir. Depois de concluir, feche o aplicativo, o Bridge e o Photoshop.

Você está pronto para criar sites Web atraentes com imagens do Photoshop. Aprendeu a colocar animação e interatividade na sua página Web com fatias, rollovers, Zoomify e o recurso Web Gallery no Bridge.

# Extras

Criar fatias para rollovers é um jeito fácil de deixar os botões mais evidentes.
Ao criar conteúdo para a Web, é uma boa prática comunicar claramente aos usuários onde eles encontram um botão. Nesta lição, a única dica para a existência de botões é que eles transformam o cursor de uma seta em um dedo indicador quando você move o mouse sobre eles. Essa dica não é óbvia para muitas pessoas.

Eis como destacar os botões: crie um segundo estado para as fatias de navegação para que ele apareça quando o mouse for posicionado sobre elas. Você fará isso deixando as camadas visíveis, exportando-as para uma pasta separada e, então, soltando-as em um arquivo com código HTML já escrito para fazer com que os rollovers funcionem.

1 Retorne ao arquivo 11Working.psd no Photoshop.

2 No painel Layers, clique no triângulo para expandir o grupo Menu Color Bkgds e exibir suas camadas. Atualmente, todas as camadas nesse grupo estão ocultas.

3 Exiba a camada Cell_1. O fundo na fatia 06 torna-se mais claro.

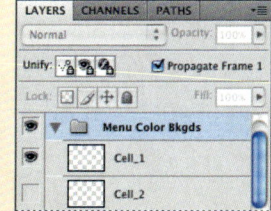

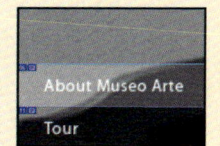

4 Ative e desative a visibilidade para as camadas Cell_1 a Cell_5 e observe as modificações nas fatias.

Você quer que os botões mudem de cor quando o mouse é posicionado sobre eles.

5 Torne todas as camadas Cell_1 a Cell_5 visíveis e então escolha File > Save For Web & Devices.

6 Na janela de preview, utilize a ferramenta Slice Select e, com Shift pressionada, selecione os cinco botões de navegação.

7 Na caixa de diálogo Save For Web & Devices, certifique-se de que o tipo de arquivo GIF está selecionado. Clique em Save.

8 Na caixa de diálogo Save Optimized As, navegue até a pasta Lesson11 e crie uma nova pasta chamada Over States. Para formato, selecione Images Only. Deixe as configurações padrão inalteradas e escolha Selected Slices no menu Slices. Clique em Save.

9. No Bridge, navegue até a pasta Over States que você acabou de criar, dê um clique duplo na pasta Images e abra um dos arquivos de imagem que você acabou de exportar.

Se estivesse criando uma página Web real, você importaria esses arquivos para um editor HTML como o Adobe Dreamweaver® CS4. No Dreamweaver, você programaria a página para que as imagens na pasta Over States fossem trocadas pelas fatias da primeira imagem sempre que o mouse passasse sobre elas.

Criamos um modelo para mostrar o visual que uma versão final dessa página da Web poderia ter.

10. No Bridge, clique na pasta Lesson11 na parte superior da janela. Dê um clique duplo na pasta 11 End e então dê um clique duplo na pasta Site para abri-la.

11. Clique com o botão direito do mouse (Windows) ou com a tecla Control pressionada (Mac OS) no arquivo home.html e escolha Open With no menu contextual. Escolha um navegador Web para abrir o arquivo HTML. Posicione o mouse sobre os botões de navegação. O fundo muda para os botões à medida que o mouse é posicionado sobre eles.

## Perguntas de revisão

1 O que são fatias? Como criá-las?
2 Descreva um rollover.
3 Descreva uma maneira simples de criar uma animação.
4 Que formatos de arquivo podem ser utilizados para animações?
5 O que é otimização de imagem e como otimizar imagens para a Web?

## Respostas

1 Fatias são áreas retangulares de uma imagem que você define para otimização individual para a Web e às quais você então pode adicionar GIFs animados, links de URL e rollovers. Você pode criar fatias de imagem com a ferramenta Slice ou convertendo camadas em fatias utilizando o menu Layer.

2 Um rollover é um efeito que altera a aparência de uma página Web sem levar o usuário para uma página diferente – como um botão que muda de cor quando o mouse passa por cima dele.

3 Uma maneira simples de criar uma animação é iniciar com um arquivo do Photoshop em camadas. Utilize o botão Duplicate Selected Frames no painel Animation para criar um novo quadro e então utilize o painel Layers para alterar a posição, a opacidade ou os efeitos dos quadros selecionados. Adicione quadros intermediários entre dois quadros manualmente utilizando a botão Duplicate Selected Frames ou automaticamente com o comando Tween.

4 Os arquivos para animação devem ser salvos no formato GIF ou como filmes do QuickTime. Você não pode criar animações como arquivos JPEG ou PNG.

5 A otimização de imagem é o processo em que se escolhe formato de arquivo, resolução e configurações de qualidade para uma imagem a fim de torná-la pequena, útil e atraente quando publicada na Web. Em geral, as imagens de tons contínuos são otimizadas no formato JPEG; imagens de cores sólidas e com áreas de cor repetida geralmente são otimizadas como GIF. Para otimizar imagens, escolha File > Save For Web & Devices.

# 12 TRABALHANDO COM IMAGENS EM 3D

## Visão geral da lição

Nesta lição, você vai aprender a:

- Criar uma forma 3D a partir de uma camada
- Manipular objetos 3D utilizando a ferramenta 3D Orbit
- Ajustar a posição da iluminação utilizando a ferramenta Rotate Light
- Configurar opções no painel 3D
- Ajustar fontes de luz
- Importar objetos 3D
- Manipular objetos utilizando a ferramenta 3D Axis
- Pintar sobre um objeto 3D
- Aplicar o efeito de cartão postal 3D
- Criar animação para um arquivo 3D

Esta lição levará aproximadamente 90 minutos para ser concluída. Copie a pasta Lesson12 para sua unidade de disco rígido se ainda não fez isso. Ao trabalhar nesta lição, você preservará os arquivos iniciais. Se precisar restaurá-los, copie-os novamente do CD do livro.

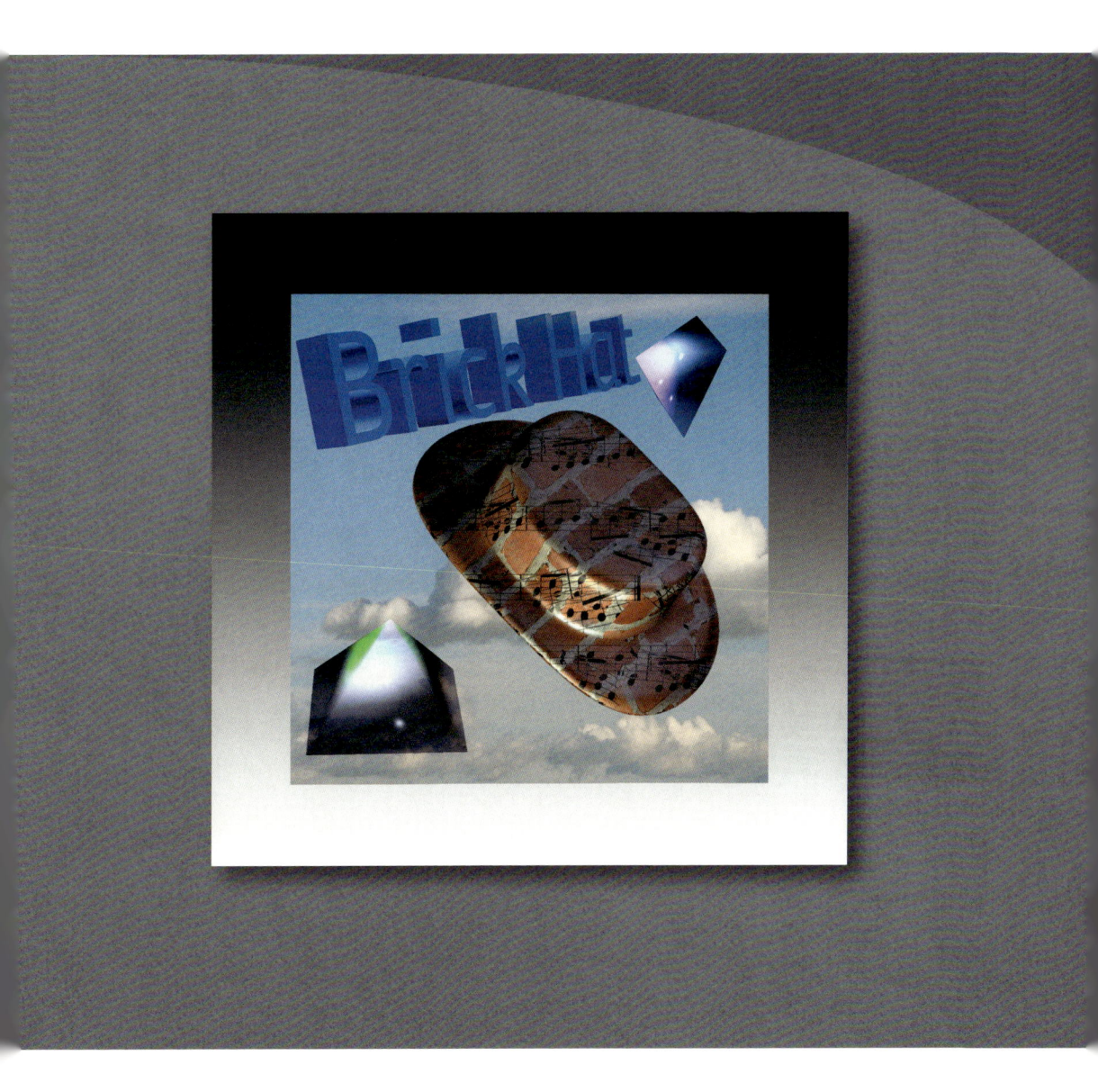

Artistas tradicionais da área de 3D passam horas, dias e semanas criando imagens com fotorrealismo. O Photoshop permite criar – e alterar – imagens 3D sofisticadas e precisas facilmente.

## Introdução

Esta lição explora os recursos 3D, disponíveis apenas no Adobe Photoshop CS4 Extended. Se você não estiver usando o Photoshop CS4 Extended, pule esta lição e passe para a Lição 13.

Nesta lição, você vai criar e fazer o ajuste fino da arte da capa do CD de uma banda fictícia chamada *Brick Hat*. Depois, você vai criar um cartão postal 3D a partir dessa arte para um anúncio.

Trabalhar com arte 3D pode exigir bastante capacidade de processador. Para um melhor desempenho, ative o OpenGL na caixa de diálogo Photoshop Preferences se sua placa de vídeo suportá-lo. Além disso, algumas ferramentas projetadas para o trabalho com imagens 3D não estarão disponíveis se sua placa de vídeo não suportar o OpenGL ou se ele não estiver ativado. Mas, independentemente disso, você deve poder completar a lição.

Primeiro, visualize a arte da capa do CD finalizada.

1 Inicie o Adobe Photoshop, mantendo pressionadas as teclas Ctrl+Alt+Shift (Windows) ou Command+Option+Shift (Mac OS) para restaurar as preferências padrão. (Consulte "Restaurando as preferências padrão", na página 16).

2 Quando solicitado, clique em Yes para confirmar que você quer redefinir as preferências.

3 Clique no botão Launch Bridge (Br) na barra do aplicativo para abrir o Adobe Bridge.

4 No Bridge, clique em Lessons no painel Favorites. Dê um clique duplo na pasta Lesson12 no painel Content e então dê um clique duplo na pasta 12End.

5 Visualize os arquivos 12End.psd e 12End_Layers.psd no painel Content. Se sua placa de vídeo suportar o Open GL, você deve ver as duas imagens. Os dois arquivos são a arte da capa do CD.

O arquivo 12End_Layers.psd inclui todas as camadas, antes de o arquivo ter sido achatado. Talvez seja útil consultá-lo à medida que você trabalha na lição.

## Crie uma forma 3D a partir de uma camada

O Photoshop inclui várias formas 3D predefinidas, de formas geométricas a objetos cotidianos, como uma garrafa de vinho ou um anel. Ao criar uma forma 3D a partir de uma camada, o Photoshop empacota a camada no objeto 3D predefinido. Você pode então girar, reposicionar e redimensionar o objeto 3D – pode até mesmo iluminá-lo de vários ângulos com luzes coloridas.

# LIÇÃO 12 | 377
## Trabalhando com Imagens em 3D

Você vai começar criando um chapéu 3D com a camada que contém a imagem de uma parede de tijolos.

1 No Bridge, dê um clique duplo na miniatura 12Start.psd para abrir o arquivo no Photoshop. O arquivo 12Start.psd contém várias camadas com os conteúdos da capa final do CD: texto, notas musicais, céu e uma textura de parede de tijolos.

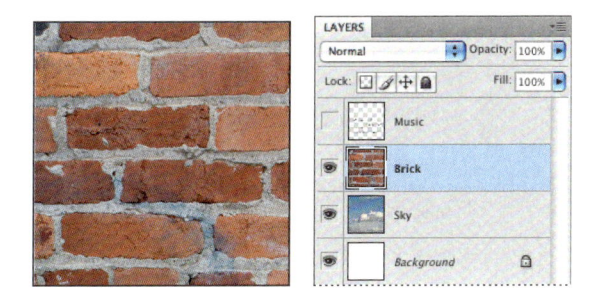

2 Escolha Window > Workspace > Advanced 3D para exibir os painéis 3D e Layers.

> **Nota:** Se a sua placa de vídeo não suporta o OpenGL, o Photoshop talvez alerte que a forma será renderizada pelo software. Clique em Ok para fechar o alerta

3 Selecione a camada Brick e escolha 3D > New Shape From Layer > Hat.

O Photoshop cria um objeto 3D, embrulhando a forma de um chapéu com a imagem bidimensional de tijolos.

## Manipule objetos 3D

A vantagem dos objetos 3D é, obviamente, que você pode trabalhar com eles em três dimensões. O Photoshop CS4 Extended inclui várias ferramentas básicas que deixam as ações de girar, redimensionar e posicionar objetos 3D fáceis. A ferramenta 3D Rotate e outras ferramentas agrupadas a ela no painel Tools permitem manipular o objeto em si. A ferramenta 3D Orbit e seu grupo permitem alterar as posições e ângulos da câmara, o que pode dar um ótimo efeito ao seu objeto.

Você pode usar as ferramentas 3D sempre que uma camada 3D for selecionada no painel Layers. Uma camada 3D comporta-se como qualquer outra camada – você pode aplicar estilos de camada, máscaras etc – mas pode ser bem complexa.

Ao contrário de uma camada comum, uma camada 3D contém uma ou várias *malhas*, que definem o objeto 3D. Na camada que você acabou de criar, a malha é a forma do chapéu. Cada malha, por sua vez, inclui um ou mais *materiais*, a aparência de uma parte ou de toda a malha. Cada material inclui um ou mais *mapas*, que são os componentes da aparência. Há nove mapas comuns, incluindo o mapa Bump, e só pode haver um de cada tipo; mas você também pode utilizar mapas personalizados. Os mapas contêm uma *textura*, a imagem que define como eles e os materiais se parecem. A textura pode ser um elemento gráfico de bitmaps simples ou um grupo de camadas. A mesma textura pode ser utilizada por diferentes mapas e materiais. Na camada que você acabou de criar, a imagem da parede de tijolos compõe a textura.

Além de malhas, uma camada 3D também inclui uma ou mais *luzes*, que afetam a aparência dos objetos 3D e permanecem em uma posição fixa enquanto você gira ou move o objeto. Ela também inclui *câmeras*, que são visualizações salvas, com os objetos em uma determinada posição. O *shader* cria a aparência final com base nos materiais, nas propriedades do objeto e no mecanismo de renderização.

Isso tudo pode parecer complicado, mas o aspecto mais importante a se ter em mente é que algumas ferramentas movem objetos no espaço 3D e outras movem as câmeras que visualizam o objeto.

**1** No painel Tools, selecione a ferramenta 3D Orbit (). Ao selecioná-la, várias outras ferramentas 3D tornam-se disponíveis na barra de opções.

**2** Na barra de opções, escolha Top no menu pop-up View. Você passa a ver o topo do chapéu.

● **Nota:** Se o OpenGL estiver ativado, um widget tridimensional, chamado 3D Axis, aparecerá na tela com vermelho, azul, e verde representando diferentes eixos. Você pode utilizar o 3D Axis para posicionar e mover o objeto.

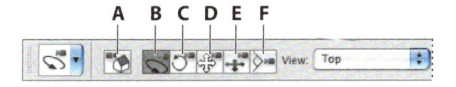

**A.** Retornar à posição inicial da câmara **B.** Ferramenta 3D Orbit
**C.** Ferramenta 3D Roll View **D.** Ferramenta 3D Pan View
**E.** Ferramenta 3D Walk View **F.** Ferramenta 3D Zoom

As opções no menu View determinam o ângulo em que você vê o objeto.

**3** No painel Tools, selecione a ferramenta 3D Rotate ().

**4** Clique no centro do chapéu e arraste-o para fora, em um círculo, em torno da borda da composição. Também arraste-o diagonalmente para ter uma ideia de como a ferramenta 3D Rotate move o objeto nos eixos x e y.

**5** Selecione a ferramenta 3D Roll (☉) na barra de opções. Arraste o chapéu. Observe que é possível girar o chapéu, mas o movimento é limitado a um só eixo.

**6** Selecione a ferramenta 3D Pan (✥) na barra de opções. Arraste o chapéu de um lado o outro, vertical ou horizontalmente. Com a ferramenta 3D Pan você pode mover o objeto no plano, mas não pode girá-lo.

**7** Selecione a ferramenta 3D Scale (▩) na barra de opções. Clique um pouco acima do chapéu e arraste o cursor em direção ao centro do chapéu até que os valores X, Y e Z na barra de opções sejam todos **0.75**. O chapéu tem 75% do seu tamanho original.

Você usou várias ferramentas para manipular o chapéu; agora, vai inserir valores para posicionar o chapéu exatamente onde deseja.

8 Selecione a ferramenta 3D Rotate ( ) na barra de opções. Então, na área Orientation da barra de opções, digite **11** para X, **45** para Y e **−37** para Z.

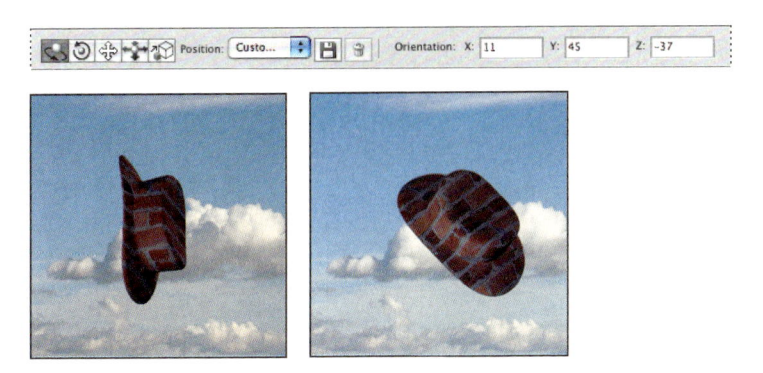

Você pode usar as ferramentas 3D para reposicionar e girar um objeto 3D manualmente ou, se souber exatamente onde quer posicionlá-lo, selecione a ferramenta 3D Rotate ( ) e digite valores na barra de opções.

9 Escolha File > Save As. Abra a pasta Lesson12 e salve o arquivo como **12Working.psd**. Clique em OK se a caixa de diálogo Photoshop Format Options aparecer.

## Utilize o painel 3D para ajustar a iluminação e a textura da superfície

Uma das vantagens de se trabalhar com um objeto tridimensional é que você pode ajustar os ângulos de iluminação e a textura da superfície do objeto. O painel 3D fornece acesso rápido às configurações para a cena, a malha, os materiais e a iluminação.

1 No painel 3D (Scene), selecione o componente Hat Material. As opções na área inferior do painel mudam.

**2** Digite **80 %** para Glossiness.

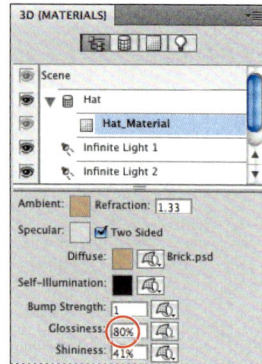

O Photoshop adiciona brilho ao chapéu, como se estivesse iluminando-o de frente.

**3** Clique no botão Filter By Light (💡) na parte superior do painel 3D. O painel 3D (Lights) exibe as opções de iluminação.

**4** Selecione o componente Infinite Light 2 no painel 3D.

**5** Selecione a ferramenta Rotate Light (🔄) no painel 3D (Lights).

● **Nota:** Se sua placa de vídeo não suportar OpenGL, o botão Toggle Lights não estará disponível. Entretanto, você pode girar a luz sem o guia.

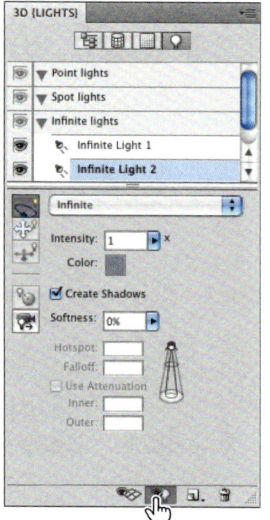

**6** Se sua placa de vídeo suporta OpenGL, clique no botão Toggle Lights (💡) na parte inferior do painel para visualizar a guia de luzes.

**7** Se as guias de luz estiverem visíveis, arraste a extremidade da lâmpada da guia que parece entrar no topo do chapéu. À medida que você arrasta a lâmpada para baixo, a luz sobre o chapéu muda. Se as guias não estiverem visíveis, mova o cursor para baixo na tela para mudar a luz.

Como você selecionou Infinite Light 2 no painel 3D (Lights), somente essa luz muda enquanto você move o cursor pela tela. Se você selecionar uma luz diferente, o mesmo movimento de cursor moverá a luz selecionada e criará um efeito diferente.

**8** Com Infinite Light 2 selecionada, clique na amostra ao lado de Color no painel 3D (Lights) e selecione uma cor amarela clara. Ao selecionar uma cor para a luz, você pode visualizá-la na janela da imagem. Se estiver satisfeito com a cor, clique em OK para fechar a caixa de diálogo Select Light Color. Clique no botão Toggle Lights novamente para ocultar as guias de luz.

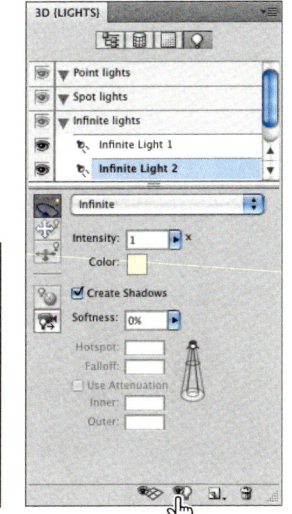

**9** Escolha File > Save para salvar seu trabalho.

## Visualize cortes transversais 3D

Você pode girar objetos 3D, alterar sua iluminação e mover as posições de câmera. Mas que tal ver o que está acontecendo dentro do objeto? Designers de produtos, profissionais da área de saúde e engenheiros muitas vezes têm de trabalhar com objetos 3D por fora e por dentro. É fácil ver um corte transversal de um objeto 3D no Photoshop CS4 Extended.

Dê uma espiada no capô desse belo carro antigo para ver como os cortes transversais funcionam.

O carro 3D foi criado em um aplicativo 3D e importado para o Photoshop. Você pode visualizar um corte transversal de qualquer camada 3D, mas a quantidade de informações que você vê no corte transversal depende de como o objeto foi criado e quais detalhes o autor incluiu.

Para examinar um corte transversal, selecione Cross-Section no painel 3D.

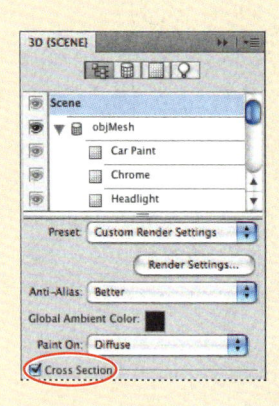

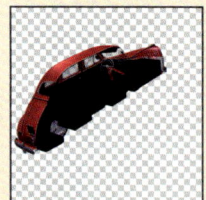

Neste exemplo, Cross-section corta o carro ao meio para que o interior fique visível. Porém, ele está bastante escuro e é difícil ver os detalhes. Você pode ajustar a iluminação dos cortes transversais utilizando o painel 3D.

Assim como pode alterar a iluminação ao visualizar a parte externa de um objeto, você também pode alterar a intensidade, a direção e outros atributos das luzes para um corte transversal. Isso é especialmente útil para girar a luz de modo que você possa enfatizar diferentes partes do interior.

Para retornar à visualização do objeto completo, desmarque Cross-Section no painel 3D.

# Mescle camadas bidimensionais em camadas 3D

Você criou a camada tridimensional empacotando uma imagem bidimensional em torno de uma forma, mas você pode empacotar mais camadas 2D na mesma forma. Apenas posicione-as onde achar melhor e então mescle-as; elas seguirão a forma do objeto 3D. Você vai mesclar uma camada de notas musicais ao chapéu.

1 No painel Layers, selecione a camada Music e deixe-a visível. A camada Music é uma camada bidimensional de notas musicais; ela deve ser a primeira camada no painel Layers para que apareça em frente ao chapéu e ao céu.

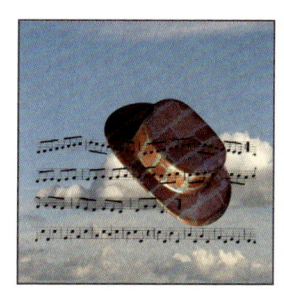

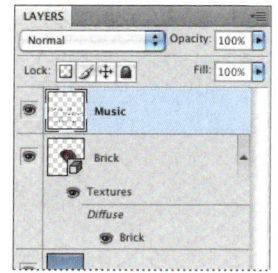

2 Selecione a ferramenta Move (▶✥) no painel Tools e posicione a camada Music para que as notas fiquem centralizadas sobre o chapéu.

3 Escolha Layer > Merge Down. As notas musicais são posicionadas em torno do chapéu e a camada Music não está mais listada no painel Layers.

Quando você utiliza o comando Merge Down, o Photoshop mescla a camada selecionada com a camada diretamente abaixo dela no painel Layers. As duas camadas tornam-se uma só, mantendo o nome da camada inferior.

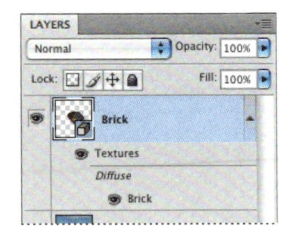

## Importe arquivos 3D

No Photoshop CS4 Extended, você pode abrir e trabalhar com arquivos 3D criados por aplicativos como Adobe Acrobat 9 Professional Extended, 3D Studio Max, Alias, Maya e Google Earth. Você também pode trabalhar com arquivos salvos em Collada, um formato de troca de arquivos suportado pela Autodesk, por exemplo. Quando você adiciona um arquivo 3D como uma camada 3D, ele inclui o modelo 3D e um fundo transparente. A camada utiliza as dimensões do arquivo existente, mas você pode redimensioná-la.

Você vai criar uma nova camada 3D a partir do arquivo 3D de uma pirâmide e reduzir seu tamanho.

1 No painel Layers, oculte a camada Brick para que apenas o céu permaneça visível.

2 Selecione a camada Sky e escolha 3D > New Layer From 3D File. Navegue até a pasta Lesson12 e dê um clique duplo no arquivo Pyramid.obj. (No Windows, escolha All Formats no menu pop-up File Type para ver o arquivo listado.)

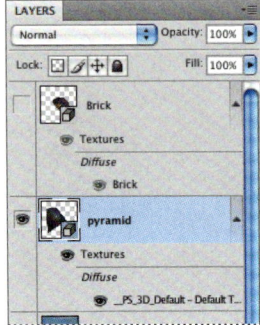

Uma pirâmide aparece na janela da imagem e o Photoshop adiciona uma camada 3D chamada Pyramid acima da camada Sky no painel Layers. Ao criar uma camada 3D a partir de um arquivo importado, ele sempre será adicionado acima da camada selecionada.

**3** No painel Layers, verifique se a camada Pyramid está selecionada e então escolha Linear Light no menu pop-up Mode. Reduza o valor de Opacity para **85%**.

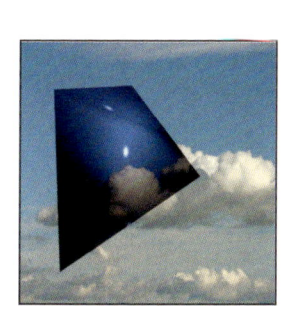

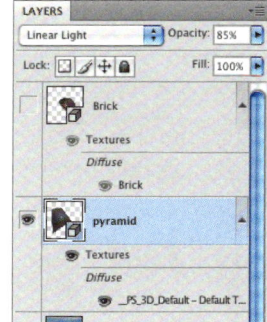

**4** Selecione a ferramenta 3D Scale ( ), oculta sob a ferramenta 3D Rotate ( ), no painel Tools.

**5** Clique acima da pirâmide e arraste o cursor em direção ao seu centro até que tenha metade do tamanho original. Os valores X, Y e Z na barra de opções devem ficar 0.5.

## Mescle camadas 3D para compartilhar o mesmo espaço 3D

Você pode incluir várias malhas 3D na mesma camada 3D. Malhas na mesma camada podem compartilhar efeitos de iluminação e ser giradas no mesmo espaço 3D (também chamado *scene* ), criando um efeito 3D mais realista.

Você vai duplicar a camada Pyramid e então mesclar as duas camadas na mesma camada 3D.

1 No painel Layers, certifique-se de que a camada Pyramid está selecionada e escolha Duplicate Layer no menu do painel Layers. Clique em OK na caixa de diálogo Duplicate Layer.

Uma segunda pirâmide aparece em frente à primeira.

● **Nota:** Para mesclar camadas 3D, suas câmeras devem estar iguais. Neste caso, como a camada foi duplicada, as câmeras já correspondem uma a outra.

2 Selecione as camadas Pyramid e Pyramid Copy e então escolha 3D > Merge 3D Layers.

As camadas mescladas estão exatamente na mesma posição. Para posicionar e girar uma malha individualmente, você deve selecionar a malha no painel 3D (Scene).

3 Selecione o componente objMesh de cima no painel 3D (Scene).

4 Selecione a ferramenta Drag The Mesh ( ) no painel 3D (Mesh).

5 Arraste a pirâmide até o canto superior direito da imagem.

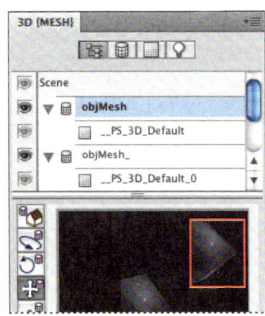

6 Selecione o componente objMesh_ no painel 3D (Mesh). O componente objMesh_ é a segunda malha listada e representa a pirâmide duplicada.

7   Arraste a segunda pirâmide até o canto inferior esquerdo da janela da imagem.

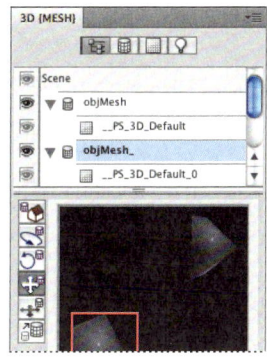

8   Com o componente objMesh_ ainda selecionado, selecione a ferramenta Roll The Mesh no painel 3D (Mesh). Então, clique no centro inferior da janela da imagem e arraste o cursor para a esquerda a fim de rolar a pirâmide para cima (não precisa ser perfeito).

Você pode usar as ferramentas de malha para mover uma malha selecionada separada das outras malhas na mesma camada. Mas, se você selecionasse a ferramenta 3D Roll padrão no painel Tools, todas as malhas na camada seriam movidas ao mesmo tempo.

9   Selecione a ferramenta Drag The Mesh na barra de opções e arraste a pirâmide que aponta para cima até o canto inferior esquerdo da janela da imagem.

10  Selecione o componente objMesh (a primeira malha) no painel 3D (Mesh) para retornar à pirâmide no canto superior direito. Em seguida, selecione a ferramenta Scale The Mesh no painel 3D (Mesh), clique no centro da pirâmide e arreste até que os valores X, Y e Z sejam todos **0.6** para que a pirâmide tenha 60% do seu tamanho original.

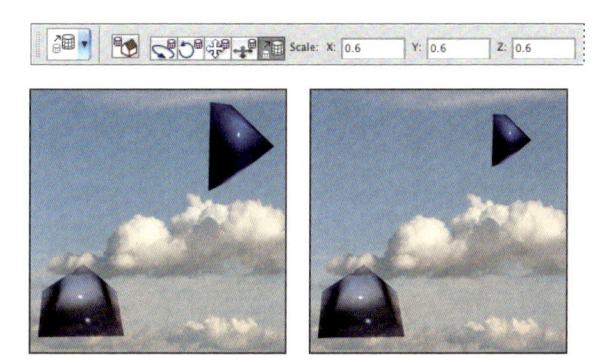

11  Selecione a ferramenta Rotate The Mesh no painel 3D (Mesh) e então gire a pirâmide para que ela fique igual à próxima imagem. Arrastamos a ponta direita da pirâmide de cima em direção ao canto superior esquerdo da tela de

pintura. Talvez você precise usar a ferramenta Drag The Mesh para reposicionar a pirâmide depois que a girar.

**12** Selecione Infinite Light 1 no painel 3D e então selecione a ferramenta Rotate The Light (  ) no painel 3D (Lights) e clique no botão Toggle Lights (  ). (O botão Toggle Lights só estará disponível se o OpenGL estiver ativado.)

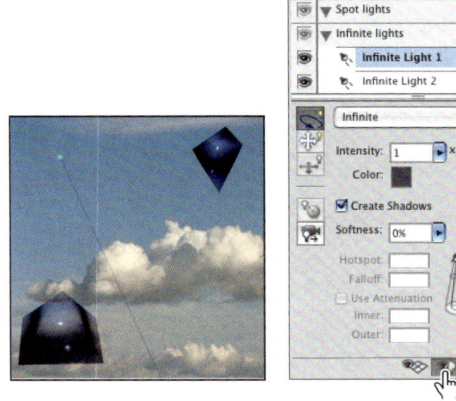

**13** Arraste a fonte de luz (representada pela lâmpada na guia de luz, se o OpenGL estiver ativado) até o canto inferior direito para alterar a iluminação das duas pirâmides.

Embora as pirâmides sejam malhas diferentes, elas podem compartilhar a mesma fonte de luz porque ocupam a mesma camada 3D.

**14** Clique no botão Toggle Lights novamente para ocultar as guias de luz e então escolha File > Save.

## Adicione uma luz spot

Até agora, você manipulou fontes de luz infinita para objetos 3D. É possível intensificar a luz de uma área específica do objeto utilizando uma luz spot. Você vai usá-la para adicionar cor a uma das pirâmides.

**1** Certifique-se de que o painel 3D exibe as opções de iluminação; seu título deve ser 3D (Lights). Do contrário, clique no botão Filter By Lights.

**2** Clique no botão Create A New Light () na parte inferior do painel 3D (Lights) e escolha New Spot Light.

Spot Light 1 aparece no painel 3D (Lights) na categoria Spot Lights, mas nada muda na janela da imagem.

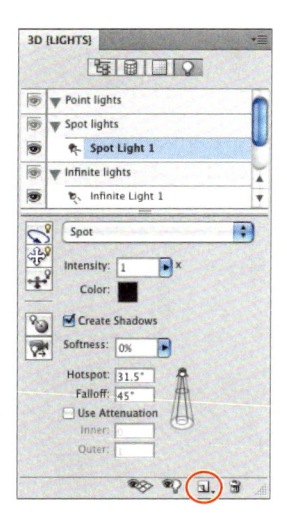

**3** Clique na amostra Color no painel 3D (Lights) e selecione uma cor magenta (utilizamos RGB 215, 101, 235). Clique em OK para fechar a caixa de diálogo Select Light Color.

**4** No painel 3D (Lights), altere Intensity para **0.7**.

**5** Selecione a ferramenta Rotate The Light () no painel 3D (Lights) e então clique na imagem e arraste o cursor para baixo até que a pirâmide de cima tenha sobre ela uma luz spot magenta.

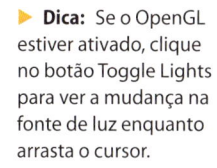

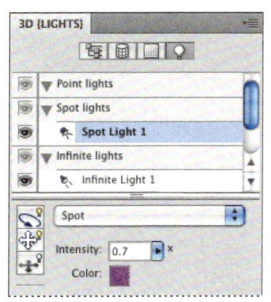

▶ **Dica:** Se o OpenGL estiver ativado, clique no botão Toggle Lights para ver a mudança na fonte de luz enquanto arrasta o cursor.

6 No painel Layers, deixe a camada Brick visível para que você possa ver todos os elementos da imagem. Então, escolha File > Save.

● **Nota:** Se sua placa de vídeo não suportar OpenGL, você não verá o Axis 3D. Você pode pular esse exercício e completar a lição.

## Utilize o 3D Axis para manipular objetos 3D

Manipular objetos em um ambiente 3D às vezes pode ser difícil e confuso. Para dar maior controle sobre os eixos *x*, *y* e *z*, a Adobe fornece um widget chamado Axis 3D. Se o OpenGL estiver ativado, o Axis 3D aparece automaticamente no canto superior esquerdo da imagem quando uma camada 3D é selecionada.

A caixa na base do Axis 3D dimensiona o objeto 3D. Cada uma das setas coloridas representa um eixo: vermelho para o eixo *x*, verde para o eixo *y* e azul para o eixo *z*. Clique na ponta de uma seta para mover o objeto nesse eixo; clique no arco para girar no eixo; clique no bloco para apenas redimensionar no eixo.

1 No painel Layers, selecione a camada Brick.

2 Selecione a ferramenta 3D Rotate no painel Tools e mova o cursor sobre o 3D Axis. Observe a barra cinza que aparece acima do 3D Axis à medida que o cursor se aproxima dela. Essa barra permite redimensionar, reposicionar ou mesmo ocultar o 3D Axis.

3 Arraste a barra cinza acima do 3D Axis para outra área na imagem. O 3D Axis move-se com a barra cinza.

4 Clique na lente de aumento à direita da barra cinza e mova o cursor para a direita a fim de expandir o 3D Axis. Mova o cursor para a esquerda para reduzir o tamanho do 3D Axis.

*Movendo o 3D Axis*      *Ampliando o 3D Axis*

**5** Clique no bloco central na base do 3D Axis e então arraste-o para cima a fim de ampliar o chapéu.

**6** Clique no bloco na seta azul e arreste-a para baixo para redimensionar o objeto no eixo z.

*Redimensionando o objeto em todos os eixos*

*Redimensionando o objeto no eixo z*

**7** Mova o cursor sobre o arco na seta azul até ver um círculo amarelo. Em seguida, arraste esse círculo para girar o objeto no eixo z.

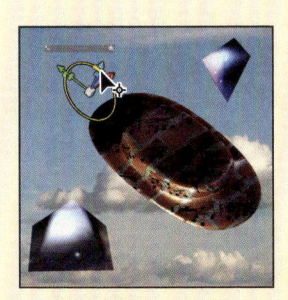

**8** Posicione o mouse sobre o ponto da seta azul e arraste-o diagonalmente para reposicionar o chapéu no eixo z.

**9** Se estiver satisfeito com as modificações feitas, escolha File > Save. Para retornar à posição anterior do chapéu, escolha File > Revert. O Photoshop volta à última versão que você salvou.

## Pinte um objeto 3D

Você pode pintar diretamente objetos 3D no Photoshop CS4 Extented utilizando qualquer pincel do Photoshop.

1 Selecione a camada Pyramid e então selecione a ferramenta Brush ( ) no painel Tools.

2 Clique na amostra Foreground Color no painel Tools e selecione uma cor verde clara (utilizamos RGB 25, 207, 16).

3 Selecione um pincel macio de 65 pixels e pinte a ponta da pirâmide de baixo. A tinta verde segue as bordas do objeto e não afeta nada mais na imagem.

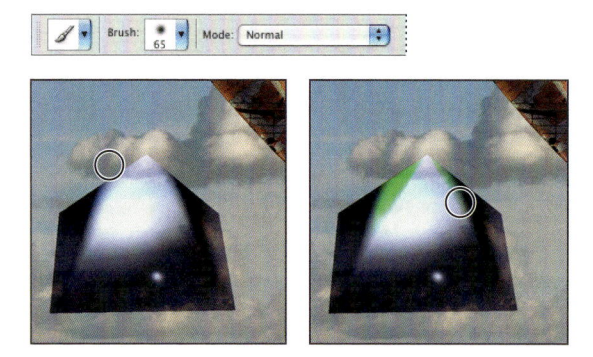

## Adicione texto 3D

Você também pode importar arquivos tridimensionais que contêm texto para o Photoshop CS4 Extented. Girar e manipular texto em uma cena 3D pode gerar resultados interessantes e divertidos.

Você vai importar o título da arte da capa do CD como um objeto 3D e então posicioná-lo na imagem.

1 Selecione a camada Brick e escolha 3D > New Layer From 3D File.

2   Navegue até a pasta Lesson12 e dê um clique duplo no arquivo title.obj. O Photoshop importa o texto e adiciona uma camada 3D chamada title logo acima da camada Brick.

3   Com a camada Title selecionada, escolha Vivid Light no menu Mode no painel Layers e reduza Opacity para **80%**.

4   Selecione a ferramenta 3D Pan (✥) no painel Tools e arraste o texto até o canto inferior esquerdo da tela de pintura.

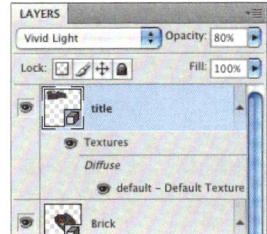

5   Selecione a ferramenta 3D Rotate (🔄) e gire o texto para que fique um pouco mais fácil de ler.

6   Escolha File > Save para salvar seu trabalho.

## Crie um cartão postal 3D

No Photoshop CS4 Extented, você pode transformar um objeto 2D em um cartão postal 3D que pode ser manipulado em perspectiva em um espaço 3D. Para criar um cartão postal 3D, você deve achatar todas as camadas no Photoshop.

Você vai usar um cartão postal 3D para preparar a arte da capa do CD para o uso em um anúncio maior.

1 No painel Layers, escolha Flatten Image no menu de painel. Clique em OK quando perguntado se quer achatar as camadas.

Todas as camadas tornam-se uma só camada Background.

2 Escolha 3D > New 3D Postcard From Layer.

A camada Background torna-se uma camada 3D. A imagem parece não ter mudado, mas quando você adiciona um fundo, fica mais óbvio que ela é um objeto 3D. Agora, você vai redimensioná-la.

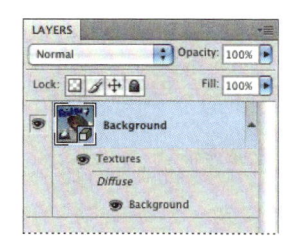

3 Selecione a ferramenta 3D Scale () no painel Tools. No painel de opções, digite **0.75** para os valores Y e X. Pressione Enter ou Return para aplicar os valores.

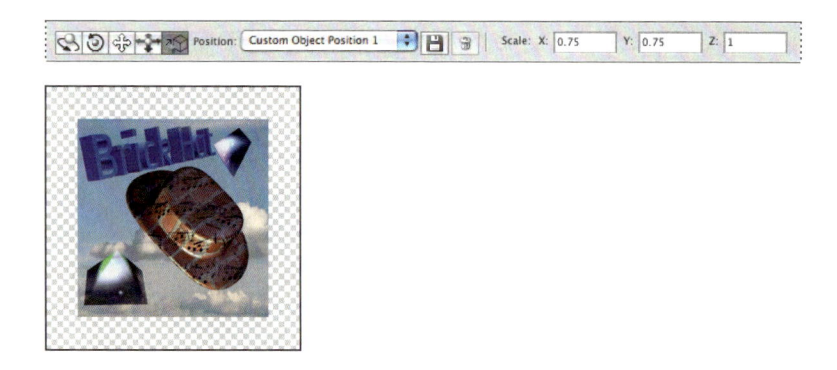

## Adicione um fundo em degradê

Você vai adicionar um degradê ao fundo para que o cartão postal se destaque.

1 Clique no botão Create A New Layer no painel Layers.

2 Renomeie a nova camada **Gradient** e arraste-a para baixo da camada Background no painel Layers.

3 Clique no botão Default Foreground And Background Colors no painel Tools para restaurar a cor do primeiro plano para preto e a cor do fundo para branco.

4 Selecione a ferramenta Gradient ( ) no painel Tools.

5 Arraste a ferramenta Gradient no centro da imagem da borda superior até a inferior.

## Anime uma camada 3D

Agora você está pronto para se divertir um pouco mais com seu cartão postal 3D. Você não só vai girá-lo no espaço 3D como também vai gravar o movimento em um filme QuickTime animado. Para ver a animação final, execute o arquivo Lesson12_end.mov na pasta Lesson 12. O Apple QuickTime deve estar instalado para que você possa ver a animação.

1 Renomeie camada Background **CD Cover**.

2 Escolha Window > Animation para abrir o painel Animation. O painel Animation lista as duas camadas.

3 No painel Animation, clique no triângulo ao lado da camada da capa do CD para exibir os atributos do seu keyframe. Talvez seja necessário redimensionar o painel para ver os atributos.

4 Clique no ícone de cronômetro (⌚) ao lado do 3D Object Position para criar um keyframe inicial; ele marca a posição do objeto em 0 segundos.

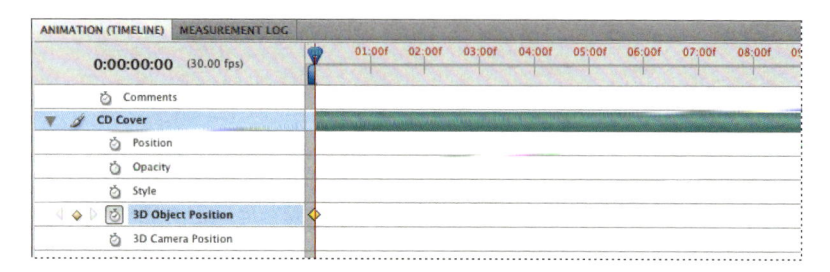

5 Arraste o indicador de hora atual até 3:00f. É aqui que você vai configurar o próximo keyframe, que registrará a posição do objeto neste ponto na linha de tempo.

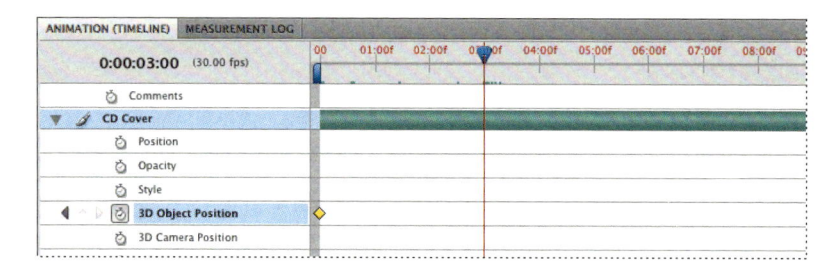

6 Selecione a ferramenta 3D Rotate (✋) no painel Tools.

LIÇÃO 12 | **399**
Trabalhando com Imagens em 3D

**7** Mantenha pressionada a tecla Shift enquanto clica no centro da borda esquerda da tela de pintura e arrasta o cursor até a borda direita. O cartão postal gira para que você possa ver seu dorso. O Photoshop adiciona um keyframe a 3:00f para marcar a nova posição.

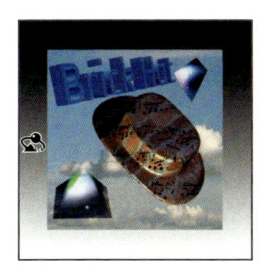

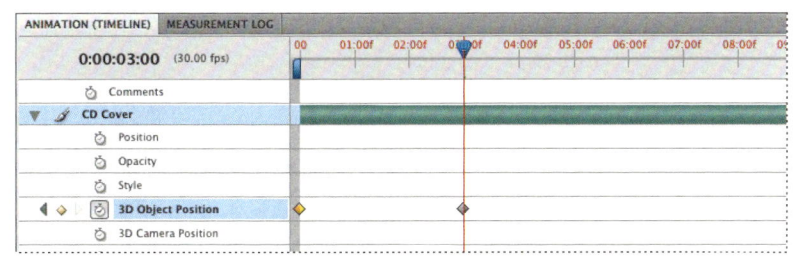

**8** Mova o indicador de tempo de volta ao início de linha de tempo e pressione Play. Pressione a barra de espaço para parar a reprodução.

Essa é uma pequena animação e está pronta para ser exportada.

**9** Arraste o ponto final da área de trabalho até 3:00f para que toda a área de trabalho esteja entre 0:00 e 3:00f. O Photoshop exibe os quadros incluídos na área de trabalho.

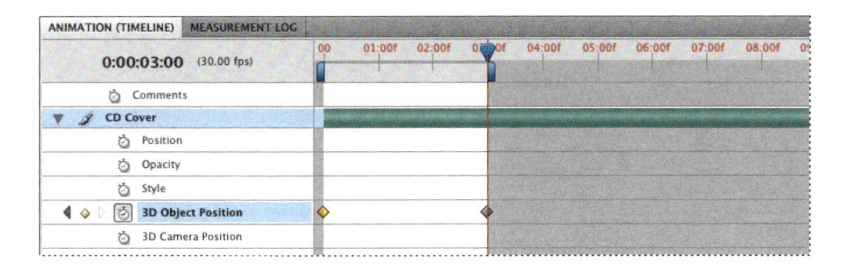

**10** Escolha File > Export > Render Video.

**11** Na caixa de diálogo Render Video, selecione QuickTime Export e escolha QuickTime Movie no menu pop-up. Clique em Settings.

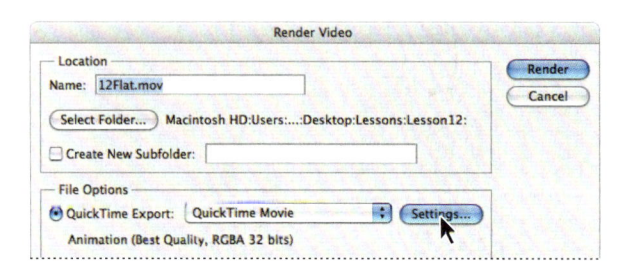

**12** Clique em Settings novamente na caixa de diálogo Movie Settings. No menu Compression Type, escolha H.264. Escolha 15 no menu Frame Rate. Configure Quality como Medium e selecione Faster Encode em Encoding. Clique em OK e clique em OK mais uma vez para retornar à caixa de diálogo Render Video.

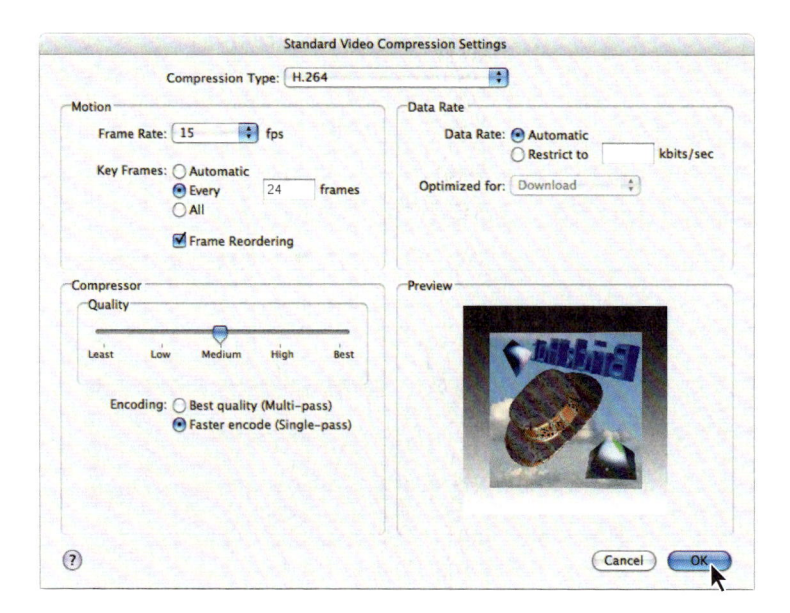

**13** Na caixa de diálogo Render Video, verifique se Currently Selected Frames está selecionado na área Ranger. Altere Size para **700** x **700**. Então, clique em Render.

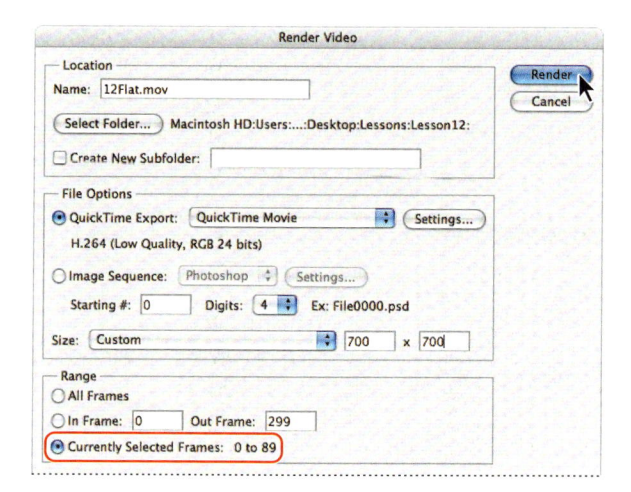

O Photoshop renderiza o filme na sua pasta Lesson12.

## Extras: Renderize arte para óculos 3D

Lembra aqueles filmes 3D que você assistia quando era criança (ou talvez mesmo quando adulto)? O Photoshop CS4 Extended facilita a criação de imagens que ganham vida com os tradicionais óculos 3D vermelho/azul. Você não pode criar os óculos no Photoshop, mas, se não tiver um par disponível, pode encontrá-los em uma pesquisa rápida na Internet ou visitando uma loja de brinquedos.

Você pode renderizar a arte da capa do CD para um efeito de visualização 3D.

1 Escolha 3D > Render Settings.

2 Na caixa de diálogo 3D Render Settings, selecione a última opção. No menu Stereo Type, escolha Red/Blue. Para Focal Plane, digite **50**. Para Parallax, digite **50**.

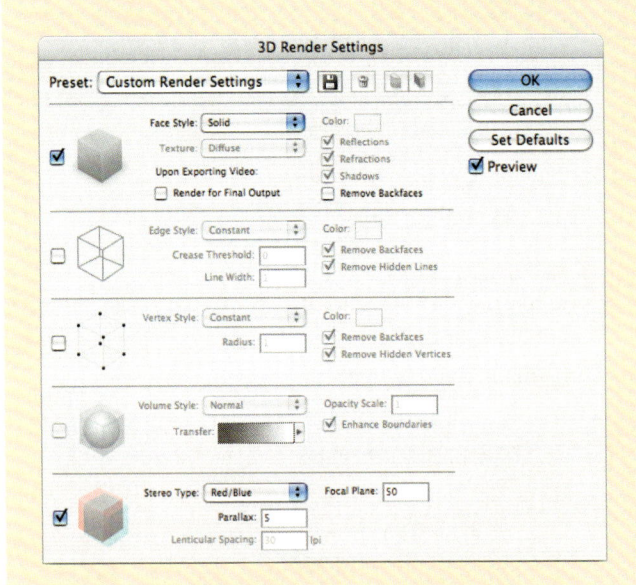

3 Clique em OK e exiba o filme novamente utilizando as mesmas configurações usadas para criar o filme QuickTime anterior.

Depois de criar o filme 3D, use óculos 3D para ver os objetos no cartão postal surgirem na tela!

## Perguntas de revisão

1 Como uma camada 3D se diferencia de outras camadas no Photoshop?
2 Qual é a diferença entre a ferramenta 3D Rotate e a ferramenta 3D Orbit?
3 Para que serve o painel 3D?
4 Por que mesclar duas camadas 3D?
5 Como você pode adicionar uma luz spot a um objeto 3D?

## Respostas

1 Uma camada 3D comporta-se como qualquer outra camada – você pode aplicar estilos de camada, máscaras etc. Mas, ao contrário de uma camada comum, ela também contém uma ou mais malhas que definem objetos 3D. Você pode trabalhar com malhas e com os materiais, mapas e texturas que elas contêm. Também pode ajustar a iluminação de uma camada 3D.

2 A ferramenta 3D Rotate ajusta a posição do próprio objeto 3D. A ferramenta 3D Orbit altera o ângulo da câmera a partir do qual o objeto é visualizado.

3 O painel 3D é utilizado para selecionar componentes na camada 3D e configurar opções para modificar malhas, iluminação, texturas e outros componentes da cena 3D.

4 Mesclar duas camadas 3D permite que você trabalhe com objetos 3D no mesmo espaço 3D. Em uma camada única, vários objetos 3D podem compartilhar as mesmas fontes de iluminação, por exemplo, mas as malhas podem continuar a ser manipuladas de maneira independente.

5 Para adicionar uma luz spot a um objeto 3D, selecione a camada no painel Layers. Então, clique no botão Create A New Light na parte inferior do painel 3D e escolha New Spot Light. Utilize as opções no painel 3D (Lights) para alterar as cores e a intensidade da luz. Por fim, clique na imagem e arraste a luz para posicioná-la.

# 13 TRABALHANDO COM IMAGENS CIENTÍFICAS

## Visão geral da lição

Nesta lição, você vai aprender a:

- Utilizar o Adobe Bridge para adicionar metadados e palavras-chave
- Pesquisar em um conjunto de arquivos com o Bridge
- Rotular e classificar imagens no Bridge
- Aprimorar as imagens para análise e apresentação
- Criar uma borda personalizada com linhas tracejadas
- Utilizar a ferramenta Measurement
- Registrar dados de medição no painel Measurement Log
- Exportar dados de planilhas a partir do painel Measurement Log
- Medir em perspectiva utilizando o recurso Vanishing Point
- Animar uma apresentação

Esta lição levará aproximadamente 90 minutos para ser concluída. Copie a pasta Lesson13 para sua unidade de disco rígido se ainda não fez isso. Ao trabalhar nesta lição, você preservará os arquivos iniciais. Se precisar restaurá-los, copie-os novamente do CD do livro.

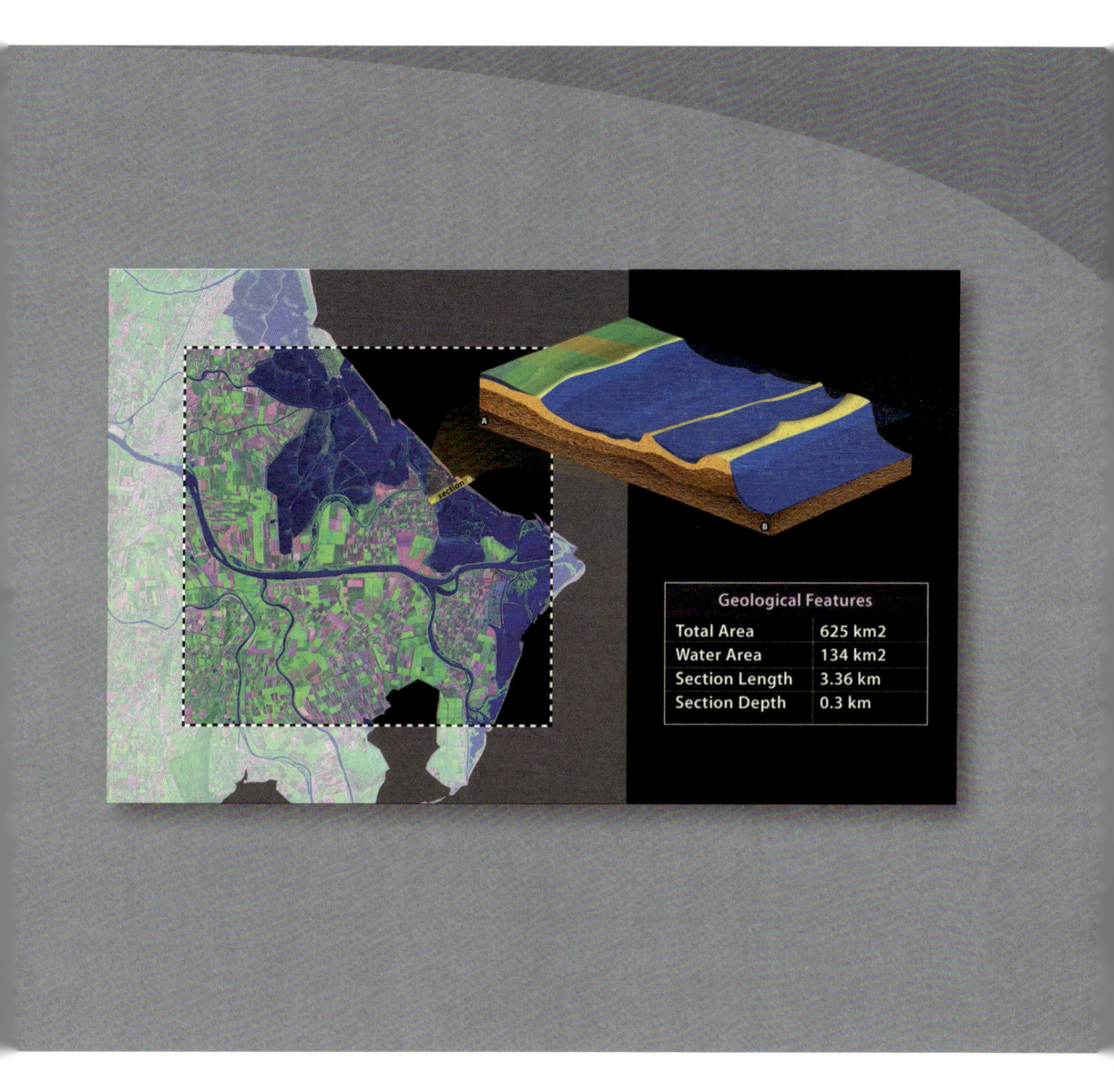

| Geological Features | |
|---|---|
| Total Area | 625 km2 |
| Water Area | 134 km2 |
| Section Length | 3.36 km |
| Section Depth | 0.3 km |

É muito fácil criar infográficos com as ferramentas do Photoshop e do Adobe Bridge – mesmo com imagens muito grandes. O Bridge organiza e classifica as imagens para que você possa ver e pesquisar exatamente aquelas que precisa. As ferramentas de medição e análise de imagens no Photoshop Extended fornecem as suas imagens uma dimensão extra.

## Introdução

Muitos profissionais utilizam o Photoshop para trabalhos altamente técnicos e precisos. Nesta lição, você vai montar um gráfico informativo sobre os níveis de água e massas de terra utilizando as imagens fornecidas pelo U.S. Geological Survey. Você verá que o Bridge é uma ferramenta valiosa para organizar e identificar imagens e também criar uma apresentação.

1 Inicie o Photoshop e pressione Ctrl+Alt+Shift (Windows) ou Command+Option+Shift (Mac OS) para restaurar as preferências padrão. (Consulte "Restaurando preferências padrão", na página 16).

2 Quando solicitado, clique em Yes para confirmar que você quer redefinir as preferências.

3 Escolha File > Browse In Bridge para abrir o Adobe Bridge.

Nesta lição, você vai trabalhar com arquivos muito grandes, selecionando somente a área necessária para fazer medições e comparações entre os dados. Você vai aprender que, na verdade, trabalhar com arquivos muito grandes no Photoshop não é diferente de editar outras imagens menores.

Esta lição também introduz o Photoshop Extended, uma versão do Photoshop CS4 com todos os recursos da versão padrão além de funções para mercados especializados – análise de imagens técnicas, cinema, vídeo e design tridimensional. Alguns exercícios nesta lição requerem as ferramentas de análise de dados e medição do Photoshop Extended. Se você não tiver o Photoshop Extended, complete esta lição até "Meça objetos e dados" e, então, leia o restante da lição ou salte para a revisão.

## Visualize e edite arquivos no Adobe Bridge

Como vimos nas lições anteriores, o Adobe Bridge ajuda a navegar pelos arquivos e pastas de imagens. Mas o Bridge é muito mais que um navegador. Sendo um aplicativo para diversas plataformas que inclui componentes do Adobe Creative Suite, o Bridge também ajuda a organizar e navegar pelos recursos necessários para criar conteúdo baseado em vídeo e áudio, em material impresso e na Web. Você pode iniciar o Bridge a partir de qualquer componente do Creative Suite (exceto o Adobe Acrobat) e utilizá-lo para acessar recursos Adobe ou outros recursos.

Você testará algumas dessas capacidades de gerenciamento enquanto explora e personaliza a janela do navegador Bridge. Você também organizará seções de mapas para uso no seu projeto de infográfico.

## Personalize visualizações e espaços de trabalho do Adobe Bridge

Os painéis no Adobe Bridge ajudam a navegar, visualizar, pesquisar e gerenciar informações de arquivos e pastas de imagens. O arranjo ideal e os tamanhos dos itens e áreas do Adobe Bridge dependem do seu estilo e preferências de trabalho. Dependendo das tarefas, pode ser importante verificar as imagens que estão em um arquivo; em outras ocasiões, visualizar informações sobre o arquivo pode ser a prioridade. Você pode personalizar o Bridge para aumentar sua eficiência nessas diferentes situações.

Neste procedimento, experimentaremos algumas visualizações personalizadas que você pode utilizar no Adobe Bridge. A figura a seguir mostra a configuração padrão das áreas do Adobe Bridge, embora você ainda não possa ver estas miniaturas na sua tela.

1 No canto superior esquerdo da janela do navegador do Bridge, clique na guia Folders e navegue até a pasta Lessons/Lesson13/Maps que você copiou para a sua unidade de disco a partir do CD do *Adobe Photoshop CS4 Classroom in a Book*. Para navegar, clique nas setas para abrir as pastas aninhadas ou dê um clique duplo nos ícones de pasta no painel Folders.

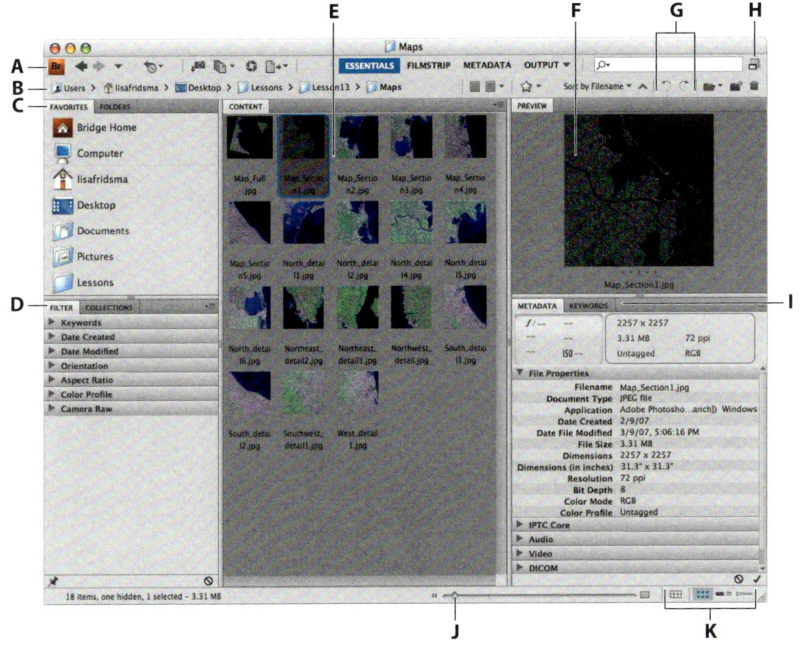

**A.** Barra de menus **B.** Caminhos das pastas **C.** Painéis Favorites e Folders **D.** Painéis Filter e Collections
**E.** Painel Content **F.** Painel de preview de miniaturas **G.** Botões de rotação **H.** Botão Compact mode
**I.** Painéis Metadata e Keywords **J.** Controle deslizante de miniaturas **K.** Botões de opções de visualização

2  No canto superior direito da janela do Bridge, clique na seta para expandir o menu pop-up Workspace e escolher Light Table.

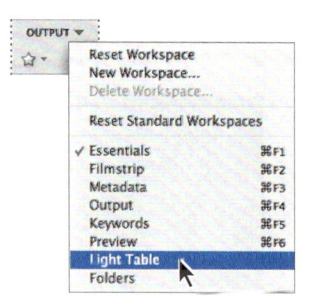

O Bridge exibe apenas o painel Content, com miniaturas das imagens na pasta Maps.

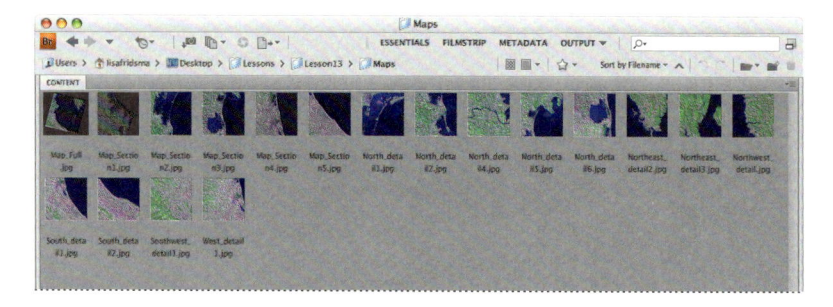

3  Na parte superior da janela do Bridge, clique em Essentials. O Bridge retorna ao espaço de trabalho original.

O painel Bridge Preview é atualizado interativamente, mostrando o preview das miniaturas dos arquivos de imagens selecionados. O Adobe Bridge exibe previews de arquivos de imagem nos formatos PSD, TIFF e JPEG bem como de arquivos vetoriais do Adobe Illustrator, arquivos Adobe PDF de várias páginas e documentos do Microsoft Office.

4  No painel Content, selecione a miniatura Map_Full.jpg.

Esta é uma das séries de fotografias aéreas tiradas no nordeste da costa italiana, próximo à Veneza. Outras imagens mostram detalhes desse mapa.

5 No lado direito da janela do navegador, veja as informações no topo do painel Metadata, incluindo a resolução e o tamanho do arquivo de imagem.

6 No painel Metadata, veja o conteúdo da área File Properties. Ela exibe informações adicionais sobre a imagem, incluindo o tipo de arquivo, a data em que foi criado e modificado, dimensões, profundidade em bits e modo de cor.

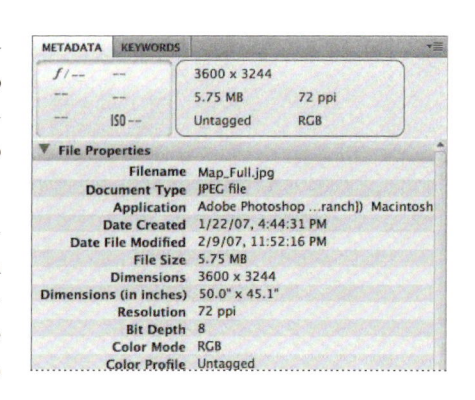

Essa imagem de 3600 x 3244 pixels é relativamente compacta (5,75 MB), mas fisicamente muito grande: ela mede 50 polegadas por 45,1 polegadas (ou 127 cm x 115 cm). Veremos que é fácil trabalhar com imagens muito grandes utilizando as ferramentas de precisão do Photoshop.

7 Na parte inferior da janela do Bridge, arraste o controle deslizante da miniatura para reduzir e expandir os previews. Expandir o preview tem o efeito de uma lupa, permitindo ampliar e inspecionar uma imagem mais de perto. Arraste o controle deslizante para a esquerda para reduzir o tamanho das miniaturas.

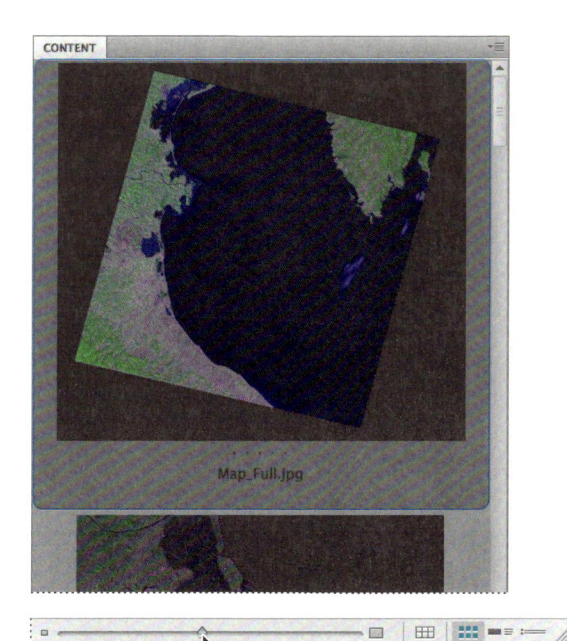

▶ **Dica:** Para ver um preview de uma imagem em tela cheia, selecione sua miniatura e pressione a barra de espaço. Para ver todas as imagens em uma pasta, pressione Ctrl+B (Windows) ou Command+B (Mac OS) para abrir o Review Mode.

8 Selecione diferentes espaços de trabalho utilizando os botões de espaço de trabalho na parte superior da janela do Bridge (como Essentials and Filmstrip) e do menu pop-up Workspace. Cada espaço de trabalho enfatiza diferentes informações, como o painel Metadata ou o painel Preview, para que você possa facilmente acessar as informações necessárias para uma determinada tarefa.

9 Clique no botão Essentials na parte superior da janela do Bridge para retornar ao espaço de trabalho padrão.

## Utilize o Bridge para organizar e pesquisar seus elementos

▶ **Dica:** No Bridge CS4, você pode pesquisar rapidamente arquivos específicos em todo o seu computador. Insira uma palavra-chave ou nome de arquivo na caixa de pesquisa no canto superior direito da janela do Bridge.

Você pode ver informações de arquivos rapidamente de várias maneiras: por palavras-chave, por informações filtradas ou por metadados. Agora, você verá mais de perto as informações dos metadados. Metadados são um conjunto de informações padronizadas sobre um arquivo, como o nome do autor, a resolução, o espaço de cores, os direitos autorais e as palavras-chave aplicadas ao arquivo. Você pode utilizar metadados para simplificar seu fluxo de trabalho e organizar seus arquivos.

1 Verifique se está no espaço de trabalho Essentials.

2 No painel Content, selecione a miniatura Map_Section1.jpg.

▶ **Dica:** Expandir o painel Metadata reduz a quantidade de rolagem que você precisa fazer para revisar e editar as informações.

3 Arraste a barra divisora do painel direito para a esquerda para expandir os painéis Preview e Metadata.

# LIÇÃO 13 | 411
Trabalhando com Imagens Científicas

**4** No painel Metadata, clique no triângulo (▶) ao lado do cabeçalho IPTC Core para expandi-lo, se já não estiver expandido.

As informações no painel Metadata são aninhadas sob cabeçalhos que você pode expandir ou recolher. No Bridge, você só pode editar diretamente alguns metadados IPTC.

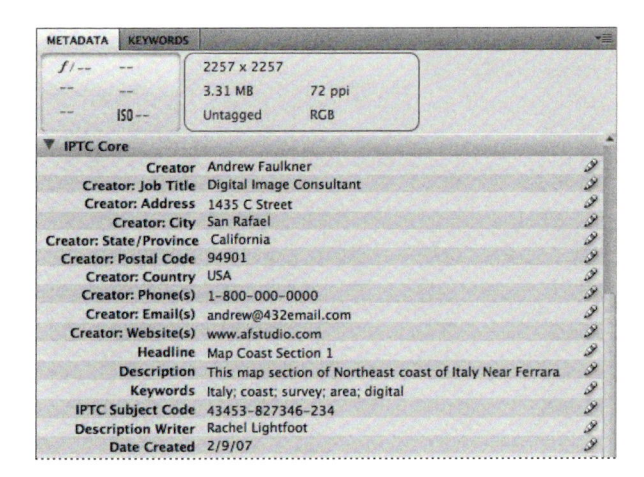

**5** Revise as informações no cabeçalho IPTC Core. As informações inseridas são sobre o arquivo, incluindo o nome e o endereço do autor do arquivo, uma descrição da imagem e as palavras-chave. Os ícones de lápis (✎) aparecem à direita dos itens que você pode editar.

Agora, adicione alguns metadados a uma imagem diferente.

**6** No painel Content, selecione a miniatura Map_Section3.jpg. Talvez seja necessário rolar para baixo para vê-la.

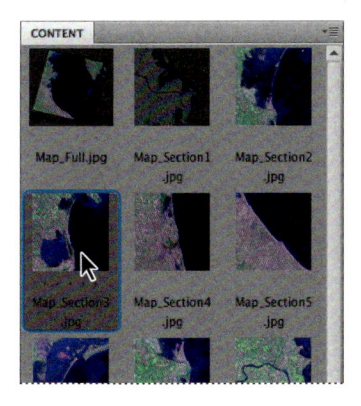

**7** Na área IPTC Core do painel Metadata, clique no ícone de lápis (✏) ao lado do primeiro campo, Creator. Campos em branco aparecem, indicando que você pode inserir informações.

**8** Em Creator, digite seu nome. Insira as informações nos campos a seguir, pressionando Tab para avançar para a próxima caixa de texto:

- Na guia Job Title, digite sua profissão.
- Em Address, digite seu endereço.
- Em Keywords, digite **coast**.

**9** Clique no botão Apply (✓) na parte inferior do painel Metadata para aplicar as modificações que fez.

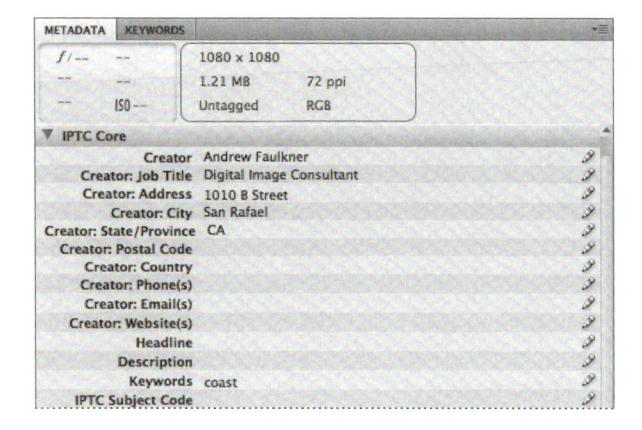

Procure outras imagens com a mesma palavra-chave.

**10** Arraste a barra divisora na direita para restaurar o tamanho dos painéis Metadata e Preview.

LIÇÃO 13 | **413**
Trabalhando com Imagens Científicas

**11** Para pesquisar todas as imagens com a palavra-chave "coast", escolha Edit > Find. Na caixa de diálogo Find, escolha Maps no menu pop-up Look In. Então, na área Criteria, escolha Keywords no primeiro menu pop-up e Contains no segundo e digite **coast** na caixa de texto. Deixe as outras configurações inalteradas e clique em Find.

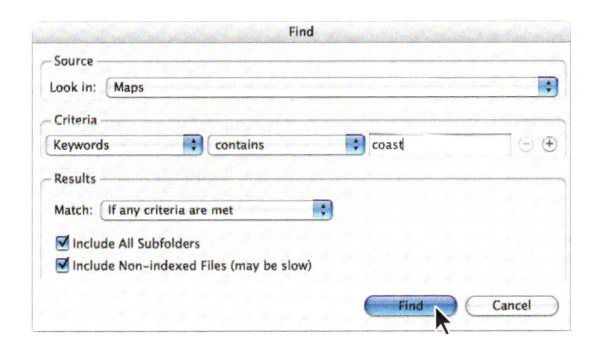

Duas imagens com a palavra-chave "coast" aparecem no painel Content.

**12** No lado direito da janela do Bridge, clique na guia Keywords para exibir o painel Keywords. Clique em uma imagem no painel Content para exibir as palavras-chave atribuídas a ela no painel Keywords.

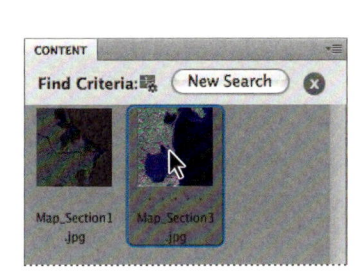

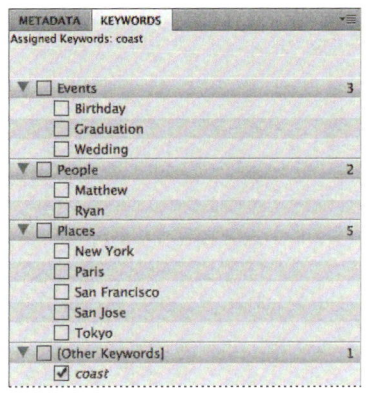

## Classifique e empilhe imagens

Você pode organizar as imagens no Bridge utilizando rótulos, incluindo estrelas ou cores ou empilhando imagens relacionadas.

1 No painel Content, clique com Shift pressionada para selecionar as duas imagens com a palavra-chave "coast".

2 Escolha Label > Approved. Uma barra verde aparece abaixo das imagens indicando seu estado. Você também pode classificar as imagens em ordem ascendente ou descendente utilizando os rótulos de estrela (1 a 5 estrelas).

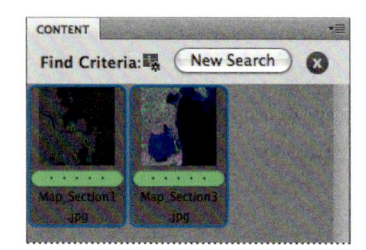

3 No canto superior esquerdo da janela do Bridge, clique no botão Go Back (⬅) para exibir novamente todas as imagens na pasta Maps.

Agora, rotule as melhores imagens do grupo.

4 No painel Content, clique com a tecla Control (Windows) ou com a tecla Command (Mac OS) pressionadas para selecionar as miniaturas North_detail5.jpg, South_detail2.jpg e West_detail1.jpg. Lembre-se de que você pode redimensionar as miniaturas na janela Content para ver mais imagens.

5 Escolha Label e selecione cinco estrelas para classificar todas as imagens com cinco estrelas.

No lado esquerdo da janela do Bridge, observe que o painel Filter exibe três imagens com classificações de 5 estrelas.

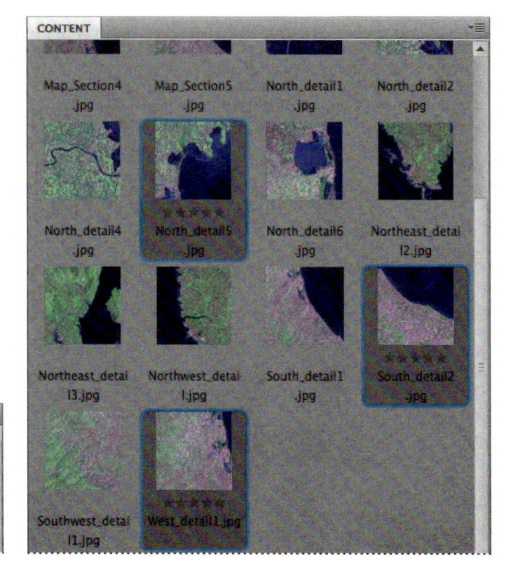

6 Clique na classificação de 5 estrelas sob o título Filter para exibir somente as três imagens classificadas no painel Content. Uma vez que as imagens são classificadas, fica fácil filtrar apenas as imagens pertinentes ao seu trabalho.

7 Clique no botão Clear Filter (◎) na parte inferior do painel Filter para exibir novamente todas as imagens na pasta Maps, incluindo aquelas que receberam a classificação 5 estrelas. Você também pode clicar na classificação de 5 estrelas novamente para desmarcá-la e então visualizar todas as imagens.

Classificar as imagens o ajuda a selecionar rapidamente um grande número de imagens.

Agora, você vai agrupar imagens relacionadas em pilhas para poder visualizá-las e recuperá-las mais facilmente. Pilhas são uma maneira conveniente de agrupar arquivos visualmente.

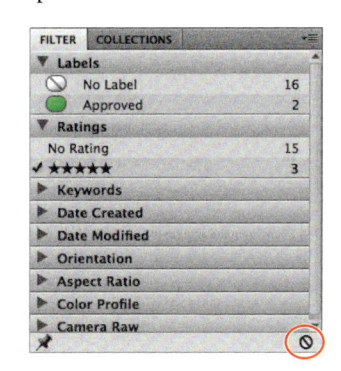

8 Com a tecla Shift pressionada, clique para selecionar as cinco das miniaturas North_detail: de North_detail1.jpg até North_detail6.jpg (não existe uma miniatura North_detail3.jpg). Escolha Stacks > Group As Stack. Clique em uma área em branco do painel Content para remover a seleção do grupo que você acabou de criar.

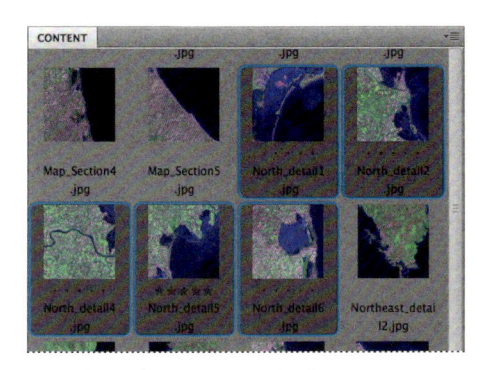

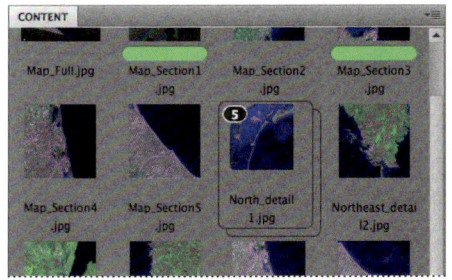

O número no canto superior esquerdo da miniatura indica o número de arquivos na pilha.

**9** Repita o Passo 8 para as duas miniaturas Northeast_detail e uma miniatura Northwest_detail. Você pode utilizar um atalho de teclado para criar a pilha rapidamente: selecione as miniaturas e pressione Ctrl+G (Windows) ou Command+G (Mac OS) para agrupá-las.

**10** Crie uma terceira pilha que inclui as duas miniaturas South_detail e Southwest_detail.

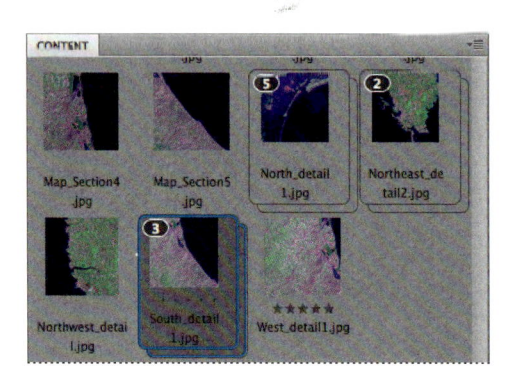

Assim ficou mais fácil identificar as seções do mapa por região quando você precisar localizá-las para seu trabalho. Para abrir uma pilha, clique no número no canto superior esquerdo; para ocultar a pilha, clique no número novamente.

## Visualize as informações sobre os arquivos

Você vai visualizar as informações sobre o arquivo que vai abrir para descobrir com quais vai trabalhar.

**1** No painel Content, selecione a miniatura Map_Section1.jpg.

O Bridge lista várias informações sobre um arquivo selecionado na área File Properties do painel Metadata.

2 Selecione a guia Metadata e visualize a área File Properties (expanda File Properties ou role para ver a área se não estiver visível).

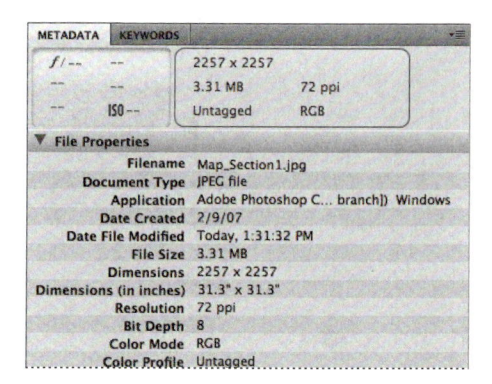

Ao revisar as informações sobre o arquivo, você pode ver que se trata de uma imagem JPEG, com 31,3 polegadas quadradas (ou 80cm²), resolução de 72 ppi, profundidade em bits de 8 e modo RGB. Você pode localizar essas mesmas informações no Photoshop, mas o Bridge exibe-as de uma maneira mais concisa.

3 No painel Content, dê um clique duplo na miniatura Map_Section1.jpg para abrir a imagem no Photoshop. Embora seja bem grande – quase 3 pés quadrados (ou 91cm²) –, essa imagem aparece como qualquer outra imagem na tela, mas abre em uma visualização de 25% a 33%.

Outra maneira de visualizar as informações sobre um arquivo é usar a barra de status no Photoshop.

4 Na barra de status na parte inferior da janela da imagem, clique no triângulo para exibir o menu pop-up e escolha Show > Document Dimensions.

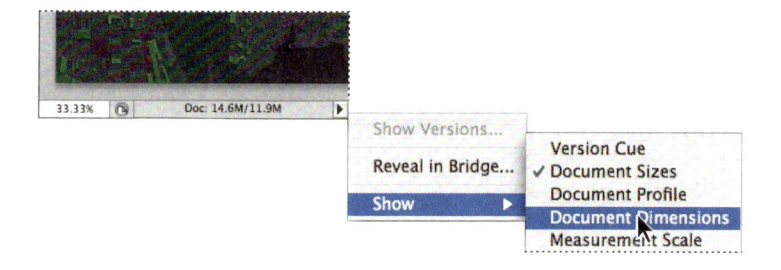

O Photoshop exibe as dimensões na barra de status.

5 Selecione outras opções do menu Show para exibir informações adicionais sobre arquivos, incluindo o perfil do documento (RGB sem tag), escala de medição (atualmente configurada no padrão de 1:1 pixel), dimensões iniciais (representando a quantidade de memória atualmente utilizada pelo Photoshop para exibir todas as imagens abertas e a quantidade total de RAM disponível para processamento de imagens, respectivamente) e a ferramenta atual.

6 Escolha File > Save As. Para o formato, escolha Photoshop em Format, renomeie o arquivo como **13Working.psd**, navegue até a pasta Lesson13 e clique em Save.

## Aumente o brilho e a cor em uma imagem

Antes de mergulhar no projeto de medição, você vai aprimorar a imagem com a qual vai trabalhar em todo este exercício. Esta imagem está um pouco escura e é pobre em detalhes. Você deve clareá-la para revelar mais os detalhes e intensificar as cores de modo que ela não pareça tão lavada.

1 Clique no botão Levels no painel Adjustments para criar uma camada de ajuste.

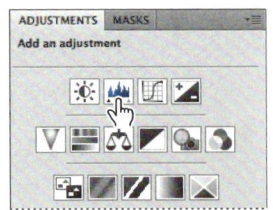

O histograma mostra a maioria dos pixels da imagem amontoada nas sombras e nos meios-tons.

▶ **Dica:** Em vez de mover os controles deslizantes, você pode selecionar o conta-gotas apropriado e arrastá-lo pela janela da imagem para ajustar sombras, áreas claras ou meio-tons.

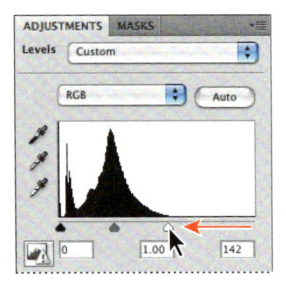

2 Arraste o controle deslizante Input Levels branco para a esquerda, mais ou menos no ponto em que os pixels começam a se amontoar ou perto do valor **142**. Utilizamos Input Levels de 0, 1.00 e 142.

A imagem ainda parece um pouco lavada. Corrija isso.

**3** Clique no botão Return To Adjustment List (◀) na parte inferior do painel Adjustments.

**4** Clique no botão Hue/Saturation no painel Adjustments para criar outra camada de ajuste.

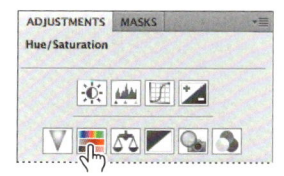

**5** Aumente Saturation para **+20** e clique no botão Return To Adjustment List novamente.

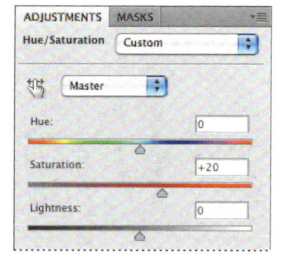

**6** Escolha File > Save para salvar seu trabalho até agora. Clique em OK na caixa de diálogo Photoshop Format Options.

## Crie uma borda de mapa e uma área de trabalho

Para começar a criar um infográfico a partir do segmento desse mapa, selecione um quadrante de 25 quilômetros quadrados no mapa utilizando um contorno de seleção de tamanho fixo e adicione uma borda a ele.

O mapa em que você vai trabalhar tem uma escala predeterminada de 1605 pixels para 25 quilômetros. Primeiro, você precisa configurar a unidade de medição adequada para então poder localizar o centro da imagem utilizando as réguas.

1 Escolha Edit > Preferences > Units And Rulers (Windows) ou Photoshop > Preferences > Units And Rulers (Mac OS). Na área Units, escolha Pixels no menu pop-up Rules. Clique em OK.

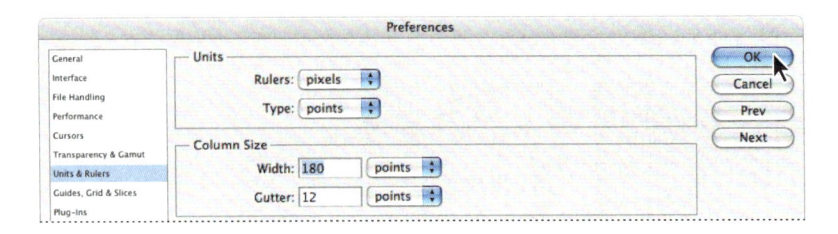

Você vai adicionar guias para ajudá-lo a medir.

2 Escolha Window > Info para abrir o painel Info.

● **Nota:** Se posicionar a guia no local errado, pressione Control (Windows) ou Command (Mac OS) e arraste a guia para fora da janela da imagem. Arraste então uma nova guia até o local correto.

3 Escolha View > Rulers para exibir as réguas nas margens superior e esquerda da janela da imagem. Arraste uma guia a partir da régua superior até que o valor Y no painel Info seja 326 pixels. (Amplie a imagem se tiver dificuldades para mover até exatamente 326 pixels.)

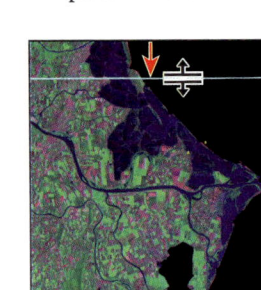

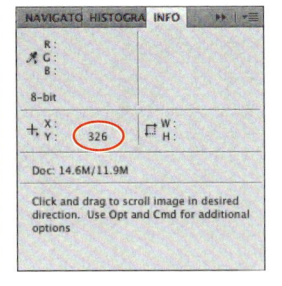

A borda de 326 pixels mais a área interna de 1605 pixels quadrados é igual ao tamanho de 2257 pixels quadrados da imagem. Você pode verificar essa medição selecionando a imagem na seção Content do Bridge e vendo os metadados.

4 Arraste uma guia a partir da régua esquerda até que o valor X no painel Info seja 326 pixels.

5 Selecione a ferramenta Rectangular Marquee ([]) no painel Tools. Na barra de opções, escolhe Fixed Size no menu pop-up Style. Digite **1605 px** nas caixas Width e Height. De acordo com a escala do mapa, esse valor é equivalente a 25 quilômetros.

**6** Onde as guias se cruzam, clique na ferramenta Rectangular Marquee para configurar um contorno de seleção de 1605 pixels quadrados. Agora, sua área de seleção está precisamente centralizada dentro da imagem.

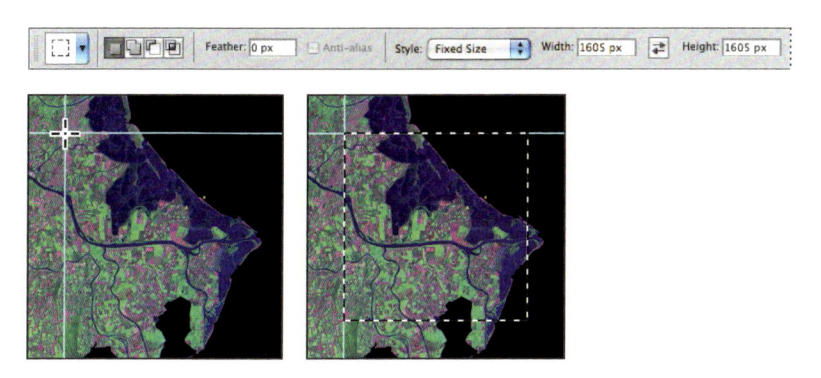

Você vai iluminar a área em torno do quadrado centralizado para dar foco a sua área de trabalho. Primeiro, você vai inverter a seleção para que a área da borda seja a selecionada.

**7** Escolha Select > Inverse.

**8** Selecione a camada Background no painel Layers. Clique no botão Hue/Saturation no painel Adjustments para criar uma camada de ajuste. Aumente Lightness para **+31** e clique no botão Return To Adjustment List (◀) na parte inferior do painel Adjustments.

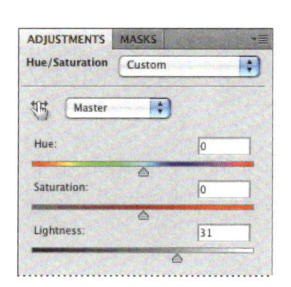

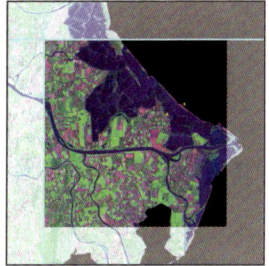

**9** Escolha File > Save para salvar seu trabalho.

## Crie uma borda personalizada

Você vai adicionar uma borda personalizada à seleção para destacar um pouco a imagem.

1 Selecione a camada Background mais uma vez e clique na ferramenta Marquee no canto da inserção para selecioná-la novamente.

2 No painel Layers, selecione a camada de ajuste Hue/Saturation superior e clique no botão New Layer (🔲) na parte inferior do painel. Uma nova camada vazia aparece no painel. Selecione o nome da camada e renomeie-a **Border**.

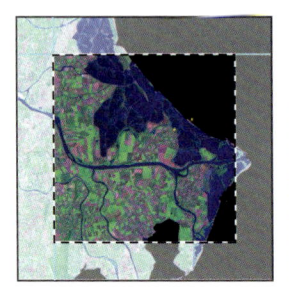

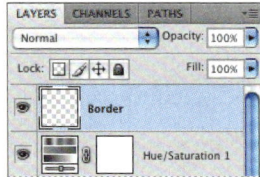

Primeiro, você vai delinear a borda para poder aplicar uma linha tracejada ao contorno.

3 Escolha Edit> Stroke, digite **10 px** para Width. Então, clique na amostra Color e clique no canto superior esquerdo do seletor de cores para selecionar branco. Clique em OK para fechar o seletor de cores. Para Location, escolha Inside. Clique em OK.

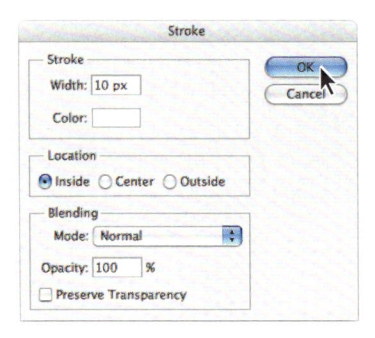

Complete a borda aplicando um padrão de linhas tracejadas ao contorno branco.

4 Escolha File > Open, navegue até a pasta Lesson13 e abra o arquivo Dashed Line.psd.

5 Escolha Edit > Define pattern. Na caixa de diálogo Pattern Name, o nome padrão é **Dashed Line.psd**. Exclua **.psd** para que o nome do modelo seja **Dashed Line**. Clique em OK. Feche o arquivo Dashed Line.psd

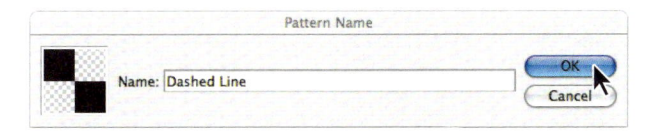

6 Selecione a guia 13Working.psd para ativar a imagem. Com a seleção de borda ativa, escolha Blending Options no menu do painel Layers.

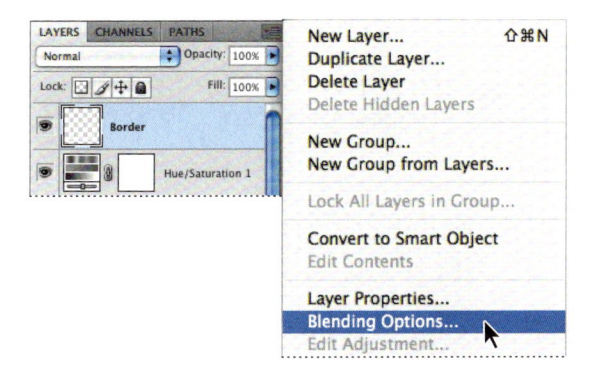

7 Na caixa de diálogo Blending Options, clique em Pattern Overlay na lista da esquerda. As opções Pattern Overlay aparecem no centro da caixa de diálogo Layer Style.

8 Clique na seta ao lado da amostra Pattern para exibir o seletor de modelos. Selecione o padrão Dashed Line que você acabou de criar e, então, clique fora do seletor padrão para fechá-lo. Configure Scale como **220**%.

9 Clique em OK para aplicar as configurações à borda.

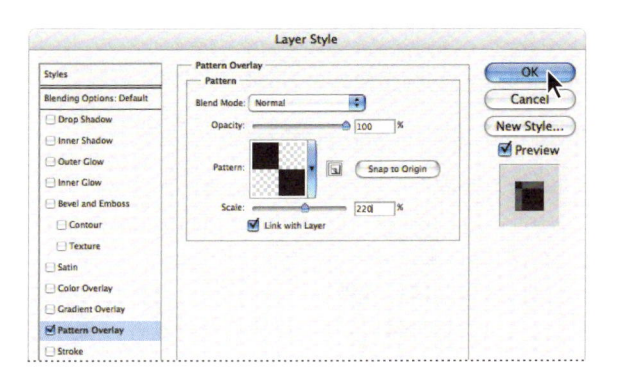

▶ **Dica:** Você pode utilizar essa mesma técnica para adicionar uma linha tracejada colorida diferente. Use cores diferentes para Stroke e Dashed Line para criar um bom contraste. Antes de converter a arte em um padrão, certifique-se de que ela está em um fundo transparente.

10 Amplie a linha tracejada na janela da imagem para examiná-la mais de perto pressionando Ctrl+barra de espaço (Windows) ou Command+barra de espaço (Mac OS) e clicando na imagem.

11 Reduza a área visível pressionando Alt+barra de espaço (Windows) ou Option+barra de espaço (Mac OS) e clicando na imagem.

12 Escolha File > Save para salvar seu trabalho. Não remova a seleção.

## Meça objetos e dados

Você já deve conhecer a ferramenta Ruler do Photoshop, que permite calcular a distância entre dois pontos no espaço de trabalho. O recurso Measurement no Photoshop Extended é muito mais sofisticado: ele permite medir qualquer área definida com a ferramenta Rule ou com uma ferramenta de seleção, incluindo áreas irregulares selecionadas com as ferramentas Lasso, Quick Selection ou Magic Wand. Você também pode calcular a altura, a largura, a área e o perímetro ou monitorar as medições de uma imagem ou de várias imagens. Os dados de medição são registrados no painel Measurement Log.

A ferramenta Measurement só está disponível no Photoshop Extended, uma versão do Photoshop CS4 com funcionalidades adicionais. Se você não tiver essa versão, apenas leia as próximas seções para entender essa ferramenta ou avance para a revisão.

### Trabalhe com a ferramenta Measurement

O primeiro passo ao trabalhar com medições e com a ferramenta Measurement é configurar a escala. Uma escala de medição configura um número específico de pixels na imagem igual a um número de unidades na escala, como polegadas, milímetros ou microns – ou, neste caso, quilômetros. Depois de criar uma escala, é possível medir áreas e receber cálculos e resultados logarítmicos de acordo com as unidades selecionadas na escala.

1 No painel Layers, selecione a camada Background.

2 Escolha Analysis > Set Measurement Scale Custom.

Este mapa tem uma escala de 1605 pixels igual a 25 quilômetros. Você vai usar esses valores agora para criar uma escala personalizada.

3 Na caixa de diálogo Measurement Scale, digite **1605** em Pixel Length, **25** em Logical Length e **Kilometers** em Logical Units.

4 Clique em OK para definir essa escala.

▶ **Dica:** Se você não estiver seguro de quais números utilizar, arraste a ferramenta Ruler ao longo da área que deseja especificar. Por exemplo, nesta imagem, você a arrastaria ao longo da distância que sabe ser de 25 quilômetros para determinar o comprimento de pixels.

Outra maneira de configurar a escala é utilizando dimensões gerais da imagem ou uma medição de dentro da imagem e então inserindo esses valores nos campos na caixa de Measurement Scale. Ou selecione uma escala predefinida no menu Presets.

Você está pronto para medir o mapa. Começaremos as medições com a seleção de 25 quilômetros quadrados como uma medida de controle em que você pode verificar seu trabalho.

5 Verifique se a seleção de 1605 pixels quadrados ainda está ativa. Se você a desmarcou acidentalmente, refaça a área interna do mapa clicando com a ferramenta Rectangular Marquee onde as guias se interseccionam.

6 Escolha Analysis > Record Measurements. O painel Measurement Log aparece na parte inferior da janela da imagem.

7 Visualize as colunas de dados no painel Measurement Log utilizando a barra de rolagem se necessário. Observe que a medição Area é 625.000000 e a Scale Units é em quilômetros – exatamente o que deveriam ser.

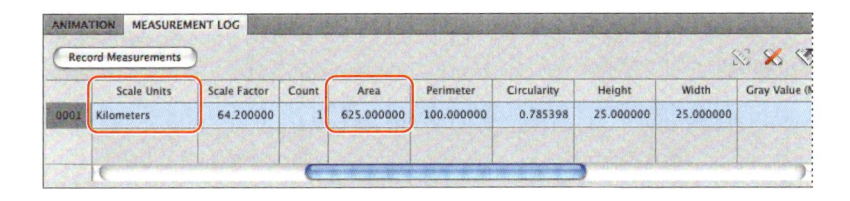

Você pode personalizar as colunas Measurement Log, classificar dados dentro das colunas e exportar dados a partir do log para um arquivo de planilha.

8 Na Measurement Log, clique com a tecla Control (Windows) ou Command (Mac OS) pressionada para selecionar as colunas Circularity, Integrated Density e as quatro colunas Gray Value. Você pode reordenar o título de uma coluna clicando no seu nome e arrastando-o para a direita ou para a esquerda.

As colunas também podem ser facilmente reordenadas para que exibam informações na ordem que for mais apropriada para você. É possível controlar quais parâmetros, ou pontos de dados, são calculados e mostrados de modo igualmente fácil.

9 Escolha Analysis > Select Data Points > Custom. Role para baixo até a área Selections e desmarque todas as opções Gray Value e a opção Integrated Density. Você não utilizará essas opções, portanto, não é necessário gravá-las. Clique em OK.

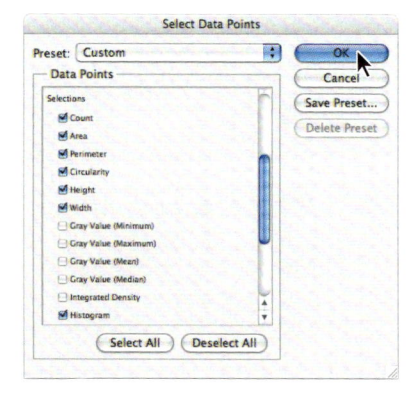

Você pode salvar essas opções como configurações predefinidas para projetos futuros e pode mesmo criar várias configurações predefinidas para a escala de medição. Entretanto, somente uma escala pode ser utilizada em um documento por vez.

10 Clique com a tecla Control (Windows) ou Command (Mac OS) pressionada para selecionar as colunas Circularity, Integrated Density e as quatro colunas Gray Value na Measurement Log. Clique no botão Delete no canto superior direito do painel para removê-las. Você não precisará deles para esta lição. Clique em Yes na caixa de diálogo de confirmação.

11 Escolha File > Save para salvar seu trabalho até agora.

## Meça formas irregulares

Agora, você vai calcular a área de uma forma irregular, a água dentro da área de 25 quilômetros quadrados, mas fora dos separadores. Durante a medição, a Measurement Log monitora esses dados.

**1** Escolha Select > Deselect para que nada esteja selecionado.

**2** Selecione a ferramenta Quick Selection ( ) no painel Tools e selecione Sample All Layers na barra de opções.

**3** Selecione uma das três áreas pretas de água. A opção Add To Selection é automaticamente selecionada na barra de opções.

**4** Clique nas outras duas áreas pretas para selecioná-las.

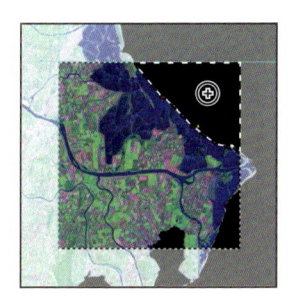

**5** No painel Measurement Log, clique em Record Measurements. O Photoshop Extended grava a área das três seleções individuais mais o total das três áreas selecionadas.

**6** Examine os resultados no painel Measurement Log. Você pode arrastar a barra superior do painel Measurement Log para cima para expandi-la. O log detalha cada uma das três seleções para a área de água como um item de linha; o item de cima, marcando 3 cm de Count, é o total das três medidas.

▶ **Dica:**
Alternativamente, você pode escolher Analysis > Record Measurements.

| | Document | Source | Scale | Scale Units | Scale Factor | Count | Area | Height |
|---|---|---|---|---|---|---|---|---|
| 0001 | 13Working.psd | Selection | Custom (1605 pi... | Kilometers | 64.200000 | 1 | 625.000000 | 25.000000 |
| 0002 | 13Working.psd | Selection | Custom (1605 pi... | Kilometers | 64.200000 | 3 | 134.460312 | 24.984424 |
| 0003 | 13Working.psd | Selection | Custom (1605 pi... | Kilometers | 64.200000 | | 104.892470 | 11.993769 |
| 0004 | 13Working.psd | Selection | Custom (1605 pi... | Kilometers | 64.200000 | | 19.781931 | 8.224299 |
| 0005 | 13Working.psd | Selection | Custom (1605 pi... | Kilometers | 64.200000 | | 9.785910 | 3.115265 |

Suas medidas aqui e nos procedimentos restantes podem ser diferentes daquelas que registramos, dependendo da exatidão da sua seleção.

**7** Escolha Select > Deselect para desmarcar a seleção das três áreas com água.

## Meça linhas

Medir linhas com a ferramenta Measurement no Photoshop Extended é semelhante a medir com a ferramenta Ruler no painel Tools.

1 Escolha Analysis > Ruler Tool.

2 Posicione o cursor da ferramenta na extremidade do rio no lado esquerdo do mapa, quase dentro da seleção, e arraste uma linha até a extremidade direita do rio, no limite da área selecionada.

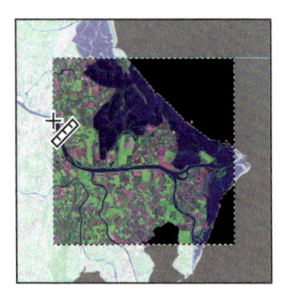

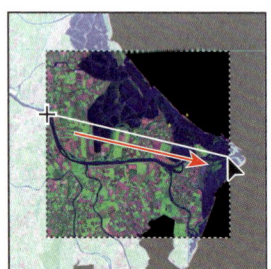

3 Na Measurement Log, clique em Record Measurements. A distância aparece como um comprimento, Length, de aproximadamente 25 quilômetros e um ângulo, Angle, de –13 graus. Esse é o comprimento do rio em linha reta entre as duas margens.

## Exporte medições

Você pode exportar medidas selecionadas como um arquivo delimitado por tabulação que pode ser aberto em um aplicativo de planilha, como o Microsoft Excel para então realizar outros cálculos com os dados. Você vai usar os dados que gravou até agora mais adiante nesta lição.

1 Retorne ao painel Measurement Log.

2 Com a tecla Shift pressionada, clique nas medições para selecionar todos os itens na lista. Você também pode optar por selecionar apenas alguns dos itens.

3 Escolha Export Selected () no menu do painel Measurement Log.

4 Na caixa de diálogo Save, renomeie o arquivo **13_inland_seas**, navegue até a pasta Lesson13 e clique em Save.

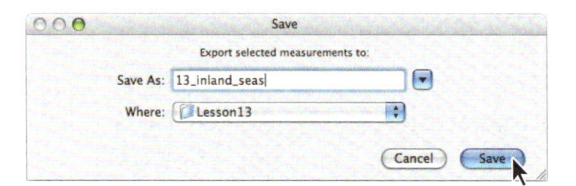

## Meça uma seção transversal

Adicione um pouco de dimensão e cor. Nesta parte da lição, você vai importar um elemento gráfico tridimensional que representa um corte transversal do litoral. Você então vai medir o corte em duas e três dimensões.

1 Mude para o Bridge, navegue até a pasta Lesson13 e dê um clique duplo em Cross-section.psd para abrir o arquivo no Photoshop.

2 Clique na guia 13Working.psd para ativar a imagem. Aumentaremos o tamanho da tela de pintura para criar uma área preta no lado direito.

3 Escolha Image > Canvas Size. Configure a largura como **3700** pixels. Clique no canto inferior esquerdo do desenho que representa a tela de pintura imagem para adicionar espaço à direita. Para Canvas Extension Color, escolha Black. Clique em OK.

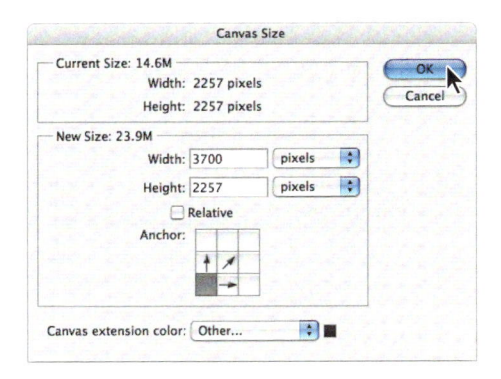

Uma área preta com mais ou menos 1/3 da largura da janela da imagem é adicionada à direita da imagem.

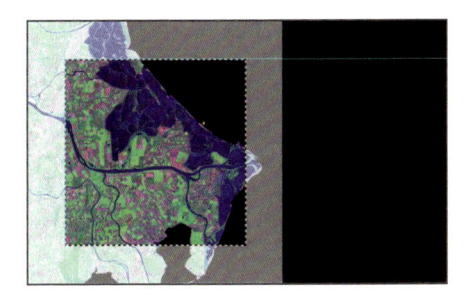

4 Escolha View > Show > Guides para ocultar as guias. Selecione a camada Border no painel Layers.

5 Clique no botão Arrange Documents (▦) na barra do aplicativo e escolha uma opção 2 Up para que os arquivos Cross-section.psd e Working.psd fiquem visíveis. Clique na guia Cross-section.psd para ativar o arquivo.

Você vai reposicionar a seção transversal no quadrante superior do mapa, alinhando as letras da seção com as letras da seção do mapa.

6 Selecione a ferramenta Move (▶⊕) no painel Tools e arraste a ilustração sobre a imagem 13Working.psd. Posicione a ilustração como mostrado na figura a seguir para que a barra amarela, rotulada Section, se sobreponha às letras "A" e "B" no quadrante superior direito do mapa.

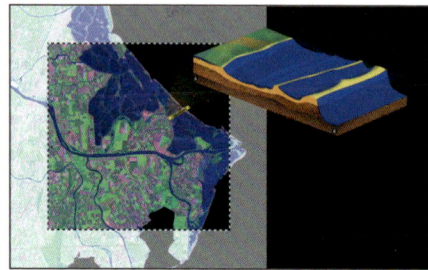

Para um melhor visual do design, a seção transversal retangular tridimensional é girada em relação à sua representação bidimensional, a barra amarela.

Se você fosse ajustar a seção transversal 3D na barra amarela 2D do mapa como a peça de um quebra-cabeça, você giraria a seção transversal em direção ao canto superior esquerdo do mapa em mais ou menos 90 graus, sobrepondo as letras "A" da seção transversal e do mapa. (A faixa amarela semitransparente representa essa rotação.)

Você vai fazer várias medições da seção transversal, iniciando com o comprimento da representação 2D.

7 Feche o arquivo Cross-section.psd sem salvar nenhuma modificação.

8 Escolha Analysis > Ruler Tool.

9 Utilizando a ferramenta Ruler, clique em um canto da barra amarela Section e arraste o cursor ao longo do seu comprimento para medir o comprimento da seção.

10 No painel Measurement Log, clique em Record Measurements. Observe o comprimento: nosso tinha 3,36 quilômetros.

Você vai usar esse valor na próxima parte desta lição.

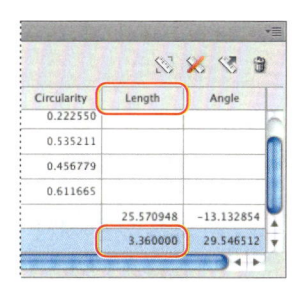

# Meça em perspectiva com o filtro Vanishing Point

Agora você fará algumas medições da seção transversal em si, desta vez em três dimensões. A capacidade de medir em três dimensões é especialmente útil para medir informações topográficas de um mapa, de um desenho arquitetônico em CAD – ou qualquer objeto no espaço cujas dimensões você precise determinar.

1 No painel Layers, verifique se a camada Section está selecionada.

2 Escolha Filter > Vanishing Point. A caixa de diálogo Vanishing Point aparece, com a ferramenta Create Plane selecionada.

Você vai desenhar um plano no lado frontal da seção transversal.

3 Utilizando a ferramenta Create Plane (), clique no canto inferior esquerdo da seção para configurar o primeiro ponto de ancoragem. Clique então no canto inferior direito, no superior direito e no superior esquerdo para desenhar um plano na lateral da seção transversal.

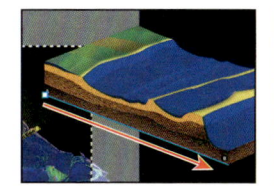

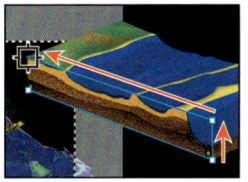

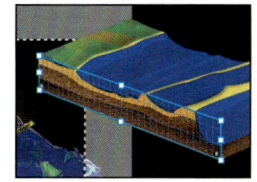

4 Na caixa de diálogo Vanishing Point, selecione a ferramenta Measure.

5 Posicione o cursor sobre a borda inferior esquerda da seção transversal. Veja se o cursor está sobre a grade (uma cruz com um ícone de régua aparecerá). Clique na borda inferior esquerda do corte transversal para configurar o primeiro ponto de medição. Em seguida, arraste até a borda inferior direita.

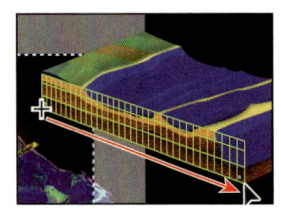

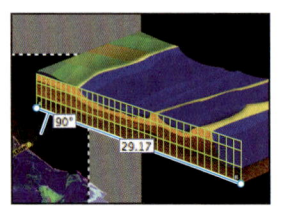

6 Na caixa Length na parte superior da janela, digite **3.36** ou o valor que você encontrou no procedimento anterior, quando mediu o corte transversal com a ferramenta Ruler. Esse é o comprimento em quilômetros do corte.

Agora você vai medir a profundidade da seção medindo verticalmente a borda esquerda da seção transversal.

7 Arraste novamente o cursor ao longo da borda inferior da seção transversal. Os dados do comprimento da seção (3.36) e do ângulo (90 graus) são exibidos.

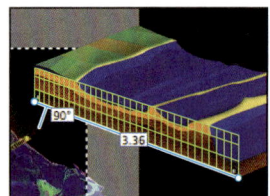

8 Utilizando a ferramenta Measure, clique na borda superior esquerda e arraste o cursor até a borda inferior esquerda. O comprimento e o ângulo da linha vertical aparecem na janela, baseados no comprimento que você inseriu no Passo 6. A linha mostra a profundidade da seção transversal, 0,3 (quilômetro) na nossa medição.

9 Anote o valor da profundidade do corte. Você vai usar esse valor mais tarde.

10 Clique em OK na caixa de diálogo Vanishing Point para fechá-la.

Com as medições feitas, você está pronto para adicionar os dados ao infográfico.

# Adicione uma legenda

Complete o infográfico criando uma legenda para ele com as medidas que você tirou.

1. Mude para o Bridge. Navegue até a pasta Lesson13 e dê um clique duplo no arquivo Legend.psd para abri-lo.

2. Clique no botão Arrange Documents na barra do aplicativo e escolha um layout 2 Up. Certifique-se de que o arquivo Legend.psd está ativo. Então, no painel Layers, arraste o grupo de camadas Legend Group até a imagem 13Working.psd. Feche o arquivo Legend.psd sem salvar as alterações.

3. Aplique menos zoom para que possa ver toda a imagem 13Working.psd.

4. Utilizando a ferramenta Move (⬥), posicione a arte-final Legend no terço inferior do fundo preto na direita.

5. Se tiver um aplicativo de planilha, como o Excel, abra-o. Navegue até a pasta Lesson13 e dê um clique duplo para abrir o arquivo 13_Inland_Seas.txt.

6. No Photoshop, selecione a ferramenta Type (T) no painel Tools.

7. Use as medições do arquivo de planilha, 13_Inland_Seas, ou os valores que você anotou antes. Muitos dos valores estão no painel Measurement Log. Selecione os "0000" em cada entrada e digite as informações corretas na tabela de legenda. Nossas medições estão abaixo. Você pode substituí-las pelas suas se elas forem diferentes:

    - Para Total Area, insira **625 km2**.
    - Para Water Area, insira **134 km2**.
    - Para Section Length, insira **3,36 Km.**
    - Para Section Depth, insira **0,3 Km.**

8. Escolha File > Save para salvar seu trabalho.

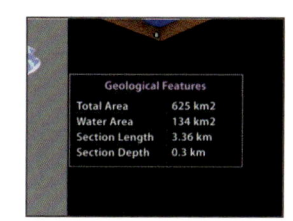

## Crie uma apresentação de slides

Seu infográfico está completo. Depois desse árduo trabalho de medição e design preciso, é o momento de criar uma apresentação de slides para mostrar seu trabalho aos colegas.

1 Mude para o Bridge e navegue até a pasta Lesson13. Arraste o arquivo 13Working.psd até a pasta Maps.

2 Dê um clique duplo na pasta Maps para exibir seu conteúdo. Com Shift pressionada, clique nos cinco arquivos Map_Section para selecioná-los e então clique com Control (Windows) ou com Command (Mac OS) pressionadas no arquivo 13Working.psd para adicioná-lo à apresentação de slides.

3 Escolha View > Slideshow Options. Você vai configurar a apresentação dos slides para que eles se dissolvam entre uma imagem e a seguinte, iniciando com o infográfico que você criou.

4 Na caixa de diálogo Slideshow Options, selecione Scaled To Fit para a opção When Presenting, Show Slides; para Transition, escolha Dissolve. Deixe as outras opções como estão.

5 Clique em Play para reproduzir a apresentação de slides. Para interrompê-la, pressione a tecla Esc.

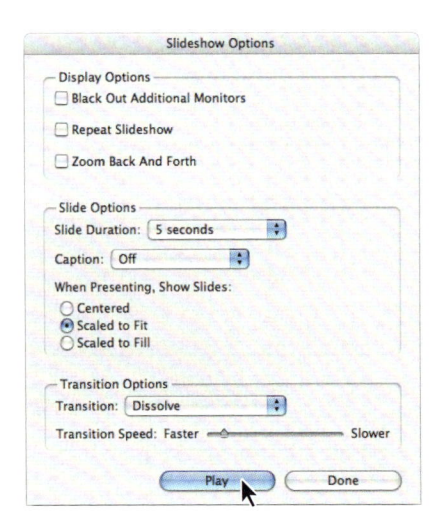

Você pode repetir a apresentação de slides escolhendo View > Slideshow. Para passar as imagens rapidamente, pressione a tecla de seta para a direita no teclado; para retroceder as imagens, pressione a tecla de seta para a esquerda.

Você criou um infográfico com medidas exatas. Agora está pronto para testar suas habilidades de medição em outras imagens no seu portfólio.

## Perguntas de revisão

1 O que são metadados? Como você os adiciona a um documento do Photoshop?
2 Como medir um objeto no Photoshop Extended com a ferramenta Measurement?
3 Qual é a diferença entre a ferramenta Ruler e o recurso Measurement?
4 Como medir em três dimensões?
5 Como você pode reproduzir uma apresentação de slides do seu trabalho?

## Respostas

1 Metadados são informações padronizadas sobre um arquivo, incluindo o nome do autor, a resolução, o espaço de cores, os direitos autorais e as palavras-chave aplicadas a um arquivo. Você pode adicionar metadados no painel Metadata no Adobe Bridge.

2 Para medir um objeto no Photoshop Extended, primeiro configure uma escala de medição (Analysis > Set Measurement Scale); crie uma seleção ou utilize a ferramenta Ruler para medir dois pontos e, então, escolha Record Measurements no painel Measurement Log ou escolha Analysis > Record Measurements.

3 A ferramenta Ruler permite calcular a distância entre dois pontos no espaço de trabalho. O recurso Measurement no Photoshop Extended mede qualquer área definida com a ferramenta Ruler ou com uma ferramenta de seleção, incluindo áreas irregulares selecionadas com as ferramentas Lasso, Quick Select ou Magic Wand. Você também pode calcular a altura, a largura, a área e o perímetro; ou monitorar as medidas de uma ou várias imagens. Os dados das medições são registrados no painel Measurement Log, em que você pode classificar os dados ou exportá-los para um arquivo de planilha.

4 Você pode medir em três dimensões aplicando o filtro Vanishing Point, criando uma grade e, então, utilizando a ferramenta Measure para medir distâncias ao longo dessa grade.

5 Para reproduzir uma apresentação de slides do seu trabalho, utilize o Adobe Bridge. Selecione as miniaturas das imagens a incluir na apresentação de slides, escolha View Slideshow Options para configurar as opções de exibição e clique em Play para executar a apresentação. Depois de configurar as opções da apresentação de slides, você pode escolher View > Slideshow para reproduzi-la novamente.

# 14 PRODUZINDO E IMPRIMINDO CORES CONSISTENTES

## Visão geral da lição

Nesta lição, você vai aprender a:

- Definir espaços dc cores RGB, tons de cinza e CMYK para exibir, editar e imprimir imagens
- Preparar uma imagem para a impressora PostScript CMYK
- Testar a impressão de uma imagem
- Salvar uma imagem como um arquivo CMYK EPS
- Criar e imprimir uma separação em quatro cores
- Entender como as imagens são preparadas para impressão em gráficas

Esta lição levará menos de uma hora para ser concluída. Copie a pasta Lesson14 para sua unidade de disco rígido se ainda não fez isso. Ao trabalhar nesta lição, você preservará os arquivos originais. Se precisar restaurá-los, copie-os do CD do livro.

Para produzir cores consistentes, defina o espaço de cores de edição e exibição de imagens RGB e o de edição, exibição e impressão de imagens CMYK. Isso ajuda a garantir uma correspondência entre as cores na tela e as cores impressas.

> **Nota:** Um dos exercícios nesta lição requer que o computador esteja conectado a uma impressora colorida PostScript. Se o seu não estiver, você poderá fazer a maioria dos exercícios, mas não todos.

# O gerenciamento de cores

As cores em um monitor são exibidas em combinações das luzes vermelha, verde e azul (chamadas de cores RGB – *red*, *green* e *blue*), enquanto as cores impressas são, em geral, criadas pela combinação de quatro cores de tinta – ciano, magenta, amarelo e preto (chamadas de CMYK – *cyan, magenta, yellow* e *black*). Essas quatro tintas são chamadas *cores de processo* (também chamadas cores de escala) pois são as tintas padrão utilizadas nos processos de impressão em quatro cores.

Imagem RGB com os canais de vermelho, verde e azul

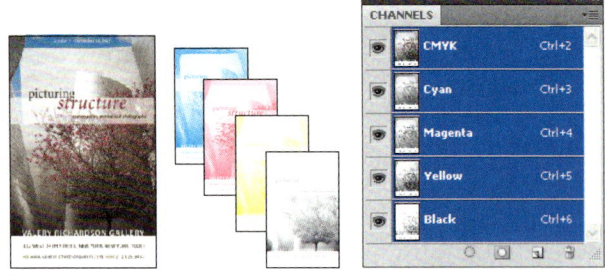

Imagem CMYK com os canais ciano, magenta, amarelo e preto

Como os modelos de cores RGB e CMYK utilizam métodos diferentes para exibir as cores, eles reproduzem um *gamut*, ou intervalo de cores, diferente. Por exemplo, como o RGB utiliza luz para produzir cor, seu gamut inclui cores néon, como as de um sinal luminoso. De modo diferente, as tintas de impressão destacam-se na reprodução de certas cores que podem residir fora do gamut RGB, como algumas cores pastéis e o preto puro.

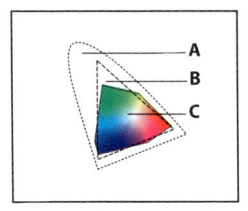

**A.** Gamut de cor natural
**B.** Gamut de cores RGB
**C.** Gamut de cores CMYK

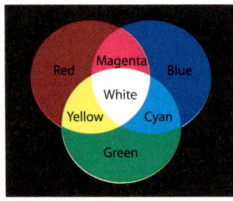

Modelo de cor RGB

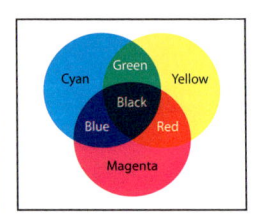

Modelo de cor CMYK

Nem todos os gamuts RGB e CMYK são semelhantes. Os modelos de monitor e impressora são diferentes e, portanto, cada um deles exibe um gamut ligeiramente diferente. Por exemplo, uma marca de monitor pode produzir azuis um pouco mais brilhantes do que os produzidos por outra marca. O *espaço de cores* para um dispositivo é definido pelo gamut que ele pode reproduzir.

## Modelo RGB

Uma grande porcentagem do espectro visível pode ser representada com a mistura de luz colorida vermelha, verde e azul (RGB) em várias proporções e intensidades. Onde as cores se sobrepõem, elas criam ciano, magenta, amarelo e branco.

Como as cores RGB se combinam para criar o branco, elas também são chamadas cores *aditivas*. A adição de todas as cores cria o branco – isto é, toda luz é transmitida de volta para os olhos. As cores aditivas são utilizadas para iluminação, vídeo e monitores. O monitor, por exemplo, cria cores emitindo luz por fósforos azuis, verdes e vermelhos.

## Modelo CMYK

O modelo CMYK baseai-se na qualidade de absorção da luz da tinta impressa no papel. Como a luz branca atinge tintas translúcidas, parte do espectro é absorvida enquanto outras partes são refletidas de volta para os olhos.

Na teoria, os pigmentos puros de ciano (C), magenta (M) e amarelo (Y) devem se combinar para absorver todas as cores e produzir o preto. Por essa razão, essas cores são chamadas cores *subtrativas*. Como todas as tintas de impressão contêm algumas impurezas, essas três tintas na verdade produzem um marrom turvo e devem ser combinadas com a tinta preta (K) para produzir um preto verdadeiro. (K é utilizado em vez de B para evitar confusão com o azul/*blue*) A combinação dessas tintas para reproduzir cor é chamada de *impressão em quatro cores*.

O sistema de gerenciamento de cores do Photoshop utiliza perfis de cores compatíveis com o International Color Consortium (ICC) para converter cores entre um espaço de cores e outro. Um perfil de cores é uma descrição do espaço de cores de um dispositivo, como o espaço de cores CMYK de uma determinada impressora. Você especifica os perfis a utilizar para revisar e imprimir suas imagens de modo preciso. Depois de selecionar os perfis, o Photoshop pode incorporá-los aos seus arquivos de imagem para que ele e outros aplicativos possam gerenciar as cores com precisão.

Para obter informações sobre a incorporação de perfis de cores, veja o Photoshop Help.

Antes de começar a trabalhar com o gerenciamento de cores, você deve calibrar seu monitor. Se seu monitor não exibir as cores corretamente, os ajustes de cores que você faz com base na imagem que vê no monitor talvez não sejam exatos. Para informações sobre como calibrar seu monitor, consulte o Photoshop Help.

## Introdução

Primeiro, inicie o Photoshop e restaure as preferências padrão.

1 Inicie o Photoshop e pressione Ctrl+Alt+Shift (Windows) ou Command+Option+Shift (Mac OS) para restaurar as preferências padrão. (Consulte "Restaurando as preferências padrão", na página 16).

2 Quando solicitado, clique em Yes para confirmar que você quer redefinir as preferências.

## Especifique configurações de gerenciamento de cores

Na primeira parte desta lição, você vai aprender a configurar um fluxo de trabalho gerenciado por cores no Photoshop. A maioria dos controles de gerenciamento de cores que você precisa está na caixa de diálogo Color Settings.

Por padrão, o Photoshop é configurado para RGB como parte de um fluxo de trabalho digital. Entretanto, se está preparando uma arte-final para impressão, você deve mudar as configurações para que sejam mais adequadas à impressão em papel em vez de exibição em tela.

Comece personalizando as configurações de cores.

1 Escolha Edit > Color Settings para abrir a caixa de diálogo Color Settings.

A parte inferior da caixa de diálogo descreve interativamente cada opção.

2 Mova o cursor sobre cada parte da caixa de diálogo, incluindo nome das áreas (como Working Spaces), nome de menus e opções de menu. À medida que você move o cursor, o Photoshop exibe informações sobre cada item. Depois de concluir, restaure as opções aos respectivos padrões.

Agora, você vai escolher um conjunto de opções projetado para um fluxo de trabalho de impressão, e não um fluxo de trabalho online.

3 Escolha Settings > North America Prepress 2*. As opções de espaços de trabalho e de gerenciamento de cores mudam para um fluxo de trabalho de pré-impressão. Em seguida, clique em OK.

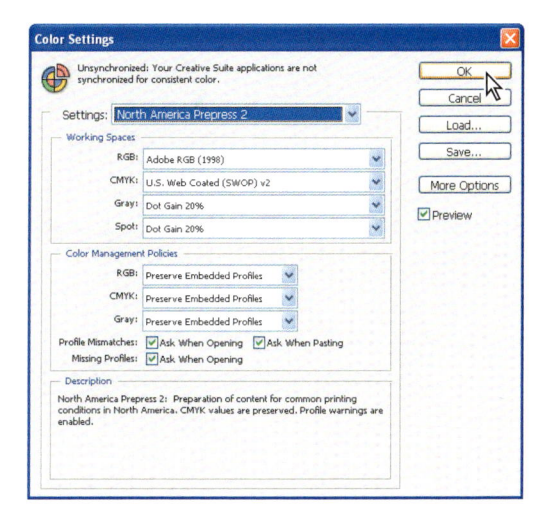

## Prova de imagem

Você vai selecionar um perfil de prova para ver na tela a aparência aproximada de uma imagem quando impressa. Um perfil de prova exato permite tirar a prova na tela (*prova virtual*) para saída impressa.

1 Clique no botão Launch Bridge ( Br ) na barra do aplicativo. No Bridge, navegue até a pasta Lessons/Lesson14 e dê um clique duplo no arquivo 14Start.tif. Clique em OK se vir um aviso de perfil incorporado.

Uma imagem RGB de um cartão postal digitalizado se abre.

2 Escolha File > Save As. Renomeie o arquivo **14Working**, mantenha o formato TIFF selecionado e clique em Save. Clique em OK na caixa de diálogo TIFF Options.

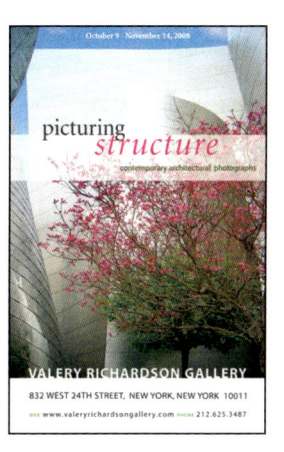

---

\* N. de R. T.: O espaço North America Prepress 2 foi desenvolvido para atender o mercado norte-americano. Para o Brasil e grande parte da América Latina, deve-se procurar especificações compatíveis com a escala Europa, como Europe Prepress 2.

Antes de fazer a prova digital ou imprimir essa imagem, configure um perfil de prova. Um perfil de prova (também chamado *configuração de prova* ) define como o documento será impresso e ajusta a aparência na tela de correspondente. O Photoshop fornece uma variedade de configurações que pode ajudar a fazer prova de imagens para diferentes usos, inclusive impressão e exibição na Web. Para esta lição, você vai criar uma configuração de prova personalizada. Você pode salvar essas configurações para utilizá-las em outras imagens com o mesmo tipo de saída.

3  Escolha View > Proof Setup > Custom. A caixa de diálogo Customize Proof Condition se abre. Veja se Preview está selecionado.

4  No menu Device To Simulate, escolha um perfil que represente o dispositivo de saída, como, por exemplo, a impressora que você utilizará para imprimir a imagem. Se não tiver uma impressora específica, o perfil Working CMYK–U. S. Web Coated (SWOP) v2 é, em geral, uma boa escolha.

5  Certifique-se de que a opção Preserve Numbers *não* está selecionada.

● **Nota:** Essa opção não está disponível quando o perfil U.S. Web Coated (SWOP) v2 estiver selecionado.

A opção Preserve Numbers simula como as cores aparecerão sem a conversão ao espaço de cores do dispositivo de saída.

6  No menu Rendering Intent, escolha Relative Colorimetric.

Um mecanismo de renderização determina como as cores são convertidas entre um espaço de cores e outro. Relative Colorimetric, que preserva as relações de cores sem sacrificar a exatidão delas, é a tentativa de renderização padrão para impressão nos Estados Unidos e na Europa.

7  Selecione Simulate Black Ink se ela estiver disponível para o perfil que você escolheu. Em seguida, desmarque-a e selecione Simulate Paper Color; observe que essa opção seleciona automaticamente Simulate Black Ink. Então clique em OK.

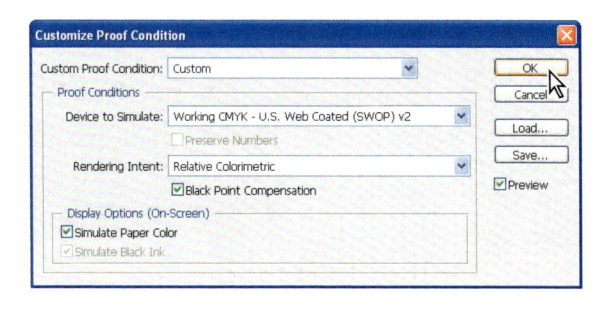

Observe que a imagem parece perder o contraste. Paper Color simula o branco do papel, de acordo com o perfil da prova. Black Ink simula o cinza escuro que, na verdade, é utilizado na maioria das impressoras em vez do preto sólido. Nem todos os perfis suportam essas opções.

▶ **Dica:** Para exibir o documento com e sem as configurações de prova, escolha View > Proof Colors.

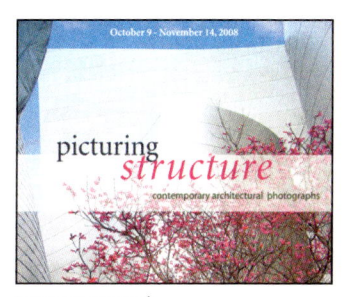

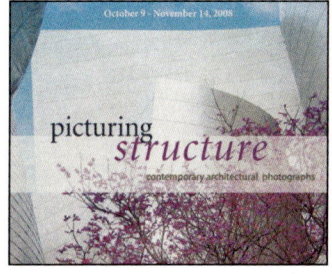

Imagem normal

Imagem com as opções Paper Color e Black Ink selecionadas

## Identifique cores fora do gamut

A maioria das fotografias digitalizadas contém cores RGB dentro do gamut CMYK, portanto, alterar a imagem para o modo CMYK converte todas as cores com um número relativamente pequeno de substituições. As imagens criadas ou alteradas digitalmente, porém, costumam conter cores RGB que estão fora do gamut CMYK – por exemplo, logotipos e luzes néon coloridas.

Antes de converter uma imagem RGB em CMYK, você pode visualizar os valores de cor CMYK ainda no modo RGB.

1 Escolha View > Gamut Warning para ver as cores fora do gamut. O Adobe Photoshop cria uma tabela de conversão de cores e exibe um cinza neutro onde as cores estão fora do gamut.

Como o cinza pode ser difícil de visualizar na imagem, você vai convertê-lo em uma cor de alerta de gamut mais visível.

2 Escolha Edit > Preferences > Transparency And Gamut (Windows) ou Photoshop > Preferences > Transparency And Gamut (Mac OS).

3  Clique na amostra de cor na área Gamut Warning. Selecione uma cor viva, como roxo ou verde abertos, e clique em OK.

4  Clique em OK novamente para fechar a caixa de diálogo Transparency And Gamut. A nova cor aparece no lugar do cinza como a cor de alerta de gamut.

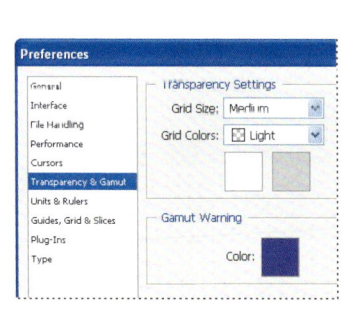

5  Escolha View > Gamut Warning para desativar a visualização de cores fora do gamut.

O Photoshop corrigirá automaticamente essas cores fora do gamut quando você salvar o arquivo no formato Photoshop EPS mais adiante nesta lição. O formato Photoshop EPS muda a imagem de RGB para CMYK, ajustando as cores RGB conforme necessário para deixá-las no gamut de cor CMYK.

## Ajuste uma imagem e imprima uma prova

O próximo passo da preparação de uma imagem para saída é fazer todos os ajustes tonais e de cor necessários. Neste exercício, você vai adicionar alguns ajustes para corrigir uma digitalização mal feita do pôster original.

Para que você possa comparar a imagem antes e depois de fazer correções, comece fazendo uma cópia.

1  Escolha Image > Duplicate e clique em OK para duplicar a imagem.

2  Clique no botão Arrange Documents na barra do aplicativo e selecione um layout 2 Up para que possa comparar as imagens enquanto trabalha.

Você vai ajustar o tom e a saturação da imagem para mover todas as cores para o gamut.

3  Selecione 14Working.tif (a imagem original).

## LIÇÃO 14 | 445
### Produzindo e Imprimindo Cores Uniformes

**4** Clique no botão Hue/Saturation no painel Adjustments para criar uma camada de ajuste Hue/Saturation. Então, faça o seguinte:

- Arraste o controle deslizante Hue até que as cores, especialmente as do topo dos edifícios, pareçam mais neutras. (Utilizamos +15.)
- Arraste o controle deslizante Saturation até que a intensidade das cores pareça mais realista (utilizamos –65).
- Deixe a configuração Lightness no valor padrão (0).

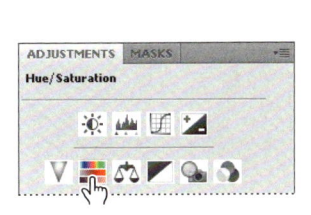

**5** Escolha View > Gamut Warning. Você removeu a maioria das cores fora do gamut da imagem. Escolha View > Gamut Warning novamente para desmarcá-lo.

**6** Com 14Working.tif ainda selecionado, escolha File > Print.

**7** Na caixa de diálogo Print, faça o seguinte:

- Escolha a impressora no menu de Printer.
- Escolha Color Management no menu pop-up na parte superior da coluna da direita.
- Escolha Proof para selecionar seu perfil de prova.
- Para Color Handling, escolha Printer Manages Colors
- Para Proof Setup, Working CMYK.
- Se você tiver uma impressora PostScript colorida, clique em Print para imprimir a imagem e comparar as cores com a versão na tela. Do contrário, clique em Cancel.

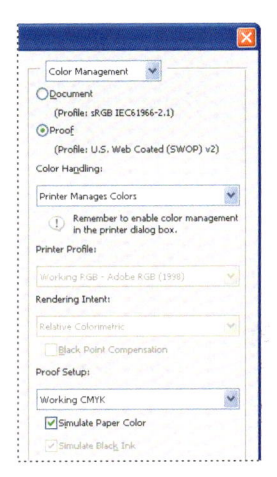

## Salve a imagem como um arquivo CMYK EPS

Você salvará a imagem como um arquivo EPS no formato CMYK.

1 Com 14Working.tif ainda selecionado, escolha File > Save As.

2 Na caixa de diálogo Save As, faça o seguinte:

● **Nota:** Essas configurações fazem com que a imagem seja automaticamente convertida de RGB para CMYK quando salva no formato Encapsulated PostScript (EPS) do Photoshop.

- Escolha Photoshop EPS na caixa de diálogo Format.
- Sob Color, selecione a caixa de seleção Use Proof Setup. Não se preocupe com o ícone de alerta; você salvará uma cópia.
- Aceite o nome do arquivo 14Working.eps e clique em Save.

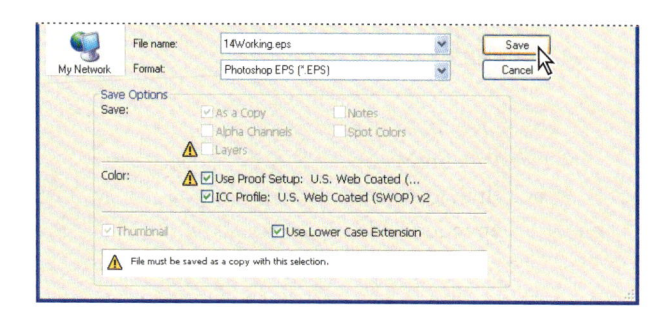

3 Clique em OK na caixa de diálogo EPS Options que aparece.

4 Salve e, então, feche os arquivos 14Working.tif e 14Working copy.tif.

5 Escolha File > Open, navegue até a pasta Lessons/Lesson14 e dê um clique duplo no arquivo 14Working.eps

Observe na barra de título do arquivo da imagem que 14Working.eps é um arquivo CMYK.

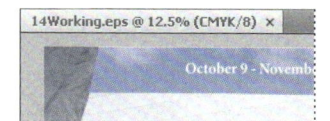

## Imprima

Quando estiver pronto para imprimir a imagem, siga estas orientações para obter os melhores resultados:

- Imprima uma *composição de cor*, frequentemente chamada de *color comp*, para fazer a prova de sua imagem. Uma composição de cor é uma impressão que combina os canais de vermelho, verde e azul de uma imagem RGB (ou canais de ciano, magenta, amarelo e preto de uma imagem CMYK). Ela indica como será a imagem impressa final.
- Configure os parâmetros de tela de meio-tom (retícula).

- Imprima as separações para garantir que a imagem está separada corretamente.
- Imprima para filme ou chapa.

## Especifique a tela de meio-tom (retícula)

Para especificar a tela de meio-tom ao imprimir uma imagem, utilize a opção Screen na caixa de diálogo Print. Os resultados do uso de uma tela de meio-tom só aparecem na cópia impressa; não é possível ver as retículas na tela do computador.

Ao imprimir separações de cores, o Photoshop imprime uma folha separada, ou *chapa*, para cada tinta. Para uma imagem CMYK, ele imprime quatro chapas, uma para cada cor de processo. Cada tela contém informações de meio-tom (retícula) para o respectivo canal, incluindo a frequência e o ângulo da tela e a forma do ponto.

A *frequência de tela*, ou linhatura, controla a densidade dos pontos na tela. Visto que os pontos são organizados em linhas, a medida comum para a frequência da tela é de linhas por polegada (lpi). Quanto maior a frequência, melhor a qualidade da imagem produzida (dependendo da capacidade de exibição de linhas da impressora). Revistas, por exemplo, tendem a utilizar linhaturas altas, de 133 lpi e superior, porque são normalmente impressas em papel cuchê e em máquinas de alta qualidade. Os jornais, que normalmente são impressos em papel de qualidade inferior, tendem a utilizar linhaturas menores, como 85 lpi.

O *ângulo de tela* utilizado para criar retículas de imagens de tons de cinza é, em geral, de 45 graus. Para obter melhores resultados com separações de cores, selecione a opção Auto na caixa de diálogo Halftone Screen (acessada pela caixa de diálogo Print, como você logo verá). Você também pode especificar um ângulo para cada uma das telas de cor. Configurar as telas em ângulos diferentes garante que os pontos colocados pelas quatro chapas se mesclem para parecerem uma cor contínua e para não produzirem padrões de *moiré*.

Pontos em forma de losangos são mais comumente utilizados em telas de meio tom. No Photoshop, porém, você também pode escolher pontos arredondados, elípticos, lineares e na forma de cruz.

Neste exercício, você ajustará as telas de meio-tom da imagem do pôster e, então, imprimirá as separações de cores.

1. Com a imagem 14Working.eps aberta, escolha File > Print.
2. Na parte superior da coluna direita de opções, escolha Output no menu pop-up.
3. Clique em Screen na parte inferior da caixa de diálogo. (Screen só estará disponível se você selecionou uma impressora PostScript.)

● **Nota:** Por padrão, uma imagem é impressa utilizando-se as configurações de retícula do dispositivo de saída ou do software a partir do qual a saída da imagem é gerada. Normalmente, não é necessário especificar configurações de retícula a menos que você queira sobrescrever as configurações padrão. Sempre consulte sua gráfica antes de especificar a opções de retícula.

**4** Na caixa de diálogo Halftone Screen, faça o seguinte:

- Desmarque Use Printer's Default Screen.

- Selecione cada opção no menu Ink para ver as informações de Frequency, Angle e Shape para cada canal de cor.

- Escolha Cyan no menu Ink e então selecione Ellipse no menu Shape.

- Selecione as tintas Magenta, Yellow e Black no menu Ink novamente e observe que Ellipse é selecionada para cada uma.

- Clique em OK para fechar a caixa de diálogo Halftone Screen.

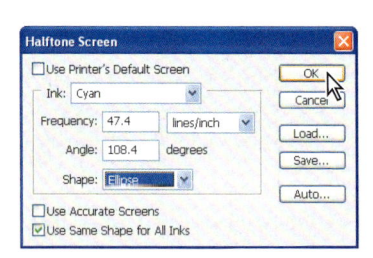

Por padrão, o Photoshop imprime documentos como uma imagem composta. Para imprimir esse arquivo como separações, você precisa instruir o Photoshop na caixa de diálogo Print.

**5** No caixa de diálogo Print, faça isto:

- Escolha Color Management no menu pop-up na parte superior da coluna direita.

- Selecione Document.

- Escolha Separations no menu Color Handling.

- Clique em Print.

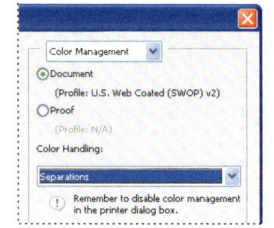

**6** Escolha File > Close e não salve as alterações.

Isso completa sua introdução à impressão e produção de cores consistentes utilizando o Adobe Photoshop. Para informações adicionais sobre o gerenciamento de cores, opções de impressão e separações de cores, veja o Photoshop Help.

## Perguntas de revisão

1 Que passos você deve seguir para reproduzir cores com exatidão?

2 O que é um gamut?

3 O que é um perfil de cores?

4 O que são separações de cores?

## Respostas

1 Calibre seu monitor e utilize a caixa de diálogo Color Settings para especificar os espaços de cor a utilizar. Por exemplo, você pode especificar que espaço de cores RGB utiliza imagens online e que espaço de cores CMYK utiliza imagens que serão impressas. Você pode então fazer uma prova da imagem, verificar cores fora do gamut, ajustar cores quando necessário e, para imagens impressas, criar separações de cores.

2 Um gamut é o intervalo de cores que pode ser reproduzido por um modelo ou dispositivo de cores. Por exemplo, os modelos de cores RGB e CMYK têm gamuts diferentes, assim como qualquer par de scanners RGB.

3 Um perfil de cores é uma descrição do espaço de cores de um dispositivo, como o espaço de cores CMYK de uma impressora em particular. Aplicativos como o Photoshop podem interpretar perfis de cores em uma imagem para manter a consistência de cor por diferentes aplicativos, plataformas e dispositivos.

4 Separações de cores são chapas separadas para cada tinta utilizada em um documento. As separações de cores são mais frequentemente impressas para as tintas ciano, magenta, amarelo e preto (CMYK).

# ÍNDICE

## SÍMBOLOS

2D, camadas, mesclando em camadas 3D 385
3D
  design 406
  espaço de trabalho 377
  formas 376
  medindo em 431
  seções transversais 384
3D, arquivos importando 386–387
3D Axis 392
3D, camadas
  adicionando luzes spot 391–402
  animando 397–402
  criando a partir de arquivos importados 386–388
  manipulando com o 3D Axis 392
  mesclando 387–388
  mesclando camadas 2D em 385
  pintando em 394–395
  redimensionando 387–388
  texto em 394–395
  visão geral 378
3D, cartões postais, criando 395–397
3D, ferramentas
  utilizando 378
  visão geral 56
3D, formas, criando a partir de camadas 376
3D, óculos renderização para 402
3D, painel 381–383
3D, predefinições de forma 376
3D, recursos 376
3D Orbit, ferramenta 378, 379
3D Pan, ferramenta 380, 395–396
3D Roll, ferramenta 380
3D Rotate, ferramenta 378–379, 381–382, 395–396
3D Scale, ferramenta 380, 387–388

## A

à mão livre, seleções 102–103
aberração cromática 211
ações, desfazendo 38–45
ações 331–339
  criando novas 333
  criando novo conjunto 333
  gravando 333
  nomeando 333
  reproduzindo 335
  reproduzindo em lote 336–338
  visão geral 331
Actions, painel 333–339
  botão Play 335
Add A Pixel Mask, botão 152
Add to Path Area, opção 258–259
Add To Selection, opção 109
adicionando
  bordas 329, 422
  tela de pintura 63–64, 169, 328
Adobe Authorized Training Centers 19
Adobe Bridge 405–418
  abrindo um arquivo 25–26
  adicionando favoritos 148
  apresentação de slides 434
  criando uma apresentação de slide em 366–367
  empilhando imagens relacionadas 414–416
  expandindo painéis 410
  expandindo visualizações 409
  instalando 14–15
  Keywords, painel 413
  Loupe, ferramenta 409
  Metadata, painel 409, 411
  organizando recursos 410–413
  painéis 407
  Painel Content 414
  painel Folders 407
  personalizando visualizações 407–411
  pesquisando recursos 410–413
  Preview, painel 408
  rotulando imagens 414–415
  visão geral 406
Adobe Camara Raw
  ajustando o equilíbrio de branco em 190–191
  Basic, painel 193
  fluxo de trabalho 190–191
  Insert Spry Table, caixa de diálogo 190
  Open Object, botão 199
  salvando arquivos em 200
  sincronizando configurações pelas imagens 196
Adobe Certification, programa 18
Adobe Dreamweaver 372
Adobe Illustrator
  animando arquivos a partir de 354–355
  editando Photoshop Smart Objects em 278
  Glyphs, painel 241
  visualizando arquivos 408
Adobe InDesign 85–86
Adobe Photoshop CS4
  iniciando 16
  instalando 14–15
  plug-ins 18
  recursos 16–17
  recursos novos 13–15
*Adobe Photoshop CS4 Classroom in a Book*
  copiando arquivos de exercícios 16–17
  instalando arquivos de exercícios 16
  pré-requisitos 14–15
Adobe Photoshop CS4 Extended 13–14, 405, 424
  recursos 3D 376
Adobe Photoshop CS4 Product Support Center 18
Adobe Photoshop Lightroom 218–219

Adobe TV 18
Adobe Updater 51
agrupando imagens (no Bridge).
  Ver empilhamento de imagens
ajustando, guias 309
ajustando a nitidez de imagens
  no Camera Raw 205
  utilizando o filtro Smart Sharpen 205
  utilizando o filtro Unsharp Mask 83–84
ajuste, camadas de 33
  Color Balance 68–69
  criando 295–296
  Hue/Saturation 173–174
  Invert 97–98
  Levels 295–297
  visão geral 295–296
alinhando
  camadas 143
  fatias 350–352
  seleções 311
  texto 242
alinhando imagens 64–67
almofada, distorção do tipo 211
alta resolução, imagens de 61–62
  filtros e 315
amostras, selecionando 37
ampliação 27
ângulo de tela 447
animações
  criando 354–362
  exportando 399–402
  formato de arquivo 354–355
  interpolando para criar 356–359
  visualizando 357–358
animando
  camadas 3D 397–402
  estilos de camada 358–359
Animation, painel 397–398
  criando animações 354–362
  opções de reprodução 360–361
anti-aliasing (suavização de serrilhado) 106
aplicativo, quadro do, no Mac OS 24
Apply Layer Comp, caixa 142
apresentação de slides 366–367, 434–435
áreas claras
  ajustando 201–203

ajustando manualmente o intervalo tonal 69–72
  Shadow/Highlight, comando 67–69
arquivos
  revertendo para a versão inalterada 33
  salvando 33, 140–143
Arrange Documents, botão 75–76
atalhos de teclado
  carregando seleções 165
  criando 47–49, 288–290
  duplicando 97–98
  filtros 317
  Move, ferramenta 94–95
  personalizando 288–289
Auto Color, comando 66–68
Auto Contrast, comando 67–68
Auto-Align Layers 143, 216
automatizando tarefas 331–339

B
baixa resolução, imagens de 61–62
balanço de branco, ajustando 190–192
barra de opções
  comparado com painéis 46–47
  configuração opções de texto em 35–36
  visão geral 35–36
barra de status 27, 417
  escolhendo opções 140–141
barril, distorção do tipo 211
Baseline Shift 242
Basic, painel (no Camera Raw) 193
Batch, comando 336–337
Bevel and Emboss, estilo de camada 291–292
bitmap, imagens
  elementos gráficos vetoriais vs. 252–254
  visão geral 252
Black Matte, opção (Refine Edges) 110
_blank Target, opção 352–353
Blending Options, caixa de diálogo 423
bordas
  adicionando 123, 138–139, 329, 419–424

dando maior nitidez 205–206
  descartando 65–66
  linha tracejada 422–424
  suavizando 109–110
botões, website 350–351
Bridge. Ver Adobe Bridge
Brightness (no Camera Raw), controle deslizante 193
Brush, ferramenta 79–81
  configurando opções 80–81
  ferramenta Spot Healing Brush vs. 78–79
Brushes, painel 40, 322

C
calibração, monitor 439–440
camada, efeitos de 291–292
  copiando 113
  removendo 113
camada, estilos de
  adicionando 291–292
  adicionando a texto 231
  animando 358–361
  aplicando 131–137
  copiando para outras camadas 327
  Drop Shadow 327
  Gradient Overlay 314
  Outer Glow 359–360
  Pattern Overlay 423
  visão geral 131–134
camada, máscaras de
  adicionando 167
  ativando e desativando 159–160
  camada de forma 267–268
  definição 181–182
  desvinculando 159–160, 164
  indicador de seleção 168
camadas
  adicionando 129–131
  agrupando 175
  agrupando no Smart Objects 244–245
  agrupando por conteúdo 298–301
  ajuste 295–297
  alinhando 143
  alternando entre combinações de 297
  apagando 123–126

bloqueando 119
carimbando 301–302
como quadros de animação 354–355
convertendo em um fundo 120
copiando 100–101, 121–123
copiando e centralizando 122, 125–128, 236, 240–241, 245
copiando e mesclando 100–101
correspondendo cores 331
criando por meio da cópia 262–263
desvinculando da máscara de camada 159–160, 164
distorcendo 244–247
efeitos 131–137
excluindo 260–261
excluindo ocultas 276–277
exibindo 122
fatias a partir de 352–353
forma 266–268
formas 3D a partir de 376
fundo 120
intermediando 358–359
mesclando 84–85, 244–245, 284–285, 300–301
mesclando camadas 3D 387–388
mesclando grupos 301–302
mesclando visíveis 140–141
miniaturas, ocultando e redimensionando 119
modelo 265–266, 276–277
modos de mesclagem 126–128
movendo entre documentos 171
nivelando 140–141
nivelando visíveis 141
ocultando 119, 122
ocultando todas, exceto a selecionada 123, 160–161
opacidade 126–127
rasterizando 291
recortando 283–285
redimensionando 128–131
removendo pixels de 123–126
renomeando 121
reorganizando 124–127
selecionando conteúdo 285–286
tamanho de impressão 300–301
texto 130–131
transformando 128–129
  transparências 126–128
  vinculando 128–131, 234–235
  visão geral 118–119
camadas, composições de 297–300
  adicionando 297
  visão geral 142
  visualizando diferentes 298
camadas, grupos de 299–301
  copiando 175
  mesclando 301
  nivelando 301–302
  recortando 178
camadas, painel de
  animando com 354–362
  camadas de forma 267–268, 270
  excluindo camadas ocultas 276–277
  máscara vetorial 270
  modo indicador Quick Mask 150
  visão geral 119–120
camadas, recortando 178–179, 283–285
  criando 174
  indicador 179
camadas de texto 130–131
  atualizando 254
  criando novos 234–235
  movendo com camada de máscara 234–235
  selecionando conteúdo 234–235
Camera Raw, imagens. *Ver* Adobe Camera Raw
  abrindo 189–190
  câmeras suportadas pela Adobe Camera Raw 189–190
  criando 189–190
  dando maior nitidez 195
  equilíbrio de branco e ajuste de exposição 190–192
  formatos de arquivo para salvar 200
  histograma 195
  proprietárias 186
  salvando 197–198
  visão geral 189–190
Camera Raw, sincronizando configurações no 196
câmeras, em camadas 3D 378
canais
  ajustando individuais 161
  aplicando filtros a individuais 315
  copiando 161
  corrigindo ruído em 204
  desativando 160–161
  editando em 161
  exibindo individuais 151
  exibindo nas cores respectivas 160–161
  identificando seleções com 161
  nomeando 165
  ocultando 160–161
  ocultando e exibindo 151
  tamanho de impressão 300–301
  visão geral 148
  visualizando 159–161
canais alfa 148
  carregando como seleção 165
  definição 181–182
  visão geral 153
canal, máscaras de 161
  definição 181–182
  máscaras de camada vs. 163
Canvas Size, caixa de diálogo 169, 328
carimbando camadas 301–302
cena 3D 387–388
cerquilha, sinal de (#) 349–350
Channels, painel 148. *Ver também* canais
  canais de informações 151
  carregando seleções 165
  exibição de máscara 163
Chrome, filtro 315
Classroom in a Book 13
clonando e mesclando 209–210
CMYK, modelo de cores 439–440
  definição 438
  gamut 438
CMYK, modo de cor
  convertendo imagens RGB em 443
  filtros 165
colando
  comandos 100–101
  e suavização de serrilhado 106
  em perspectiva 287–288, 291–292, 294–296
  na mesma resolução 100–101
  texto 240
Color, painel 45

Color Balance, camada de ajuste 68–69
Color Range, caixa de diálogo 170
Color Settings, caixa de diálogo 440–441
colorindo 173–174
colorindo seleções manualmente 318
Comando Copy Merged 100–101
Comando Paste Into 100–101
comandos automáticos
    ajustes de cor 65–67
    manual *vs.* 75–77
combinando imagens
    montagem 307
    panorama 336–341
Commit Any Current Edits, botão 138
Commit Transform, botão 273–274
Community Help 18
composição de cores 446–447
configuração de prova 442
configurações de compactação 365
configurações de cor
    restaurando 16–17
    salvando 16–17
contraste 69–72
Convert To Smart Objects, comando 245
copiando
    arquivos de exercícios do Classroom in a Book 16–17
    camadas 121–123
    canais 161
    comandos 100–101
    configurações no Camera Raw 196
    e suavização de serrilhado 106
    e transformando 99
    em perspectiva 294–296
    imagens, e centralizando 122
    imagens 140–141, 300–301, 444
    na mesma resolução 100–101
    seleções 97–98
    texto 239
cor
    aditivas 439–440
    ajustando combinação geral de 67–68
    aumentando o brilho e a cor 418–419

CMYK, visualizando valores no modo RGB 443
configurando fundo 266–267
configurando padrão 266–267
configurando primeiro plano 266–267
correspondendo em diferentes imagens 330–332
editando máscaras e 159–160, 166
fluxo de trabalho gerenciado 440–441
invertendo 97–98, 291
misturando 79–82
selecionando por 90
suavizando transições de borda 106
substituindo 71–73
texto padrão 229
trocando cores de primeiro plano e fundo 266–267
cor de primeiro plano 266–267
cor fora do gamut 443–444
cores de processo 60–61, 438
correções de cor
    imagens lavadas 419–420
    tons de pele 331
cortando
    ajustando área de corte 107
    e alinhando automaticamente 114
    imagens 64–67, 307–308
    utilizando outras dimensões de imagem 63–64
cortes 268–270
cortes transversais, 3D 384
Create Plane, ferramenta 209–210, 285–286, 431
Crop, ferramenta 64–65, 307
    adicionando tela de pintura com 63–64
Crop And Straighten Photos, comando 114
Curves, painel 32–33
Custom Shape, ferramenta 271
Cutout, filtro 315

## D

Default Foreground And Background Colors, botão 266–267

degradê, máscaras de 166–167
degradê, seletor de 132–133
degradês lineares 129–132
demarcador, segmentos de 256–257
demarcadores 253–254
    convertendo em seleções 260–264
    convertendo pontos suaves em curvos 258–259
    desenhando curvos 256–257
    desenhando retos 256–257
    desmarcando 267–270
    diretrizes para desenhar 255
    fechando 257–260
    nomeando 261–262
    salvando 257–260
demarcadores abertos 253–254, 257–258
demarcadores curvos 256–260
demarcadores fechados 253–254, 257–258
desbalanceamento de cor, removendo 66–69
desenho a traço 365
desenhos arquitetônicos em CAD 431
deslizando 36, 235–236
desmarcando 30, 93–94
    demarcadores 270
dessaturando 320–321
detalhes, definindo 196
dicas de ferramenta, exibindo 27
difusão 106, 209–210
dimensões iniciais 418
Direct Selection, ferramenta 256–257, 268–269, 278
Dismiss Target Path, botão 267–268
dispositivos móveis, criação de conteúdo para 60–61
distorcendo
    camadas 244–247
    texto 237–238, 248
distorções, corrigindo 211–214
DNG, formato de arquivo 186, 189–190, 200
Dodge, ferramenta 73
Drag The Mesh, ferramenta 389–390

duplicando imagens 444
Duplicate Selected Frame, botão 354–356

## E

Edit Plane, ferramenta 286–287
editando
 canais individuais 161
 formas 268–269
 máscaras rápidas 151–154
 não destrutivos 159–160
editando imagens
 ajustando a nitidez das bordas 205
 ajustando áreas claras e escuras 201–203
 corrigindo distorções 211–214
 corrigindo olhos vermelhos 202–203
 em perspectiva 208–212
 reduzindo ruídos 203–205
efeitos
 copiando 359–360
 intermediando 358–359
 movendo 179
Elliptical Marquee, ferramenta 29, 90
 centralizando seleção 96
 seleções circulares com 94–95
 suavização de serrilhado e difusão 106
empilhamento, ordem de
 alterando camada 124–127
 alterando em conjuntos de camada. 299–300
empilhando imagens 414–416
EPS, formato de arquivo. 446–447
Eraser, ferramenta 108
erros, corrigindo 38–45
escala, configurando para medições 424
escudo de corte 64–65
espaço de cores 439–440
 perfil de dispositivo 439–440
exibindo camadas 122
exportando
 animações 399–402
 páginas HTML 361–364

## F

falhas de lente de câmera, corrigindo 211–214
fatias 348–356
 alinhando 350–352
 baseadas em camada 352–354
 criando botões a partir de 350–351
 criando para rolagens 371–372
 definição 346
 desvinculando da camada 353–354
 dividindo 353–354
 especificando alvo 351–352
 indicador de seleção 349–350
 métodos de criação 353–354
 nomeando 351–352
 otimizando para Web 361–362
 selecionando 348
 símbolos 348–350
fatias automáticas 348
 ocultando 352–353
Favorites, painel, no Bridge 25
Feather, comando 106
Ferramenta Eyedropper 180–181
Ferramenta Lasso 81–82, 90, 102–103
 fechando a seleção 103
ferramenta Polygon 268–269
ferramentas
 atalhos de teclado para 253–254
 criação de HTML 346
 restringindo 30–31
 seleção 90–92
 selecionando ocultas 29–30
 utilizando 26–32
 visão geral 52
ferramentas de contorno de seleção (marquee) 90
Fill Pixels, opção 271
filme, funcionalidades 406
Filter Gallery 165, 168
 visão geral 316
filtros 315–318
 adicionando nuvens com 129–130
 aplicando a máscaras 165
 aprimorando desempenho 315
 atalhos 317
 visão geral 317

Fit On Screen, comando 97
foco, ajustando 214
fontes
 alternativas 241
 formatos 226–227
 selecionando 228, 236–237
forma, camadas de 267–268
 opção de ferramenta 266–267
formas
 editando 268–269
 medindo 427–429
 personalizadas 271–274
 subtraindo de 269–270
formatos de arquivo
 a partir do Camara Raw 200
 animação 354–355
 qualidade de imagem e 307
 texto 241
 transferindo imagens entre aplicativos e plataformas 200
 tridimensionais 13–14
fotografias, correção de
 ajustando contraste 69–72
 automática 65–67, 83–85
 automática *vs.* manual 75–76
 cortando e endireitando 64–67
 endireitando e cortando 64–67
 estratégia de retoque 60–61
 removendo projeção de cor 68–69
 resolução e tamanho 61–63
 saturação 71–73
 substituindo cores 71–73
 usando Unsharp Mask 83–85
 variação tonal 69–72
frações 241
Freeform Pen, ferramenta 253–254
fundo
 cor 266–267
 removendo 170
fundo, camada de 118–119
 apagando 123
 convertendo em uma camada normal 120
 visão geral 120
Fuzziness, controle deslizante 72

## G

galerias online 366–367
gama 69–70

gamut 438
   cores fora do 443–444
Gamut Warning 443–444
Geometry Options, menu 258–259
gerenciamento de cores 440–441
   selecionando ao imprimir 445
GIF, arquivos animados 354–361
GIF, compactação 361–363
GIF animado 354–355
girando 104, 176, 264–265
   a tela de pintura 275–276
Glass, filtro 166, 315
grade, perspectiva 286–287
Gradient, ferramenta 132–133
Gradient Overlay, estilo de camada 314
guias 239, 246–247
   adicionando 172, 227, 309, 420
   excluindo 420
   exibindo 246–247
   para criar fatias 353–354
   Smart Guides 311
   visão geral 309

## H

Halftone Screen, caixa de diálogo 447, 448
Hand, ferramenta 105
Heal, opção 209–210
Healing Brush, ferramenta 78–80
hipertexto, links de 346
   adicionando 351–354
   definição 346
Histogram, painel 69–72
histogramas
   interpretando 418
   no Camera Raw 195
History, painel
   alterando o número de estados 42–43
   desfazendo múltiplas ações 40–43
   removendo ações 333
History Brush, ferramenta 76–80
Horizontal Type, ferramenta 130–131, 228, 235–237
   configurando opções 232
HTML, páginas
   exportando 361–364
   nomeando 351–352
Hue/Saturation, camada de ajuste 173, 419

## I

ícone de olho, no painel Layers 119
ilustrações com texto 365
Image Size, comando 100–101
imagem de tons contínuos 365
imagens
   adicionando tela de pintura 169–170
   ajustando na tela 31, 105
   centralizando e copiando 229
   classificando 414–415
   copiando 140–141
   cor sólida 365
   correspondendo esquemas de cores 330–332
   cortando 307
   dando maior nitidez 195
   determinando a resolução da digitalização 62–63
   duplicando 444
   lavada 419–420
   nivelando 141–143, 300–301
   otimizando para Web 361–365
   pesquisando no Bridge 410–412
   redimensionando para Web 198
   resolução 61–63
   rotulando no Bridge 414–415
   tamanho e resolução 61–63
   técnicas 406
   tons contínuos 365
   visualizando as dimensões da imagem 416–417
importando
   arquivos 3D 386–388
   arte-final do Illustrator 289–291
   camadas a partir de outros arquivos 284–286
   Smart Objects 289–291
impressão de cores 437–449
   ajustando tons e cores 444–447
   diretrizes 446–447
   especificando telas de meio-tom 447–448
   fazendo provas na tela 441–444
   identificando cores fora do gamut 443–444
   modelo CMYK e 438–440
   prova 444
   resolução 61–62
   salvando imagem como separações 446–447
impressão em quatro cores 84–86, 438
infográficos 405, 419–435
   legendas 433–434
informações sobre arquivos 416
informações topográficas 431
intermediando quadros 354–359
   com efeito copiado 359–360
Inverse, comando 31
Invert, comando 97–98
inverter máscaras 154, 176

## J

janela da imagem 24, 27–29
   ajustando a imagem em 97
   rolando 34
JPEG, compactação 361–363
JPEG, formato de arquivo
   Camera Raw imagens e 189–190
   degradação de imagem e 206–207, 307
justificando texto 240

## K

Keyboard Shortcuts And Menus, caixa de diálogo 47–49

## L

Lasso, ferramentas 102–103
   suavização de serrilhado e difusão 106
Layer Via Copy, comando 262–263
layout de página, preparando imagens para 84–86
legendas, mapa 433–434
Lens Correction, filtro 211–214
lente de aumento. *Ver* Zoom, ferramenta
Levels
   ajustando canal 162
   camada de ajuste 69–70, 295–296, 418
ligaduras discricionárias 241
Lighting Effects, filtro 315
Lightness, configuração
   ajustando 73
   ajustando para impressão 445
   substituindo cores 71–73
linhas, medindo 428

linhas tracejadas, em uma borda 422–424
linhatura 447
Load Path As Selection, opção 261–262
luz infinita, em camadas 3D 382–383
luzes, em camadas 3D
 ajustando 382–383, 390–391
 alterando a cor de 383
 luzes de spot 391–402
 visão geral 378

## M

Mac OS, diferenças na área de trabalho 23
Magic Wand, ferramenta 90, 260–261
 combinando com outras ferramentas 100–102
 suavização de serrilhado 106
Magnetic Lasso, ferramenta 90, 104–105
 suavização de serrilhado e difusão 106
Magnetic Pen, ferramenta 253–254
Make Selection, caixa de diálogo 262–263
Make Work Path From Selection, opção 261–262
malhas, em camadas 3D 378
 mesclando na mesma camada 3D 387–388
mapas, em camadas 3D 378
mapas, medindo 431
máscaras
 carregando como seleção 163–165
 de bordas delicadas 170–173
 desvinculando da camada 164
 filtros aplicando a 165
 invertendo 154, 176
 movendo conteúdo 177
 substituindo cores em 71–72
 terminologia 181–182
 texto 178–181
 valores das cores para edição 148, 159–160
 visão geral 148
máscaras de recorte 39
 atalho 231

criando 229–231
definição 181–182, 227
indicador 231
máscaras rápidas 148
 criando 149–152
 editando 151–154
 pintando cores 150
Mask Edge, botão 157
Masks, painel 152, 154, 157, 159–160, 176
 controles deslizantes em 159–160
Match Color, caixa de diálogo 330
materiais, em camadas 3D 378
Measurement, ferramenta, configurando a escala 424
Measurement Log, painel 424, 427
 configurações predefinidas 426
 excluindo pontos de dados 426
 exportando dados 428
medindo objetos 424–430
 configurações predefinidas 425
 configurando escala 424–425
 exportando dados 428
 irregulares 427–429
 linhas 428
 valor de controle 425
meios-tons 69–70
meio-tom, tela de, configurações 447–448
menus contextuais
 anotações 243
 camadas 245
 navegador 372
 navegador Web 344
 Smart Objects 291
 texto 234–235, 238
 visão geral 42–44
Merge Layers, comando 245
Merge Visible, comando 141, 301
mesclagem, modos de
 aplicando a camadas 127–128
 visão geral 126–127
mesclando
 camadas 2D em camadas 3D 385
 camadas 3D 387–388
 camadas 84–85, 140–141, 301
 imagens 143, 214
metadados
 adicionando a imagens no Bridge 412

pesquisando imagens por 410–412
Metadata, painel (no Bridge) 409, 411
miniaturas
 camada 119
 camada de forma 267–268, 270
 máscara de camada 159–160
 Smart Object 273–274
Mode, comando 84–85
Modo Standard 149
modos de cor
 alteração 84–85
 retocando para os selecionados 60–61
monitor, calibração do 439–440
monitor, resolução do 61–63
monitoramento 234–236, 240
montagens, agrupando 307–315
Move, ferramenta 36, 263–264
 ícone de tesoura 97
 movendo seleções 92–93
movendo
 painéis 44
 seleções 92–94

## N

não destrutivos, filtros 324
navegação, botões de, site Web 350–353
 visualizando função 349–350
Navigator, painel 34
New Layer Based Slice, comando 352–353
New Layer From 3D File, comando 386–387
nivelando camadas 140–143, 300–301
 carimbando e 301
 preenchimento branco substitui transparência 300–301
No Image, fatias 353–354

## O

objMesh, componente 388–389
ocultando
 camadas 122
 canais 160–161
 todas as camadas, exceto uma 160–161

opacidade
  animando 356–358
  camada 126–128
Opção Paper Color 443
Open Object (no Camera Raw), botão 199
OpenType, formato de arquivo 226–227, 241
Outer Glow, estilo de camada 359–360

## P

padrões
  criando 271–274
  linha tracejada 423–425
  redefinindo 16, 22
  redefinindo cores 38
painéis
  comparado com a barra de opções 46
  desencaixando 45
  expandindo e recolhendo 45–46
  flutuantes 265–266
  trabalhando 36–38
  visão geral 44–45
painéis de encaixe 44
painel de caractere 45, 130–131, 232, 235–237, 240
palavras-chave, pesquisando imagens por 410, 413–414
panoramas, criando 336–340
papel, simulando branco 443
parágrafo de texto 228
  adicionando 241
  projetando 238–240
Paragraph, painel 45, 240
Patch, ferramenta 81–83
Path Selection, ferramenta 267–269
Paths, painel 257–259
  máscara vetorial 268–269
  removendo a seleção de demarcadores 267–268
Pattern Overlay, estilo de camada 423
PDF, apresentação de slides 219–220
PDF, galeria de imagens 219–220
Pen, ferramenta 266–267
  atalho de teclado 253–254

como ferramenta de seleção 255
configurando opções 257–259
desenhando demarcadores 255–260
visão geral 253–254, 256–257
Pencil, ferramenta 253–254
perfis de cores 439–440
perfis de documento 418
perfis de prova 442
  selecionando 445
personalizando
  atalhos de teclado 47, 288–289
  espaços de trabalho 46
perspectiva
  adicionando 285–289
  adicionando a texto 291–294
  colando em 287–288
  editando imagens em 208–212
  medindo em 431–433
  plano 291
pesquisando imagens 410
Photomerge, caixa de diálogo 337–338
Photoshop, formato de arquivo 307
Photoshop, iniciando o 22
Photoshop. *Ver* Adobe Photoshop
Photoshop CS4, atualizações para o aplicativo 51
Photoshop EPS, formato de arquivo. 444
Photoshop Help 18
Photoshop Raw, formato de arquivo 189–190
  formato Camera Raw *vs.* 189–190
pilhas, abrindo 416
pintando
  com a ferramenta Spot Healing Brush 78–80
  em camadas 3D 394–395
  misturando traços 209–210
pintura, efeitos de 318, 322
pixels
  definição 22, 61–62, 252
  imagem e monitor 61–63
  misturando 209–210
Place, comando 289–290
planilha, aplicativos de 433
  exportando dados para 428
plug-ins 22

Polygonal Lasso, ferramenta 90, 293–294
  suavização de serrilhado e difusão 106
ponto branco 193
ponto central, selecionando a partir de 96
ponto preto 193
pontos de ancoragem 255–257
pontos de canto 256–259
pontos suaves 256–259
portfólio, criando 219–222
posicionando arquivos 289–291
  redimensionando 293–294
  texto Adobe Illustrator 273–274
PostScript, fontes 226–227, 241
preferências
  aviso de gama de cor 443
  restaurando o padrão 16
  unidades e réguas 420
Preserve Numbers, opção 442
Preview, painel (no Bridge) 408
Print, caixa de diálogo 445, 448
Printer Manages Colors, opção 445
profundidade de campo, adicionando 214
Proof Colors, comando 443
propriedades de preenchimento, camada de forma 267–268
prototipagem 226–227, 282
prova de imagens 441–444
provas na tela 441–444
PSD, formato 200
  Camera Raw imagens e 189–190
Purge, comandos 315

## Q

quadros
  intermediando 358–359
  novos com base no anterior 355–356
  reposicionando 356–357
quadros-chave, na animação 397–398
Quick Mask, modo 150
Quick Selection, ferramenta 90–93

## R

Radius, controle deslizante, filtro Unsharp Mask 83–84

RAM 418
    filtros e 315, 317
rasterizadas, imagens, visão geral 252
rasterizando
    máscaras vetoriais 159–160
    Smart Objects 291
Rasterize Layer, comando 291
Record Measurements, comando 427
Rectangular Marquee, ferramenta 90, 101–102
Red Eye, ferramenta 202–203
redimensionando
    camadas 128–129
    camadas 3D 387–388
    painéis 45
Reduce Noise, filtro 203–205
reduzindo 94–95
Refine Edges 81–82, 106, 108–110
Refine Mask, caixa de diálogo 157
régua, guias de 227, 309
réguas 228
    configurando a unidade de medição 309, 419
    exibindo 265–266, 309
    ocultando 176
Render Video, caixa de diálogo 400
Replace Color, comando 71–73
resolução 61–63
resolução da digitalização 62–63
resolução de saída, determinando 61–62
retocando/corrigindo
    auto-emenda 81–83
    clonando 76–79
    configurando resolução correta 61–63
    por meio da mesclagem de pixels 79–81
    removendo manchas 78–80
    visão geral 60–61
RGB, modelo de cor 438–440
    convertendo imagem para CMYK 443
    descrição 439–440
    filtros 166
    gamut 438
Ripple, filtro 315

rolagens
    a partir de fatias 350–351, 371–372
    definição 344
Roll The Mesh, ferramenta 389–390
Rotate Light, ferramenta 382, 390–391
Rotate Mesh, ferramenta 389–390
Rotate View ferramenta 275–276
rotulando imagens 414–415
ruídos, reduzindo 203–205

S

salvando
    imagem como separações 446–447
    imagens otimizadas 365
Sampled Aligned, opção 77–78
saturação
    ajustando com a ferramenta Sponge 74
    substituindo na imagem 71–73
Saturation, controle deslizante (no Camera Raw) 193
Save For Web And Devices, caixa de diálogo 361–363, 365
Scale Mesh, ferramenta 389–390
Screen, modo de mesclagem 359–360
seleção, ferramentas de 90–92
    Pen, ferramenta 255
selecionando
    a partir de um ponto central 96–97
    bordas de alto contraste 104–105
    camadas 123
    conteúdo de camada 285–286
    fatias 348
    mão livre e linhas 100–102
    seleção inversa 101–103
    texto 138
    visão geral 90
seleções
    a partir de máscaras 163–165
    carregando por meio de atalhos 165
    círculo 97
    convertendo em demarcadores 260–262

copiando 100–101
copiando em outra imagem 262–264
criando complexas 170–173
desativando 30
difusão existente 106
duplicando 97–98
elípticas 93–102
exibindo bordas 96
expandindo 110
fazendo o ajuste fino das bordas 109–110
forma livre 90
geométricas 90
girando 103–104
identificando com canais 161
indicação 30
invertendo 31, 421
medindo 424
misturando 209–210
movendo 30–31, 92–95, 97–98
movendo a borda 94–95
movendo incrementalmente 95–96
ocultando bordas 96
por cor 90, 108–113
precisas 261–262
restringindo 31
salvando em camadas separadas 111–112
suavizando 106
subtraindo de 101–102, 262–263
subtraindo de ao carregar 321
tamanho fixo 419–420
self Target, opção 351–352
separações
    imprimindo 447–449
    salvando imagem como 446–447
shaders, em camadas 3D 378
Shadow/Highlight, ajuste 201–203
Shadow/Highlight, comando 67–69
Show Extras, botão 309
Show Transform Controls, opção 274
Show/Hide Visibility, coluna 122
símbolos, nas fatias 348–350
Single Row Marquee, ferramenta 90
Slice, ferramenta 350–351

Slice Options, caixa de diálogo 349–350
Slice Select, ferramenta 348, 361–362
Smart Filters 324–327
Smart Guides 311
Smart Objects
    agrupando camadas em 244–245
    atualização automática na edição 273–274, 278
    colocando 289–290
    distorcendo 246–247
    editabilidade 244
    editando 248, 320
    filtrando e pintando 291
    miniatura de camada 273–274
    rasterizando 291
    Smart Filters e 324
    vinculando máscaras vetoriais a 274
    visão geral 273–274
Smart Sharpen, filtro 205
sombras 112–113, 136, 179
    ajustando 201–203, 418
    ajustando manualmente 69–72
    estilo de camada 231, 327
Spatter, filtro 315
Sponge, ferramenta 74
spot, luzes de, adicionando a camadas 3D 391–402
Sprayed Strokes, filtro 315
Stained Glass, filtro 315
Stroke, caixa de diálogo 422
Subtract From Shape Area, opção 269–270
Swatches, painel 37–38
Switch Foreground And Background Colors, botão 266–267

T

tabuleiro de xadrez
    indicador de transparência 123
    padrão 271–274
tamanho de arquivo
    com canais e camadas 300–301
    compactando para a Web 365
    imprimindo 300–301

nivelado *vs.* não nivelado 140–141
reduzindo 140–141, 300–302
tamanho do documento, exibindo 140–141, 300–301, 416–417
Target, opção 351–352
teclas de seta
    deslocando seleções com 95–96
    tecla Shift com 95–96
técnicas, imagens 406
tela de pintura
    adicionando 63–64, 169–170, 328, 429
    girando 275–276
temperatura, imagem 190–191
template (camadas de modelo) 265–266
    excluindo 276–277
texto. *Ver também* texto 3D 394–395
    adicionando 228, 239–240, 311–315
    colando 240
    colorindo 36–38
    copiando 239
    cor padrão 229
    criando 130–132
    desmarcando 37
    editando importado 289–290
    inserindo a partir do Adobe Illustrator 273–274
    movendo 36, 131–132
    selecionando 138
texto. *Ver também* texto
    alinhando 228
    centralizando 242
    colorindo 180–181, 233
    configurando opções 228, 239, 243
    controles de formatação 235–236
    criando 180–181, 228–229
    distorcendo 237–238
    elemento de design 232–236
    estilos 236
    frações reais 241
    glifos 241
    independente da resolução 226–227

justificando 240
máscara de corte 227
máscara de corte com 229–231
mascarando com 178–181
parágrafos 238–240
recolorindo 293–294
redimensionando 226–227
selecionando 240, 243
traçados violentos 241
truques 234–235
vertical 242–243
visão geral 226–227
visualizando 235–236
texto pontual 228
    distorcendo 237–238
    parágrafos *vs.* 238
texturas, em camadas 3D 378
Threshold, controle deslizante, filtro Unsharp Mask 83–84
TIFF (Tagged Image File Format) 85–86, 441
    Camera Raw imagens e 189–190
    visão geral 200
tintas de impressão, simulando 443
Toggle Lights, botão 382, 390–391
tom
    ajustando para impressão 444
    substituindo na imagem 71–73
tonalidade, definição 190–191
tons de pele, corrigindo 331
Tools, painel
    comparado com outros painéis 46–47
    selecionando e utilizando ferramentas da 26–32
    visão geral 52
    visualização em coluna dupla 27
trabalho, área de 22–57
    diferenças entre Mac OS e Windows 23
trabalho, espaços de
    Adobe Bridge 407–411
    Advanced 3D 377
    configuração predefinida 46–47
    padrão 23

personalizando 46–50, 346
salvando 50
trabalho, fluxo de
   cores gerenciadas 440–441
   pré-impressão 441
traçados violentos 241
traçando 422
transformações
   caixa delimitadora 99
   forma livre 128–130, 264–266, 291–292
transformando
   camadas 128–131
   em perspectiva 291–292
   Smart Objects 274
transparências
   ajustando 126–128
   em máscaras 166
   imagens otimizadas 365
   indicando 123
   removidas no nivelamento 284–285
Transparency And Gamut, caixa de diálogo 443
tridimensional. *Ver* 3D
TrueType, fontes 241
Tween, caixa de diálogo 357–358
Type, ferramenta 35–36

## U

U.S. Web Coated (SWOP) v2, perfil 442
Undo, comando 40
Unsharp Mask, filtro 83–85
USM (Unsharp Masking) 83–85
usuário, fatias do 348
usuário, fóruns de 18

## V

Vanishing Point, filtro 208–212, 285–289
   aplicado a Smart Object 291–292
   definindo grades 208–211
   editando objetos com 209–210
   medindo em 431–433
variação tonal
   ajustando automaticamente 66–67
   ajustando manualmente 69–72
verificação ortográfica 234–235
vertical, texto 242–243
Vertical Type, ferramenta 242
vetoriais, elementos gráficos 22
   desenhando formas 264–267
   imagens bitmap 252
   subtraindo formas de 268–270
   visão geral 252
vetoriais, máscaras 267–268
   convertendo em máscara de camada 159–160
   definição 181–182
   desvinculando da camada 159–160
   indicação de seleção 270
   selecionando 268–269
vídeo, funcionalidade 406
vinculando
   camadas 234–235
   máscaras a camadas 159–160
vinhetas 211

## W

Web, conteúdo
   modo de cor 60–61
   otimizando imagens para 361–365
Web, galerias 366–367
Web Design, espaço de trabalho 346–347
White Balance, ferramenta (no Camera Raw) 190–192
widget, 3D Axis 392
Windows, diferenças na área de trabalho 23
Work Path
   nomeando 261–262
   salvando 259–260
   visão geral 257–258
Working CMYK – U.S. Web Coated (SWOP), perfil v2 442

## X

XMP, arquivos 196
XMP, arquivos secundários (sidecar) 196

## Z

Zoom, ferramenta 27–30
Zoomify, recurso 345, 365

## Notas de produção

O *Adobe Photoshop CS4 Classroom in a Book* foi criado eletronicamente com o InDesign. A arte foi produzida com o Adobe InDesign, o Adobe Illustrator e o Adobe Photoshop. As famílias de fonte Myriad Pro e Warnock OpenType foram utilizadas em todo o livro.

As referências a nomes de empresa nas lições são apenas para fins ilustrativos e não pretendem referir-se a nenhuma organização ou pessoa real.

### Imagens

As fotografias e ilustrações se destinam exclusivamente ao uso com os tutoriais.

Fotos do abacaxi e da flor da Lição 4 © Image Source, www.imagesource.com.

### Tipos de fonte utilizadas

As fontes Myriad Pro e Adobe Warnock Pro são utilizadas em todas as lições. Para mais informações sobre as fontes OpenType e Adobe, visite www.adobe.com/type/opentype/.

### Créditos da equipe

As pessoas a seguir contribuíram para o desenvolvimento desta edição do *Adobe Photoshop CS4 Classroom in a Book*:

Gerente de projeto: Elaine Gruenke

Escritor técnico: Brie Gyncild

Editor técnico: Zorana Gee

Compositor: Lisa Fridsma

Corretor e Revisor: Karen Seriguchi

Indexador: Brie Gyncild

Design da capa: Eddie Yuen

Design interno: Mimi Heft

Diretor de arte: Andrew Faulkner

Designers: Elaine Gruenke, Keely Reyes

Assistente de design: Sam Graves

Editor da Adobe Press: Victor Gavenda

Editor de produção da Adobe Press: Hilal Sala

Editor de projeto da Adobe Press: Connie Jeung-Mills

## Colaboradores

**Jay Graham** – começou sua carreira em projeto e construção de casas personalizadas. É fotógrafo profissional há mais de 22 anos, trabalhando com clientes nas áreas de publicidade, arquitetura, mercado editorial e turismo. Colaborou com as dicas de "Fluxo de trabalho de fotografias profissionais", na Lição 6.
http://jaygraham.com

**Arne Hurty** – premiado ilustrador técnico e designer que compôs a ilustração científica da Lição 13.
http://www.baycreative.com

**Tyler Munson** – emprestou seu trabalho de design e direção de arte para as Lições 3 e 14. Com sua empresa de design e criação de marcas em San Francisco, a munsonDesign, Tyler criou programas para clientes como Gap, Palm, Oracle e o produtor musical Paul Oakenfold.
http://www.munsondesign.com

**Lee Unkrich** – dirigiu importantes filmes para a Pixar. Suas fotografias aparecem nas Lições 5 e 9 deste livro.